Library of
Davidson College

Library of
Davidson College

Joachim Göschel
Strukturelle und instrumentalphonetische
Untersuchungen zur gesprochenen Sprache

Studia Linguistica Germanica

Herausgegeben

von

Ludwig Erich Schmitt und Stefan Sonderegger

9

Walter de Gruyter · Berlin · New York

1973

Joachim Göschel

Strukturelle und instrumentalphonetische Untersuchungen zur gesprochenen Sprache

Mit 37 Abbildungen

Walter de Gruyter · Berlin · New York
1973

Gedruckt mit Unterstützung der Deutschen Forschungsgemeinschaft

Das Manuskript wurde am 30. September 1969 abgeschlossen und unverändert abgedruckt

©

ISBN 3 11 003624 X

Library of Congress Catalog Card Number: 72—76054

Copyright 1973 by Walter de Gruyter & Co., vormals G. J. Göschen'sche Verlagshandlung — J. Guttentag, Verlagsbuchhandlung — Georg Reimer — Karl J. Trübner — Veit & Comp., Berlin 30 — Printed in Germany — Alle Rechte der Übersetzung, des Nachdrucks, der photomechanischen Wiedergabe und der Anfertigung von Mikrofilmen — auch auszugsweise — vorbehalten
Satz und Druck: Walter de Gruyter & Co., Berlin

Inhalt

0. Einleitung 1
   - 0.0 Sprache als Kommunikationsmittel 1
   - 0.1 Zur Geschichte der deutschen Dialektologie 2
     - 0.11 Vom 17. bis zum 19. Jahrhundert 2
     - 0.12 Junggrammatiker 4
       - 0.121 Hermann Paul 6
   - 0.2 Zusammenfassung 9

1. Sprache, Dialekt, Idiolekt 10
   - 1.0 Sprache 10
   - 1.1 Sprachgemeinschaft 11
   - 1.2 Sprache und Dialekt als Abstraktionen 11
     - 1.21 Dialekt 12
   - 1.3 Idiolekt 13
   - 1.4 Idiolekt und Dialekt 13
   - 1.5 Zusammenfassung 14
     - 1.51 Traditionelle Dialektologie 14
     - 1.52 Moderne Dialektologie 15

2. Analyse der Sprache 16
   - 2.0 Linguistische Analyse 16
   - 2.1 Ebenen der Analyse 16
     - 2.11 Phonologische Analyse 17
       - 2.111 Ermittlung der funktionalen Einheiten 18
       - 2.112 Phonetische Realisationen und Varianten 19
       - 2.113 Ermittlung der distinktiven Merkmale 19
         - 2.1131 Prosodische Merkmale 20
       - 2.114 Neutralisation 21
       - 2.115 Phonemdistribution 22
   - 2.2 Zusammenfassung 23
   - 2.3 Akustische Analyse 23
     - 2.31 Akustik und akustische Phonetik 24
       - 2.311 Instrumente der akustischen Phonetik 25
       - 2.312 Methoden der akustischen Phonetik 26
         - 2.3121 Vokalische Merkmale 27
         - 2.3122 Konsonantische Merkmale 31
         - 2.3123 Prosodische Merkmale 33

3. Zur phonologischen und akustischen Analyse niederdeutscher und mitteldeutscher Dialekte 34

   3.0 Gesprochene Sprache 34
   3.1 Das Untersuchungsmaterial 36
      3.11 Voraufnahme 36
      3.111 Informanten 36
      3.112 Inhalt der Aufnahmen 36
      3.113 Aufnahmegeräte 37
      3.12 Ursprünglicher Plan 37
      3.13 Hauptaufnahme 38
      3.131 Informanten 38
      3.132 Inhalt der Aufnahmen 38
      3.133 Aufnahmegeräte 38
      3.14 Materialauswahl 39
   3.2 Konventionelle und phonologische Analyse 39
      3.21 T. Dahlberg: Dorste 40
      3.22 H. Lange: Göddeckenrode und Isingerode 42
      3.23 Phonemvarianten 43
      3.24 Materialvergleich: herkömmliche Dialektuntersuchung — vorliegende Arbeit 43
      3.25 Wortlaut der modifizierten Wenker-Sätze 45
   3.3 Idiolekt als Vertreter des Ortsdialektes 47
   3.4 Erläuterungen zum Analyse-Schema 47
   3.5 Phonologische Analyse 51
      3.51 Niederdeutsch-ostfälische Dialektgruppe 51
      3.511 Gittelde 51
      3.512 Kamschlacken 62
      3.513 Osterhagen 71
      3.514 Wolfshagen 81
      3.52 Mitteldeutsch-nordthüringische Dialektgruppe 92
      3.521 Hohegeiß 92
      3.522 Steina 100
      3.523 Tettenborn 110
      3.524 Walkenried 119
      3.525 Wieda 128
      3.53 Mitteldeutsch-erzgebirgische Dialektgruppe 136
      3.531 Altenau 136
      3.532 St. Andreasberg 144
      3.533 Clausthal 152
      3.534 Hahnenklee 160
      3.535 Lautenthal 167
      3.536 Schulenberg 175
      3.537 Wildemann 182
      3.538 Zellerfeld 189
   3.6 Erläuterungen zur akustischen Analyse 197
      3.61 Verwendung des Sonagraphen 197
      3.620 Aufbereitung des Materials 197

  3.621 Kategorien von gesprochener Sprache 197
  3.622 Voruntersuchung von drei Kategorien gesprochener Sprache ... 197
  3.630 Materialbasis der akustischen Analyse 198
  3.631 /r/-Allophone 199
  3.632 Zeitlicher Aufwand akustischer Analysen 199
  3.64 Erläuterungen zu den Daten aus der akustischen Analyse 200
  3.641 Formantmessungen 200
  3.642 Erläuterungen zu den Tabellen der akustischen Analyse 200
 3.7 Akustische Analyse 205
  3.71 Niederdeutsch-ostfälische Dialektgruppe 205
   3.711 Gittelde 205
   3.712 Kamschlacken 207
   3.713 Osterhagen 209
   3.714 Wolfshagen 211
  3.72 Mitteldeutsch-nordthüringische Dialektgruppe 213
   3.721 Hohegeiß 213
   3.722 Steina 215
   3.723 Tettenborn 217
   3.724 Walkenried 219
   3.725 Wieda 221
  3.73 Mitteldeutsch-erzgebirgische Dialektgruppe 223
   3.731 Altenau 223
   3.732 St. Andreasberg 225
   3.733 Clausthal 227
   3.734 Hahnenklee 229
   3.735 Lautenthal 231
   3.736 Schulenberg 233
   3.737 Wildemann 235
   3.738 Zellerfeld 237

4. Komparative Auswertung und Ergebnisse 239

 4.1 Zur Phonetik und Phonologie 239
  4.11 Niederdeutsch-ostfälische Dialektgruppe 239
  4.111 Phonetische Besonderheiten 239
  4.112 Zur Phonologie 240
  4.1121 Phonemsysteme 240
  4.1122 Distinktive Phonemmerkmale 242
  4.1123 Neutralisationen 245
  4.1124 Phonemdistribution 247
  4.12 Mitteldeutsch-nordthüringische Dialektgruppe 249
  4.121 Phonetische Besonderheiten 249
  4.122 Zur Phonologie 252
  4.1221 Phonemsysteme 252
  4.1222 Distinktive Phonemmerkmale 254
  4.1223 Neutralisationen 258
  4.1224 Phonemdistribution 260
  4.13 Mitteldeutsch-erzgebirgische Dialektgruppe 261

    4.131 Phonetische Besonderheiten 261
    4.132 Zur Phonologie 264
    4.1321 Phonemsysteme 264
    4.1322 Distinktive Phonemmerkmale 266
    4.1323 Neutralisationen 268
    4.1324 Phonemdistribution 268
4.2 Ergebnisse der akustischen Analyse 271
    4.21 Signifikante Daten 271
    4.22 Hypothese 271
    4.230 Das 'Zentrum' 272
    4.231 'Zentrum' — 'idealisiertes Schwa' — finales unbetontes [ə] 273
    4.24 R-Werte 273
    4.25 Variationsraum 275
    4.26 Variationsdominanz 276
4.3 Zusammenfassung 277
    4.31 Kartographische Darstellung 277
    4.311 Phonetische Besonderheiten 277
    4.312 Zur Phonologie 278
    4.313 Darstellungsprobleme 280
    4.32 Ausblicke 281
    4.321 Zur phonologischen Analyse 281
    4.322 Zur akustischen Analyse 283

Bibliographie 285

Verzeichnis der Abbildungen 298

Abbildungen 301

0. Einleitung

0.0 Sprache als Kommunikationsmittel

0.0 Die moderne Linguistik sieht in der Sprache in erster Linie ein Kommunikationsmittel[1]. Die Sprache als soziales Phänomen (fait social) zu betrachten, war von den Überlegungen des französischen Soziologen E. Durkheim ausgegangen[2]. F. de Saussure griff diese Gedanken in seinen Genfer Vorlesungen zu Anfang unseres Jahrhunderts auf und baute sie aus. Die posthum veröffentlichten und von Schülern herausgegebenen Vorlesungen F. de Saussures[3] hatten damit endgültig einen lange vorbereiteten tiefen Umbruch in der Linguistik vollzogen.

Es kann jedoch andererseits nicht geleugnet werden, daß die Sprache nicht allein als Medium der Information und soziales Geschehen zu verstehen ist, sondern die Sprache ist nach J. Lohmann[4] auch ein „konkretes geschichtliches Phänomen". Das ist der Standpunkt von H. Paul[5] (mit dem sich J. Lohmann ausdrücklich identifiziert[6]):

> „Es ist eingewendet, daß es noch eine andere wissenschaftliche Betrachtung der Sprache gäbe, als die geschichtliche. Ich muß das in Abrede stellen. Was man für eine

---

[1] Vgl. beispielsweise J. B. Carroll (1961), 10. — A. Martinet (1963), 28. — G. Hammarström (1966), 1 und 7.

[2] E. Durkheim (1961), 103—114. Zusammenfassend heißt es: „Ein soziologischer Tatbestand ist jede mehr oder minder festgelegte Art des Handelns, die die Fähigkeit besitzt, auf den Einzelnen einen äußeren Zwang auszuüben; oder auch, die im Bereiche einer gegebenen Gesellschaft allgemein auftritt, wobei sie ein von ihren individuellen Äußerungen unabhängiges Eigenleben besitzt" (S. 114). E. Durkheims 'Règles' erschienen erstmals 1895.

[3] Die erste Ausgabe von F. de Saussure, Cours de linguistique général erschien Paris/Lausanne 1916.

[4] J. Lohmann (1966), 79. — J. Lohmann gehört zu den wenigen ernsthaften Kritikern des Strukturalismus in der Sprachwissenschaft, wie er sich nach N. S. Trubetzkoy vor allem in den USA entwickelt und ausgebreitet hat. J. Lohmann führt in dem erwähnten Aufsatz seine Konzeption der Sprachgeschichte vor, die er mit der allgemeinen Menschheitsgeschichte in Korrelation bringt, und zeigt das an den Beispielen des Thales und Zarathustra. — Hier wird deshalb darauf hingewiesen, weil neben einer fundierten Kritik besonders neue Ansatzpunkte für die Sprachgeschichtsforschung zu sehen sind. J. Lohmann hat seinen phänomenologischen Standpunkt in einigen weiteren Arbeiten ausführlich dargelegt (vgl. Literaturverzeichnis).

[5] H. Paul (1960), 20.

[6] J. Lohmann (1967), 360: „Grundsätzlich bin ich mit Hermann Paul der Meinung, daß echte Sprachwissenschaft nur als Sprachgeschichte möglich ist..."

nichtgeschichtliche und doch wissenschaftliche Betrachtung der Sprache erklärt, ist im Grunde nichts als eine unvollkommen geschichtliche, unvollkommen teils durch Schuld des Betrachters teils durch Schuld des Beobachtungsmaterials."

Wenn in der vorliegenden Arbeit die Sprache als Kommunikationsmittel des Menschen betrachtet wird, so geschieht das aus der Überzeugung, daß die Sprache Funktionen hat, deren erste ist, die Kommunikation unter den Menschen zu ermöglichen. Deshalb ist es vordringlichste Aufgabe der Wissenschaft, deren Gegenstand die Sprache ist, das Funktionieren derselben als eines Instrumentes der Kommunikation zu erforschen. Die Geschichte der Sprachwissenschaft beweist jedoch, daß man sich über ein Jahrhundert lang nicht damit befaßte, wie die Sprache als Werkzeug der Kommunikation funktioniert, sondern sich fast ausnahmslos auf die Untersuchung beschränkte, wie die Sprache sich verändert.

Während in anderen Ländern der Ausbruch aus diesem Kreis schon vor mehreren Jahrzehnten gelang, konnte sich die deutsche Sprachwissenschaft von dieser Fessel bis heute nicht befreien. Die Folgen dieser engen Betrachtungsweise liegen auf der Hand: nicht nur die seit dem beginnenden 19. Jahrhundert führende Position der deutschen Sprachwissenschaft in der Welt ging verloren — das ist weniger tragisch — sondern die teilweise verhängnisvollen Auswirkungen wurden größtenteils immer noch nicht erkannt und was das Wichtigste ist, der Anschluß an das internationale Niveau der Linguistik wurde verpaßt und läßt sich um so schwerer wieder herstellen. — Die deutsche Sprachwissenschaft ist auch heute, im letzten Drittel des 20. Jahrhunderts noch weitgehend auf die aus dem 19. Jahrhundert vorgegebenen Muster ausgerichtet. Verschiedene erfreuliche und auch vielversprechende Ansätze in Ost- und Westdeutschland können aber über das entmutigende Bild der Gesamtlage vorläufig noch nicht hinwegtäuschen.

Auch die deutsche Dialektologie hat im Banne dieser historischen Betrachtungsweise gestanden.

0.1 Zur Geschichte der deutschen Dialektologie

0.1 Wirft man einen Blick in die Geschichte der deutschen Dialektologie, so tritt die Beschäftigung mit den Dialekten erst zu Anfang des 19. Jahrhunderts hervor.

0.11 In der Sprachtheorie des 17. und 18. Jahrhunderts[7], von M. Opitz und J. G. Schottel über J. Chr. Gottsched bis zu J. Chr. Adelung, gilt das

---

[7] Vgl. dazu W. Henzen (1954), 116—134. — A. Socin (1888), 329—416.

hohe Ideal der Sprachnorm. Man sieht in den Dialekten eine mehr oder minder 'verderbte Sprache'. So gesteht Schottel den Dialekten zwar ihren Wert zu, doch für die Schriftsprache stehen sie außerhalb aller Konkurrenz. Von Gottsched wurden die Mundarten noch schärfer zurückgewiesen, während die Schweizer J. J. Bodmer und J. J. Breitinger auch in dieser Frage toleranter waren. Ein Mitspracherecht der Dialekte bei der Ausbildung der Schriftsprache hielt Gottsched jedoch für erwägenswert. — Adelung steht noch ganz in dieser Tradition. Er widerspricht sich häufig in bezug auf die Dialekte und gebraucht so verschiedene Attribute wie „roh", „unbiegsam", „polternd", „arm" oder „edelste", „wohlklingendste", „reichste", selbst wenn er das nicht auf die Volkssprache allgemein bezieht, sondern jeweils bestimmte deutsche Mundarten damit meint.

So entstand und verbreitete sich die bis zu Beginn des 19. Jahrhunderts geläufige Ansicht, daß die Dialekte eine Entstellung der Hochsprache seien, die von den ungebildeten Unterschichten des Volkes („Pöbel") gesprochen werden. Jedoch konnte die nun aufblühende Sprachwissenschaft diese Theorien leicht entkräften, indem sie auf die geschichtlichen Wurzeln der Dialekte hinwies und deren Entwicklungsgesetze aufdeckte. Wenn auch die alte Meinung über die Mundarten in Halbgebildetenkreisen nur schwer auszurotten war, so galt für die Sprachwissenschaft fortan, in der Vielfalt der Dialekte eine lebendige Quelle der Schriftsprache zu sehen. Ganz in dieser Richtung bewegen sich die theoretischen Erörterungen von Jacob Grimm, Wilhelm von Humboldt, Rudolf von Raumer und August Schleicher. Trotz dieser positiven Einstellung zu den Dialekten wurden diese aber vorläufig noch nicht das Objekt der Forschung. J. A. Schmeller war zunächst eine Ausnahme. Nach ihm klafft eine große Lücke, da die Schüler und Nachfolger J. Grimms vorwiegend mit den alten schriftlichen Denkmälern beschäftigt waren, während die vergleichende Sprachwissenschaft sich ausschließlich auf die Rekonstruktion der 'Ursprache' konzentrierte und dazu nur die alten Sprachen (Sanskrit, Griechisch, Latein) heranzog. Die modernen europäischen Sprachen, vor allem aber deren spätere Entwicklungsstufen wurden völlig vernachlässigt, weil man darin nur die 'Zerstörung' des alten Flexions- und Bildungssystems sah.

Ein bedeutender Impuls in diesem Interim zwischen Schmeller und dem Auftreten der Junggrammatiker ging von Karl Weinhold aus. Schon in seiner Dissertation hatte er als These X polemisch verfochten „Dialecti populares majore studio dignae sunt quam singulorum poetarum medii aevi opera"[8]. K. Weinhold gab vorher 1846 eine Aufforderung und Anleitung zum Stoff-

---

[8] K. Weinhold (1847), 33 [Theses].

sammeln für die Mundarten heraus. 1853 wiederholte er diese Anleitung und fügte gleichzeitig einen grammatischen Abriß seines schlesischen Heimatdialektes an[9]. Außerdem faßte er den Plan zu einer vergleichenden Grammatik der deutschen Mundarten[10], von der zehn Jahre später zwei Bände erschienen[11]. Wie sein Lehrer J. Grimm[12] sah K. Weinhold in den Mundarten die Äste und Zweige des Sprachstammes[13]. Überdies ist er sich mit Karl Müllenhoff darin einig, daß die Mundarten als unmittelbare Fortsetzung der altgermanischen Schriftdialekte anzusehen sind[14]. Die Theorie, daß moderne Dialektgrenzen alte Stammesgrenzen widerspiegeln, war zwar falsch, wie die spätere Forschung zeigte, aber damit wurde das entscheidende Interesse an den Dialekten bei zahlreichen Germanisten geweckt.

Mit dem Auftreten der Junggrammatiker entsteht eine neue Situation, weil jetzt die Dialekte zu einem der zentralen Probleme werden.

0.12 Die Junggrammatiker bilden die bedeutendste sprachwissenschaftliche Schule des 19. Jahrhunderts. Sie beziehen die lebende Sprache, wie sie sich in den Dialekten zeigt, als potentiellen Forschungsgegenstand von Anfang an ein. Die Entwicklung der Sprache vollzieht sich in der junggrammatischen Theorie nach mechanischen Gesetzen, nämlich in der gemeinsamen Wirkung von 'Lautgesetz' und 'Analogie'.

Auf der Suche nach einer Bestätigung dieser theoretischen Schlußfolgerungen bot sich die gesprochene Sprache der Dialekte als geeignetes Objekt an. So schreibt H. Paul 1877[15]:

> „Die grundanschauung, ... zu der ich mich auch schon früher ... bekannt habe, beruht auf der überzeugung, dass der entwicklungsgang der sprache in den älteren perioden nicht prinzipiell verschieden gewesen ist von dem in den jüngern, dass daher die erfahrungen, welche aus den klar und deutlich zu beobachtenden tatsachen in den letzteren sich ergeben, auch auf die ersteren anzuwenden sind."

Weit deutlicher jedoch sprechen sich H. Osthoff und K. Brugmann ein Jahr später in dem programmatischen Vorwort zu ihren 'Morphologischen Untersuchungen' aus. Dort heißt es u. a.:

---

[9] K. Weinhold (1853a; 1853b).
[10] K. Weinhold (1853a), 5.
[11] K. Weinhold (1863; 1867) unter dem Sammeltitel 'Grammatik der deutschen Mundarten'.
[12] J. Grimm (1848), 574 versucht zu differenzieren zwischen 'Mundart' und 'Dialekt'. Die 'Mundarten' erscheinen als Unterabteilungen eines 'Dialekts' oder, wie er es bildhaft ausdrückt, die Mundarten seien die Zweige der Dialekte, während die Dialekte die Äste des Sprachstammes darstellen.
[13] K. Weinhold (1853a), 1; (1863), 1.
[14] K. Weinhold (1853a), 2. — K. Müllenhoff in seiner Vorrede zur zweiten Ausgabe von K. Müllenhoff/W. Scherer (1871), V—XXXV.
[15] H. Paul (1877), 321—322.

„... von der ursprache ab und der gegenwart zuwenden muss der vergleichende sprachforscher den blick, wenn er zu einer richtigen vorstellung von der art der fortentwicklung der sprache gelangen will, ... haben wir es hier ... mit unverfälschter volksrede, mit der gewöhnlichen verkehrs- und alltagssprache zu thun ... ... Ferner überragen die genannten jüngeren sprachen [die heutigen germanischen, romanischen und slavischen Sprachen, Anm. J. G.] ... die antiken sprachen, weil ihre an hand der denkmäler seit jahrhunderten zu verfolgende volkstümliche entwicklung in dialektisch reich entfaltete lebende sprache ausmündet, ... gerade die jüngsten phasen der neueren indogermanischen sprachen, die lebenden volksmundarten, sind auch noch in mancher anderen beziehung von hoher bedeutung für die methodologie der vergleichenden sprachwissenschaft ... ... In allen lebenden volksmundarten erscheinen die dem dialect eigenen lautgestaltungen jedesmal bei weitem consequenter durch den ganzen sprachstoff durchgeführt ... ... nur derjenige vergleichende sprachforscher, welcher aus dem hypothesentrüben dunstkreis der werkstätte, in der man die indogermanischen grundformen schmiedet, einmal heraustritt in die klare luft der greifbaren wirklichkeit und gegenwart, um sich hier belehrung zu holen über das, was ihn die graue theorie nimmer erkennen lässt, und nur derjenige, welcher sich für immer lossagt von jener früherhin weitverbreiteten, aber auch jetzt noch anzutreffenden forschungsweise, nach der man die sprache nur auf dem papier betrachtet ... — nur der kann zu einer richtigen vorstellung von der lebens- und umbildungsweise der sprachformen gelangen ..."[16].

Man kann sich unschwer vorstellen, daß diese Sätze auf die 'älteren Grammatiker' schockierend gewirkt haben. Für die deutsche Dialektologie begann ein großer Aufschwung, der ein weiteres Mal von den Junggrammatikern durch eine speziell für dieses Problem angelegte theoretische Abhandlung von H. Osthoff[17] gefördert wurde. Immer wieder kam zum Ausdruck, daß an keinem Sprachstoff die Wirkung der Ausnahmslosigkeit der Lautgesetze besser zu beobachten sei als an den Dialekten[18]. Aus diesem Blickwinkel wird aber versäumt, den theoretischen Standort des Dialekts in der Sprache selbst zu bestimmen. H. Osthoff[19] versucht, wie schon der Titel seiner Arbeit und zahlreicher nachfolgender Schriften[20] zeigt, den Dialekt gegen die Schriftsprache abzugrenzen. Er vergleicht Schriftsprache und 'Volksmundart' mit zwei Bäumen, die beide auf üppigem Waldboden in dichter Nachbarschaft aufwachsen und gedeihen. Im jugendlichen Alter wird aber einer der beiden Stämme dazu bestimmt, den Kunstgarten der benachbarten Stadt zu verzieren. Mit geschickter Hand entwurzelt der Gärtner einen der beiden Bäume

---

[16] H. Osthoff/K. Brugman (1878), VII—X.
[17] H. Osthoff (1883). Es handelt sich um einen abgedruckten Vortrag, der schon am 14. Dezember 1878 in Heidelberg gehalten wurde.
[18] H. Osthoff (1879), 7; (1883), 17.
[19] H. Osthoff (1883).
[20] Vgl. A. Socin (1888). — F. Jostes (1886). — E. Wilke (1903). — W. Wilmanns (1905). — E. Steiger (1919). — K. Kaiser (1930). — A. Schmitt (1931). — W. Henzen (1938, ²1954). — H. Becker (1939). — H. Brinkmann (1955). — F. Maurer (1956). — R. Schützeichel (1960). — R. Große/C. J. Hutterer (1961) und zahlreiche andere.

und setzt ihn unter die Zierpflanzen des Parks. Hier wird ihm beständige und sorgsame Pflege zuteil, er wird beschnitten und es werden ihm sogar Reiser gattungsverwandter Waldbäume aufgepfropft. Der zweite Baum gedeiht unberührt von Menschenhand derweil als Prachtstück im Walde weiter. — Verdeutlichend fügt H. Osthoff hinzu, daß damit ein Naturerzeugnis zum Kunstprodukt umgeschaffen wurde (Schriftsprache), während die Volksmundart im heimatlichen Mutterboden verwurzelt bleibt[21]. In der Opposition „künstlich" $\neq$ „natürlich" erschöpft sich die Behandlung dieses Problems, denn der weitere Inhalt von H. Osthoffs Arbeit ist ein einziges berechnendes Loblied auf die Mundarten. Lediglich an einer Stelle spricht er noch davon, daß „man die Grenze für den Ausdruck Dialekt so eng als möglich, wo möglich nicht über eine Stadt, ein einziges Dorf hinaus" ziehen sollte[22].

Konkrete Anweisungen, wie der Beitrag der Dialektforschung für die neue sprachwissenschaftliche Richtung aussehen sollte, gab dagegen Ph. Wegener 1879 auf der 34. Versammlung deutscher Philologen und Schulmänner in Trier. In dieser Arbeit, die ein Jahr später gedruckt erschien[23], wird das Modell der späteren Ortsgrammatiken und dialektgeographischen Untersuchungen entworfen. Als erste Aufgabe der Dialektforschung wird genannt, „den dialectischen Sprachstoff phonetisch und grammatisch möglichst genau zu fixieren und so der historischen Sprachforschung zugänglich zu machen"[24]. Eine ganze Reihe der von Ph. Wegener aufgestellten Thesen sind aber in den nachfolgenden Arbeiten, besonders in denen aus dem 20. Jahrhundert und der jüngsten Vergangenheit nicht berücksichtigt worden. Zu erinnern ist hier beispielsweise an die Probleme des Akzents und der Syntax[25]. Diese Versäumnisse wird man also schwerlich den Junggrammatikern anlasten können. Mit solchen Gemeinplätzen, wie sie z. B. in H. Osthoffs Schrift[26] vertreten werden, in dieser Zeit allerdings etwas völlig Neues bedeuteten, gab sich aber ein Mann vom Range H. Pauls nicht zufrieden.

0.121 Hermann Paul war der bedeutendste Kopf der junggrammatischen Richtung. Die Neolinguistik des 20. Jahrhunderts hat in ihm hauptsächlich den unermüdlichen Verfechter und den stärksten Exponenten des Historismus in der Sprachwissenschaft gesehen. Leitsätze, wie sie eingangs von H.

---

[21] H. Osthoff (1883), 3—4.
[22] H. Osthoff (1883), 17.
[23] Ph. Wegener (1880).
[24] J. Franck (1880), 363.
[25] Ph. Wegener (1880), 463, 474.
[26] H. Osthoff (1883).

Paul angeführt wurden [0.0], lassen solche Schlußfolgerungen tatsächlich zu. Jedoch erschöpfen sich hierin seine theoretischen Erörterungen keineswegs. Die fruchtbaren Ansatzpunkte, die sich an vielen Stellen des Werkes von H. Paul finden, sind deshalb übersehen worden. In den 'Prinzipien der Sprachgeschichte'[27] sind zahlreiche ausgezeichnete Beobachtungen enthalten, die direkt zu den linguistischen Neuerungen des 20. Jahrhunderts hinführen. Das gilt insbesondere auch von H. Pauls Ansichten über das Verhältnis von Sprache und Gesellschaft.

Er geht von der Überzeugung aus, daß die Sprache ein Produkt der menschlichen Kultur ist. Um die gegenwärtigen Formen der Kultur zu begreifen, ist es vor allem notwendig, die historischen Bedingungen zu kennen, unter deren unmittelbaren Einfluß diese Formen Gestalt gewannen. Durch diese Grundposition wurde H. Paul jedoch so weit abgetrieben, daß er behauptete, eine Sprachwissenschaft, die nicht historisch vorgehe, sei unwissenschaftlich. Gleichzeitig aber gehört für ihn die Sprachwissenschaft zur Kulturwissenschaft und etwas weiter heißt es: „Die Kulturwissenschaft ist immer Gesellschaftswissenschaft"[28]. Und eine Feststellung wie die, „dass diese komplizierten Gebilde nur dadurch haben entstehen können, dass das Individuum mit einer Reihe von andern Individuen in Gesellschaft lebt"[29] zeigt, daß H. Paul an dieser Stelle die Sprache als soziales Geschehen verstanden wissen will. Auch andere Äußerungen deuten darauf hin, daß er in der Sprache ein Gemeingut der „Sprachgenossenschaft" sieht[30]. Dieses hat sich manifestiert in einem gewissen Durchschnitt, den H. Paul als „Sprachusus" bezeichnet[31] und der sich dadurch gewinnen läßt, indem die „Sprachorganismen" möglichst vieler Individuen, die als Vertreter dieser Sprachgemeinschaft gelten, verglichen werden. Dies ist jedoch für H. Paul keine Widerspiegelung der Sprachwirklichkeit, sondern lediglich eine psychologische Größe. Die alleinige Wirklichkeit ist die Sprache des Individuums[32], wie sie sich in „den einzelnen Akten der Sprechtätigkeit"[33] offenbart. Mit dieser Unterscheidung von „Sprachorganismus" einerseits, der „etwas unbewußt in der Seele Ruhendes" ist, und den eben zitierten „Akten der Sprechtätigkeit" andererseits[34], rückt H. Paul dicht an die Theorie

---

[27] H. Paul (1960).
[28] H. Paul (1960), 7; Sperrung im Original.
[29] H. Paul (1960), 13.
[30] H. Paul (1960), 39: „An der Erzeugung der Sprache eines Individuums beteiligen sich die Sprachen einer großen Menge anderer Individuen..."
[31] H. Paul (1960), 29, 31—34.
[32] H. Paul (1960), 37—39.
[33] H. Paul (1960), 29.
[34] H. Paul (1960), 29.

F. de Saussures heran, für den 'Sprache' (langue) das soziale Geschehen und 'Sprechen' (parole) der konkrete Sprechakt des Individuums ist[35]. Sicherlich führen die weitschweifigen Erörterungen H. Pauls nicht geradlinig auf dieses Ziel hin wie bei F. de Saussure. Die verheißungsvollen Ansätze, die sich an vielen Stellen von H. Pauls Hauptwerk finden, sind jedoch von seinen Schülern, den deutschen Sprachwissenschaftlern überhaupt und sogar von der modernen Linguistik bis heute übersehen und in keiner Weise entsprechend gewürdigt worden.

Auch H. Pauls theoretische Einschätzung des Dialekts ist verkannt worden. An der Spitze steht für ihn das, was heute 'Idiolekt' genannt wird. Er sagt:

> „Wir müssen eigentlich so viele Sprachen unterscheiden als es Individuen gibt"[36].

Und weiter:

> „In Wirklichkeit werden in jedem Augenblicke innerhalb einer Volksgemeinschaft so viele Dialekte geredet als redende Individuen vorhanden sind, und zwar Dialekte, von denen jeder einzelne eine geschichtliche Entwicklung hat und in stetiger Veränderung begriffen ist"[37].

Die Verbindung mit dem historischen Element ist ihm auch hier wichtig genug. — Eine ganz ähnliche Feststellung hatte 1916 der junge Roman Jakobson gemacht, als er sich in einem Dorf nördlich von Moskau zu Dialektstudien aufhielt. Er erkannte, daß man eigentlich nicht von einem einheitlichen Dialekt sprechen könne, sondern nur von „a multitude of individual and short-term parlances, and instead of sound-laws one deals here for the most part with mere bents and tendencies"[38].

Diese Individualsprachen schließen sich den „politischen und religiösen Verkehrsverhältnissen entsprechend" zu Gruppen zusammen, „die verhältnismässig einheitlich und nach außen abgeschlossen sind"[39]. Solche Gruppen bilden sich nach H. Paul zunächst in den einzelnen Orten. Es entstehen „Ortsdialekte". Um den Ortsdialekt herum gruppieren sich schließlich größere Gemeinschaften, die untereinander im regelmäßigen Verkehr stehen. Trotzdem „wird man eine Menge sich gegenseitig durchschneidender Gruppen bekommen"[40]. Auch hier wurden die theoretisch wertvollen Ansatzpunkte H. Pauls nicht erkannt. Die weitere Geschichte der deutschen Dialektologie im besonderen wie der deutschen Sprachwissenschaft im allgemeinen beweist dieses Faktum.

---

[35] F. de Saussure (1931), 13—18.
[36] H. Paul (1960), 37.
[37] H. Paul (1960), 38.
[38] R. Jakobson (1962a), 652.
[39] H. Paul (1960), 41.   [40] H. Paul (1960), 41.

0.2 Zusammenfassung

0.2 Der geschichtliche Überblick zur deutschen Dialektologie, die mit dem Auftreten Georg Wenkers in die fruchtbare Epoche der Dialektgeographie einmündet, soll hier abgebrochen werden, weil der weitere Verlauf in groben Zügen bekannt ist oder nachgelesen werden kann[41]. Zweierlei sollten die voraufgehenden Abschnitte herausheben. Das erste ist das unkritische Festhalten und damit die Fortsetzung des junggrammatischen Prinzips, das einmal mit dem Schlagwort 'Sprache und Geschichte' und zum andern mit 'Schriftsprache und Mundarten' charakterisiert werden kann. Man übernimmt von den Junggrammatikern deren diachronische Sprachbetrachtung und das Prinzip der linearen Deszendenz in der Zeit, was unweigerlich zum Atomismus führen muß. Weder der Systemcharakter der Sprache wird berücksichtigt noch die wechselseitige Beeinflußung räumlich benachbarter Sprachformen wird erkannt. Diesen zuletzt genannten Punkt hatte H. Paul jedoch klar gesehen und die Wirkung des „Verkehrs" auf die Sprache richtig beurteilt[42]. Das führt zum zweiten Punkt, nämlich der teilweisen Fehleinschätzung Hermann Pauls und seines Hauptwerkes 'Prinzipien der Sprachgeschichte' durch die moderne Linguistik.

Wohl war H. Paul als Haupt der Junggrammatiker ein Streiter für Diachronie und Ausnahmslosigkeit der Lautgesetze, aber er war zugleich der bedeutendste Theoretiker dieser Schule, dessen Grundideen zu den Wurzeln der Erneuerung der Sprachwissenschaft im 20. Jahrhundert gehören. Dieses Verhältnis H. Pauls zur Neolinguistik und seine Wirkungen auf sie sollte untersucht und nicht ignoriert werden[43].

---

[41] Vgl. F. Wrede (1919). — W. Streitberg/V. Michels (1927), 144—177. — V. M. Schirmunski (1962), 1—151.
[42] H. Paul (1960), 39—42.
[43] Das vorzügliche Buch von A. Martinet (1963) führt z. B. unter den Literaturhinweisen zur historischen Sprachwissenschaft S. 196—197 H. Pauls 'Prinzipien' nicht auf.

1. Sprache, Dialekt, Idiolekt

1.0 Sprache

1.0 Die Sprache im Sinne von F. de Saussure (langue) ist nur in der Sprachgemeinschaft möglich; „sie besteht nur kraft einer Art Kontrakt zwischen den Gliedern der Sprachgemeinschaft"[44]. Dies gilt ebenso für jede konkrete Einzelsprache wie Englisch, Französisch, Russisch oder Deutsch. Eine Sprache von dieser Art kennt die vielfältigsten Formen der Verwendung und des Gebrauchs, denn die Sprache einer Sprachgemeinschaft ist weder auf begrenztem Raum noch viel weniger aber in dem umfassenden Sinne einer Nationalsprache homogen. Auf die komplexe tatsächliche sprachliche Situation hat A. Martinet hingewiesen[45]. Trotz dieser relativ großen Ungleichheit zwischen Gliedern derselben Sprachgemeinschaft ist eine gegenseitige Verständigung möglich.

Das Kriterium der gegenseitigen Verständlichkeit wird deshalb auch zunächst für die Entscheidung, ob es sich um verschiedene Sprachen oder nur um Spielarten einer Sprache handelt, herangezogen. Manchmal kann aber damit keine klare Aussage getroffen werden. Man stelle sich die Verständigungsmöglichkeiten zwischen einem Bauern aus Niederbayern und einem Fischer aus einem deutschen Ostseedorf vor, die beide nicht aus dem Kreis ihrer engeren Heimat hinausgetreten sind. Eine gegenseitige Verständigung wird kaum gegeben sein, obwohl das Beispiel noch extremer gewählt werden könnte. Trotzdem wird man die Redeweise der beiden Männer nicht verschiedenen Sprachen zuweisen wollen. Von so weitgehend erforschten Sprachen wie dem Deutschen kann mit Berechtigung gesagt werden, daß seine Dialekte ein Ganzes bilden, ohne daß damit eine allgemeine gegenseitige Verständlichkeit unter allen Gliedern dieser Sprachgemeinschaft vorausgesetzt würde. Umgekehrt und ganz allgemein hieße das, daß eine völlig ungestörte Verständigung allein zwischen Menschen möglich ist, die den gleichen Dialekt sprechen.

Die Problematik um das Kriterium der gegenseitigen Verständlichkeit verschiebt sich, wenn eine weitgehend unbekannte und deshalb unerforschte Sprache zum Gegenstand der Untersuchung wird[46].

---

[44] F. de Saussure (1931), 17. [45] A. Martinet (1963), 136.
[46] C. F. Voegelin/Z. S. Harris (1951).

1.1 Sprachgemeinschaft

1.1 Die Sprache jeder Sprachgemeinschaft tritt dem Beobachter stets mehr oder weniger stark gegliedert entgegen. Das trifft vor allem auf die modernen Kultursprachen zu. L. Bloomfield, für den die Sprachgemeinschaft „a group of people who interact by means of speech" und gleichzeitig die bedeutendste soziale Gemeinschaft überhaupt ist[47], klassifiziert die Haupttypen der Sprachverwendung einer modernen Sprachgemeinschaft in fünf Gruppen[48]:

(1) literary standard — die formale und geschriebene Sprache;
(2) colloquial standard — die Sprache der gebildeten und privilegierten Schichten;
(3) provincial standard — die Sprache der mittleren Schichten, die sich stark an (2) anlehnt und regionale Unterschiede aufweist;
(4) sub-standard — stark unterschieden von den drei zuerst erwähnten Gruppen; die Sprache der „'lower middle' class"; die Unterschiede sind sowohl soziologischer als auch geographischer Natur;
(5) local dialect — häufig nur von den nicht-privilegierten Schichten verwendet, stets von Ort zu Ort verschieden und den Sprechern von (1), (2), (3) meist unverständlich.

Das ist notwendigerweise eine soziologische Klassifizierung, die hier nicht weiter hilft, wenn „Dialekt" gegen „Sprache" abgegrenzt werden soll, was wiederum nur mit Hilfe von gewissen Abstraktionen möglich ist. — Trotzdem darf in diesem Zusammenhang nicht verkannt werden, daß in vielen Gebieten Differenzierungen der gesprochenen Sprache häufig mit den sozialen Unterschieden innerhalb der Sprachgemeinschaft korrespondieren[49].

1.2 Sprache und Dialekt als Abstraktionen

1.2 Eine der wichtigsten Abstraktionen in der Sprachwissenschaft ist der Begriff 'Sprache' selbst, 'Sprache' im Sinne von 'die deutsche Sprache', 'die englische Sprache'. Von Laien wie von Linguisten wird heute der Terminus gebraucht, ohne daß es grobe Mißverständnisse gibt. Durch stillschweigende Konvention ist der Begriff als gültig anerkannt worden, wobei man sich gleichzeitig auch darin einig ist, daß bestimmte individuelle Sprachgewohnheiten hier vernachlässigt werden können.

Ganz ähnlich ist es mit dem Begriff Dialekt. Auch hier liegt zunächst eine wertvolle Abstraktion vor. Nach dem Satz 'Die deutsche Sprache besitzt verschiedene Dialekte' erscheint 'Dialekt' als Teil des Ganzen, zuerst wohl als geographischer Ausschnitt, danach aber auch als soziologischer, der ein Werturteil impliziert. Unter Dialekt wird eine „Sprache" verstanden, die von

---

[47] L. Bloomfield (1933), 42.   [48] L. Bloomfield (1933), 52.
[49] J. L. Fischer (1958).

weniger Menschen als die Nationalsprache gesprochen wird und die charakteristische landschaftliche Färbungen aufweist. In diesem Sinne wird von bairischem, schwäbischem, sächsischem oder pfälzischem Dialekt gesprochen. Dabei bleiben also die verschiedenen örtlichen Differenzierungen noch unberücksichtigt. Bis zu welchem Grade diese Verschiedenheiten danach in die Betrachtung einbezogen und für die weitere Gliederung eines Dialektes benutzt werden, hängt vom Linguisten ab, der den Dialekt untersucht. Wesentlich bei diesem Schritt des Abstrahierens ist, daß man jetzt schon bedeutend näher an die tatsächliche Sprache heranrückt, die das eigentliche Untersuchungsobjekt ist, denn nicht einmal in Idealfällen läßt sich die „ganze" Sprache beschreiben, sondern in der Praxis sind Eingrenzungen unerläßlich. Darüber wird unten [1.3] noch ausführlicher zu sprechen sein.

1.21 Für eine präzisere Definition des Begriffes Dialekt hat die strukturelle Linguistik einige wertvolle Beiträge geliefert. So hat U. Weinreich 1954 den Terminus 'Diasystem' eingeführt[50]. Darunter hat man eine Art höherer Abstraktionsebene als der, die für einen Ortsdialekt notwendig ist, zu verstehen. Sie ermöglicht, die Struktur jedes einzelnen Gliedes, sowie die Wechselbeziehungen der Glieder untereinander in einem größeren Zusammenhang sichtbar zu machen[51]. Diasysteme können für die verschiedenen Ebenen der linguistischen Analyse [2.1] aufgestellt werden. Keineswegs sind nur phonologische Diasysteme von Bedeutung, sondern ebenso aufschlußreich und wichtig sind morphologische und syntaktische[52]. Mit Hilfe des Diasystems hat man versucht, den Begriff 'Dialekt' genauer zu definieren. So schreibt G. Francescato[53]:

> „We can in fact define a dialect as a grouping of various linguistic entities, whose systems all partake in the same diasystem. In other words, a dialect (in the common terminology) represents the concrete manifestation of a diasystem (in structural terminology). Both represent the result of an abstraction on the part of the researcher who has chosen to define them."

Auf weitere Bedeutungen und Verwendungsweisen des Wortes 'Dialekt' hat A. Martinet hingewiesen[54]. Trotz aller Bemühungen bleibt die Definition des Begriffes 'Dialekt' letztlich unscharf. Das wiederum spiegelt aber die tatsächliche Situation wider. Die Abgrenzung von Dialekten untereinander und deren Bestimmung gegenüber der Standard- oder Hochsprache ist

---

[50] U. Weinreich (1954), 389—390.
[51] U. Weinreich (1954). — G. R. Cochrane (1959). — E. Pulgram (1964a, 1964b). — G. Francescato (1964, 1965).
[52] E. Pulgram (1964a), 78. — G. Francescato (1964), 112.
[53] G. Francescato (1964), 112—113.
[54] A. Martinet (1954); (1963), 141—146.

schwierig und kann praktisch nicht durchgeführt werden. In diesem Zusammenhang hat Ch. F. Hockett[55] sogar davon gesprochen, daß die relative Ungenauigkeit der Begriffe 'language' und 'dialect' ein Vorzug und kein Mangel ist.

1.3 Idiolekt

1.3 Für die weitere Untergliederung eines Dialekts hat die moderne Dialektologie den Terminus 'Idiolekt' geprägt. Schon 1948 gab B. Bloch folgende klare Definition: „The totality of the possible utterances of one speaker at one time in using a language to interact with one other speaker is an idiolect"[56]. Später sagt U. Weinreich[57], daß der Begriff in den USA viel verwendet wird, um „the total set of speech habits of a single individual at a given time" zu bezeichnen. Dieser Begriff ermöglicht es, den eigentlichen Ausgangspunkt für eine synchronische dialektologische Darstellung zu bestimmen: es ist die zu einem festen Zeitpunkt gesprochene Sprache eines bestimmten, meist ausgewählten Individuums, in der sich die Verwendung eines überindividuellen Sprachsystems manifestiert hat. 'Idiolekt' wird hier in einem weiteren Sinne verstanden als etwa bei G. Hammarström[58], der im Anschluß an W. Meyer-Eppler[59] darunter nur auf die diagnostische Sphäre beschränkte Lautmerkmale, die den Unterschied eines Sprechers zum anderen kennzeichnen, versteht. Eine Untersuchung dieser Merkmale wird in der vorliegenden Arbeit nicht verfolgt, obschon es dringend genug wäre, solche Verfahren auf deutsche Sprecher anzuwenden. Die Fragen, die sich auf der β-Ebene, sowie der γ_1- und γ_2-Ebene G. Hammarströms[60] stellen, bedürfen besonders in dem stark differenzierten Bereich des Deutschen der Antworten.

1.4 Idiolekt und Dialekt

1.4 Der Idiolekt im oben [1.3] definierten weiteren Sinne kann zu einer Abstraktion werden, wenn man darunter die Sprache eines einzigen Sprechers versteht, die in allen ihren Äußerungen die gleichen linguistischen Strukturen aufweist[61]. Das bedeutet, daß Idiolekte, die die gleichen phonologischen, prosodischen, morphologischen, syntaktischen und lexikalischen Systeme zeigen, einen Dialekt bilden. Folgerichtig hat B. Bloch definiert: „A class of idiolects with the same phonological system is a dialect"[62],

---

[55] Ch. F. Hockett (1965), 322.
[57] U. Weinreich (1954), 389.
[59] W. Meyer-Eppler (1959).
[61] E. Pulgram (1964a), 72.
[56] B. Bloch (1948), 7.
[58] G. Hammarström (1966), 11.
[60] G. Hammarström (1966), 7—13.
[62] B. Bloch (1948), 8.

wobei 'phonological' im weiteren Sinne, also mehr als die Phoneme betreffend, verstanden wird. In dem so verstandenen Dialekt muß die linguistische Kommunikation im Sinne A. Martinets funktionieren[63]. Damit gewinnt der Begriff des Idiolekts eine besondere Bedeutung, weil eine Sprache bei der letzten Analyse nur als eine Zusammenfassung von Idiolekten beobachtet werden kann, wie Ch. F. Hockett sagt[64]. Für ihn ist eine Sprache (nicht die Sprache) demnach ein Sammelbecken von mehr oder weniger ähnlichen Idiolekten. Ein Dialekt ist praktisch das gleiche nur mit dem Unterschied, daß der Grad der Ähnlichkeit von Idiolekten in einem einzelnen Dialekt stets größer ist als jener von allen Idiolekten in dieser Sprache[65].

Ch. F. Hockett hat übrigens die synchronische Dialektologie durch weitere fruchtbare theoretische Erörterungen und neue Termini, wie 'L-simplex', 'L-complex', 'comon core', 'overall pattern' bereichert[66], worauf hier nicht näher eingegangen werden kann.

1.5 Zusammenfassung

1.51 Die traditionelle europäische Dialektologie hat bis in die jüngste Zeit von diesen soeben [1.0—1.4] erörterten Problemen keine Kenntnis genommen. Weder aus den theoretischen Ansätzen von Hermann Paul [0.121] noch aus dem Buch von Ferdinand de Saussure, noch aus den ihr bewußt zugespielten Beiträgen aus den Anfängen der Prager Phonologie[67] hat sie Konsequenzen gezogen. Seit den Tagen von Georg Wenker und Jules Gilliéron hat sich die Dialektologie in Dialektgeographie erschöpft und sich an den Problemen 'Sprache und Geschichte', 'Territorium und Mundart', 'Stamm und Sprache' aufgerieben. Berechtigterweise konnte daher A. Martinet 1954 das damals noch nicht lange erschienene Standardwerk von S. Pop[68] scharf kritisieren[69]. In den beiden Bänden wird nicht nur der Strukturalismus völlig ignoriert, sondern es wird auch der allgemeinen Unsicherheit und Unordnung im Bereiche der Dialektologie weiterhin Vorschub geleistet, indem nicht einmal hier eine klare Definition und semantische Abgrenzung des Grundterminus 'Dialekt' versucht, geschweige denn gegeben wird. Nur von diesem prinzipiellen Mangel her, der auch der deutschen Dialektologie von Anfang an anhaftete [0.12], ist es zu verstehen, daß beispielsweise ein Mann vom Format J. Gilliérons nicht zu unterscheiden vermochte zwischen lokalen

---

[63] A. Martinet (1963), 28, 134.   [64] Ch. F. Hockett (1965), 321—322.
[65] Ch. F. Hockett (1965), 322.   [66] Ch. F. Hockett (1965), 321—350.
[67] Vgl. etwa N. S. Trubetzkoy (1931c) und R. Jakobson (1931). Grundlegendes zur historischen Phonologie schon bei R. Jakobson (1929); dazu auch J. van Ginneken (1956).
[68] S. Pop (1950).
[69] A. Martinet (1954), 1—2.

Formen der 'Standardsprache' und echter Mundart (Patois), wie alle Karten des 'Atlas linguistique de la France' deutlich zeigen[70].

1.52 Die moderne Dialektologie entwickelte sich nach 1950 zunächst in den USA und die ersten wichtigen Beiträge kamen nicht direkt von Dialektologen. Namen wie C. F. Voegelin und Z. S. Harris, A. Martinet, U. Weinreich, E. Stankiewicz sind mit dieser Entwicklung verbunden[71]. Der erste Aufsatz zur strukturellen Dialektologie erschien in Deutschland wohl 1956. Er stammte jedoch aus der Feder des französischen Germanisten J. Fourquet[72]. Nicht ganz zu verstehen war, daß ein Germanist vom Range J. Fourquets ausgerechnet diese für die deutsche Dialektologie so wichtige Abhandlung in der Festgabe zum 70. Geburtstag von Theodor Frings in seiner französischen Muttersprache veröffentlichte. Die Schranke, die durch die Fremdsprache gleichzeitig gesetzt war, sollte man deshalb nicht unterschätzen. Ein Alibi dafür, daß es im deutschen Bereich weiterhin stumm blieb, konnte dieses Faktum allerdings nicht sein.

Die begonnene Entwicklung der modernen Dialektologie wurde in den folgenden Jahren besonders stark gefördert von dem jugoslavischen Dialektologen Pavle Ivić[73], aber auch von E. Stankiewicz, J. Fourquet, W. Doroszewski, E. Pulgram, J. Goossens, in anderer Hinsicht von W. G. Moulton, um nur einige der wichtigsten Namen zu nennen[74]. P. Ivić kommt das Verdienst zu, daß er mit seinem bereits 1958 veröffentlichten Buch 'Die serbokroatischen Dialekte I' die erste eingehende dialektologische Darstellung einer Sprache auf struktureller Grundlage lieferte. Auch hier dürfte es nicht ganz zufällig sein, daß dieses Werk ausgerechnet in deutscher Sprache geschrieben wurde. P. Ivić wollte doch wohl damit den deutschen Dialektologen einen Spiegel hinhalten und sagen, daß die im allgemeinen wie im besonderen nach traditionellem Muster bestens erforschten deutschen Dialekte endlich reif sind für eine große strukturelle Gesamtdarstellung.

---

[70] A. Martinet (1954), 5.
[71] C. F. Voegelin/Z. S. Harris (1951). — A. Martinet (1954). — U. Weinreich (1954). — E. Stankiewicz (1956, 1957, 1958).
[72] J. Fourquet (1956).   [73] P. Ivić (1958a, 1958b, 1962, 1963, 1964, 1968).
[74] E. Stankiewicz (1956, 1957, 1958). — J. Fourquet (1956, 1958a, 1958b, 1959). — W. Doroszewski (1958); dieser Beitrag enthält keine neuen Aspekte für die strukturelle Dialektologie, er ist vielmehr ein scharfer Angriff auf die Theorie F. de Saussures; dazu die Kritik von R. Große (1960). — E. Pulgram (1964a, 1964b). — J. Goossens (1965, 1966a, 1966b, 1968, 1969, 1970); J. Goossens/A. Stevens 1964). — W. G. Moulton (1960, 1961a [dazu die Kritik von J. Goossens 1970], 1962, 1963, 1964, 1965, 1968). — Vgl. ferner R. P. Stockwell (1959); K. Heeroma/K. Fokkema (1961); R. J. McDavid (1961); K. Heeroma (1963); G. Redard (1964); B. F. Head (1967); K. J. Kohler (1967); E. Vasiliu (1967) und zusammenfassend jetzt J. Goossens (1969).

2. Analyse der Sprache

2.0 Linguistische Analyse

2.0 Die linguistische Analyse versucht, die als Kommunikationsmittel verstandene gesprochene Sprache aus ihrer komplexen Vielfalt in bestimmte 'Ebenen' und von dorther weiter in linguistische Einheiten zu zerlegen, die eine möglichst genaue Beschreibung gestatten. Der Sinn der Analyse ist, das System, das jede Sprache besitzt, aufzudecken und zu beschreiben, um die Struktur dieses Systems kennenzulernen. Keineswegs wird damit nur ein linguistischer Selbstzweck verfolgt, sondern die Analyse ist beispielsweise für die angewandte Linguistik im Fremdsprachenunterricht unerläßlich. Wieweit die Strukturanalyse der Sprachwissenschaft ausgreifen und selbst auf andere Wissenschaftsbereiche befruchtend einwirken kann, hat Claude Lévi-Strauss[75] sehr eindrucksvoll für die Anthropologie gezeigt. Bei ihm steht auch der Satz: „Die Phonologie muß für die Sozialwissenschaften die gleiche Rolle des Erneuerers spielen wie zum Beispiel die Kernphysik für die Gesamtheit der exakten Wissenschaften"[76].

Die Analyse einer als einheitlich aufgefaßten Sprache ist immer noch sehr schwierig. Der Eindruck, daß mit den fortschreitenden Erkenntnismöglichkeiten zum Problem 'Sprache' der Schwierigkeitsgrad einer exakten Analyse dieses komplexen Gebildes zunimmt, ist häufig nicht abzuweisen.

2.1 Ebenen der Analyse

2.1 Den ersten Schritt einer Analyse stellen die 'Ebenen' dar, die jeder Sprache zugeschrieben werden können und die durch die linguistischen Operationen hervortreten. In klassischer Form sind die Ebenen der Analyse z. B. von B. Bloch und G. L. Trager[77] zusammengestellt worden. Hier werden 'Phonetics', 'Phonemics', 'Morphology' und 'Syntax' unterschieden. Ganz ähnlich verfährt 20 Jahre später auch R. H. Robins[78]. Er faßt jedoch Morphologie und Syntax unter 'Grammar' zusammen und durch die

---

[75] C. Lévi-Strauss (1967), 43—111.
[76] C. Lévi-Strauss (1967), 45 [niedergeschrieben 1945].
[77] B. Bloch/G. L. Trager (1942).
[78] R. H. Robins (1967).

intensiven Forschungen der fünfziger Jahre[79] wird als zusätzliche Ebene 'Semantics' eingeführt.

Ch. F. Hockett[80] gliedert das Sprachsystem als Ganzes in fünf Subsysteme, von denen drei als zentrale Subsysteme angesprochen werden, nämlich das 'grammatical', 'phonological' und 'morphophonemic system' und zwei werden als periphere Subsysteme bezeichnet, nämlich das 'semantic' und 'phonetic system'. Obwohl die peripheren Subsysteme viel schwerer zugänglich seien, hält sie Ch. F. Hockett für ebenso wichtig wie die zentralen. Tatsache ist jedoch, daß die zentralen Subsysteme bei der linguistischen Analyse im Vordergrund stehen, auch wenn z. B. das phonologische System nur über das Lautliche erfaßt werden kann.

Die Einteilung der Ebenen von G. Hammarström[81] mit Phonetik, Morphologie, Syntax und Semantik weicht bemerkenswerterweise in einem Punkte ab: unter 'Phonetik' werden die Phonetik und die Phonologie zusammengefaßt. G. Hammarström sieht in der Phonologie das wichtigste Teilgebiet der Phonetik. Zwar stünden die verschiedenen Funktionen auch auf dieser Ebene im Vordergrund, aber der Beschreibung des Lautlichen komme hier eine ganz besondere Bedeutung zu. Offenbar geht es ihm aber auch darum, die noch bestehenden Dichotomien abzubauen, die bei einer Aufteilung 'Phonetik'—'Phonologie' zwangsläufig auftreten müssen. Seit Jahren bemühen sich auch andere namhafte Linguisten wie R. Jakobson, A. Martinet, B. Malmberg, H. Pilch, M. Joos u. a. um die Überwindung dieses unnützen Dualismus, der heute jedoch weitgehend beseitigt zu sein scheint. Die strenge Trennung von Phonetik und Phonologie, wie sie N. S. Trubetzkoy[82] noch für erforderlich hielt, in einer Zeit allerdings, in der sich die Instrumentalphonetik sowohl methodisch als auch apparativ noch in den Anfängen befand, ließ sich schon seit zwei Jahrzehnten nicht mehr aufrechterhalten. Auch die vorliegende Arbeit läßt keine Zweifel daran, daß 'Phonetik' und 'Phonologie' als ein einheitliches Sachgebiet aufgefaßt werden.

2.11 Die phonologische Analyse hat davon auszugehen, daß die Phonologie „wesentlich Funktionswissenschaft" ist, wie A. W. de Groot wohl als erster gesagt hat[83]. Heute spricht man häufig von 'Phonologie als

---

[79] Vgl. beispielsweise H. Kronasser (1950). — K. Baldinger (1957). — E. Leisi (1961). — St. Ullmann (1967).
[80] Ch. F. Hockett (1965), 137—138.   [81] G. Hammarström (1966), 51.
[82] N. S. Trubetzkoy (1939), 5—17. — Zum Verhältnis von Phonetik und Phonologie ferner: K. Bühler (1931); D. Čyževśkyj (1931); E. W. Selmer (1933); E. Otto (1937); E. Zwirner (1939, 1964, 1967); W. K. Matthews (1958); F. Häusler (1968), 13—26.
[83] A. W. de Groot (1931), 116.

funktionaler Phonetik'[84]. Die Phonologie sieht in der Sprache stets ein Kommunikationssystem und die phonologische Analyse hat die Aufgabe, das Funktionieren dieses Systems in allen Einzelheiten zu zeigen[85].

2.111 Dabei geht es zunächst darum, aus einem gegebenen Corpus einer Sprache deren lautliche Elemente phonetisch zu ermitteln, um diese Elemente anschließend nach ihren Funktionen, die sie in der betreffenden Sprache innehaben, zu ordnen. Das heißt mit anderen Worten, daß die theoretisch unendliche Menge von phonetischen (physikalischen) Einzellauten, wie sie sich in der Rede manifestieren oder schriftlich in der 'narrow transcription' eines Linguisten niederschlagen, jetzt einer bestimmten und begrenzten Menge von funktionalen Einheiten zugewiesen werden. Diese linguistischen Einheiten heißen Phoneme. Die Hauptfunktion des Phonems besteht darin, distinktiv zu wirken an allen jenen Punkten des Redekontinuums, an denen dafür andere Phoneme „in Opposition" treten können. Wichtig sind also in erster Linie die Elemente, die eine Funktion besitzen. Es geht in der Analyse dann darum, daß diejenigen lautlichen Elemente zusammengefaßt werden, die dieselbe Funktion haben, auch wenn sie phonetisch verschieden sind; und es gilt, diejenigen Elemente abzutrennen, die verschiedene Funktionen erfüllen, selbst wenn sie phonetisch ähnlich sind.

Die Ermittlung der funktionalen Einheiten auf phonologischer Ebene geschieht mit Hilfe — jedoch nicht ausschließlich — der distinktiven Opposition, in sogenannten 'Minimalpaaren', d. h. in minimal, nämlich nur durch ein Phonem, unterschiedenen Wortpaaren. Zweifellos läßt sich eine phonologische Opposition durch ein Minimalpaar am besten beweisen, aber vom Standpunkt der phonologischen Analyse her gesehen, sind solche Minimalpaare ein Luxus, wie W. G. Moulton richtig gesagt hat[86]. Andererseits hat die neuere Phonemtheorie gezeigt[87], daß die distinktive Opposition als Kriterium für phonologische Verschiedenheit nicht immer ausreicht. Die Opposition ist dafür zunächst nur ein positives Kennzeichen, denn aus einer nicht belegten oder fehlenden Opposition ist weder phonologische Gleichheit noch phonologische Verschiedenheit abzuleiten. Für die Entscheidung dieser Frage sind deshalb ergänzend die Kriterien 'komplementäre Verteilung' und 'phonetische Verwandtschaft' hinzuzuziehen. Diese beiden Kriterien sind nach H. Pilch völlig ausreichend, um die Frage 'phonologisch

---

[84] So nannte auch A. Martinet (1955a) eine vielbeachtete Abhandlung [niedergeschrieben 1946].
[85] B. Bloch (1948, 1953); (1950), 88—95. — Eli Fischer-Jørgensen (1949).
[86] W. G. Moulton (1961b), 1.
[87] H. Pilch (1964), 56—78.

gleich/phonologisch verschieden' entscheiden zu können[88]. Schließlich ist ein weiteres Merkmal, 'ähnliche Umgebung', einzubeziehen. Dieses gestattet, die distinktive Verschiedenheit zweier Elemente zu belegen, ohne daß sie in völlig gleicher Umgebung stehen.

2.112 Nach der Bestimmung der funktionalen Einheiten, d. h. der Phoneme, ist eine Beschreibung der phonetischen Realisationen jedes Phonems erforderlich[89]. Dabei sind die Hauptvariante, positionsbedingte und wichtige freie Varianten gleichermaßen zu berücksichtigen. Erst durch die phonetische Beschreibung kann das jeweilige Phonem genau definiert werden. — Die Varianten, besonders die stellungsbedingten Varianten, kann man nicht ausklammern, obwohl sie phonologisch irrelevant sind. Sie tragen untereinander stets das Kriterium 'phonetische Verwandtschaft'. Die positionsbedingten Varianten treten dort auf, wo ein und dasselbe Phonem in verschiedenen Umgebungen phonetisch verschieden, aber 'phonetisch verwandt' realisiert wird. Diese Varianten dürfen nicht vernachlässigt werden, weil sie bei einer falschen Beurteilung zu Mißverständnissen führen können. So kann bei unrichtiger Aussprache der stellungsbedingten Varianten der Kommunikationsprozeß erschwert werden oder es tritt zumindest eine Schibboleth-Situation ein, die den Fremden verrät.

2.113 Die phonologische Analyse ist damit aber keineswegs abgeschlossen. Es gilt anschließend das zu ermitteln, was N. S. Trubetzkoy[90] „Phonemgehalt" oder „phonologischer Gehalt" genannt hat. A. Martinet hat in diesem Zusammenhang geschrieben: „Nicht das Phonem, sondern die relevante Eigenschaft ist die Grundeinheit der Phonologie"[91]. Und die distinktive Funktion bezeichnet er als „die Grundfunktion der menschlichen Sprache", diese gälte es von allen anderen zu trennen. In der vorliegenden Arbeit werden diese relevanten Eigenschaften, für die L. Bloomfield 1933 den Begriff 'distinctive features' einführte[92], 'distinktive Phonemmerkmale' genannt. G. Hammarström hat dafür den Terminus 'Phonemkomponente' vorgeschlagen[93], der sich kaum durchsetzen wird. Der Begriff 'distinktives Merkmal' ist in der heutigen Linguistik seit der klassischen Exposition

---

[88] H. Pilch (1964), 69. — Dieser Meinung schließt sich die vorliegende Arbeit jedoch nicht an.
[89] Eli Fischer-Jørgensen (1952).
[90] N. S. Trubetzkoy (1939), 59.
[91] A. Martinet (1968), 69.
[92] L. Bloomfield (1935), 77—80.
[93] G. Hammarström (1966), 26.

durch N. S. Trubetzkoy[94] und der späteren binären Modifikation durch R. Jakobson, G. Fant und M. Halle[95] zu einer allgemein anerkannten Größe geworden. Die 'distinctive-features'-Theorie von R. Jakobson und seinen Mitarbeitern ist nicht unwidersprochen aufgenommen worden[96]. Trotz aller, teilweise berechtigter, Kritik und abgesehen von einigen zunächst überspitzt formulierten Thesen R. Jakobsons läßt sich wohl sagen, daß der Kern dieser Theorie[97] der Versuch ist, mit binär definierten Merkmalen das Phoneminventar einer Sprache zu beschreiben. Sicherlich kann gefragt werden, ob sich die Sprache stets nach dem hier entworfenen binären Modell, das übrigens zunächst rein informationstheoretischen Charakter besitzt, richten muß. Von linguistischer Seite wäre hierauf zu antworten, daß zwischen Modell, Beschreibung und Realität grundsätzlich immer ein Unterschied festzustellen sein wird und daß sich mit der Theorie der 'distinctive features' ebenso adäquate Beschreibungen erzielen lassen wie mit anderen Methoden. Der Vorteil der von R. Jakobson vorgelegten Konzeption liegt dagegen zweifellos in der größeren Einfachheit, was nicht übersehen werden sollte. Das zeigen die zahlreichen bisherigen Anwendungen[98] der Theorie, deren heuristischer Wert für die Linguistik unumstritten ist.

2.1131 Die dinstinktiven Merkmale werden von R. Jakobson und M. Halle[99] in zwei Klassen eingeteilt, in die prosodischen und die inhärenten Merkmale. — Über die inhärenten Merkmale wird im einzelnen noch zu sprechen sein [4.1].

Die europäische Phonologie hat es von Anfang an für erforderlich gehalten, in einer phonologischen Analyse auch die prosodischen Eigenschaften zu beschreiben[100]. Dazu sind vor allem Quantität, Intensität und Tonhöhe zu rechnen. Auch die moderne amerikanische Linguistik empfiehlt die suprasegmentalen Merkmale, wie sie später genannt wurden, einer sorgfältigen Beachtung[101]. Sie bedürfen heute tatsächlich einer besonderen Darstellung[102],

---

[94] N. S. Trubetzkoy (1939), 80—166.
[95] R. Jakobson/G. Fant/M. Halle (1967).
[96] Vgl. beispielsweise die Besprechungen von P. Garvin (1953) und M. Joos (1957), sowie die Bemerkungen von Ch. F. Hockett (1955), 172—175; A. Martinet (1955b), 73—75; ferner R. D. Wilson (1966).
[97] Außer R. Jakobson/G. Fant/M. Halle (1967) sind heranzuziehen: R. Jakobson/M. Halle (1956, 1960, 1964, 1968); M. Halle (1957, 1959, 1964); N. Chomsky/M. Halle (1968).
[98] Vgl. die Titel bei R. Jakobson (1962b), 440—441.
[99] R. Jakobson/M. Halle (1960), 20.
[100] N. S. Trubetzkoy (1931a), 102—103; (1939), 166—205; (1958), 24—33. — A. Martinet (1963), 72—84.
[101] H. A. Gleason (1966), 135.   [102] G. Heike (1970).

die in erster Linie in der Entwicklung der Instrumentalphonetik der letzten fünfzehn Jahre, sowohl in methodischer als auch apparativer Hinsicht, begründet ist. Der Rahmen der vorliegenden Arbeit wäre bei dieser zusätzlichen Untersuchung gesprengt worden. Deshalb bleibt dieser Komplex einer separaten Abhandlung vorbehalten.

Über die in dieser Arbeit enthaltene akustische Analyse der Kernphoneme[103] siehe [3.7].

2.114 Die phonologische Analyse soll auch Angaben über die Aufhebung von phonologischen Gegensätzen in bestimmten Stellungen enthalten. N. S. Trubetzkoy[104] hat der Lehre von der Neutralisation viel Beachtung geschenkt und sie „zu den Grundpfeilern der Theorie der phonologischen Systeme gerechnet"[105]. Das Problem der 'Aufhebung' ist ein Problem der europäischen Phonologie, von dem die amerikanischen Schulen kaum Notiz genommen haben. Immer wieder hat sich A. Martinet um diese Fragen bemüht. In seinen Arbeiten sind Neutralisation und Archiphonem stets einbezogen[106].

Der Neutralisation von distinktiven Gegensätzen in bestimmten Positionen ('Aufhebungsstellung'[107]) kommt deshalb eine Bedeutung zu, weil sich das Phonemeninventar und damit das gesamte System gegenüber der 'Relevanzstellung'[107] verändert. Es bilden sich positionelle Teilsysteme, so beispielsweise für den Konsonantismus in deutschen Dialekten in initialer, intervokalisch-medialer und finaler Stellung. Die distinktive Opposition zwischen zwei Phonemen kann aufgehoben werden, wenn in der Aufhebungsstellung 1. ein Glied der Opposition nicht vorkommt, 2. ein 'Mittelding'[108] zwischen beiden Oppositionsgliedern auftaucht, 3. beide Oppositionsglieder sich zueinander wie freie Varianten verhalten[109]. Der in der Aufhebungsstellung eines distinktiven Gegensatzes stehende Laut wird zum Vertreter des 'Archiphonems' der betreffenden Opposition. Im Gegensatz zum Phonem, das als die Summe der distinktiven Eigenschaften definiert werden kann, ist das Archiphonem durch die Menge der distinktiven Eigenschaften bestimmt, die zwei oder mehr Phonemen gemeinsam sind[110]. A. Martinet

---

[103] Zum Terminus 'Kernphonem' vgl. Fußn. 228.
[104] N. S. Trubetzkoy (1936); (1939), 69—75; 206—218.
[105] N. S. Trubetzkoy (1936), 31.
[106] A. Martinet (1936); (1956), 42—43; 64—66; 69—73; (1963), 66—70.
[107] Diese Termini nach N. S. Trubetzkoy (1936), 30.
[108] N. S. Trubetzkoy (1936), 33; (1939), 72.
[109] C. E. Bazell (1956), 27. — H.-J. Schädlich (1966), 182; 189—190.
[110] A. Martinet (1963), 67.

weist deutlich darauf hin, daß die Neutralisierung mehr als zwei Phoneme betreffen kann. N. S. Trubetzkoy hatte in Verbindung mit dem Archiphonem von der „Gesamtheit der Züge, die zwei Phonemen gemein sind"[111] bzw. „Gesamtheit der distinktiven Eigenschaften ..., die zwei Phonemen gemeinsam sind" gesprochen[112].

Die amerikanische Phonologie hat die Frage der Neutralisation von ihrer distributionalen Grundlage aus betrachtet [2.115] und dafür den Terminus 'defektive Verteilung' eingeführt[113]. Man sagt also nicht: die Oppositionen von /p/ ≠ /b/, /t/ ≠ /d/, /k/ ≠ /g/, /f/ ≠ /v/ sind im Deutschen in finaler Position aufgehoben; sondern man formuliert: die Verteilung von /p/, /t/, /k/, /f/ ist gegenüber /b/, /d/, /g/, /v/ in finaler Stellung defektiv. Beide Male jedoch wird dasselbe über die deutsche Sprache ausgesagt.

Das Problem der 'Aufhebung von Oppositionen' ist für O. v. Essen ein Scheinproblem. Es wird von ihm nicht akzeptiert, da es aus rein logischen Gründen nicht vertretbar sei[114].

2.115 In allen Sprachen wird nur ein geringer Teil der Phonemkombinationen, die auf Grund des Phoneminventars theoretisch möglich sind, ausgenützt, um Wörter zu bilden. Die Phonemdistribution ist neben dem Phonemsystem ein weiteres bedeutendes Charakteristikum einer Sprache.

Den Begriff 'Distribution' hat E. Sapir 1925 in seinem programmatischen Aufsatz 'Sound Patterns in Language' erstmals verwendet[115]. Das Kriterium der Distribution wurde danach bald zur Grundlage für die gesamte amerikanische Linguistik bis in die Mitte der fünfziger Jahre. Der amerikanische Distributionalismus hat sich in seiner reifsten Form in den Büchern von L. Bloomfield (1933) und Z. S. Harris (1951) niedergeschlagen[116]. Bedeutsam für die amerikanische Phonologie war in diesem Zusammenhang der Aufsatz von M. Swadesh[117], eines Schülers von E. Sapir.

Von N. S. Trubetzkoy und der europäischen Phonologie ist das Problem der 'Distribution' unter einem anderen Aspekt gesehen und nicht in der Schärfe erkannt worden wie von der amerikanischen Linguistik. In den Anfängen der Prager Schule spielte es fast keine Rolle. Später nennt N. S. Trubetzkoy

---

[111] N. S. Trubetzkoy (1936), 32.
[112] N. S. Trubetzkoy (1939), 71. — So auch H.-J. Schädlich (1966), 184.
[113] Ch. F. Hockett (1955), 164—166. — Vgl. H. Pilch (1964), 11 und 20.
[114] O. v. Essen (1964), 16.
[115] E. Sapir (1963), 36.
[116] L. Bloomfield (1935). — Z. S. Harris (1966). — Vgl. auch Z. S. Harris (1954).
[117] M. Swadesh (1934).

das entsprechende Kapitel 'Phonemverbindungen'[118]. Hier wird eine Kombinationslehre aufgestellt, die die speziellen Gesetze der Phonemkombinationen in einer Sprache zu untersuchen hat. Auch die 'Phonologische Statistik' kann in diesen Bereich einbezogen werden[119]. Die Termini 'Distribution' und 'distributional' kommen bei N. S. Trubetzkoy jedoch nicht vor.

Die wesentlichen Züge der Phonemdistribution werden seit längerer Zeit auch in den europäischen Arbeiten berücksichtigt[120]. Für die Dialektologie können mit Hilfe der Distributionsverhältnisse wertvolle Kriterien gewonnen werden, die sich für eine Typologie von Dialekten eignen und somit auch sprachgeographisch bedeutsam sind. — Für die deutsche Hochsprache sind einzelne solcher Distributionskriterien bereits herausgearbeitet worden[121]. Für die Dialekte stehen solche Darstellungen noch aus.

2.2 Zusammenfassung

2.2 Die phonologische Analyse der Sprache wird von R. Jakobson und M. Halle als linguistische Grundanalyse verstanden[122], deren Ziel die Ermittlung der distinktiven Merkmale ist. — Diese zerfallen in zwei Klassen, die prosodischen und inhärenten Merkmale. Durch Bündelung von distinktiven Merkmalen werden Phoneme aufgebaut[123], die ihrerseits zu Phonemfolgen und zu einer Silbe werden. Von hier aus entstehen die komplexen sprachlichen Einheiten, die vom Morphem über das 'Wort' bis hin zum Satz und zur 'Äußerung' reichen.

Die Vorgänge und Probleme, wie sie sich bei einer Analyse auf den oben [2.1] erwähnten anderen sprachlichen Ebenen stellen, werden hier nicht weiter verfolgt, da die vorliegende Arbeit im Bereich der phonologischen Analyse bleibt.

2.3 Akustische Analyse

2.30 Die vorliegende Arbeit beschränkt sich nicht allein auf die rein linguistische Analyse. Es wird gleichzeitig versucht, eine akustische Analyse

---

[118] N. S. Trubetzkoy (1939), 218—230; (1958), 22—24.
[119] N. S. Trubetzkoy (1939), 230—241.
[120] Vgl. beispielsweise A. Martinet (1956), 90—95. — H. Faßke (1964), 54—74. — H.-J. Schädlich (1966), 130—181. Ferner: K. Fokkema in K. Heeroma/K. Fokkema (1961), 16—24; J. Goossens (1966a).
[121] W. F. Twaddell (1938, 1939, 1940). — W. G. Moulton (1956).
[122] R. Jakobson/M. Halle (1960).
[123] R. Jakobson (1962a), 280—310.

des Sprachsignals vorzunehmen, die allerdings vorläufig nur für den Bereich der Vokale[124] gegeben wird, da diesen hier eine größere Bedeutung zufällt [2.3121]. Die Verbindung von phonologischer und akustischer Analyse in einer Reihe neuerer Untersuchungen[125] ist außerdem ein Beweis dafür, daß die vieldiskutierte Zweiteilung von Phonetik und Phonologie überwunden worden ist [2.1].

2.31 Die akustische Analyse des Sprachsignals wurde ermöglicht durch die technischen Fortschritte der **akustischen Phonetik**[126] in den vergangenen 25 Jahren.

Im Gegensatz zur artikulatorischen Phonetik, die die Sprachlaute von ihrer Produktion her beschreibt, untersucht die akustische Phonetik die physikalische Substanz des Sprachsignals, d. h. die Schallwelle.

Die Akustik[127] als Teilgebiet der Physik befaßt sich mit allen Arten von Lauten. Laute bestehen hauptsächlich aus Schwingungen der Luft. Andere Medien können in diesem Zusammenhang vernachlässigt werden. Wenn Luft von einer Schallquelle aus in Schwingungen versetzt wird, breitet sich der Schall nach allen Richtungen hin mit einer Geschwindigkeit von 333 m/s aus. Schwingungen in regelmäßigen Zeitabständen oder kurz periodische Schwingungen ergeben einen musikalischen Ton bestimmter Höhe, wobei sich die Energie auf einen bestimmten Punkt der Frequenzskala konzentriert. Schwingungen in unregelmäßigen Zeitabständen verursachen keinen „Ton", sondern ein „Geräusch", bei dem sich die Energie ungleichmäßig über die Frequenzskala hin ausbreitet[128]. — Der französische Physiker und Mathematiker Joseph Fourier (1768—1830) stellte zu Anfang des 19. Jahrhunderts den bedeutenden Satz auf, nach dem alle periodischen Schwingungen, auch die komplexesten, aus einer großen Anzahl einfacher Sinuswellen aufgebaut sind. Das bedeutet, daß die periodischen Schwingungen als Summe einfacher Sinusschwingungen dargestellt werden können[129].

---

[124] G. E. Peterson (1951).
[125] R. Jakobson/C. G. M. Fant/M. Halle (1967). — M. Halle (1959), hier wurde der akustische Teil von L. G. Jones beigesteuert. — G. Heike (1964).
[126] Grundlegend und speziell für Linguisten gedacht ist immer noch das bemerkenswerte Buch von M. Joos (1948). — Ferner: W. Meyer-Eppler (1950); E. Pulgram (1964c); Ch. F. Hockett (1955), 180—211; Ch. F. Hockett (1965), 112—119; H. A. Gleason (966), 357—372. Eine wichtige Aufsatzsammlung wurde von Ilse Lehiste (1967) zusammengestellt und herausgegeben.
[127] Vgl. die allgemeinverständliche Einführung von W. A. van Bergeijk/J. R. Pierce/E. E. David (1960).
[128] W. A. van Bergeijk/J. R. Pierce/E. E. David (1960), 63—68.
[129] W. A. van Bergeijk/J. R. Pierce/E. E. David (1960), 40, 220—221.

Die Eigenschaften des Lautes, die bei einer akustischen Analyse seiner Schallwellen beobachtet und gemessen werden können, sind Frequenz (Tonhöhe), Intensität und Dauer. — Sprachlaute unterscheiden sich grundsätzlich nicht von anderen Lauten, Tönen oder Geräuschen. Sprachlaute entstehen durch Veränderungen, genauer: Schwingungen, des Luftstromes, der beim Ausatmen aus den Lungen ausgestoßen wird. Diese Schwingungen werden verursacht einmal durch eine Verengung im Ansatzrohr (d. i. der rohrförmige Hohlraum, der sich aus Rachen- und Mundhöhle zusammensetzt), wobei die Konstriktion als Sprachschallgenerator wirkt, und zum anderen durch die sich periodisch öffnenden und schließenden Stimmlippen im Kehlkopf, die als Schallgenerator für die stimmhaften Laute auftreten. Wenn der Schall erzeugt ist, wird er in einem nachfolgenden Filterungsprozeß, der durch die Resonanzeigenschaften des Ansatzrohres ermöglicht wird, zur endgültigen Sprachlautgestalt geformt[130]. Die dadurch entstandene Schallwelle kann wie jeder andere Laut zerlegt und in den ihr eigenen erwähnten Dimensionen von Frequenz, Intensität und Dauer beschrieben werden. Die Beschreibung dieser drei Dimensionen ist nicht durch bloßes Hören möglich, sondern es sind Instrumente erforderlich, die genaue Messungen gestatten.

2.311 Die beiden wichtigsten Instrumente, die in der akustischen Phonetik zur Analyse von Sprachsignalen verwendet werden, sind der Oszillograph und der Spektrograph, der später auch Sonagraph genannt wurde. — Direkte Aufzeichnungsverfahren des Schalldruckverlaufes gab es schon um die Jahrhundertwende von L. Hermann[131]. Durch die Entwicklung der Elektronik wurde die Registriertechnik auch innerhalb der Phonetik grundlegend umgestaltet. Die Erfindung (1897) und elektronische Weiterentwicklung der Braunschen Röhre schuf die Voraussetzung für den heute verwendeten Kathodenstrahloszillographen[132]. Mit Hilfe von Photographie- und Filmeinrichtungen können damit Registrierungen von akustischen Schwingungsvorgängen vorgenommen werden.

Eine noch größere Bedeutung für die akustische Phonetik hatte die Entwicklung des Spektrographen, der während des zweiten Weltkrieges in den USA gebaut wurde und von dem man 1946 erstmals offiziell hörte[133].

---

[130] G. Ungeheuer (1962), 31—37.
[131] G. Lindner (1969), 46.
[132] G. Lindner (1969), 47—48.
[133] W. Koenig/H. K. Dunn/L. Y. Lacy (1946). — Nur wenig früher berichtete R. K. Potter (1945) über die ersten sichtbar gemachten Lautmuster.

Schon ein Jahr später erschien das in eine neue Epoche führende Buch von R. K. Potter, A. G. Kopp und H. C. Green: Visible Speech[134]. — Die einmalige Leistung des Spektrographen, der im Laufe der Zeit immer mehr verbessert und vervollständigt wurde, besteht darin, daß akustische Muster (engl. pattern) in optische umgewandelt und somit besser untersucht werden können. Beim Prinzip des Spektrographen[135] wird das zu untersuchende Schallsignal direkt (Mikrophon) oder von einem Schallträger auf eine Speichertrommel gegeben, die 2,4 Sekunden aufnehmen kann. Vom Speicher aus wird die Energie des Sprachstromes durch Filter in eine Anzahl nebeneinanderliegender Frequenzbänder geleitet und aufgeteilt. Je nach der Intensität des auf ein Frequenzband entfallenden Energieanteils wird ein mehrfach beschichtetes, elektrisch leitendes Papier von Funken, die auf eine Art von Schreibstift übertragen werden, durchschlagen, so daß die dunkleren Schichten des Papiers sichtbar werden und der unterschiedliche Schwärzungsgrad die Intensitätsverteilung auf dem fertigen Spektrogramm anzeigt.

Ein drittes Gerät, mit dem die akustische Phonetik in den vergangenen 15 Jahren wichtige Ergebnisse erzielte, ist der Pattern Playback[136]. Mit diesem Apparat ist es möglich, echte und falsche Spektrogramme, die von Hand gezeichnet oder anders graphisch dargestellt werden, in akustische Wiedergabe zurückzuverwandeln. Die Schwärzungen werden auf dem Pseudo-Spektrogramm je nach Untersuchungszweck in bestimmter Intensität und Verteilung angebracht, so daß bestimmte Frequenzen hervorgehoben, andere ausgespart werden. Der Pattern Playback macht diesen so konstruierten Laut hörbar. Auf diese Weise ist es möglich, beispielsweise die Analyse eines Vokals durch eine sich anschließende Synthese auf Richtigkeit und Vollständigkeit zu überprüfen.

Über weitere Instrumente und Methoden in der akustischen Phonetik informieren die folgenden Arbeiten ausführlich: Eli Fischer-Jørgensen (1958), C. G. M. Fant (1958, 1962, 1968), F. S. Cooper (1962, 1965).

2.312 Das Grundproblem der akustischen Phonetik sieht Ch. F. Hockett im Herausfinden von akustischen Korrelaten für die verschiedenen phonolo-

---

[134] R. K. Potter/A. G. Kopp/H. C. Green (1947).
[135] W. Koenig/H. K. Dunn/L. Y. Lacy (1946); E. Pulgram (1964c), 97—105; G. Lindner (1969), 84—90.
[136] F. S. Cooper (1950, 1953); F. S. Cooper/A. M. Liberman/J. M. Borst (1951); A. M. Liberman/P. Delattre/F. S. Cooper (1952); J. M. Borst/F. S. Cooper (1957). — W. Meyer-Eppler (1949), 122, Tafeln XV, XVI.

gischen Elemente einer Sprache, d. h. die Bestimmung und Beschreibung des phonetischen Systems einer Sprache[137]. In diesem Sinne wurde die akustische Phonetik konsequent angewendet in der Theorie der 'distinctive features' von R. Jakobson/C. G. M. Fant/M. Halle (1951 [1967⁷]). Die binären Klassifikationsmerkmale, die in dieser epochemachenden Schrift als Universalsystem für alle bisher bekannten Sprachen entwickelt wurden, sind zunächst akustisch definiert worden.

Durch die vom Spektrographen gelieferten Spektrogramme[138] wurde es möglich, die im Redesignal vorliegende Schallwelle in den bereits erwähnten drei Dimensionen (Frequenz, Intensität, Dauer) direkt zu beobachten und genau zu messen. Bei der bloßen Betrachtung eines Sonagramms (Spektrogramms) ist eine grobe Gliederung des Redestromes erkennbar, die vokalische und konsonantische Laute voneinander unterscheidet. Ganz allgemein läßt sich sagen, daß Laute, die mit Beteiligung der Stimmlippen gebildet werden[139], auf dem Sonagramm eine horizontale Makrostruktur zeigen (Vokale, Nasale, Laterale, /r/-Laute), während alle anderen eine vertikale Strukturierung aufweisen [Abb. 1][140].

2.3121 Vokale und vokalische Laute sind im Spektrogramm durch mehr oder weniger waagrechte, je nach Intensitätsgrad geschwärzte, schmale Bänder zu erkennen, die Formanten genannt werden. Es sind enge Frequenzbereiche mit einer besonders starken Energiekonzentration. Schon ziemlich früh wurde von Carl Stumpf mit vergleichsweise primitiven Mitteln, nämlich ohne Elektronik, festgestellt, daß die relative Lage der Formanten in der Frequenzskala entscheidend ist für die Qualität des einzelnen Vokals[141]. Auch mit seiner Zwei-Formant-Theorie, die besagte, daß die beiden unteren Formanten die wesentlichen Träger der Klangfarbe eines Vokals sind, kam C. Stumpf den späteren Forschungsergebnissen sehr nahe. M. Joos hat an dieser Theorie weiter gearbeitet. Er konnte aus ersten Versuchen mit dem Flexible Vowel Synthesizer entnehmen, daß zwei Formanten für die spezifische Klangfarbe eines Vokals ausreichen[142]. P. Delattre hat wenig später gezeigt,

---

[137] Ch. F. Hockett (1955), 190.
[138] Ein schematisiertes und genau erläutertes Spektrogramm zeigt H. A. Gleason (1966), 362.
[139] Die stimmhaften Plosiv- und Frikativlaute zeigen nur die waagrecht verlaufende Grundfrequenz sonst aber das typische Muster konsonantischer Laute [2.3122].
[140] Weitere Sonagrammbeispiele bei R. K. Potter/A. G. Kopp/H. C. Green (1947) in großer Anzahl; ferner G. Heike (1964), passim; H. Pilch (1964), 45—48; J. Göschel (1967b), 401—405.
[141] C. Stumpf (1918, 1926).
[142] M. Joos (1948), 82—83.

daß die höheren Formanten (F 3, F 4) der Klangfarbe des Einzellautes zunächst lediglich mehr Verständlichkeit verleihen, ohne die Qualität erheblich zu beeinflussen[143]. Zusammenfassend hat P. Delattre festgestellt, daß die akustischen Daten von Formant 1 im artikulatorischen Bereich mit dem Öffnungsgrad des Mundes korrelieren, von Formant 2 mit der Artikulationsstelle und der Lippenrundung. Bei Formant 3 haben höhere Werte ein Senken des Velums zur Folge (Nasalierung) und niedrigere Werte ein Heben der Zungenspitze, das als r-Färbung wahrgenommen wird[144]. Überdies kommt dem Formant 3 häufig eine diagnostische Funktion zu. Gelegentliche Modifikationen und Ergänzungen an diesem grundsätzlichen Ergebnis hat es hin und wieder gegeben[145].

Die Wechselbeziehung zwischen akustischen und artikulatorischen Parametern wird besonders deutlich, wenn die Formantfrequenzen für Formant 1 und Formant 2 in ein Koordinatensystem eingetragen werden, das Formantkarte[146] genannt wird. In diesem Diagramm ergibt die Anordnung der akustischen Meßdaten ein Bild, das dem des bekannten Vokaldreiecks nahezu gleicht [Abb. 2].

Mit der Entwicklung des Pattern Playback [2.311] war es möglich geworden, die Hypothese der Zwei-Formant-Theorie der Vokale zu überprüfen. In den berühmten Haskins Laboratories (New York) wurden die 16 Kardinalvokale der Association Phonétique Internationale (API) synthetisch erzeugt, indem von Hand gezeichnete spektrographische Muster mit Hilfe des Pattern Playback in akustische umgewandelt wurden[147]. Vor einer Reihe von Testpersonen wurde bei einer Grundfrequenz von 120 Hz ein Formant auf einer bestimmten Frequenzhöhe festgehalten während der andere in einem bestimmten Frequenzbereich verändert wurde. Die Versuchspersonen sollten auditiv beurteilen, welche Formantverhältnisse für den einzelnen Kardinalvokal die günstigsten sind, wobei von den Langvokalen des Französischen ausgegangen wurde.

Die folgende Tabelle gibt die Formantfrequenzdaten wieder, die bei dem erwähnten Versuch in den Haskins Laboratories als günstigste Annäherungen an die 16 Kardinalvokale der API gewonnen wurden[148]:

---

[143] P. Delattre (1951), 872.
[144] P. Delattre (1951), 875. — Vgl. auch Ch. F. Hockett (1955), 203.
[145] Vgl. beispielsweise D. N. Cárdenas (1960).
[146] M. Joos (1948), 50—53. Vgl. auch [Abb. 4, 5, 10, 11, 13] der vorliegenden Arbeit.
[147] P. Delattre/A. M. Liberman/F. S. Cooper/L. J. Gerstman (1952).
[148] P. Delattre/A. M. Liberman/F. S. Cooper/L. J. Gerstman (1952), 198.

2.3 Akustische Analyse

Kardinalvokal	F 1	F 2
[i]	250	2900
[y]		1900
[ɯ]		1050
[u]		700
[e]	360	2400
[ø]		1650
[ɤ]		1100
[o]		800
[ɛ]	510	2000
[œ]		1450
[ʌ]		1150
[ɔ]		950
[æ]	720	1650
[a]		1300
[ɒ]		1200
[ɑ]		1100

In einem schematisierten Spektrogramm[149] zeigen die Formanten der 16 Kardinalvokale ein Bild, auf dem die Scheidung in palatale und velare Vokale klar zu erkennen ist [Abb. 3]. Beim Eintragen der Meßwerte auf eine Formantkarte ergeben die ermittelten Daten der einzelnen Vokale eine ganz ähnliche Anordnung wie die Kardinalvokale im Schema der API. Um eine bessere Vergleichbarkeit akustischer und artikulatorischer Beziehungen zu ermöglichen, wurde Formant 1 auf der Abszisse und Formant 2 auf der Ordinate aufgetragen und der Maßstab der Frequenzskala logarithmisch wiedergegeben[150] [Abb. 4].

In der Formanttheorie hat von den oberen Formanten nur noch F 3 eine Rolle gespielt, da aus den Ergebnissen der einzelnen Forscher zu ersehen war, daß die Formanten von F 4 an aufwärts für die Vokalqualität irrelevant

---

[149] P. Delattre/A. M. Liberman/F. S. Cooper/L. J. Gerstman (1952), 199.
[150] P. Delattre/A. M. Liberman/F. S. Cooper/L. J. Gerstman (1952), 200.

waren[151]. Einige Diskussionen gab es um Formant 3[152]. Außer den bereits oben erwähnten Feststellungen P. Delattres, die besagen, daß F 3 eine Beteiligung an der Nasalierung und r-Färbung eines Vokals zugesprochen werden muß, wurde erwiesen, daß zwei Formanten, die dichter zusammen liegen auch zusammen wirken. Das bedeutet, daß bei den Palatalvokalen F 2 und F 3 enger zusammengehören und bei den Velarvokalen F 1 und F 2 eine Einheit bilden[153]. — Auf einige weitere Probleme in der Formanttheorie, z. B. ob absolute oder relative Frequenzen ausschlaggebend sind oder auf die Frage 'Formanten und „Cavities"' braucht hier nicht eingegangen zu werden[154].

Dagegen ist in diesem Zusammenhang eine andere Frage von Interesse. In einer Untersuchung von 76 Sprechern (33 Männer, 28 Frauen und 15 Kinder), von denen jeder 20 isolierte Wörter des Musters [h]/V/[d] mit zehn verschiedenen Vokalen sprach — die Wortliste wurde einmal wiederholt — ermittelten G. E. Peterson und H. L. Barney die Formantfrequenzdaten von insgesamt 1520 Vokalen[155]. Nach dem Eintragen dieser Werte in die Formantkarte ergab sich für jeden einzelnen Vokal ein außerordentlich weiter, andererseits aber ein mehr oder weniger deutlich abgegrenzter Streubereich[156]. Bei der Betrachtung dieses Bildes, in dem die Meßdaten für den einzelnen Vokalbereich so erhebliche Abweichungen zeigen, liegt zwar der Schluß nahe, daß jeder Sprecher sein eigenes „akustisches System" habe, doch bleiben bei dieser Aussage einige wesentliche Punkte unberücksichtigt. So müßten zunächst die Meßwerte nach Alter und Geschlecht getrennt werden. Welche enormen Differenzen zwischen den Frequenzdaten von Männern, Frauen und Kindern bestehen, zeigt deutlich [Abb. 5], gezeichnet nach den Werten bei G. E. Peterson und H. L. Barney[157]. Auch G. Heike hat auf diese Fragen hingewiesen und sie durch Beispiele erläutert[158]. Außerdem wäre eine Sonderung der Meßergebnisse nach Sprechern verschiedener Muttersprache[159] und nach größeren Dialektgebieten erforderlich. Diese

---

[151] Eli Fischer-Jørgensen (1958), 445.
[152] P. Delattre (1951), 872—875; R. L. Miller (1953), 118—119; Ch. F. Hockett (1955), 200—202; Eli Fischer-Jørgensen (1958), 445—448.
[153] Eli Fischer-Jørgensen (1958), 448.
[154] Eli Fischer-Jørgensen (1958), 449—454; G. Fant (1965); B. E. F. Lindblom/M. Studdert-Kennedy (1967).
[155] G. E. Peterson/H. L. Barney (1952).
[156] G. E. Peterson/H. L. Barney (1952), 182 Fig. 8. Die Karte wird auch wiedergegeben bei G. Heike (1964), 24.
[157] G. E. Peterson/H. L. Barney (1962), 183 Table II.
[158] G. Heike (1964), 55, 57—71.
[159] Vgl. hierzu beispielsweise die Abweichungen in den Meßergebnissen für die Vokale des Russischen und Englischen bei L. G. Jones (1953).

Trennung wird von G. E. Peterson und H. L. Barney ebenfalls nicht vorgenommen[160]. Gleichwohl ist dieses Problem von beiden Autoren gesehen worden, es spielte in ihrer Untersuchung aber eine untergeordnete Rolle. In der Einleitung haben sie betont, daß der Vokal in einem Wort mit einer CVC-Struktur[161] beeinflußt wird von dem speziellen 'dialectal background' des Sprechers. Auch kann dessen Aussprache des Vokals sich sowohl hinsichtlich der phonetischen Qualität als auch in den meßbaren Charakteristika von jenen Vokalen unterscheiden, die von Sprechern mit anderem 'background' hervorgebracht werden[162]. — Damit wird ein für die moderne Dialektologie überaus bedeutsames Problem berührt. Die in diesem Zusammenhang zu stellende Frage lautet: Lassen sich aus akustischen Messungen von Vokalen spezifische Werte ermitteln, die eine Differenzierung von verschiedenen Dialekten ermöglichen? Seit dem Erscheinen des Buches von M. Joos im Jahre 1948 schwebt diese Frage im Raume[163], jedoch ist sie weder von Linguisten oder Dialektologen noch von den Phonetikern aufgegriffen oder gar behandelt worden. Lediglich G. Heike hat kurz dazu Stellung genommen und eine besondere Untersuchung dafür gefordert, in der vor allem der Begriff 'Artikulationsbasis' zu klären sei[164]. Es wird in der vorliegenden Arbeit versucht, eine vorläufige Antwort auf diese Frage zu geben [4.2; 4.322]. Dabei geht es besonders darum, exakt meßbare Merkmale zu finden, die für die Differenzierung von Dialekten brauchbar sind und sich kartographisch fixieren lassen.

Merkmale solchen Charakters können nur im Bereich der Vokale gesucht werden. Ein aufschlußreicher akustischer Vergleich für die Vokale von zwei Sprachen liegt vor[165]. — Die Konsonanten mit ihrer Spektralstruktur sind für solche Zwecke kaum oder gar nicht geeignet.

2.3122 Die Konsonanten, das sind hier diejenigen Laute, die keine vokalischen Merkmale tragen, wie sie bei [m], [n], [ŋ], [l] und [r] vorhanden sind, werden im Sonagramm gekennzeichnet durch eine plötzliche Zäsur in der quasihorizontal verlaufenden Formantstruktur[166]. Dabei ist es möglich, die stimmhaften Konsonanten eindeutig von den stimmlosen zu scheiden. Die stimmhaften Konsonanten sind auf dem Sonagramm durch das Vorhan-

---

[160] G. E. Peterson/H. L. Barney (1952), 176—177.
[161] CVC = Konsonant—Vokal—Konsonant.
[162] G. E. Peterson/H. L. Barney (1952), 175.
[163] M. Joos (1948), 87.
[164] G. Heike (1964), 71. — Vgl. auch G. Heike (1967).
[165] L. G. Jones (1953).
[166] W. Meyer-Eppler (1953).

densein des Stimmtons charakterisiert. Der Stimmton, der bei allen stimmhaften Lauten, also bei Vokalen, Nasalen, Lateralen, /r/-Lauten und stimmhaften Konsonanten, durch die periodisch schwingenden Stimmlippen im Kehlkopf erzeugt wird [2.31], erscheint auf dem Spektrogramm als schmales, dunkel gefärbtes Band am unteren Rand und gleicht den Formanten der vokalischen Laute. Bei diesen Lauten bildet der Stimmton die Grundfrequenz, vergleichbar mit dem Grundton eines Musikinstruments. Bei den stimmhaften Konsonanten wird die Grundfrequenz im Spektrogramm nicht so intensiv registriert wie bei den vokalischen Lauten, aber sie ist deutlich sichtbar. Die stimmlosen Konsonanten haben dieses Merkmal nicht.

Ferner unterscheiden sich die Konsonanten im Sonagramm deutlich hinsichtlich der Dauer (engl. stop, continuant). Die Frikative sind Dauerlaute, die auf der Zeitachse einen bestimmten Raum einnehmen und in der Frequenzskala ein turbulentes Geräuschspektrum zeigen [Abb. 1]. Die Plosivlaute sind 'Augenblickslaute', die innerhalb des Redesignals auf der Zeitachse des Spektrogramms charakterisiert sind durch die 'Okklusionspause'[167], die sich sozusagen als 'Leerstelle' zeigt, und durch einen vertikalen millimeterbreiten Strich, der die Verschlußlösung markiert [Abb. 1], sichtbar ist. Obwohl es möglich ist, die Spektren der nichtvokalischen Laute bei korrekter Bildung zu unterscheiden, ist es andererseits einleuchtend, daß diese weder mit noch ohne Grundfrequenz typische Muster liefern, die für eine weitergehende Differenzierung, etwa von Dialekten, ausreichen. — Dies gilt auch für andere Merkmale, die bei der Erforschung der akustischen Struktur der Konsonanten gefunden worden sind. In diesem Zusammenhang kann hingewiesen werden auf die Formantübergänge ('transitions') von Konsonant zu Vokal und umgekehrt, die bei der Identifizierung eines Konsonanten eine bedeutende Rolle spielen[168]. In diesen Übergängen liegen sogenannte 'loci'. Das sind virtuelle Frequenzpunkte, von denen die Formantbewegungen des vorangehenden oder folgenden Vokals auszugehen scheinen[169]. Die Locus-Frequenz ist die Frequenz der Resonanzhöhle des Ansatzrohres bei der Produktion des betreffenden Konsonanten. Unter den Übergängen versteht man den Wechsel in der akustischen Färbung, der bedingt ist durch die Bewegungen der Artikulationswerkzeuge, die diese zwischen der Artikulationsstelle des Vokals und der des Konsonanten aus-

---

[167] Terminus nach G. Heike (1969), 54f. Es handelt sich also um eine akustische Pause. Artikulatorisch entspricht diese der Bildung und Dauer (dem Anhalten) des Verschlusses.
[168] A. M. Liberman/P. C. Delattre/F. S. Cooper/L. J. Gerstman (1954); A. M. Liberman (1957); P. S. Green (1959); W. S.-Y. Wang (1959).
[169] P. C. Delattre/A. M. Liberman/F. S. Cooper (1955); P. S. Green (1959).

führen. — Diese Loci liegen für die einzelnen Konsonantengruppen an ganz bestimmten Punkten der Frequenzskala. Signifikante Werte liefern in erster Linie die Transitions von Formant 2, für dessen Loci P. S. Green folgende Durchschnittsdaten errechnet hat[170]:

	Bila-biale	Labio-dentale	Den-tale	Alveo-lare	Palato-alveolare	Pala-tale	Velare[171]
Plosive	500	—	—	1780	—	—	3000
Frikative	480	660	1380	1620	2000	2400	—
Nasale	450	—	—	1850	—	—	3000
Lateral	—	—	—	1710	—	—	—

Aus dieser Tabelle geht klar hervor, daß die Loci der Konsonanten in enger Korrelation zu ihrer Artikulationsstelle zu sehen sind. Je höher der Locus-Wert in der Frequenz liegt, desto weiter hinten im Ansatzrohr befindet sich seine Artikulationsstelle, d. h. desto kleiner wird die Resonanzhöhle.

Auf die Fülle der weiteren Untersuchungen zu den konsonantischen Lauten kann in diesem Zusammenhang verzichtet werden. Die Ergebnisse dieser Arbeiten sind bis 1958 von Eli Fischer-Jørgensen zusammengefaßt worden[172]. Darüber hinaus ist vor allem die ausführliche Studie von Ilse Lehiste erwähnenswert[173] und einige ausgewählte Aufsätze[174]. Besonders hinzuweisen ist noch auf die Studien über /w, j, l, r/[175], aber auch auf die Betonung der perzeptiven Seite in den meisten dieser Arbeiten, wie leicht aus den Titeln entnommen werden kann[176]. Auch auf das für deutsche Verhältnisse ungewöhnliche Faktum der Teamarbeit bei fast allen diesen Untersuchungen soll an dieser Stelle einmal deutlich aufmerksam gemacht werden.

2.3123 Die prosodischen Merkmale sind von der akustischen Phonetik nicht in dem Maße untersucht worden, wie es vielleicht zu erwarten wäre.

---

[170] P. S. Green (1959), 9.
[171] Die Werte für die Velare hat P. S. Green von P. C. Delattre/A. M. Liberman/F. S. Cooper (1955) übernommen.
[172] Eli Fischer-Jørgensen (1958), 455—463.
[173] Ilse Lehiste (1964).
[174] P. Strevens (1960); J. M. Heinz/K. N. Stevens (1961); O. Fujimura (1962); M. Romportl (1962).
[175] J. D. O'Connor/L. J. Gerstman/A. M. Liberman/P. C. Delattre/F. S. Cooper (1957); L. Lisker (1957).
[176] Vgl. besonders F. S. Cooper/P. C. Delattre/A. M. Liberman/J. M. Borst/L. J. Gerstman (1952) und zusammenfassend A. M. Liberman (1957).

Einen Überblick gibt wieder Eli Fischer-Jørgensen, worauf ausdrücklich verwiesen sei[177]. — Zusätzlich sind noch die Arbeiten von E. Zwirner und seinen Mitarbeitern[178], sowie die neueren Untersuchungen von A. V. Isačenko und H.-J. Schädlich zu erwähnen[179], ferner die Bemühungen von D. L. Bolinger[180], Kerstin Hadding-Koch[181] und die neue Zusammenfassung der Forschungsergebnisse dieses Bereiches von D. B. Fry[182] (mit Bibliographie).

Damit soll der kurze Überblick über die Methoden und Möglichkeiten der akustischen Phonetik abgebrochen werden.

---

[177] Eli Fischer-Jørgensen (1958), 463—466.
[178] E. Zwirner/A. Maack/W. Bethge (1956); E. Zwirner (1959, 1962).
[179] A. V. Isačenko/H.-J. Schädlich (1966).
[180] D. L. Bolinger (1951, 1958).
[181] Kerstin Hadding-Koch (1961).
[182] D. B. Fry (1968).

3. Zur phonologischen und akustischen Analyse niederdeutscher und mitteldeutscher Dialekte

3.0 Gesprochene Sprache

Die folgenden Untersuchungen an ausgewählten deutschen Dialekten basieren ausschließlich auf der gesprochenen Sprache dieser örtlichen Sprachgemeinschaft, aus denen das Material entnommen wurde. Ohne hier im einzelnen auf die Problematik zwischen 'gesprochener Sprache' und 'geschriebener Sprache' eingehen zu können[183], muß auf den prinzipiellen Unterschied dieser beiden Untersuchungsobjekte hingewiesen werden. Eine geschriebene Sprache repräsentiert im Grunde immer eine gesprochene Sprache, aber nur äußerst selten ist die erste eine genaue Reflexion der zweiten. Ch. F. Hockett ist sogar soweit gegangen und hat gesagt, daß für die Linguistik jede Art von geschriebener Aufzeichnung eine sekundäre Quelle sei, mit der jedoch manchmal gezwungenermaßen gearbeitet werden müsse[184]. Die Unterschiede in diesen beiden Sprachkategorien sind jedenfalls evident[185] und Differenzierungen zwischen beiden können auf allen sprachlichen Ebenen festgestellt werden. Das trifft in gleichem Maße für die Dialekte zu, da auch für sie in den meisten Fällen schriftliche Aufzeichnungen vorhanden sind[186]. Es ist also ein Vorteil, wenn die beiden Kategorien auseinandergehalten werden können, wie es in der vorliegenden Arbeit geschieht. Außerdem besteht für die Sprachwissenschaft noch ein großer Nachholbedarf in Sachen 'Erforschung gesprochener Sprache'. Die Erforschung muß sich auf alle Bereiche ausdehnen, in denen die gesprochene Sprache verwendet wird. Durch die heutigen technischen Verfahren der Aufzeichnung[187], die im übrigen noch nicht völlig ausreichend sind, ist ein intensives Angehen dieses Problems erst möglich geworden. — Verständlicher werden dann auch die Äußerungen von

---

[183] Vgl. unten Fußn. 185.
[184] Ch. F. Hockett (1955), 143.
[185] Vgl. hierzu: L. Bloomfield (1935), 281—296. — A. Martinet (1963), 146—151. — Ch. F. Hockett (1965), 4; 539—549. — H. A. Gleason (1966), 408—439. — Ferner: J. Vachek (1939, 1964); D. Jones (1948); A. Jedlička (1964); B. Havránek (1964); Christel Leska (1965); W. Fleischer (1966), 7—9; G. Hammarström (1966); E. Zwirner/H. Richter [ed.] (1966); H. Steger (1969).
[186] Auf der Grundlage von Dialektliteratur entstand beispielsweise das wertvolle Buch von R. E. Keller (1961).
[187] E. Zwirner (1964).

Ch. F. Hockett, A. Martinet und zum Teil auch von H. A. Gleason[188], wenn man bedenkt, welchen Rang die gesprochene Sprache als Forschungs- und Unterrichtsgegenstand lange Zeit eingenommen hat. Der Fremdsprachenunterricht ist aus dieser Sicht — von einzelnen Ausnahmen abgesehen — geradezu verantwortungslos betrieben worden. Für die gesamte Linguistik wird es ein ungeheurer Nutzen sein, wenn die gesprochene Sprache nicht weiterhin in dem Maße vernachlässigt wird, wie es in der Vergangenheit geschah.

3.1 Das Untersuchungsmaterial

Auf einige Probleme bei der Sammlung von Untersuchungsmaterial für Dialekte, die gleichzeitig linguistisch und phonetisch analysiert werden sollen, hat G. Heike hingewiesen[189]. Ähnlich wie bei ihm besteht das Material dieser Arbeit aus zwei Serien von Tonbandaufnahmen, einer Voraufnahme und einer Hauptaufnahme.

3.11 Die Voraufnahme entstand im Oktober 1963 während einer Forschungsexkursion des Forschungsinstituts für deutsche Sprache 'Deutscher Sprachatlas' Universität Marburg/Lahn[190], die in den westlichen Harz führte. Dabei wurden Tonbandaufnahmen von den drei Dialekten dieses Gebietes gemacht: 1. niederdeutsch-ostfälisch, 2. mitteldeutsch-nordthüringisch und 3. mitteldeutsch-erzgebirgisch in der im 16. Jahrhundert durch eingewanderte Bergleute entstandenen Sprachinsel [Abb. 6]. — Insgesamt wurden 42 Sprecher aus 14 Orten des westlichen Harzes aufgenommen [Abb. 7]. Die Gesamtdauer dieses Aufnahmematerials betrug etwa 30 Stunden.

3.111 Die Informanten waren typische Vertreter des jeweiligen Ortsdialektes. Sie erfüllten folgende Bedingungen: 1. sie waren ortsgebürtig und hatten den größten Teil ihres Lebens hier verbracht; 2. als Alltagssprache gebrauchten sie vorwiegend den Ortsdialekt; 3. soziologisch gehörten sie der Durchschnittsschicht an. Dem Lebensalter fiel keine besondere Bedeutung zu. Es wurden z. B. auch vier Kinder zwischen 11 und 14 Jahren aufgenommen.

3.112 Der Inhalt des Materials aus der Voraufnahme besteht aus: 1. den Sätzen G. Wenkers[191], die für diesen Zweck etwas modifiziert wurden[192];

---

[188] Vgl. oben Fußn. 184 und 185.   [189] G. Heike (1964), 1—7.
[190] „Forschungsfahrt in den Oberharz" (1963), 62—71.
[191] W. Mitzka (1952), 7—27; die Originalsätze stehen auf S. 13—14. — Vgl. auch unten [3.24].
[192] Der Wortlaut der verwendeten modifizierten Wenker-Sätze wird unten [3.25] wiedergegeben.

2. dem Text, den R. Große bei der 'Tonbandaufnahme der deutschen Mundarten in der DDR' zugrunde legte[193]; 3. den Zahlen von 1 bis 15 und den Namen für die Wochentage; 4. einer Abfragung von Einzelwörtern und kurzen Sätzen; 5. einem freien Gespräch, meist in Form einer längeren Erzählung des betreffenden Sprechers. — Die Aufnahmedauer lag zwischen 25 und 60 Minuten.

3.113 Die Aufnahmegeräte bestanden aus zwei Magnetophonen Telefunken M 24 Vollspur und Tauchspulenmikrofonen Typ Beyer M 100 und M 119. Als Tonträger wurde Magnetophonband der BASF (Badische Anilin- und Sodafabriken AG, Ludwigshafen/Rhein) Typ LGS 52 Standardband auf 18-cm-Spulen verwendet. Die Bandgeschwindigkeit betrug 19 cm/s. Aufnahmeraum und Aufnahmegerät waren stets voneinander getrennt.
Das Abhören und Transkribieren der Tonbänder geschah mit einem Magnetophon KL 85 der Fa. Telefunken zum Teil über Hochleistungslautsprecher (Eigenbau der Abteilung Phonetik des Forschungsinstituts für deutsche Sprache „Deutscher Sprachatlas") zum Teil über einen dynamischen Kopfhörer (Typ AKG K 50, Akustische und Kino-Geräte GmbH., München).

3.12 Der ursprüngliche Plan[194] einer diachronischen Untersuchung der Verhältnisse in der mitteldeutsch-erzgebirgischen Dialektinsel und einem sich anschließenden Vergleich mit den Mundarten des mutmaßlichen Herkunftsgebietes der eingewanderten Bergleute wurde bald fallen gelassen. Dafür gab es zwei Hauptgründe: 1. für den Vergleich mit den Dialekten im Westerzgebirge stand kein gleichwertiges Material in Form von hochwertigen Tonbandaufnahmen zur Verfügung und es war unter den gegebenen Umständen auch nicht zu beschaffen; 2. als wichtiger und sinnvoller wurde eine synchronische Darstellung aller drei Dialektgruppen [3.11] besonders im Hinblick auf eine phonetische Analyse angesehen, der eindeutig ein Vorzug zukam.
So wurde bereits 1964 begonnen, Materialien aus der Voraufnahme unter diesem Gesichtspunkt auszuwerten[195]. Auch das Fragebuch für die Hauptaufnahme wurde nun unter Verwendung des vorhandenen Materials aus der Voraufnahme und der dialektologischen Literatur[196] unter dem Aspekt einer strukturellen und phonetischen Untersuchung zusammengestellt.

[193] H.-J. Schädlich/R. Große (1961), 361.
[194] „Forschungsfahrt in den Oberharz" (1963), 68.   [195] J. Göschel (1967a, 1967b).
[196] E. Bochmann (1889). — F. Liesenberg (1890). — K. Hentrich (1905, 1920). — E. Damköhler (1927). — E. Borchers (1927). — T. Dahlberg (1934, 1937, 1941). — Monika Schütze (1953). — H. Lange (1963). — P. Seidensticker (1964).

3.13 Die Hauptaufnahme wurde im November 1965 eingebracht, bei der 28 Sprecher aus 28 Orten erfaßt wurden. Davon entfielen 14 Orte auf den niederdeutsch-ostfälischen Dialekt, sechs Orte auf den mitteldeutsch-nordthüringischen und acht Orte auf den mitteldeutsch-erzgebirgischen [Abb. 8].

3.131 Die Informanten wurden gezielt ausgewählt. Folgende Bedingungen wurden von ihnen erfüllt: 1. sie waren ortsgebürtig und ortsfest, d. h. nur kürzere Zeit in ihrem Leben vom Geburtsort abwesend; 2. in der Alltagssprache verwendeten sie im überwiegenden Maße den Ortsdialekt; 3. sie gehörten soziologisch gesehen zur Durchschnittsschicht ihres Geburtsortes; 4. sie waren männlichen Geschlechts, was für die Vergleichbarkeit der akustischen Meßdaten erforderlich war[197]. — Das Lebensalter lag bei 25 Sprechern zwischen 50 und 75 Jahren. Die restlichen drei Sprecher waren bei der Aufnahme 43, 42 und 32 Jahre alt. Es sind Fälle, in denen die Söhne die geforderten Bedingungen besser erfüllten als ihre Väter. Es betrifft die Sprecher aus den Orten Sieber, Astfeld und Hohegeiß.

Die Einzeldaten der Informanten werden hier nicht aufgenommen. Sie sind über das Tonbandaufnahme-Archiv der Abteilung Phonetik des Forschungsinstituts für deutsche Sprache 'Deutscher Sprachatlas', Universität Marburg/Lahn, Krummbogen 28, Block A, jederzeit zugänglich.

3.132 Der Inhalt des Materials aus der Hauptaufnahme besteht aus: 1. den modifizierten Wenker-Sätzen [3.112; 3.25] (Dauer: zwischen 4 und 10 Minuten); 2. einer freien Erzählung (zwischen 17 und 26 Minuten); 3. den Zahlen von 1 bis 15 und den Namen für die Wochentage (etwa eine Minute); 4. einer Liste von etwa 700 Einzelwörtern, die in Minimalpaaren zusammengestellt waren und die in dieser gezielten Weise zusätzliches Material für die phonologische Analyse lieferten (zwischen 12 und 48 Minuten). Diese Liste mußte für jede der drei Dialektgruppen gesondert erarbeitet werden. — Die Dauer für eine Aufnahme lag zwischen 36 und 75 Minuten. Die Gesamtzeit des aufgenommenen Materials aus der Hauptaufnahme beträgt etwas mehr als 25 Stunden.

3.133 Für die Hauptaufnahme wurden der Aufnahmewagen und die Aufnahmegeräte des Deutschen Spracharchivs Münster/Westf. (jetzt Bonn a. Rh.) benutzt. Die technischen Daten der verwendeten Geräte können

---

[197] Vgl. G. E. Peterson/H. L. Barney (1952), 183 und Abb. 5 der vorliegenden Arbeit.

entnommen werden aus E. Zwirner (1964), 43—48[198]. — Die Aufnahmegeschwindigkeit betrug 19 cm/s Vollspur. Als Schallträger wurde Magnetophonband der BASF Badische Anilin- und Sodafabriken AG, Ludwigshafen/Rhein, Typ LGS 52 Standardband in Bandwickeln von 1000 m auf Metallkern verwendet. — Für den Aufnahmewagen und die Aufnahmegeräte waren die beiden Toningenieure des Deutschen Spracharchivs, Heinz Hopf und Günter Deutscher, verantwortlich.

Die Transkription des Sprachmaterials geschah durch Abhören über einen dynamischen Kopfhörer vom Typ AKG K 50 der Fa. Akustische und Kino-Geräte GmbH., München, sowie mit einem Magnetophon KL 85 der Fa. Telefunken GmbH., Berlin (Herstellungsjahr 1966).

3.14 Für die phonetische Analyse konnte das Material der Hauptaufnahme nicht für alle 28 Ortsdialekte ausgewertet werden. Eine Auswahl war vor allem aus zeitlichen Gründen erforderlich. — Nachdem zunächst eine enge phonetische Transkription nach dem Inventar der API[199] für die gesamte Hauptaufnahme hergestellt worden war [Abb. 8] — hierbei entsprach eine Minute Aufnahmezeit mehr als einer Stunde Transkriptionszeit — wurde gleichzeitig mit der phonologischen und akustischen Analyse begonnen. Für die akustische Analyse mit dem Sonagraphen war wiederum ein hoher Aufwand an Zeit nötig [3.6], so daß eine Einschränkung unumgänglich wurde. Nach der restlosen Aufarbeitung der mitteldeutsch-erzgebirgischen Dialektgruppe betraf diese Beschränkung besonders die niederdeutsch-ostfälische Mundart, von der nur vier Ortsdialekte analysiert werden konnte [Abb. 9]. —

3.2 Konventionelle und phonologische Analyse

3.2 Die unter [3.5] folgende phonetisch-phonologische Analyse stellt die aus der Hauptaufnahme gewonnenen Materialien zunächst einfach beschreibend dar. Die Vorzüge einer solchen Darstellungsweise gegenüber der traditionellen atomistischen Methode, die meist von einem nicht ganz stichhaltigen Protosystem ausgeht, liegen auf der Hand.

An zwei Beispielen jüngerer Arbeiten nach herkömmlichem Muster sollen die Vorteile der phonologischen Analyse gezeigt werden.

---

[198] Vgl. auch Edeltraud Knetschke/Margret Sperlbaum (1967), 9, 19—20, 26—28.
[199] „The Principles of the International Phonetic Association", 1949. Secretary of the International Phonetic Association, Department of Phonetics, University College, London. (Reprinted 1963).

3.21 So stellt T. Dahlberg unter 'Lautschrift' für den ostfälischen Ortsdialekt von Dorste am Westrande des Harzes folgendes 'Vokalschema' auf[200]:

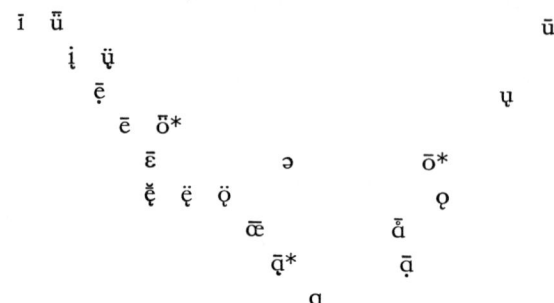

„* = der betreffende Laut kommt nicht in D. vor".

Entwirrt man dieses „Schema" und versucht daraus Teilsysteme abzulesen, so ergeben sich für Kurzvokale, Langvokale und Diphthonge[201] folgende Bilder[202]:

i	ü		ụ
ẹ			
ë	ö		ọ
		a	

ī	ǖ	ū
ē̦		
ē		
ɛ̄		ā̇
ē̦	œ	ạ̄

iə	üə		ūə	
ēə				
ɛ̄ə				
ēⁱ	ëu		ᵉu	
ai	oi	oü	au	ui

[200] T. Dahlberg (1934), 12.
[201] Nach den Angaben von T. Dahlberg (1934), 14—15.
[202] In der von T. Dahlberg verwendeten Lautschrift.

Auffällig sind bei den Langvokalen die vier Öffnungsstufen der e-Reihe und bei den Diphthongen die Vielzahl der e-Diphthonge. Diese Gruppierungen sind kaum möglich[203].

Es muß also eine andere Lösung geben, die nach einer exakten Analyse des Materials von T. Dahlberg tatsächlich ganz neue Systeme zeigt[204]:

/i/   /y/   /u/
/ẹ/   /œ/   /o/
       /ɑ/

                /ᵉuː/
/eː/
/ɛː/   /œː/   /ɔː/
       /aː/

/iːə/ /üːə/ /uːə/
/eːɪ/ /ëu/   /ui/
/aɪ/   /ɔɪ/   /ao/

Aus T. Dahlbergs „Vokalschema" muß man schließen, daß er ein so augenfälliges Charakteristikum wie das Fehlen eines 'reinen, langen ī-Lautes' im Dialekt von Dorste überhaupt nicht bemerkt hat und dieses Faktum deshalb auch gar nicht erwähnt. Mit ī als langem gespreiztem hohem Vorderzungenvokal fehlt auch das entsprechende gerundete Pendant ǖ, das sonst zusammen mit ī in niederdeutsch-ostfälischen Vokalsystemen oft vorkommt. Am Rande bestätigen sich hier erneut N. S. Trubetzkoys Theorie der Vokalsysteme[205], sowie R. Jakobsons Ergebnisse aus der Kindersprache[206] und seiner darauf fußenden Lehre von den allgemeinen Baugesetzen[207] der Lautsysteme aller bisher bekannten Sprachen, wonach ein 'sekundärer' Laut wie ü auf das Vorhandensein des entsprechenden 'primären', in diesem Falle i, angewiesen ist.

Das Langvokalsystem von Dorste mit den fehlenden ī und ǖ stimmt übrigens in diesem Punkte mit den Systemen der in der vorliegenden Arbeit analysierten ostfälischen Ortsdialekte von Gittelde [3.511] und Wolfshagen [3.514], unweit nordnordöstlich Dorste, überein.

---

[203] N. S. Trubetzkoy (1929); (1939), 86—114 und Ch. F. Hockett (1955), 81—91 führen solche Systeme nicht auf.
[204] Transkriptionsinventar der API (vgl. Fußn. 199).
[205] N. S. Trubetzkoy (1939), 102—105.
[206] R. Jakobson (1962a), 365.   [207] R. Jakobson (1962a), 392—394.

3.22 Die 1963 erschienene Darstellung von H. Lange stellt in §23 'Lautschrift und Abkürzungen' zusammen[208]. Es handelt sich dabei um ein besonders für die Diphthonge reichhaltiges Zeicheninventar, das nicht nur für die beiden Ortsdialekte Göddeckenrode und Isingerode, sondern für die Dialekte des gesamten untersuchten Gebietes aufgestellt wurde. Zusätzlich werden außerdem die für diesen Mundartraum von anderen Forschern verwendeten Schriftzeichen aufgeführt[209]. Diese Zeichen werden nur selten phonetisch definiert. Der Lautwert der Zeichen wird vielmehr dadurch zu bestimmen versucht, indem hochsprachliche Wörter und 'nd.'[210] Wörter angeführt werden, die den entsprechenden Laut enthalten. Ein solches Verfahren kann nur als zusätzliche Erläuterung anerkannt werden, der eine genaue phonetische Definition vorauszugehen hat. So wird es teilweise bei der Bestimmung der Zeichen für die Konsonanten gehandhabt[211]. Jedoch finden sich hier auch folgende Erklärungen: „l̄, m̄, n̄ sind Assimilationsprodukte aus den Wortendungen -len (-ln), -men, -nen; nd. fil̄, brum̄, ren̄"[212]. Es handelt sich bei l̄, m̄, n̄ um nichts anderes als um gedehnte Konsonanten, die nur final vorkommen, aber gerade in dieser Position Phoneme sind und zu den einfachen Lauten l, m, n in Opposition stehen. Assimilationsprodukt hin, Assimilationsprodukt her — daß l̄, m̄, n̄ in finaler Stellung eine distinktive Funktion haben, erfährt man auf keiner Seite von H. Langes Buch.

In der Übersicht für die Diphthonge werden nicht weniger als 32 verschiedene Verbindungen aufgeführt. Bei dieser Fülle wäre es angebracht gewesen zu sagen, welche von diesen Zwielauten eigentlich in den beiden Ortsdialekten vorkommen. Ein solches Verfahren darf man erwarten, nicht nur für die schwer zu entwirrende Vielzahl der Diphthonge, sondern für den gesamten Lautbestand eines Ortsdialektes. Eine solche Zusammenstellung gab für den Vokalismus der Bearbeiter eines benachbarten nordthüringischen Dialektes bereits 1890[213], selbst wenn dieses Ergebnis heute phonologisch nicht stichhaltig ist.

---

[208] H. Lange (1963), 32—35.
[209] H. Lange (1963), 35—36.
[210] Wie 'nd.' in diesem Zusammenhang zu definieren ist, wird leider nicht gesagt. Ist hier 'allgemein-niederdeutsch' gemeint, bezieht sich 'nd.' etwa nur auf das Niederdeutsche seines untersuchten Sprachgebietes oder gar auf eine überregionale niederdeutsche Umgangssprache? Es bleibt unklar.
[211] H. Lange (1963), 34.
[212] H. Lange (1963), 34.
[213] F. Liesenberg (1890), 43. — Es gibt natürlich weitere solche Beispiele aus älterer und jüngerer Zeit, die hier nicht aufgeführt zu werden brauchen. Beinahe selbstverständlich ist die Aufstellung des Inventars bei J. Winteler (1876), 19—20, 123.

Die vokalischen Teilsysteme der von H. Lange untersuchten Ortsdialekte Göddeckenrode und Isingerode lassen sich wie folgt darstellen[214]:

/i/	/y/	/u/
/ɛ/	/œ/	/ɔ/
	/a/	

/ɛː/	/ɑː/

/iːə/		/uːə/
	/ui/	
/eɪ/		/ou/
/ai/	/oi/	/ao/

Diese Inventare muß sich der Benutzer einer solchen Arbeit wie der von H. Lange mühsam selbst zusammensuchen, was auch in einer traditionellen Untersuchung leicht hätte vermieden werden können.

3.23 Daß es nicht nur auf die Phoneme, sondern auch auf die Varianten ankommt, könnte am Beispiel der Bildung des /r/ in den verschiedenen Positionen erörtert werden. Auch in diesem Falle sind die Angaben bei T. Dahlberg[215] und H. Lange[216] für die untersuchten Dialekte höchst unzureichend. — Verwiesen sei deshalb auf die Beschreibung der r-Varianten in der vorliegenden Arbeit unter den jeweiligen Abschnitten in [3.5].

3.24 Schließlich stellt sich hier noch die Frage, inwieweit das durch die Tonbandaufnahmen gewonnene sprachliche Material für die vorgenommene phonologische und akustische Analyse eines Ortsdialektes ausreichend ist und in welchem Verhältnis es zu dem Material einer herkömmlichen Dialektuntersuchung steht. — Selbstverständlich kann das hier verarbeitete Material für den einzelnen Ortsdialekt nicht so umfangreich sein wie in einer phonologischen Monographie[217]. Für die vorliegende Arbeit bestand nicht die Absicht einer solchen tiefgreifenden Analyse, die die Phoneme in allen vorkommenden Positionen belegt, sondern Ziel dieser Darstellung war der

---

[214] Transkriptionsinventar der API (vgl. Fußn. 199).
[215] T. Dahlberg (1934), 16.
[216] H. Lange (1963), 34.
[217] Vgl. etwa W. Appel (1963). — Marthe Philipp (1965). — H. Singer (1965). — H.-J. Schädlich (1966).

Versuch, mit einem weniger umfangreichen Material für den einzelnen Ortsdialekt, die strukturellen Verhältnisse im geographischen Raum sichtbar zu machen. Dafür ist das Material in den Tonbandaufnahmen in jedem Falle ausreichend gewesen, so daß es nicht einmal nötig war, ergänzungsweise auf die Voraufnahme zurückzugreifen.

Notwendigerweise muß in diesem Zusammenhang noch einmal auf das in den Tonbändern der Hauptaufnahme enthaltene Material eingegangen werden. Das Problem der Verwendung der Wenker-Sätze [3.112] bei Tonbandaufnahmen für dialektologische Zwecke ist von A. Ruoff verzerrt dargestellt worden[218]. Hier ist nicht der Raum für eine wissenschaftliche Auseinandersetzung mit den Ansichten A. Ruoffs gegeben. Es sei deshalb nur soviel gesagt: die Brauchbarkeit der leicht modifizierten und etwas vermehrten Sätze [3.25] als vergleichendes und ergänzendes Material für eine phonologische Analyse ist höher anzusetzen als zunächst angenommen werden konnte. Durch die Wenker-Sätze wurden zahlreiche wichtige Positionen einzelner Phoneme belegt, die in einem freien Gespräch einfach nicht immer vorkommen. — Die Erzählung des Sprechers war für die phonologische Analyse ebenfalls eine reichhaltige Quelle, aus der jedoch nicht alle nötigen Oppositionen, die für die Bestimmung der Phoneme erforderlich waren, entnommen werden konnten. Dafür erbrachte aber die freie Erzählung das wichtigste Material für die Distributionen und Kombinationen der einzelnen Phoneme. Die Oppositionen wurden gezielt durch die Liste der 700 Einzelwörter erfaßt [3.132], die größtenteils in Minimalpaaren abgefragt wurden.

Verglichen mit den Materialien der traditionellen dialektologischen Arbeiten aus dem Gebiet des Harzes[219] konnten in den Unterlagen der vorliegenden Darstellung nur selten Lücken festgestellt werden. — H. Lange kann zwar für sein a mehr als 100 Einzelbeispiele anführen[220], aber für die beiden Hauptvarianten [x] [ç] des Phonems /x/ in intervokalisch-medialer Stellung bringt er nur je einen Beleg[221]. Für diese seltene und deshalb wichtige Position hätte man sich aber in einer Ortsgrammatik noch einige Beispiele mehr gewünscht.

Aber auch die Untersuchungen von F. Liesenberg (1890), E. Borchers (1927), T. Dahlberg (1937) und Monika Schütze (1953) können für diesen Musterfall — /x/ mit seinen beiden Varianten [x] [ç] in intervokalisch-medialer Position — nur ganz wenig mehr Material bieten. Selbst bei den phonologischen

---

[218] A. Ruoff (1965).
[219] Vgl. Fußn. 196.
[220] H. Lange (1963), 67—71, 112—114.
[221] H. Lange (1963), 240.

Monographien sind gewisse Schwierigkeiten zu erkennen, diese Position ausreichend zu belegen[222]. Nur in einem Dialekt, in dem /x/ von vornherein häufiger vorkommt, können auch genügend Beispiele für die mediale Stellung angeführt werden[223].

Die Phonempositionen, für die Belege in den genannten Arbeiten nur spärlich vorhanden sind, ließen sich noch vermehren. Beträchtlich vermehren könnte man jedoch vor allem die Zahl der konventionellen dialektologischen Untersuchungen des deutschen Sprachraumes, in denen bestimmte Positionen nur unzureichend belegt werden. Die Materialfülle, die für ein häufiger vorkommendes Phonem andererseits angeführt wird, kann diesen Mangel nicht aufheben. Damit soll gesagt werden, daß das in der vorliegenden Arbeit verwendete Material bei einem Vergleich mit den herkömmlichen Untersuchungen und selbst den phonologischen Einzeldarstellungen nicht schlechter zu bewerten ist. Außerdem hat das auf einem Schallträger gespeicherte Sprachmaterial gegenüber jeder anderen Quelle große Vorteile[224], die besonders in drei Punkten zu sehen sind: 1. Die akustische Wiedergabe über Kopfhörer oder Lautsprecher kann nahezu unbegrenzt wiederholt werden. Erst dadurch wird beispielsweise eine exakte phonetische Transkription des konkreten und praktisch unwiederholbaren Sprechaktes möglich. 2. Das Medium des Tonbandes ermöglicht eine instrumentalphonetische Analyse der Sprache. 3. Die Tonbandaufnahme von Dialekten gibt die wirklich gesprochene Sprache einer Sprachgemeinschaft wieder. Nur mit Hilfe des Magnetophons ist es möglich, an dieses Untersuchungsobjekt noch näher heranzurücken.

3.25 Der Wortlaut der in dieser Arbeit verwendeten modifizierten Wenker-Sätze:

1. Im Winter fliegen die trockenen Blätter in der Luft herum. — 2. Es hört gleich auf zu schneien, dann wird das Wetter wieder schöner. — 3. Tu Kohlen in den Ofen, daß die Milch bald anfängt zu kochen. — 4. Der gute alte Mann ist mit dem Pferde auf dem Eise eingebrochen und in das kalte Wasser gefallen. — 5. Er ist vor vier oder sechs Wochen gestorben. — 6. Das Feuer war zu heiß, der Kuchen ist ja unten ganz schwarz gebrannt. —

---

[222] W. Appel (1963), 82. — Marthe Philipp (1965), 32. — H.-J. Schädlich (1966), 91 und einige Beispiele an anderer Stelle, z. B. /hexər/ 'höher', /kexə/ 'Köchin' (beide S. 45), /hāxələ/ 'Handhabe der Sense' (S. 101).
[223] H. Singer (1965), 151, 154—155.
[224] Selbstverständlich sind diese Vorteile nur gegeben, wenn die Schallaufzeichnung mit den entsprechend hochwertigen technischen Mitteln vorgenommen wird [3.133]. — Jedes konventionelle Tonbandgerät und Mikrofon ist für diesen Zweck unbrauchbar.

7. Er ißt die Eier immer ohne Salz und Pfeffer. — 8. Die Füße tun mir so sehr weh, ich glaube, ich habe mir sie durchgelaufen. — 9. Ich bin selber bei der Frau gewesen und habe es ihr gesagt. Sie sagte, sie wollte es auch ihrer Tochter sagen. — 10. Ich will es auch nicht mehr wieder machen. — 11. Ich schlage dir gleich den Kochlöffel um die Ohren, du Affe. — 12. Wo gehst du denn hin? Sollen wir mitgehen? — 13. Solche schlechte Zeiten! — 14. Mein liebes Kind bleib hier unten stehen, die bösen Gänse beißen dich tot. — 15. Du hast heute am meisten gelernt und bist artig gewesen. — 16. Du bist noch nicht groß genug. Du kannst doch nicht eine Flasche Wein allein austrinken, du mußt erst noch wachsen und größer werden. — 17. Geh, sei so gut und sag deiner Schwester, sie soll die Kleider für eure Mutter fertig nähen und mit der Bürste rein machen. — 18. Hättest du ihn gekannt, wäre es anders gekommen und es täte besser um ihn stehen. — 19. Wer hat mir meinen Korb mit Fleisch gestohlen? — 20. Er tat so als hätten sie ihn zum Dreschen bestellt. — 21. Wem hat er denn die neue Geschichte erzählt? — 22. Man muß laut schreien, sonst versteht er uns nicht. — 23. Wir sind müde und haben Durst. — 24. Als (wie) wir gestern abend heim kamen, da lagen die anderen schon im Bett und waren fest eingeschlafen. — 25. Der Schnee ist diese Nacht liegen geblieben. — 26. Hinter unserem Hause stehen drei schöne Apfelbäume mit roten Äpfeln. — 27. Könnt ihr nicht noch einen Augenblick auf uns warten, dann gehen wir mit. — 29. Unsere Berge sind nicht so (sehr) hoch, die euren sind viel höher. — 30. Wieviel Pfund Wurst und wieviel Brot wollt ihr haben? — 31. Ich verstehe euch nicht, ihr müßt ein bißchen lauter sprechen. — 32. Habt ihr kein Stückel weiße Seife auf meinem Tische gefunden? — 33. Sein Bruder will sich zwei schöne neue Häuser in eurem Garten bauen. — 34. Das Wort kam ihm von Herzen. — 35. Das war recht von ihnen! — 37. Die Bauern hatten Ochsen und Kühe und Schäfchen vor das Dorf gebracht. Die wollten sie verkaufen. — 38. Die Leute sind heute alle draußen auf dem Felde und hauen (mähen). — 39. Geh nur, der braune Hund tut dir nichts. — 40. Ich bin mit den Leuten da hinten über die Wiese ins Korn gefahren. — 41. Unser Nachbar hat sich eine Rippe gebrochen. — 42. Das sah böse aus! — 43. Jetzt steht er gerade in der Tür und will in die Kirche. — 44. Wir müssen noch das Heu wenden und Holz hacken. — 45. Unsere Leiter ist entzwei. — 46. Ich kann den Sack auch nicht heben. — 47. Mädchen, komm (her)vor! — 48. Wir müssen noch den Haken suchen. — 49. Ich werde euch schon heimleuchten.

Die auffälligsten Veränderungen gegenüber den Originalsätzen[225] sind: das Fehlen der Sätze 28 und 36, die Tilgung der zweiten Hälfte in den Sätzen

---

[225] W. Mitzka (1952), 13—14.

15 und 25, sowie die neu hinzu genommenen Sätze 41 bis 49. — Diese modifizierte Form der Wenker-Sätze und die Ergänzungen (Satz 41—49) wurden von G. Bellmann entworfen. Sie sind übrigens auch für einen großen Teil der 'Tonbandaufnahme der Vertriebenenmundarten' (1962—1965) zugrunde gelegt worden[226].

3.3 Idiolekt als Vertreter des Ortsdialektes

3.3 Ausgangspunkt für die folgende phonetisch-phonologische Analyse sind Idiolekte, wobei angesetzt wird bei der [1.3] gegebenen Definition des Idiolekts. Danach ist im Anfang grundsätzlich nur die Analyse eines Idiolekts möglich. — Wenn in der vorliegenden Arbeit die nach bestimmten Kriterien ausgewählten Sprecher [3.131] und ihr Idiolekt als repräsentativ für einen Ortsdialekt angesehen werden, so geschieht dies vor allem aus der Überzeugung, daß individuelle Varianten der Sprechweise und dialektale Differenzierungen verschieden zu bewerten sind. Die individuellen Varianten, die zweifellos vorhanden sind, werden im tagtäglichen Verkehr innerhalb der Sprachgemeinschaft immer wieder ausgeglichen. Das kann von dialektalen Merkmalen, die für einen Ort oder darüber hinaus gelten, in diesem Sinne nicht gesagt werden. Damit ist das Problem der Repräsentativität eines bestimmten Sprechers für einen bestimmten Ortsdialekt keineswegs gelöst. Es sollte lediglich darauf hingewiesen werden[227]. Die folgenden Untersuchungen gehen also von der Hypothese aus, daß die Idiolekte der ausgewählten Sprecher den Ortsdialekt vertreten, dem sie angehören. Es ist aber zu betonen, daß sich alle Untersuchungsergebnisse der vorliegenden Arbeit letztlich auf die Informanten beziehen, die das Material für die Hauptaufnahme lieferten.

3.4 Erläuterungen zum Analyse-Schema

In der unter [3.5] folgenden Phonologischen Analyse von 17 Ortsdialekten — vier niederdeutsch-ostfälischer [3.51], fünf mitteldeutsch-nordthüringischer [3.52] und acht mitteldeutsch-erzgebirgischer [3.53] Herkunft — wird der Versuch unternommen, mit Hilfe eines erarbeiteten Schemas eine möglichst kurze, aber dennoch ausreichende phonologische Beschreibung für den jeweiligen Ortsdialekt zu erzielen.
Unter den einzelnen Ziffern des Schemas werden folgende linguistischen Daten festgehalten:

---

[226] G. Bellmann (1964). — G. Bellmann/J. Göschel (1970), 25—26.
[227] Vgl. dazu J. Göschel (1967b), 368—370.

(1.) Phonemsysteme
(2.) Beispiele für Oppositionen
(3.) Phonetische Realisation und wichtigste Varianten der Phoneme
(4.) Distinktive Phonemmerkmale
(5.) Neutralisationen
(6.) Phonemdistribution

Die zweite Ziffer (durch Punkt von der ersten getrennt) bezieht sich stets auf:

(.1) Kernphoneme[228] 'relativ kurz'
(.2) Kernphoneme 'relativ lang'
(.3) Diphthongphoneme
(.4) Satellitenphoneme[228]
(.5) Satellitenphoneme 'lang'.

Die dritte Ziffer schließlich führt an die einzelnen Fakten heran, so etwa an ein Phonem oder eine bestimmte Position des Phonems bzw. von mehreren Phonemen.

Zu den einzelnen Hauptziffern (vor dem Punkt) sind noch einige zusätzliche Erläuterungen nötig.

(1.) Die Phonemsysteme werden in der heute üblichen Anordnung[229] notiert. Bei den Kernphonemen deuten die waagrechten Reihen von oben nach unten den Öffnungsgrad an. Die senkrechten Kolumnen bezeichnen von links nach rechts die Artikulationsstellen. In der vorliegenden Arbeit werden die waagrechten Reihen als 'Stufen' und die senkrechten Kolumnen als 'Klassen' bezeichnet. Bei den Satellitenphonemen geben die waagrechten Reihen von oben nach unten die Artikulationsart an, während die senkrechten Kolumnen wiederum die Artikulationsstellen bezeichnen. Die waagrechten Reihen werden hier 'Klassen' (Klasse der Frikative) und die senkrechten Kolumnen 'Reihen' (Dentalreihe) genannt. — A. Martinet hat die waagrechten Reihen der Kernphoneme (i—ü—u) und die senkrechten Kolumnen der

---

[228] Die Termini 'Kernphonem' und 'Satellitenphonem' werden gebraucht nach G. Heike (1961), 163. Die theoretische Begründung liefern J. D. O'Connor/J. L. M. Trim (1953).
[229] Zu vergleichen sind z. B. die Aufstellungen bei Ch. F. Hockett (1955), passim; A. Martinet (1956), 82—84; Florence Guggenheim-Grünberg (1958), 105; G. Heike (1964), 38; O. Werner (1964), 15, 21; H. L. Kufner (1964), 10—12; Marthe Philipp (1965), 27, 31; H.-J. Schädlich (1966), 115, 121. — N. S. Trubetzkoy (1929, 1939), passim, stellte in den Vokalsystemen das maximal offene Phonem an die Spitze und ließ das System dann nach unten auffächern. — O. v. Essen (1964), 18—21 ist ein Verfechter des 'Maschensystems'.

3.4 Erläuterungen zum Analyse-Schema

Satellitenphoneme (d—t—s—n) als 'ordres', die senkrechten Kolumnen der Kernphoneme (i—e—ɛ) und die waagrechten Reihen der Satellitenphoneme (p—t—k) als 'séries' bezeichnet[230]. In der vorliegenden Arbeit kann /r/ als einziges Phonem innerhalb der Reihen seine Position verschieben, da es alveolar, retroflex, velar und uvular gebildet werden kann.

(2.) Die Phoneme werden am besten durch Oppositionen belegt. Um nicht ins Uferlose zu geraten, werden jedoch nur Beispiele[231] angeführt, die sich auf die nicht von vornherein eindeutigen Fälle der Phoneme beschränken. Das bedeutet, daß Oppositionen wie /i/ ≠ /e/, /i/ ≠ /a/, /b/ ≠ /s/, /f/ ≠ /g/, /m/ ≠ /k/ usw. nicht belegt werden, weil die Verhältnisse bei diesen Paaren offensichtlich und klar sind. Dagegen werden Oppositionen für alle jene Fälle aufgeführt, in denen Zweifel bestehen könnten, ob ein Phonem oder nur eine Variante vorliegt, wie z. B. bei /i/ ≠ /y/, /e/ ≠ /ɛ/, /a/ ≠ /ɑ/, /ɑː/ ≠ /ɔː/, /øːɪ/ ≠ /œː/, /ou/ ≠ /ao/ usw., bei den Satellitenphonemen besonders für alle Kolumnen und die Klasse der Frikative. — Die Oppositionen werden bis auf wenige Ausnahmen, die für das gesamte Material an beiden Händen abzuzählen sind, immer in Minimalpaaren notiert. Bei diesen Ausnahmen werden die Phoneme aber stets in phonetisch ähnlicher Umgebung angeführt — z. B. /i/ ≠ /y/: viln 'Wille' (Dat.) ≠ fyln 'füllen' — ein in der heutigen Phonemtheorie durchaus gängiges und zulässiges Verfahren [2.111]. — Bei den Oppositionsbeispielen der Satellitenphoneme blieb die Position, die hier keine unwichtige Rolle einnimmt, zunächst unberücksichtigt. Ausführlichere Angaben zur Position — initial, medial, final — werden unter den folgenden Ziffern (3., 4., 5., 6.) gegeben.

(3.) Unter 'Realisation und Varianten' wird zunächst eine möglichst genaue Beschreibung der phonetischen Realisation der Phoneme vorgenommen. Daran schließt die phonetische Erläuterung der freien und positionsbedingten Varianten an. — Bei den Satellitenphonemen werden jetzt überall dort, wo erforderlich, die drei wichtigsten Positionen berücksichtigt, nämlich: I) initial oder nach der Morphemgrenze (*F*eld, Ge*f*ilde); II) intervokalisch-medial, meist einfach als 'medial' bezeichnet, vor der Morphemgrenze (blei*ch*en, ba*d*en); III) final, vor der Morphemgrenze (bleich, Bad)[232]. Auch eine

---

[230] A. Martinet (1955b), 69—73; (1963), 61—64.
[231] Mit solchen Einzelbeispielen für Oppositionen haben z. B. auch G. Heike (1964), 38—53, sowie O. Werner (1964) und O. v. Essen (1964) gearbeitet.
[232] G. Heike (1961), 171 hat für das phonologische System des Hochdeutschen in der finalen Position noch weiter differenziert: IIIa 'nach langen Kernphonemen', IIIb 'nach kurzen Kernphonemen'.

Anzahl weiterer Positionen, die für das jeweilige Phonem bedeutsam sind, werden herangezogen. Hingewiesen sei beispielsweise auf die verschiedenen Stellungen bei den Phonemen /x/ und /r/.

(4.) Die distinktiven Phonemmerkmale werden nach der zuerst 1951 von R. Jakobson, G. Fant und M. Halle[233] aufgestellten binaristischen Theorie, die später von R. Jakobson und M. Halle weiter entwickelt und modifiziert wurde[234], ermittelt [2.113]. — Die distinktiven Unterscheidungsmerkmale werden hier nur in der üblichen analytischen Transkription dargestellt[235], und zwar für die Kernphoneme 'relativ kurz', für die Kernphoneme 'relativ lang' und bei Satellitenphonemen für die drei Positionen initial, medial, final. Eine Diskussion der Theorie und deren Anwendung auf die hier analysierten Ortsdialekte folgt [4.1]. — Die Zeichen in den Tabellen bedeuten: $+$ = Merkmal vorhanden, $-$ = Merkmal nicht vorhanden, $\bigcirc$ = Merkmal nicht anwendbar.

(5.) Unter 'Neutralisationen' werden die Positionen beschrieben, in denen distinktive Gegensätze aufgehoben werden [2.114]. Die Aufhebung von Oppositionen ist bei den Satellitenphonemen häufiger als bei den Kernphonemen. Es ist möglich, daß aus dem der Arbeit zugrunde liegenden Material nicht alle Aufhebungsstellungen erfaßt werden konnten.

(6.) Für die Phonemdistribution wurden einige exemplarische Materialien in Form von Tabellen zusammengestellt. Dabei wurde für die Kernphoneme ermittelt, vor und nach welchen Satellitenphonemen sie auftreten können. — Bei den Satellitenphonemen wird gezeigt, welche zweigliedrigen Verbindungen in initialer und finaler Position möglich sind[236]. Dies kann nur ein schmaler Ausschnitt aus den Distributionsverhältnissen der Satellitenphoneme sein[237]. Gerade im Hinblick auf die Typologisierung von Dialekten könnten die Verbindungen der Satellitenphoneme sehr aufschlußreich werden [2.115]. — Hier soll noch einmal betont werden, daß die Tabellen der Phonemdistribution allein das Material der Hauptaufnahme widerspiegeln, so daß aus nicht belegten Positionen vorläufig darauf geschlossen werden kann, daß die betreffende Position weit seltener belegt ist, jedoch nicht als unbelegt

---

[233] R. Jakobson/C. G. M. Fant/M. Halle (1967).
[234] R. Jakobson/M. Halle (1956, 1960, 1964, 1968). — M. Halle (1957, 1959, 1964).
[235] Vgl. M. Halle (1954), 208; G. Heike (1961, 165—172; 1964, 121, 125f.) und die bei R. Jakobson (1962b), 440—441 genannten Arbeiten.
[236] Vgl. L. G. Jones (1956).
[237] Vgl. dazu beispielsweise die ausführlichen Darstellungen bei Marthe Philipp (1965), 35—109; H.-J. Schädlich (1966), 138—168.

gelten kann; abgesehen von offensichtlichen Kombinationen, die im Deutschen nicht zulässig sind, wie z. B. initales mk oder finales tf.

3.5 Phonologische Analyse

Es folgen die phonologischen Analysen der Ortsdialekte, zunächst die niederdeutsch-ostfälischen Dialekte [3.51], dann die mitteldeutsch-nordthüringischen [3.52] und schließlich die mitteldeutsch-erzgebirgischen [3.53]. — Innerhalb dieser Gruppen sind die Dialekte in der alphabetischen Reihenfolge der Orte zusammengestellt worden.

3.51 Niederdeutsch-ostfälische Dialektgruppe

3.511 Gittelde

(1.) Phonemsysteme

(1.1) /i/ /y/ /u/
/ɛ/ /œ/ /ɔ/
/a/

(1.2) /eː/ /oː/
/ɛː/ /œː/ /ɔː/

(1.3) /eːɪ/ /øːɪ/ /oːu/
/aɪ/ /oɪ/ /ao/

(1.4) /b/ /d/ /g/
/p/ /t/ /k/
/ŝ/
/f/ /s/ /ʃ/ /x/
/v/
/m/ /n/ /ŋ/
/l/ /r/ /h/

(1.5) /mː/ /nː/ /ŋː/
/lː/

(2.) Oppositionen

(2.1) /i/ ≠ /y/: /viln/ 'Wille' (Dat.) ≠ /fyln/ 'füllen'
/ɛ/ ≠ /œ/: /vɛste/ 'Weste' ≠ /vœste/ 'Würste'
/a/ ≠ /o/: /nat/ 'naß' ≠ /not/ 'Nuß'

(2.2) /eː/ ≠ /ɛː/: /eːre/ 'Ehre' ≠ /ɛːre/ 'Erde'
/eː/ ≠ /œː/: /heːln/ 'heilen' ≠ /hœːln/ 'heulen'
/ɛː/ ≠ /œː/: /nɛːte/ 'Nähte' ≠ /nœːte/ 'Nüsse'
/ɔː/ ≠ /oː/: /hɔːse/ 'Hase' ≠ /hoːse/ 'Hose'

(2.3) /eːɪ/ ≠ /øːɪ/: /leːɪse/ 'leise' ≠ /løːɪse/ 'Läuse'
/eːɪ/ ≠ /eː/: /ʃleːɪpm/ 'schleifen' ≠ /ʃleːpm/ 'schleppen'
/øːɪ/ ≠ /œː/: /søːɪle/ 'Säule' = /sœːle/ 'Salzlake'
/øːɪ/ ≠ /oɪ/: /køːɪle/ 'Keule' ≠ /koɪle/ 'kühle'
/oːʊ/ ≠ /oː/: /loːʊs/ 'Laus' ≠ /loːs/ 'Los'

(2.4) /b/ ≠ /p/ ≠ /f/ ≠ /v/: /bunt/ 'bunt' ≠ /punt/ 'Pfund'; /binː/ 'binden' ≠ /finː/ 'finden' ≠ /vinː/ 'winden'; /dript/ '(er) trifft' ≠ /drift/ '(er) treibt'; /pule/ 'Pulle' ≠ /vule/ 'Wolle'.
/d/ ≠ /t/ ≠ /ŝ/ ≠ /s/: /dao/ 'Tau (im Gras)' ≠ /tao/ 'Tau (Seil)'; /deːl/ 'Teil' ≠ /ŝeːl/ 'Ziel' ≠ /seːl/ 'Seil'; /dœxt/ '(er) taugt (nichts)' ≠ /sœxt/ '(er) sucht'; /net/ 'nett' ≠ /neŝ/ 'Netz'; /loːt/ 'Lot' ≠ /loːs/ 'Los'; /hiŝe/ 'Hitze' ≠ /hise/ 'hetze!'.
/g/ ≠ /k/ ≠ /x/: /vɔːgen/ 'Wagen' ≠ /hɔːken/ 'Haken'; /goːun/ 'guten' ≠ /xoːun/ 'euren'; /sak/ 'Sack' ≠ /sax/ '(er) sah'.
/s/ ≠ /ʃ/ ≠ /x/: /ase/ 'Achse' ≠ /aʃe/ 'Asche'; /loːs/ 'Los' ≠ /loːx/ '(er) log'; /doʃ/ '(er) drosch' ≠ /dox/ 'doch'.
/n/ ≠ /ŋ/: /tune/ 'Tonne' ≠ /tuŋe/ 'Zunge'.

(2.5) /m/ ≠ /mː/: /lam/ 'Lamm' ≠ /lamː/ 'lammen'.
/n/ ≠ /nː/: /trɔːn/ 'Tran' ≠ /trɔːnː/ 'tränen'.
/ŋ/ ≠ /ŋː/: /siŋ/ 'singe!' ≠ /siŋː/ 'singen'.
/l/ ≠ /lː/: /koɪl/ 'kühl' ≠ /koɪlː/ 'kühlen'.

(3.) Realisationen und Varianten

(3.1.1) /i/ wird als gespreizter sehr hoher leicht zentralisierter Vorderzungenvokal gebildet, der auch geöffnet freie Varianten haben kann [i̠] [i̙].

(3.1.2) /ɛ/ wird als gespreizter stark zentralisierter Vorderzungenvokal mittlerer Höhe realisiert, der freie weit geöffnete Varianten haben kann [ɛ̈] [ɛ̠].

(3.1.3) /a/ wird als gespreizter maximal offener tiefer Mittelzungenvokal gebildet [a].

(3.1.4) /ɔ/ ist als runder halbtiefer Hinterzungenvokal definiert [ɔ].

(3.1.5) /u/ wird als runder halbhoher zentralisierter Hinterzungenvokal gebildet, der zusätzliche freie geöffnete Varianten haben kann [ʊ̟] [ʊ̞̟] [ʊ].

(3.1.6) /y/ wird als runder sehr hoher bis hoher Vorderzungenvokal mit Zentralisierung gebildet [y̠] [ɣ̠] [ʏ̈].

(3.1.7) /œ/ wird als runder leicht zentralisierter Vorderzungenvokal mittlerer Höhe realisiert [œ̠].

(3.2.1) /e:/ wird als gespreizter leicht geöffneter zentralisierter halbhoher Vorderzungenvokal gebildet [e̞ː̠].

(3.2.2) /ɛː/ ist als gespreizter Vorderzungenvokal mittlerer Höhe definiert [ɛː]. Eine diphthongische Variante erscheint dort, wo diachronisch gesehen intervokalisch-mediales -d- ausfiel: [bɛːən] 'beten'.

(3.2.3) /ɔː/ wird als leicht entrundeter halbtiefer Hinterzungenvokal realisiert [ɔːᶜ]. Eine diphthongische Variante tritt auf in Fällen, bei denen diachronisch gesehen intervokalisch-mediales -d- ausfiel: [bɔːᶜən] 'baden'.

(3.2.4) /oː/ wird als runder Hinterzungenvokal mittlerer Höhe gebildet [oː].

(3.2.5) /œː/ wird als runder leicht zentralisierter Vorderzungenvokal realisiert, der auch freie geschlossene Varianten haben kann [œː̠] [œ̝ː̠].

(3.3.1) /eːɪ/ ist ein vorderer schließender mittelhoher Diphthong, dessen erstes Glied länger ist und von einem gespreizten halbhohen Vorderzungenvokal gebildet wird [eː]. Das zweite Glied ist ein gespreizter hoher Vorderzungenvokal [eːɪ].

(3.3.2) /øːɪ/ ist ein vorderer schließender mittelhoher runder Diphthong. Die erste Komponente ist länger als die zweite und wird durch einen runden halbhohen leicht geöffneten Vorderzungenvokal vertreten [ø:]. Das zweite Glied wird von einem gespreizten hohen Vorderzungenvokal gebildet [ø:ɪ].

(3.3.3) /o:u/ ist ein hinterer schließender mittelhoher Diphthong, dessen erstes Glied länger ist und durch einen runden Hinterzungenvokal mittlerer Höhe realisiert wird [o:]. Das zweite Glied wird von einem runden hohen Hinterzungenvokal gebildet [o:u].

(3.3.4) /aɪ/ ist ein vorderer schließender tiefer Diphthong. Das erste Glied wird von einem gespreizten maximal offenen tiefen Mittelzungenvokal gebildet [a]. Das zweite Glied wird durch einen gespreizten hohen Vorderzungenvokal realisiert [aɪ]. — Eine wichtige positionsbedingte monophthongische Variante [a:] hat /aɪ/ vor /x/, das in dieser Stellung durch [j] realisiert wird: [ta:jə] 'zähe', [dra:jɪn] 'drehen'. — In vielen Fällen wird das erste Glied deutlich länger realisiert. Die Entwicklung kann so weit gehen, daß die zweite Komponente nur noch schwach angedeutet wird oder eine freie monophthongische Variante entsteht. Das Ergebnis dieses Prozesses könnte eine Phonologisierung von [a:] sein: [aˑɪ] [a:ɪ] [a:ˑɪ] [a:].

(3.3.5) /oɪ/ ist ein vorderer schließender Diphthong mittlerer Höhe, dessen erste Komponente von einem runden Hinterzungenvokal mittlerer Höhe vertreten wird [o]. Das zweite Glied ist ein gespreizter hoher Vorderzungenvokal [oɪ].

(3.3.6) /ao/ ist ein hinterer schließender tiefer Diphthong. Der erste Bestandteil wird durch einen gespreizten maximal offenen tiefen Mittelzungenvokal realisiert [a], während das zweite Glied von einem runden Hinterzungenvokal mittlerer Höhe vertreten wird [ao].

(3.4.1) /b/ wird initial als stimmhafte oder stimmlose Lenis realisiert [b] [b̥]. In der einzigen weiteren Position, in der /b/ noch auftreten kann, nämlich nach langen Kernphonemen vor /m/, ist es stets stimmhafte Lenis: [toɪbm] 'warten', [o:bm] 'Ofen'.

(3.4.2) /d/ kann initial als stimmhafte oder stimmlose Lenis in freier Variation realisiert werden [d] [d̥]. Medial ist /d/ stets stimmhafte Lenis.

(3.4.3) /g/ ist velarer Verschlußlöselaut, dessen Stellung stark eingeschränkt ist. Es erscheint: 1. initial vor Satellitenphonemen, 2. initial vor velaren Kernphonemen, 3. medial nach langen velaren Kernphonemen. Realisationen:

Stellung (1) [g] [g̊] stimmlose Lenis oder Halblenis, Stellung (2) [g] [g̬] stimmhafte oder stimmlose Lenis, Stellung (3) [g] stimmhafte Lenis.

(3.4.4) /p/ wird initial als stimmlose Fortis [p], medial als stimmlose Fortis oder Halbfortis [p] [p̬] und final als stimmlose schwach behauchte Fortis [p'] realisiert. In der Position final vor /m/ kann /p/ bis zu einer stimmlosen Halblenis geschwächt werden: [hǫbm] 'Hopfen', [ʃleːbm] 'schleppen' neben [stǫpm] 'stopfen', [dʀɛːpm] 'treffen'.

(3.4.5) /t/ wird initial als stimmlose Fortis [t], medial als stimmlose Fortis oder Halbfortis [t] [t̬] und final als stimmlose leicht behauchte Fortis [t'] gebildet.

(3.4.6) /k/ wird initial als stimmlose teilweise behauchte Fortis gebildet [k] [k']. In medialer Stellung schwanken die Realisationen frei zwischen stimmloser Fortis und Halbfortis, sowie Schwächungen bis zu stimmloser Halblenis und stimmloser Lenis [k] [k̬] [g̊] [g̬]. Die Stimmlosigkeit bleibt medial stets erhalten. Final wird /k/ als stimmlose behauchte Fortis realisiert [k'].

(3.4.7) /ŝ/ als dentale Affrikate wird immer als stimmlose Fortis realisiert [ts].

(3.4.8) /f/ wird als labiodentale Fortis oder Halbfortis gebildet [f] [f̬].

(3.4.9) /v/ hat zwei positionsbedingte Varianten: 1. [v] labiodentale stimmhafte Lenis, die häufig bis zu einem friktionslosen labiodentalen Kontinuanten reduziert werden kann [ʋ], steht initial vor Kernphonemen und medial; 2. [ɸ] bilabiale stimmlose Halbfortis erscheint initial nach Satellitenphonemen: [kɸeːk̬ə] 'Quecke'.

(3.4.10) /s/ als alveolarer Frikativlaut hat zwei stellungsbedingte Varianten, die in komplementärer Verteilung stehen: 1. [s] [ṣ] stimmlose Fortis oder Halbfortis erscheint initial vor Satellitenphonemen, medial nach kurzen Kernphonemen und final; 2. [z] stimmhafte Lenis steht initial vor Kernphonemen und medial nach langen Kernphonemen.

(3.4.11) /ʃ/ wird als palato-alveolare stimmlose Fortis oder Halbfortis realisiert [ʃ] [ʃ̬], die medial häufig auch als stimmhafte Lenis auftreten kann [ʒ].

(3.4.12) /x/ als palato-velarer Frikativlaut hat drei stellungsbedingte Varianten, die in komplementärer Verteilung stehen: 1. [x] velare stimmlose

Fortis steht medial nach kurzen velaren Kernphonemen, sowie final nach kurzen und langen velaren Kernphonemen; 2. [ç] palatale stimmlose Fortis steht nur final nach palatalen Kernphonemen, [x] [ç] erscheinen nicht initial; 3. [j] palatale stimmhafte Lenis steht initial vor Kernphonemen und medial nach palatalen Kernphonemen: [jeːjən] 'Gegend', [ʀyjən] 'Rücken', sowie nach /l/ und /r/: [fuljən] 'folgen', [baʀjə] 'Berge'. Sporadisch vorkommende [ç] medial nach kurzen palatalen Kernphonemen stehen als Varianten neben [j]: [hœça] [hœjɑ] 'höher', [nɛçaʀ] 'näher'. Sie weisen aber darauf hin, daß ein Phonemzusammenfall stattgefunden haben muß. So wird [ç] als palatale Variante des stimmlosen /x/ zu /j/ in Opposition gestanden haben.

(3.4.13) /l/ ist als dentaler Lateral definiert [l].

(3.4.14) /r/ hat drei Varianten, deren Stellung nur teilweise frei ist: 1. [ʀ] uvularer einschlägiger häufig jedoch mehrschlägiger Vibrant steht fast immer initial, initial nach Satellitenphonemen, medial und final; 2. [ʁ] stimmhafter uvularer oder velarer Frikativlaut oder Kontinuant kommt viel seltener vor und steht vereinzelt initial und medial; 3. [ɑ] [ɔ] vokalisierte Varianten erscheinen seltener in der schriftsprachlichen Silbe er-/-er, häufiger final nach langen Kernphonemen und oft zwischen langen Kernphonemen und Satellitenphonemen.

(3.4.15) /m/ /n/ /ŋ/ sind als bilabialer, dentaler und velarer Nasal definiert.

(3.4.16) /h/ ist glottale stimmlose Fortis.

(3.4.17) Die Intensität ist in den folgenden Oppositionen phonologisch relevant, wobei das intensive Phonem an erster Stelle genannt wird: /p/ ≠ /b/, /t/ ≠ /d/, /k/ ≠ /g/, /ŝ/ ≠ /d/, /ŝ/ ≠ /t/, /f/ ≠ /v/, /ʃ/ ≠ /x/.

(3.4.18) Die Stimmbeteiligung und Behauchung sind phonologisch irrelevant. — Stimmbeteiligung ist obligatorisch bei /s/ /x/ initial vor Kernphonemen, bei /d/ /g/ in medialer Position, bei /s/ medial nach langen Kernphonemen und bei /v/ in allen Stellungen. Sie ist fakultativ bei /b/ /d/ /g/ initial und bei medialem /ʃ/. — Behauchung ist fakultativ bei /p/ /t/ /k/ in initialer Position, obligatorisch bei /p/ /t/ /k/ final.

(3.5.1) /lː/ ist ein langer dentaler Lateral, der nur final erscheint [lː].

(3.5.2) /mː/ /nː/ /ŋː/ sind als langer bilabialer, langer dentaler und langer velarer Nasal definiert [mː] [nː] [ŋː]. Sie kommen nur in finaler Stellung vor.

(4.) Distinktive Phonemmerkmale

(4.1)

	u	ɔ	a	y	œ	i	ɛ
diffus	+	—	—	+	—	+	—
dunkel	+	+	—	—	—	—	—
tief	O	O	O	+	+	—	—
kompakt	—	+	+	—	+	—	+
hell	—	—	—	+	+	+	+

(4.2)

	o	ɔ	œ	e	ɛ
dunkel	+	+	—	—	—
tief	O	—	+	O	—
kompakt	—	+	+	—	+

(4.3) —

(4.4.1)

	m	n	l	r	b	d	g	p	t	k	ŝ	f	v	s	ʃ	x	h
vokalisch	+	+	+	+	—	—	—	—	—	—	—	—	—	—	—	—	—
nasal	+	+	—	—	O	O	O	O	O	O	O	O	O	O	O	O	O
abrupt	O	O	—	+	+	+	+	+	+	+	+	—	—	—	—	—	—
gespannt	O	O	O	O	—	—	—	+	+	+	O	+	—	O	O	O	+
kompakt	O	O	O	O	—	—	+	—	—	+	—	—	—	—	+	+	—
dunkel	+	—	O	O	+	—	O	+	—	O	—	+	+	—	O	O	O
scharf	O	O	O	O	O	—	O	O	—	O	+	+	—	+	+	—	—

(4.4.2)

	m	n	ŋ	l	r	d	g	p	t	k	ŝ	f	v	s	ʃ	x
vokalisch	+	+	+	+	+	—	—	—	—	—	—	—	—	—	—	—
nasal	+	+	+	—	—	O	O	O	O	O	O	O	O	O	O	O
abrupt	O	O	O	—	+	+	+	+	+	+	+	—	—	—	—	—
gespannt	O	O	O	O	O	—	—	+	+	+	O	O	O	O	O	O
kompakt	—	—	+	O	O	—	+	—	—	+	—	—	—	—	+	+
dunkel	+	—	O	O	O	—	O	+	—	O	—	+	+	—	O	O
scharf	O	O	O	O	O	—	O	O	—	O	+	+	—	O	+	—

(4.4.3)

	m	n	ŋ	l	r	p	t	k	ŝ	f	s	ʃ	x
vokalisch	+	+	+	+	+	—	—	—	—	—	—	—	—
nasal	+	+	+	—	—	O	O	O	O	O	O	O	O
abrupt	O	O	O	—	+	+	+	+	+	—	—	—	—
kompakt	—	—	+	O	O	—	—	—	—	—	—	+	+
dunkel	+	—	O	O	O	+	—	—	—	+	—	O	O
scharf	O	O	O	O	O	O	—	O	+	O	O	+	—

(4.5.1)

	m	n	ŋ	l
nasal	+	+	+	—
kompakt	—	—	+	O
dunkel	+	—	O	O

(5.) Neutralisationen

(5.1.1) Vor /r/ werden die Oppositonen /i/ ≠ /y/, /i/ ≠ /ɛ/ und /u/ ≠ /o/ aufgehoben. In dieser Stellung erscheinen die Kernphoneme /ɛ/ /a/ /ɔ/ /y/ /œ/.

(5.1.2) Aufgehoben wird die Opposition /u/ ≠ /o/ vor /n/. In dieser Position steht /u/.

(5.2) Die Stellung der betonten Kernphoneme ist final eingeschränkt. In dieser Position stehen immer die Kernphoneme 'relativ lang'. Die Quantitätsoppositon ist bei den Kernphonemen final aufgehoben.

(5.3) Aufgehoben werden die Oppositionen /eː/ ≠ /eːɪ/, /œː/ ≠ /øːɪ/ vor /x/, das in dieser Stellung durch [j] realisiert wird: [steːjən] 'steigen', [ʃleːjən] 'Schlitten'; [dʀœːjə] 'trocken'. Vor /x/ steht also stets der Monophthong.

(5.4.1) Aufgehoben wird die Opposition /b/ ≠ /p/ medial und final. In beiden Stellungen kommt /b/ nicht vor. Phonologisch relevant ist der Gegensatz /b/ ≠ /p/ nur initial.

(5.4.2) Aufgehoben wird die Opposition /b/ ≠ /v/ initial vor Satellitenphonemen, medial und final. Initial vor Satellitenphonemen steht /b/, medial erscheint /v/, final treten /b/ und /v/ nicht auf. Die Relevanzstellung ist auf die Position initial vor Kernphonemen eingeschränkt.

(5.4.3) Aufgehoben werden final die Oppositionen /d/ ≠ /t/, /d/ ≠ /s̞/. In finaler Position erscheinen /t/ /s̞/. Phonologisch relevant sind diese Gegensätze initial und medial.

(5.4.4) Aufgehoben wird die Oppositon /f/ ≠ /v/ initial vor Satellitenphonemen und final. In beiden Stellungen steht /f/. Phonologisch relevant ist die Opposition /f/ ≠ /v/ initial vor Kernphonemen und medial.

(5.4.5) Aufgehoben wird die Opposition /b/ ≠ /f/ medial und final. In diesen Stellungen erscheint /f/. Phonologisch relevant ist der Gegensatz /b/ ≠ /f/ in initialer Position.

(5.4.6) Aufgehoben wird die Opposition /g/ ≠ /k/ in den folgenden Positionen: 1. initial vor palatalen Kernphonemen, hier steht nie /g/; 2. initial vor Satellitenphonemen, hier steht fast immer /g/ oder es erscheint /k/ mit /g/ im freien Wechsel; 3. medial nach kurzen Kernphonemen und medial nach langen palatalen Kernphonemen, auch hier steht niemals /g/; 4. final, hier steht nur /k/. Die Relevanzstellung gilt initial vor velaren Kernphonemen und medial nach langen velaren Kernphonemen.

(5.4.7) Aufgehoben wird die Opposition /g/ ≠ /x/ in folgenden Positionen: 1. initial vor palatalen Kernphonemen, hier steht /x/; 2. initial vor Satellitenphonemen, hier steht /g/; 3. medial, hier steht /g/ nach langen velaren Kernphonemen und /x/ nach langen palatalen Kernphonemen, sowie nach kurzen Kernphonemen; 4. final, hier steht stets /x/. Die Relevanzstellung gilt initial vor velaren Kernphonemen.

(5.4.8) Aufgehoben wird die Opposition /k/ ≠ /x/ in folgenden Stellungen: 1. initial vor Satellitenphonemen, hier steht weder /k/ noch /x/; 2. medial nach langen velaren Kernphonemen, hier steht /k/. Phonologisch relevant ist die Opposition /k/ ≠ /x/ initial vor Kernphonemen, medial nach kurzen Kernphonemen, medial nach langen palatalen Kernphonemen und final.

(5.4.9) Aufgehoben wird die Opposition /ʃ/ ≠ /x/ initial vor Satellitenphonemen und medial nach langen velaren Kernphonemen. In beiden Positionen steht /ʃ/. Die Opposition ist initial vor Kernphonemen, medial nach palatalen und kurzen velaren Kernphonemen, sowie final phonologisch relevant.

(5.4.10) Aufgehoben wird die Oppositon /s/ ≠ /ʃ/ initial vor Satellitenphonemen, da hier /s/ und /ʃ/ im freien Wechsel stehen können.

(5.4.11) Aufgehoben wird die Oppositon /ŝ/ ≠ /s/ nach /l/ und /n/. In diesen Stellungen stehen [ts] und [s] im freien Wechsel.

(5.4.12) Aufgehoben wird die Opposition /m/ ≠ /n/ nach /b/ /p/. In diesen Stellungen steht /m/: [oːbm̩] 'Ofen', [ʃlɔːp̩m̩] 'schlafen'.

(5.4.13) Aufgehoben wird die Opposition /n/ ≠ /ŋ/ vor /k/. In dieser Position steht stets /ŋ/: [baŋk] 'Bank'.

(5.4.14) Aufgehoben werden die Oppositionen /m/ ≠ /mː/, /n/ ≠ /nː/, /ŋ/ ≠ /ŋː/, /l/ ≠ /lː/ initial und medial. In diesen Stellungen stehen stets /m/, /n/, /ŋ/, /l/. Die Quantitätsopposition ist nur final phonologisch relevant.

(6.) Phonemdistribution

(6.1)

/ bedeutet: das betreffende Kernphonem steht *vor* den jeweiligen Satellitenphonemen.

— bedeutet: das betreffende Kernphonem steht *nach* den jeweiligen Satellitenphonemen.

	#	b	d	g	p	t	k	ŝ	f	s	ʃ	x	m	n	ŋ	l	r	v	h
/i/	/	—	+		/	+	+	+	+	+	+	+	+	+	/	+	—	+	—
/ɛ/	/	—	+		+	+	+	/	+	+	+	+	+	+	/	+	—	+	—
/a/	/	—	—	—	+	+	+		+	+	+	+	+	+	/	+	+	+	—
/o/	/	—	+		+	+	+		+	+	+	+	—	+	/	+	+	—	—
/u/	/	—	+	—	+	+	+	+	+	—		+	+	+	/	+	+	+	—
/y/	/	+	+		/	+	+	/	+	+	—	/	+	+	/	+	+	+	—
/œ/	/	—	—		—	+	+		+	+	+	+	—	/		/	—	—	—

(6.2)

	#	b	d	g	p	t	k	ŝ	f	s	ʃ	x	m	n	ŋ	l	r	v	h
/eː/	/	/	+		+	+	+	/	—	+	/	+	+	+		+	+	+	—
/ɛː/	/	—			+	+	+		—	—		+	—	+		+	+	+	—
/ɔː/	/	—	+	+	+	+	+	/	—	+	—	—	+	+		+	+	/	—
/oː/	/	+	—	+	/	+	+		—	+	—	/	+	+		+	+	+	—
/œː/	/	—	—		/		/		+	—	+	+	+		+	/	+	—

3.5 Phonologische Analyse — Ortsdialekt Gittelde

(6.3)

	#	b	d	g	p	t	k	ŝ		f	s	ʃ	x		m	n	ŋ		l	r	v	h
/eːɪ/	/	—	—	∓	∓	/				∓	∓	—	/		∓	∓			∓	—	∓	
/øːɪ/		—		/	∓	—				—	∓		/		/	/			∓	∓	/	—
/oːu/	/	∓	∓	—	—	∓	/	/		—	/	—	∓		∓	/			∓	∓	/	—
/aɪ/	/	—	∓	—	/	∓	—			∓	∓	∓	/		∓	∓			—	∓	∓	—
/ɔɪ/	/	/	—			∓	∓			—	—	—	/		—	/			/	∓	∓	—
/ao/		—	—		/	∓	∓			—	∓	—	/		∓	∓			∓	∓	—	—

(6.4) Phonemverbindungen

/ bedeutet: Verbindung ist initial belegt.
— bedeutet: Verbindung ist final belegt.

erstes Glied   zweites Glied →

↓	b	d	g	p	t	k	ŝ		f	s	ʃ	x		m	n	ŋ	l		r	v
b							—				—						/		/	
d							—							—		—			/	
g															/		/	/		/	/
p			—				—							—	—		∓		/	
t							—								—		—		/	/
k							—										—			
ŝ																	—			
f			—														∓		/	
s			/	∓											—		—			
ʃ															/	∓		/		/	/
x			—													—		—			
m				—			—											—			
n				—	—		—														
ŋ				—	—													—			
l				—	—	—	—						—					—			
r				—	—	—	—				—	—			—			—			
v																		—			

3.512 Kamschlacken

(1.) Phonemsysteme

(1.1) /i/   /y/   /u/
       /ɛ/   /œ/   /ɔ/
              /a/

(1.2) /iː/   /yː/   /uː/
       /eː/   /øː/   /oː/
                          /ɔː/
              /aː/

(1.3) /ao/

(1.4) /b/   /d/   /g/
       /p/   /t/
              /ŝ/
       /f/   /s/   /ʃ/   /x/
       /v/   /j/
       /m/   /n/   /ŋ/
              /l/   /r/   /h/

(2.) Oppositionen

(2.1) /i/ ≠ /y/: /lit/ '(er) leitet' ≠ /lyt/ '(er) läutet'
       /ɛ/ ≠ /œ/: /sɛxt/ '(er) sagt' ≠ /sœxt/ '(er) sucht'

(2.2) /iː/ ≠ /yː/: /giːle/ 'Keile'   ≠ /gyːle/ 'Keule'
       /eː/ ≠ /øː/: /seːle/ 'Seele'   ≠ /søːle/ 'Salzlake'
       /aː/ ≠ /ɔː/: /daːt/ '(er) tut' ≠ /dɔːt/ 'Tat'
       /ɔː/ ≠ /oː/: /tɔːm/ 'zahm'   ≠ /toːm/ 'Zaum'

(2.3) —

(2.4) /b/ ≠ /p/ ≠ /f/ ≠ /v/: /bunt/ 'bunt' ≠ /punt/ 'Pfund'; /bule/ 'Bulle' ≠ /fule/ 'volle' ≠ /vule/ 'Wolle'; /daːp/ 'tief' ≠ /daːf/ 'Dieb'; /pane/ 'Pfanne' ≠ /vane/ 'Wanne'.

3.5 Phonologische Analyse — Ortsdialekt Kamschlacken   63

/d/ ≠ /t/ ≠ /ŝ/ ≠ /s/: /dao/ 'tue!' ≠ /tao/ 'zu'; /bude/ 'Rinderdarm' ≠ /epuŝet/ 'geputzt'; /dœxt/ '(er) taugt (nichts)' ≠ /sœxt/ '(er) sucht'; /teːje/ 'zähe' ≠ /ŝeːje/ 'Ziege'; /tɔːl/ 'Zahl' ≠ /sɔːl/ 'Saal'; /ŝiːl/ 'Ziel' ≠ /siːl/ 'Siele'.

/g/ ≠ /x/ ≠ /j/ ≠ /r/: /gao/ 'Kuh' ≠ /xaot/ 'gut'; /gisde/ 'Kiste' ≠ /jisdern/ 'gestern'; /gaːn/ 'kein' ≠ /raːn/ 'rein'; /xɔːr/ 'gar' ≠ /jɔːr/ 'Jahr' ≠ /rɔːr/ 'rar'.

/s/ ≠ /ʃ/ ≠ /x/ ≠ /j/: /sɔːl/ 'Saal' ≠ /ʃɔːl/ 'Schal'; /sɛs/ 'sechs' ≠ /sɛx/ 'sag!'; /bøːse/ 'böse' ≠ /bøːjel/ 'Bügel'; /ʃaːdn/ 'schießen' ≠ /xaːdn/ 'gießen'; /ɛʃe/ 'Esche' ≠ /ɛje/ 'Egge'.

/n/ ≠ /ŋ/: /dane/ 'Tanne' ≠ /taŋe/ 'Zange'.

(3.)   Realisationen und Varianten

(3.1.1)   /i/ wird als gespreizter sehr hoher Vorderzungenvokal realisiert [i].

(3.1.2)   /ɛ/ wird als gespreizter Vorderzungenvokal mittlerer Höhe gebildet [ɛ], der auch selten freie geschlossene Varianten haben kann [ẹ].

(3.1.3)   /a/ wird als gespreizter maximal offener tiefer Mittelzungenvokal gebildet [a].

(3.1.4)   /ɔ/ wird als runder halbtiefer Hinterzungenvokal realisiert [ɔ].

(3.1.5)   /u/ wird als runder halbhoher Hinterzungenvokal gebildet [ʊ].

(3.1.6)   /y/ wird als runder zentralisierter leicht geöffneter sehr hoher Vorderzungenvokal realisiert [y̵].

(3.1.7)   /œ/ wird als runder zentralisierter Vorderzungenvokal mittlerer Höhe gebildet [œ̵].

(3.2.1)   /iː/ wird als gespreizter sehr hoher Vorderzungenvokal gebildet [iː].

(3.2.2)   /eː/ wird als gespreizter teilweise leicht geöffneter halbhoher Vorderzungenvokal realisiert [eː] [ẹː]. Eine kombinatorische Variante, die nicht obligatorisch ist, hat /eː/ vor /r/. In dieser Stellung wird /eː/ häufig so weit geöffnet, daß es einem gespreizten Vorderzungenvokal mittlerer Höhe entspricht [ɛː]: [pɛːʁə] 'Pferde', [gɛːɔgə] 'Kirche'. Solche [ɛː]-Varianten können auch frei stehen: [gɛːfɑ] neben [gę:fɑ] 'Käfer'. Eine Phonologisierung von [ɛː] wird damit möglich.

(3.2.3) /aː/ wird in der überwiegenden Zahl der Fälle diphthongisch realisiert. Den ersten Bestandteil, der deutlich länger ist, bildet ein gespreizter maximal offener tiefer Mittelzungenvokal [aː]. Das zweite Glied wird durch einen gespreizten hohen Vorderzungenvokal vertreten, der teilweise stark reduziert werden kann [aːɪ] [aˑɪ] [aːᶦ] oder völlig schwindet [aː].

(3.2.4) /ɔː/ wird als leicht entrundeter halbtiefer geöffneter Hinterzungenvokal oder als gespreizter geschlossener tiefer Hinterzungenvokal in freier Variation gebildet [ɔːᶜ] [ɒːᶜ] [ɑː] [ɑ̣ː].

(3.2.5) /oː/ wird als runder leicht geöffneter Hinterzungenvokal mittlerer Höhe realisiert [o̞ː].

(3.2.6) /uː/ wird als runder hoher Hinterzungenvokal gebildet [uː].

(3.2.7) /yː/ wird als runder sehr hoher teilweise geschlossener Vorderzungenvokal gebildet [yː] [y̞ː].

(3.2.8) /øː/ wird als runder leicht geöffneter halbhoher Vorderzungenvokal gebildet, der seltener freie Varianten haben kann, die einem runden Vorderzungenvokal mittlerer Höhe entsprechen [øː] [ø̞ː] [œː].

(3.3) /ao/ tritt als einziger Diphthong auf. Es ist ein hinterer schließender tiefer Diphthong. Das erste Glied wird von einem gespreizten maximal offenen tiefen Mittelzungenvokal vertreten [a]. Das zweite Glied wird durch einen runden Hinterzungenvokal mittlerer Höhe realisiert [ao].

(3.4.1) /b/ wird initial meist als stimmlose, seltener als stimmhafte Lenis realisiert [b̥] [b]. Medial wird /b/ als stimmlose Lenis oder Halblenis gebildet [b̥] [b̆]. Final ist /b/ stimmlose, teilweise behauchte Fortis [p] [pʿ].

(3.4.2) /d/ wird initial als stimmlose Lenis [d̥], medial als stimmhafte oder stimmlose Lenis realisiert [d] [d̥] und final als stimmlose teilweise behauchte Fortis [t] [tʿ].

(3.4.3) /g/ wird initial meist als stimmlose Lenis, nur selten stimmhaft gebildet [g̥] [g]. Medial wird /g/ als stimmlose Lenis oder Halblenis realisiert [g̥] [g̊]. Final ist /g/ stimmlose teilweise behauchte Fortis, seltener Halbfortis [k] [k̥] [kʻ] [k̥ʻ].

(3.4.4) /p/ erscheint nur initial und wird als stimmlose Fortis realisiert [p].

(3.4.5) /t/ kommt nur initial vor und wird als stimmlose Fortis oder Halbfortis gebildet [t] [t̥].

(3.4.6) /ŝ/ als dentale Affrikate wird stets als stimmlose Fortis gebildet [ts].

(3.4.7) /f/ wird als labiodentale Fortis oder Halbfortis realisiert [f] [f̥].

(3.4.8) /v/ wird meist als friktionsloser labiodentaler Kontinuant [ʋ], nur selten als labiodentale stimmhafte Lenis gebildet [v].

(3.4.9) /s/ wird als stimmlose Fortis oder Halbfortis realisiert [s] [s̥].

(3.4.10) /ʃ/ wird als palato-alveolare stimmlose Fortis realisiert [ʃ]. In medialer Stellung kommen nach langen Kernphonemen freie Varianten als stimmhafte Lenes vor [ʒ]: [viːʒən] 'Wiesen'.

(3.4.11) /j/ ist ein stimmhafter palato-velarer Frikativlaut mit zwei stellungsbedingten Varianten: 1. [j] stimmhafte palatale Lenis steht initial vor Kernphonemen und medial nach palatalen Kernphonemen: [jɔːŋ] 'jagen', [ɛjə] 'Egge', [hœjɑ] 'höher', [ʁeːjə] 'Reihe'; 2. [ɣ] stimmhafte velare Lenis steht medial nach langen velaren Kernphonemen: [sɔːɣə] 'Säge'. /j/ erscheint nicht: initial vor Satellitenphonemen, medial nach kurzen velaren Kernphonemen und final.

(3.4.12) /x/ ist ein stimmloser palato-velarer Frikativlaut mit zwei positionsbedingten Varianten, die in komplementärer Distribution stehen: 1. [x] stimmlose velare Fortis steht initial vor velaren Kernphonemen und vor Satellitenphonemen, medial nach kurzen velaren Kernphonemen und final nach velaren Kernphonemen: [xalə] 'Galle', [xlygə] 'Glück', [vɔxən] 'Wochen' (Plur.), [hoːx] 'hoch', [ənaox] 'genug'; 2. [ç] stimmlose palatale Fortis steht initial vor palatalen Kernphonemen und final nach palatalen Kernphonemen:

[çeːm] 'geben', [çift] 'Gift', [vɛç] 'Weg', [gʁiːç] 'Krieg'. /x/ erscheint nicht: medial nach palatalen Kernphonemen und medial nach langen velaren Kernphonemen.

(3.4.13) /l/ ist als lateraler Dental definiert.

(3.4.14) /r/ hat zwei Varianten, deren Stellung teilweise obligatorisch ist: 1. [ʁ] stimmhafter uvularer oder velarer Frikativlaut oder bloßer Kontinuant steht a) initial, b) initial nach Satellitenphonemen, c) medial, d) in den auslautenden schriftsprachlichen Verbindungen -ler, -mer, -ner, -ker [dœlʁə] 'Teller', [vœᵃmʁə] 'Würmer', [bɛnʁə] 'Bänder', [dœːgaʁə] 'Dächer'; 2. [ɑ] [ɔ] vokalisierte Varianten treten immer auf a) final nach langen Kernphonemen, b) final zwischen Kernphonemen und Satellitenphonemen, sowie häufig in der schriftsprachlichen Silbe er-/-er: [ʃtiːɑ] 'Stier', [høːɑn] 'Horn', [vǫᵃʃt] 'Wurst', [muda] 'Mutter'.

(3.4.15) /m/ /n/ /ŋ/ sind als bilabialer, dentaler und velarer Nasal definiert

(3.4.16) /h/ ist glottale stimmlose Fortis.

(3.4.17) Die Intensität ist in folgenden Oppositionen phonologisch relevant, wobei das intensive Phonem an erster Stelle genannt wird: /p/ ≠ /b/, /t/ ≠ /d/, /ŝ/ ≠ /d/, /ŝ/ ≠ /t/, /f/ ≠ /v/, /x/ ≠ /j/.

(3.4.18) Stimmbeteiligung und Behauchung sind phonologisch irrelevant. — Stimmbeteiligung ist obligatorisch bei /j/ /v/; fakultativ erscheint sie bei /b/ /g/ initial, bei /d/ /ʃ/ medial. Behauchung kommt fakultativ vor bei /b/ /d/ /g/ in finaler Position.

(4.) Distinktive Phonemmerkmale

(4.1)

	u	ɔ	a	y	œ	i	ɛ
diffus	+	—	—	+	—	+	—
dunkel	+	+	—	—	—	—	—
tief	o	o	o	+	+	—	—
kompakt	—	+	+	—	+	—	+
hell	—	—	—	+	+	+	+

3.5 Phonologische Analyse — Ortsdialekt Kamschlacken

(4.2)

	u	o	ɔ	a	y	ø	i	e
diffus	+	—	—	—	+	—	+	—
dunkel	+	+	+	—	—	—	—	—
tief	O	O	O	O	+	+	—	—
kompakt	—	—	+	+	—	—	—	—
hell	—	—	—	—	+	+	+	+

(4.4.1)

	m	n	l	r	b	d	g	p	t	ŝ	f	v	s	ʃ	j	x	h
vokalisch	+	+	+	+	—	—	—	—	—	—	—	—	—	—	—	—	—
nasal	+	+	—	—	O	O	O	O	O	O	O	O	O	O	O	O	O
abrupt	O	O	—	—	+	+	+	+	+	—	—	—	—	—	—	—	—
gespannt	O	O	O	O	—	—	—	+	+	O	+	—	O	O	—	+	+
kompakt	O	O	O	O	—	—	+	O	—	—	—	—	+	+	+	—	—
dunkel	+	—	—	+	+	—	O	+	—	—	+	+	—	O	O	O	O
scharf	O	O	O	O	O	—	O	O	—	+	+	—	+	+	+	—	—

(4.4.2)

	m	n	ŋ	l	r	b	d	g	ŝ	f	v	s	ʃ	j	x
vokalisch	+	+	+	+	+	—	—	—	—	—	—	—	—	—	—
nasal	+	+	+	—	—	O	O	O	O	O	O	O	O	O	O
abrupt	O	O	O	—	—	+	+	+	+	—	—	—	—	—	—
gespannt	O	O	O	O	O	O	O	O	O	O	O	O	O	—	+
kompakt	—	—	+	O	O	—	—	+	—	—	—	—	+	+	+
dunkel	+	—	O	—	+	+	—	O	—	+	+	—	O	O	O
scharf	O	O	O	O	O	O	—	O	+	+	—	O	+	O	—

(4.4.3)

	m	n	ŋ	l	r	b	d	g	ŝ	f	s	ʃ	x
vokalisch	+	+	+	+	+	—	—	—	—	—	—	—	—
konsonantisch	+	+	+	+	—	+	+	+	+	+	+	+	+
nasal	+	+	+	—	O	O	O	O	O	O	O	O	O
abrupt	O	O	O	O	O	+	+	+	+	—	—	—	—
kompakt	—	—	+	O	O	—	—	+	—	—	—	+	+
dunkel	+	—	O	O	O	+	—	O	—	+	—	O	O
scharf	O	O	O	O	O	O	—	O	+	O	O	+	—

(5.) Neutralisationen

(5.1.1) Vor /r/ wird die Opposition /u/ ≠ /ɔ/ aufgehoben, in dieser Position steht /ɔ/.

(5.1.2) Vor /m/ /n/ /ŋ/ wird die Opposition /u/ ≠ /ɔ/ aufgehoben. In dieser Stellung steht /u/.

(5.2) Die Stellung der betonten Kernphoneme ist in finaler Position eingeschränkt. Es stehen hier die Kernphoneme 'relativ lang'. Die Quantitätsopposition ist bei den Kernphonemen final aufgehoben.

(5.3) —

(5.4.1) Aufgehoben wird die Oppositon /b/ ≠ /p/ medial und final. In diesen Positionen steht /b/. Die Relevanzstellung ist initial gegeben.

(5.4.2) Aufgehoben wird die Opposition /b/ ≠ /v/ initial vor Satellitenphonemen und final. In beiden Stellungen erscheint /b/. Phonologisch relevant ist die Opposition initial vor Kernphonemen und medial.

(5.4.3) Aufgehoben werden die Oppositonen /d/ ≠ /t/, /ŝ/ ≠ /t/ medial und final. In beiden Stellungen erscheinen /ŝ/ /d/. Phonologisch relevant sind die Oppositionen initial.

(5.4.4) Aufgehoben wird die Opposition /f/ ≠ /v/ initial vor Satellitenphonemen und final. Hier steht /f/. Die Relevanzstellung ist initial vor Kernphonemen und medial gegeben.

(5.4.5) Aufgehoben werden die Oppositionen /p/ ≠ /f/, /t/ ≠ /s/ medial und final. In diesen Stellungen erscheinen /f/ /s/. Die Oppositionen sind initial phonologisch relevant.

(5.4.6) Aufgehoben werden die Oppositionen /g/ ≠ /j/, /ʃ/ ≠ /j/: 1. initial vor Satellitenphonemen; 2. medial nach kurzen velaren Kernphonemen; 3. final. In diesen Positionen stehen /g/ /ʃ/. Phonologisch relevant sind die Oppositionen initial vor Kernphonemen, sowie medial nach palatalen und langen velaren Kernphonemen.

3.5 Phonologische Analyse — Ortsdialekt Kamschlacken

(5.4.7) Aufgehoben werden die Oppositionen /g/ ≠ /x/, /ʃ/ ≠ /x/ medial nach palatalen und langen velaren Kernphonemen. In diesen Stellungen erscheinen /g/ /ʃ/. Phonologisch relevant sind die Oppositionen initial und final, sowie medial nach kurzen velaren Kernphonemen.

(5.4.8) Aufgehoben wird die Opposition /j/ ≠ /x/: 1. initial vor Satellitenphonemen, hier steht /x/; 2. medial nach palatalen und langen velaren Kernphonemen, hier steht /j/; 3. medial nach kurzen velaren Kernphonemen, hier steht /x/; 4. final, hier steht /x/. Die Relevanzstellung ist auf initial vor Kernphonemen beschränkt.

(5.4.9) Aufgehoben wird die Opposition /s/ ≠ /ʃ/ initial vor Satellitenphonemen. In dieser Stellung steht /ʃ/. Die Relevanzstellung ist in allen anderen Positionen gültig.

(5.4.10) Aufgehoben wird die Opposition /s/ ≠ /ŝ/ nach /l/ und /n/. Hier stehen [s] und [ts] im freien Wechsel: [hals] [halŝs] 'Hals', [mils] 'Milz'.

(5.4.11) Aufgehoben wird die Opposition /m/ ≠ /n/ nach /b/. In dieser Position erscheint immer /m/: [ʃlɔːbm] 'schlafen'.

(5.4.12) Aufgehoben wird die Opposition /n/ ≠ /ŋ/ vor /g/ und nach /g/. In dieser Stellung steht stets /ŋ/: [daŋkʻ] 'Dank', [ʃduːgŋ] 'Baumstumpf', [hagŋ] 'hacken'.

(6.) Phonemdistribution

(6.1)

(s. S. 60)

	#	b	d	g	p	t	ŝ	f	s	ʃ	j	x	m	n	ŋ	l	r	v	h
/i/	/	+	+	+	−		/	+	+	+	−	+	+	+	/	+	+	+	−
/ɛ/	/	+	+	+	−	−	/	+	+	+	+	+	+	+	/	+	+	+	−
/a/	/	+	+	+	−	−		+	+	+		+	+	+	/	+	+	+	−
/ɔ/	/	+	+	+	−	−		+	+	−		+	−	−		+	+	−	−
/u/	/	+	+	+	−	−	/	+	+	+	−	+	+	+	/	+	−	+	−
/y/	/	+	+	+			/	−	+	−		/	+	−	/	+	+		−
/œ/	/	/	+	+	−			+	+	+	+	/			/	+	+	−	−

(6.2/6.3)

```
        #  b d g  p t ŝ   f s ʃ j x   m n ŋ  l r v  h
/iː/    |  + + +  — —     + + + +     + + |  + + +  —
/eː/    |  + + +  — — —   + — — + +   + + |  + + +  —
/aː/    |  + + +    —     + + + + +   + + |  + + +  —
/ɔː/    |  + + +  — —     — + — + —   + + |  + + —  —
/oː/    |  + + +  — —     + + — — |    + + |  + + +  —
/uː/    |  — + +    —     — + + |     + + |  + + |  —
/yː/    |  — + —    —     — + — |     +  | |  + + |  —
/øː/    |  + + + — —      | + — | —   + + |  + + |  —
/ao/       — + +    —     + + —       +    — +    — +   —
```

(6.4) Phonemverbindungen

(s. S. 61)

erstes Glied   zweites Glied →

↓

```
         b d g p t ŝ   f s ʃ x   m n ŋ  l r v j
  b                    — —       —      + /
  d                    —                — /
  g                    —                / — + / /
  p                                         / /
  t                                         / /
  ŝ      —

  f      —                               + /
  s      —                               — —
  ʃ      / +                     | +     / / /
  x      —                       —       / /

  m      —                               —
  n      —            — —
  ŋ      — —                    —
  l      — —          — —              — —
  r      — — —        — —       — —    — —
  v                                      —
  j                                      —
```

3.513   Osterhagen

(1.)   Phonemsysteme

(1.1)   /i/   /y/   /u/
        /ɛ/   /œ/   /ɔ/
                /a/

(1.2)   /iː/   /yː/   /uː/
        /ɛː/   /œː/
                /aː/

(1.3)   /iːe/   /uːe/
                            /oːe/
        /ɛːɪ/   /aˑʊ/
        /aɪ/   /ɔɪ/   /ao/

(1.4)   /b/   /d/   /g/
        /p/   /t/   /k/
                /ŝ/
        /f/   /s/   /ʃ/   /x/
        /v/
        /m/   /n/   /ŋ/
                /l/   /r/   /h/

(2.)   Oppositionen

(2.1)   /i/ ≠ /y/ :   /bit/ '(er) beißt'   ≠ /byt/ '(er) bietet'
        /ɛ/ ≠ /œ/ :   /hɛle/ 'hell'   ≠ /hœle/ 'Hölle'
        /a/ ≠ /o/ :   /varm/ 'warm'   ≠ /vorm/ 'Wurm'

(2.2)   /iː/ ≠ /yː/ : /biːl/ 'Beil'   ≠ /byːl/ 'Beutel'
        /ɛː/ ≠ /œː/ : /dɛːl/ 'Teil'   ≠ /tœːl/ 'Zügel'

(2.3)   /iːe/ ≠ /iː/ : /siːen/ 'Sehnen'   ≠ /siːn/ 'sein'
        /iːe/ ≠ /yː/ : /siːele/ 'Siele'   ≠ /syːle/ 'Salzlake'
        /ɛːɪ/ ≠ /ɛː/ : /drɛːɪn/ 'drehen'   ≠ /trɛːn/ 'Tränen'
        /ɛːɪ/ ≠ /œː/ : /sɛːɪpe/ 'Seife'   ≠ /dœːpe/ 'Taufe'
        /ɛːɪ/ ≠ /aɪ/ : /sɛːɪpe/ 'Seife'   ≠ /daɪpe/ 'Tiefe'
        /ao/ ≠ /aˑʊ/ : /gaot/ 'gut'   ≠ /graˑʊt/ 'groß'
        /aˑʊ/ ≠ /oːe/ : /raˑʊt/ 'rot'   ≠ /roːet/ 'Rat'
        /uːe/ ≠ /oːe/ : /nuːet/ 'Nuß'   ≠ /noːet/ 'Naht'
        /uːe/ ≠ /uː/ : /huːese/ 'Hose'   ≠ /huːse/ 'Hause'

(2.4) /b/ ≠ /p/ ≠ /f/ ≠ /v/: /bin/ 'binden' ≠ /pin/ 'Pinne (Nagel)' ≠ /fin/ 'finden' ≠ /vin/ 'winden'.
/d/ ≠ /t/ ≠ /ŝ/ ≠ /s/: /diːr/ 'Tier' ≠ /tiːr/ 'Teer'; /diːn/ 'dein' ≠ /ŝiːn/ 'Ziege' ≠ /siːn/ 'sein'; /dœxt/ '(er) taugt (nichts)' ≠ /sœxt/ '(er) sucht'; /nɛt/ 'nett' ≠ /nɛŝ/ 'Netz'; /huːt/ 'Haut' ≠ /huːs/ 'Haus'.
/g/ ≠ /k/ ≠ /x/: /gaoe/ 'gute' ≠ /kao/ 'Kuh'; /goːere/ 'Gare (das Garsein des Erdbodens)' ≠ /xoːere/ 'Jahre'; /moːeken/ 'machen' ≠ /moːexen/ '(sie) machten'.
/s/ ≠ /ʃ/ ≠ /x/: /asn/ 'Achse' ≠ /aʃn/ 'Asche'; /sɛs/ 'sechs' ≠ /sɛx/ 'sag!'; /froʃ/ 'Frosch' ≠ /drox/ 'Trog'.
/n/ ≠ /ŋ/: /rine/ 'Rinne' ≠ /riŋe/ 'Ringe'.

(3.) Realisationen und Varianten

(3.1.1) /i/ wird als gespreizter hoher leicht zentralisierter Vorderzungenvokal realisiert [ɪ⁻].

(3.1.2) /ɛ/ wird als gespreizter weit geöffneter zentralisierter Vorderzungenvokal mittlerer Höhe gebildet [ɛ̝⁻].

(3.1.3) /a/ wird als gespreizter maximal offener tiefer Mittelzungenvokal gebildet [a].

(3.1.4) /ɔ/ wird als runder halbtiefer Hinterzungenvokal mit leichter Zentralisierung realisiert [ɔ₊].

(3.1.5) /u/ wird als runder halbhoher Hinterzungenvokal gebildet, der freie geöffnete und zentralisierte Varianten haben kann [ʊ] [ʊ̝⁺] [ʊ⁺].

(3.1.6) /y/ wird als runder hoher Vorderzungenvokal mit leichter Zentralisierung gebildet [ʏ⁻].

(3.1.7) /œ/ wird als runder leicht geöffneter zentralisierter Vorderzungenvokal mittlerer Höhe realisiert [œ̝⁻].

(3.2.1) /iː/ wird als gespreizter leicht zentralisierter sehr hoher Vorderzungenvokal gebildet, der freie geöffnete Varianten haben kann [iː⁻] [i̝ː⁻].

(3.2.2) /ɛː/ wird als gespreizter offener zentralisierter Vorderzungenvokal mittlerer Höhe gebildet [ɛ̝ː] [ɛː⁻]. Daneben sind freie schwach diphthongi-

3.5 Phonologische Analyse — Ortsdialekt Osterhagen

sche Varianten möglich, bei denen dem [e̝ː] [ɛː⁻] ein gespreizter sehr hoher bis hoher Vorderzungenvokal vorausgeht [i̝e̝ː] [ɪɛː]: [mi̝e̝ːkən] 'Mädchen', [gnɪɛːtəʀn] 'knarren', [kiɛːlə] 'Kehle'. — Außerdem kommt eine kombinatorische Variante vor, die einem gespreizten halbhohen Vorderzungenvokal entspricht [eː] und dort auftritt, wo diachronisch gesehen ein Satellitenphonem ausfiel: [beːən] 'beten', [ʀeːn] 'Regen', [zeːn] 'sehen', [eːn] 'Egge', [feːn] 'fegen'. Von hier aus kann sich [eː] zur freien Variante entwickeln und bei fortschreitendem Prozeß ist eine Phonologisierung von [eː] möglich.

(3.2.3) /aː/ ist ein nicht häufig auftretendes Phonem. Es wird als gespreizter maximal offener tiefer Mittelzungenvokal realisiert [aː].

(3.2.4) /uː/ wird als runder hoher Hinterzungenvokal gebildet [uː].

(3.2.5) /yː/ wird als runder leicht zentralisierter teilweise geöffneter sehr hoher Vorderzungenvokal gebildet [yː⁻] [ʏː⁻].

(3.2.6) /œː/ wird als runder zentralisierter Vorderzungenvokal mittlerer Höhe realisiert [œː⁻].

(3.3.1) /iːe/ ist ein vorderer öffnender hoher Diphthong. Sein erstes Glied ist länger und wird durch einen gespreizten sehr hohen leicht zentralisierten Vorderzungenvokal gebildet [iː⁻]. Das zweite Glied wird von einem schwach gerundeten mittelhohen bis halbhohen Mittelzungenvokal vertreten [iːə] [iːë]. Eine positionsbedingte monophthongische Variante tritt vor /x/, realisiert durch [j], auf: [siːjən] 'siegen'.

(3.3.2) /oːe/ ist ein hinterer öffnender mittelhoher Diphthong. Das erste Glied ist gewöhnlich länger und wird meist durch einen runden Hinterzungenvokal mittlerer Höhe realisiert [oː]. Das zweite Glied wird in den meisten Fällen durch einen gespreizten tiefen Hinterzungenvokal gebildet [oːɑ]. Seltener sind freie Varianten, bei denen die zweite Komponente abgeschwächt wurde zu einem mittelhohen bis halbhohen Mittelzungenvokal [oːə] [oːë]. Kennzeichnend für diesen Diphthong ist aber in freier Erzählung seine Dynamik, so daß zahlreiche weitere Realisationen möglich sind. — Der erste Bestandteil kann verkürzt und weiter geschlossen werden [oɑ] [ɤɑ] [ʊɑ] [ʊɑ]. Eine sich daran anschließende Dehnung des zweiten Bestandteiles wird dadurch ermöglicht [oɑˑ] [ʊɑˑ]. Hinzu treten schließlich freie monophthongische Varianten, die auf zweifache Weise realisiert werden können: 1. [oː] runder Hinterzungenvokal mittlerer Höhe; 2. [ɔː] [ɒː] [ɑː] runder halbtiefer bis gespreizter tiefer Hinterzungenvokal. Eine Phonologisierung von [oː]

oder [ɔː] wird damit möglich gemacht. — Beispeile: [moːakən] 'machen', [oˑɑʀɪç] 'artig', [zoːam] 'Samen', [kˈʊɑˑta] 'Kater'; [joːn] 'jagen', [ʃoːl] 'Schal', [loakən] [lɑːk̃ən] 'Laken', [bɔːn] 'Bahn'; [zoːël] 'Saal', [zoːən] 'Säge', [hoaml] 'Hammel', [voɑˑta] 'Wasser'.

(3.3.3) /uːe/ ist ein hinterer öffnender hoher Diphthong. Der erste Bestandteil wird deutlich länger realisiert und wird von einem runden hohen Hinterzungenvokal gebildet [uː]. Das zweite Glied wird von einem mittelhohen bis halbhohen Mittelzungenvokal vertreten [uːə] [uːë]. — Seltener sind freie Varianten, bei denen das zweite Glied durch einen runden Hinterzungenvokal mittlerer Höhe realisiert wird [uːo].

(3.3.4) /ɛːɪ/ ist ein vorderer schließender mittelhoher Diphthong, dessen erstes Glied länger ist und von einem gespreizten Vorderzungenvokal mittlerer Höhe gebildet wird [ɛː]. Das zweite Glied wird durch einen gespreizten hohen Vorderzungenvokal realisiert [ɛːɪ]. — Es treten freie Varianten auf, in denen das erste Glied bis zu einem gespreizten zentralisierten halbhohen Vorderzungenvokal verengt werden kann [ɛ̈ːɪ] [eːɪ]: [ʀɛ̈ːɪ] 'Reh', [zeːɪn] 'säen'. — Positionsbedingt sind monophthongische Varianten [ɛː], die bis zu [eː] geschlossen werden können und nur vor /x/, realisiert durch [j], stehen: [bʀɛːjɪn] 'Bregen' ('Gehirn' und 'Kopf').

(3.3.5) /ɑˑʊ/ ist ein hinterer schließender halbtiefer Diphthong. Der erste Bestandteil ist etwas länger und wird von einem gespreizten tiefen bis halbtiefen Hinterzungenvokal realisiert [ɑˑ] [aˑ] [ʌˑ]. Das zweite Glied wird von einem runden halbhohen Hinterzungenvokal gebildet [ɑˑʊ] [ɑˑʊ] [ʌˑʊ].

(3.3.6) /aɪ/ ist ein vorderer schließender tiefer Diphthong, dessen erstes Glied von einem gespreizten maximal offenen tiefen Mittelzungenvokal gebildet wird [a]. Der zweite Bestandteil wird durch einen gespreizten hohen Vorderzungenvokal realisiert [aɪ]. Eine positionsbedingte monophthongische Variante hat [aɪ] vor /x/, das in dieser Stellung durch [j] vertreten wird: [k̃aːjə] 'Kühe'.

(3.3.7) /oɪ/ ist ein vorderer schließender mittelhoher Diphthong, dessen erstes Glied von einem runden Hinterzungenvokal mittlerer Höhe vertreten wird [o]. Das zweite Glied wird von einem gespreizten hohen Vorderzungenvokal gebildet [oɪ].

(3.3.8) /ao/ ist ein hinterer schließender tiefer Diphthong. Der erste Bestandteil wird von einem gespreizten maximal offenen tiefen Mittelzungenvokal gebildet [a], während das zweite Glied durch einen runden Hinterzungenvokal mittlerer Höhe realisiert wird [ao].

(3.4.1) /b/ wird initial, die einzige Position, in der es belegt ist, meist als stimmlose, seltener als stimmhafte Lenis realisiert [b̥] [b].

(3.4.2) /d/ wird initial meist als stimmlose Lenis [d̥], nur selten als stimmhafte Lenis realisiert [d]. Medial wird /d/ stets als stimmhafte Lenis gebildet.

(3.4.3) /g/ als velarer Verschlußlöselaut ist in seiner Stellung stark eingeschränkt. Er tritt nur initial vor Satellitenphonemen und initial vor velaren Kernphonemen auf. Vor velaren Kernphonemen wird /g/ häufig als stimmlose, aber auch als stimmhafte Lenis in freier Variation realisiert [g̊] [g]. Vor Satellitenphonemen wird /g/ als stimmlose Lenis oder Halblenis gebildet [g̥] [g̊].

(3.4.4) /p/ wird initial als stimmlose Fortis [p], medial als stimmlose Halbfortis oder Halblenis [p̊] [b̊] und final als stimmlose teilweise behauchte Fortis realisiert [p] [pʻ].

(3.4.5) /t/ wird initial als stimmlose Fortis [t], medial als stimmlose Fortis oder Halbfortis [t] [t̊] und final als stimmlose teilweise behauchte Fortis realisiert [t] [tʻ].

(3.4.6) /k/ wird initial und final als stimmlose teilweise behauchte Fortis oder Halbfortis gebildet [k] [kʻ] [k̊] [k̊ʻ]. Medial schwanken die Realisationen zwischen stimmloser Fortis [k], die besonders nach kurzen Kernphonemen erscheint und stimmloser Lenis [k̥] [g̊] [g]. Die stimmlosen Lenes oder Halblenes stehen besonders nach langen Kernphonemen. Die teilweise starke Abschwächung von /k/, vor allem in medialer Position, wird wohl dadurch erklärt, daß /g/ in dieser Stellung nicht auftritt und somit das distinktive Merkmal von /k/ gegenüber /g/ ('gespannt') redundant ist.

(3.4.7) /ŝ/ als dentale Affrikate wird stets als stimmlose Fortis gebildet [ts].

(3.4.8) /f/ wird als labiodentale Fortis oder Halbfortis realisiert [f] [f̊].

(3.4.9) /v/ wird als labiodentale stimmhafte Lenis gebildet [v], die jedoch auch häufig zu einem friktionslosen labiodentalen Kontinuanten reduziert werden kann [ʋ].

(3.4.10) /s/ als alveolarer Frikativ hat zwei positionsbedingte Varianten, die in komplementärer Verteilung stehen: 1. [s] steht als stimmlose Fortis medial nach kurzen Kernphonemen und final; 2. [z] stimmhafte Lenis steht initial und medial nach langen Kernphonemen.

(3.4.11) /ʃ/ wird als palato-alveolare stimmlose Fortis oder Halbfortis gebildet [ʃ] [ʃ̬]. In medialer Position sind nach langen Kernphonemen freie stimmhafte Varianten möglich [ʒ].

(3.4.12) /x/ als palato-velarer Frikativlaut hat vier stellungsbedingte Varianten, die in komplementärer Distribution stehen: 1. [x] velare stimmlose Fortis steht medial nach kurzen velaren Kernphonemen und final nach velaren Kernphonemen; 2. [ç] palatale stimmlose Fortis erscheint final nach palatalen Kernphonemen und den Satellitenphonemen /l/ /r/; 3. [ʝ] stimmhafte palatale Lenis tritt auf medial nach langen velaren Kernphonemen: [moːaçən] '(sie) machten', diese drei Varianten kommen nicht initial vor; 4. [j] stimmhafte palato-alveolare Lenis steht initial vor Kernphonemen: [jɛːl] 'gelb', [juːn] 'euren' und medial nach palatalen Kernphonemen: [zɛjə] '(ich) sage', [iːjəl] 'Igel'.

(3.4.13) /l/ ist als dentaler Lateral definiert [l].

(3.4.14) /r/ hat drei Varianten, deren Stellung nur teilweise fakultativ ist: 1. [ʀ] uvularer einschlägiger, häufig auch mehrschlägiger Vibrant steht a) fast immer initial, b) meist initial nach Satellitenphonemen, c) häufig medial, d) häufig in den auslautenden schriftsprachlichen Verbindungen -ler, -ner, -ker: [dœːlʀə] 'Täler', [ʃœnʀə] 'schöner', [dœːkʀə] 'Dächer', e) zwischen kurzen Kernphonemen und Satellitenphonemen: [vɔʀm] 'Wurm', [lɔʀk] 'Frosch'; 2. [ʁ] stimmhafter uvularer oder velarer Frikativlaut oder Kontinuant kommt seltener vor a) initial, b) initial nach Satellitenphonemen, c) medial; 3. [ɑ] [ɔ] [ɪ] vokalisierte Varianten sind etwas häufiger als [ʁ] und stehen a) in der schriftsprachlichen Silbe er-/-er, b) zwischen kurzen Kernphonemen und Satellitenphonemen und c) fast immer final nach langen Kernphonemen, sowie zwischen langen Kernphonemen und Satellitenphonemen: [fyːɔ] 'Feuer', [kɛːɑn] 'kehren', [ɪ] erscheint nur vor /x/: [bɔːɪç] 'Burg', [baːɪjə] 'Berge'.

(3.4.15) /m/ /n/ /ŋ/ sind als bilabialer, dentaler und velarer Nasal definiert.

(3.4.16) /h/ ist glottale stimmlose Fortis.

(3.4.17) Die Intensität ist in den folgenden Oppositionen phonologisch relevant, bei denen das intensive Phonem an erster Stelle genannt wird: /p/ ≠ /b/, /t/ ≠ /d/, /k/ ≠ /g/, /ŝ/ ≠ /d/, /ŝ/ ≠ /t/, /f/ ≠ /v/, /ʃ/ ≠ /x/.

(3.4.18) Stimmbeteiligung und Behauchung sind phonologisch irrelevant. — Stimmbeteiligung ist obligatorisch bei /s/ /x/ initial, bei /d/ medial, bei /s/ medial nach langen Kernphonemen, sowie bei /v/ in allen Stellungen. Fakultativ ist die Stimmhaftigkeit bei /b/ /d/ /g/ initial und bei medialem /ʃ/. — Behauchung ist fakultativ bei /p/ /t/ /k/ initial und final.

(4.) Distinktive Phonemmerkmale

(4.1)

	u	ɔ	a	y	œ	i	ɛ
diffus	+	—	—	+	—	+	—
dunkel	+	+	—	—	—	—	—
tief	○	○	○	+	+	—	—
kompakt	—	+	+	—	+	—	+
hell	—	—	—	+	+	+	+

(4.2)

	u	a	y	œ	i	ɛ
diffus	+	—	+	—	+	—
dunkel	+	—	—	—	—	—
tief	○	○	+	+	—	—
kompakt	—	+	—	+	—	+
hell	—	—	+	+	+	+

(4.3) —

(4.4.1)

	m	n	l	r	b	d	g	p	t	k	ŝ	f	v	s	ʃ	x	h
vokalisch	+	+	+	+	—	—	—	—	—	—	—	—	—	—	—	—	—
nasal	+	+	—	—	○	○	○	○	○	○	○	○	○	○	○	○	○
abrupt	○	○	—	+	+	+	+	+	+	+	+	—	—	—	—	—	—
gespannt	○	○	○	○	—	—	—	+	+	+	○	+	—	○	○	○	+
kompakt	○	○	○	○	—	—	+	—	—	+	—	—	—	—	+	+	—
dunkel	+	—	○	○	+	—	○	+	—	○	—	+	+	—	○	○	○
scharf	○	○	○	○	○	—	○	○	—	○	+	+	—	+	+	—	—

(4.4.2)

	m	n	ŋ	l	r	d	p	t	k	ŝ	f	v	s	ʃ	x
vokalisch	+	+	+	+	+	—	—	—	—	—	—	—	—	—	—
nasal	+	+	+	—	—	O	O	O	O	O	O	O	O	O	O
abrupt	O	O	O	—	+	+	+	+	+	+	—	—	—	—	—
gespannt	O	O	O	O	O	—	+	+	+	O	O	O	O	O	O
kompakt	—	—	+	O	O	—	—	—	+	—	—	—	—	+	+
dunkel	+	—	O	O	O	—	+	—	O	—	+	+	—	O	O
scharf	O	O	O	O	O	—	O	—	O	+	+	—	O	+	—

(4.4.3)

	m	n	ŋ	l	r	p	t	k	ŝ	f	s	ʃ	x
vokalisch	+	+	+	+	+	—	—	—	—	—	—	—	—
konsonantisch	+	+	+	+	—	+	+	+	+	+	+	+	+
nasal	+	+	+	—	O	O	O	O	O	O	O	O	O
abrupt	O	O	O	O	O	+	+	+	+	—	—	—	—
kompakt	—	—	+	O	O	—	—	+	—	—	—	+	+
dunkel	+	—	O	O	O	+	—	O	—	+	—	O	O
scharf	O	O	O	O	O	O	—	O	+	O	O	+	—

(5.) Neutralisationen

(5.1.1) Vor /r/ werden die Oppositionen /i/ ≠ /y/, /i/ ≠ /ɛ/, /y/ ≠ /œ/, /u/ ≠ /o/ aufgehoben. In dieser Stellung stehen die Kernphoneme /ɛ/ /a/ /o/ /œ/.

(5.1.2) Aufgehoben wird die Opposition /u/ ≠ /o/ vor /n/. In dieser Position steht /u/.

(5.2) Die Stellung der betonten Kernphoneme ist in finaler Position eingeschränkt. In dieser Stellung stehen die Kernphoneme 'relativ lang'. Die Quantitätsopposition ist bei den Kernphonemen final aufgehoben.

(5.3) Aufgehoben werden die Oppositionen /iːe/ ≠ /iː/, /iːe/ ≠ /yː/, /ɛːɪ/ ≠ /ɛː/, /ɛːɪ/ ≠ /œː/, /ɛːɪ/ ≠ /aɪ/, /aɪ/ ≠ /aː/ vor /x/, das in diesen Stellungen durch [j] realisiert wird. Es stehen vor /x/: /iː/ /ɛː/ /aː/.

(5.4.1) Aufgehoben wird die Opposition /b/ ≠ /p/ medial und final. In beiden Stellungen erscheint /b/ nicht. Die Relevanzstellung ist initial gültig.

(5.4.2) Aufgehoben wird die Opposition /b/ ≠ /v/ initial vor Satellitenphonemen, medial und final. Initial vor Satellitenphonemen steht /b/, medial steht /v/, final steht weder /b/ noch /v/. Die Relevanzstellung ist auf die Position initial vor Kernphonemen eingeschränkt.

(5.4.3) Aufgehoben werden die Oppositionen /d/ ≠ /t/, /d/ ≠ /ş/ in finaler Stellung, in der /t/ und /ş/ stehen. Phonologische Relevanz liegt initial und medial vor.

(5.4.4) Aufgehoben wird die Opposition /f/ ≠ /v/ initial vor Satellitenphonemen und final. In beiden Positionen erscheint /f/. Phonologisch relevant ist der Gegensatz /f/ ≠ /v/ initial vor Kernphonemen und medial.

(5.4.5) Aufgehoben wird die Opposition /b/ ≠ /f/ medial und final. In diesen Stellungen steht /f/. Die Relevanzstellung gilt nur initial.

(5.4.6) Aufgehoben wird die Opposition /g/ ≠ /k/ in folgenden Stellungen: 1. initial vor palatalen Kernphonemen, hier erscheint nie /g/; 2. initial vor Satellitenphonemen, hier erscheint nur /g/; 3. medial; 4. final, in beiden Positionen steht /k/. Phonologisch relevant ist die Opposition /g/ ≠ /k/ initial vor velaren Kernphonemen.

(5.4.7) Aufgehoben wird die Opposition /g/ ≠ /x/: 1. initial vor palatalen Kernphonemen, hier steht stets /x/; 2. initial vor Satellitenphonemen, hier steht /g/; 3. medial; 4. final, in beiden Positionen steht /x/. Phonologisch relevant ist die Opposition /g/ ≠ /x/ initial vor velaren Kernphonemen.

(5.4.8) Aufgehoben wird die Opposition /k/ ≠ /x/ initial vor Satellitenphonemen, hier steht weder /k/ noch /x/. Phonologisch relevant ist die Opposition initial vor Kernphonemen, sowie medial und final.

(5.4.9) Aufgehoben wird die Opposition /ʃ/ ≠ /x/ initial vor Satellitenphonemen. In dieser Stellung steht /ʃ/. Die Relevanzstellung ist initial vor Kernphonemen, sowie medial und final gegeben.

(5.4.10) Aufgehoben wird die Opposition /s/ ≠ /ʃ/ initial vor Satellitenphonemen. In dieser Stellung erscheint /ʃ/. In allen anderen Positionen ist der Gegensatz phonologisch relevant.

(5.4.11) Aufgehoben wird die Opposition /ş/ ≠ /s/ nach /l/ und /n/. In diesen Positionen stehen /ş/ und /s/ im freien Wechsel: [gants] [gans] 'ganz'.

(5.4.12) Aufgehoben wird die Opposition /m/ ≠ /n/ nach /p/. In dieser Stellung steht stets /m/: [ʃliːpm̩] 'schleifen'.

(5.4.13) Aufgehoben wird die Opposition /n/ ≠ /ŋ/ vor /k/. In dieser Stellung steht immer /ŋ/: [ʀiŋkʻ] 'Ring'.

(6.) Phonemdistribution

(6.1)

(s. S. 60)

	#	b	d	g	p	t	k	ŝ	f	s	ʃ	x	m	n	ŋ	l	r	v	h
/i/	/	−	+	+	/	+	/		+	+	+	+	+	+	/	+	−	−	−
/ɛ/	/	−	+	+	/	+	/		+	+	+	+	+	+	/	+	+	+	−
/a/	/	−	−	−	+	+	+	/	+	+	+	+	+	+	/	+	+	+	−
/o/	/	−	−		+	+	+	−	+	+	+	/		−	/	+	+	−	−
/u/	/	−	−	−	+	+	+		+	+		/	+	+	/	+	−	−	−
/y/	/	−	−			+	+	/	/	+	−	/	+	+	/	+	−	−	−
/œ/	/	−	−		/	+	+		+	+	−	+		−	/	+	+	−	−

(6.2)

	#	b	d	g	p	t	k	ŝ	f	s	ʃ	x	m	n	ŋ	l	r	v	h
/iː/	/	−	−		+	+	+	−	+	+	+	+	+	+		+	+	+	−
/ɛː/	/	−	−		−	+	+	−	−	−	−	+	+	+		+	+	−	−
/aː/		−	−	−		+			−	/	+			/			+	−	−
/uː/	/	−	+		+	+	/		−	+	+	+	+	+		+	+		−
/yː/	/	−	−			+	+		−	+	+	+	+	+		+	+	+	−
/œː/		−	−		+	+	+			/	−	/		/	/		+	+	+	−

(6.3)

	#	b	d	g	p	t	k	ŝ	f	s	ʃ	x	m	n	ŋ	l	r	v	h
/iːe/	/	−	−		+	/			−	−		−	/	+		+		+	−	
/oːe/	/	−	+	−	/	+	+		−	−	−	+	+	+		+	+	+	−
/uːe/	/		+			/	+			/			+	−		+	+	/	−
/ɛːɪ/			−		/	/				−		+	+	+		+	+		−
/ɑˑʊ/	/	−	−		/	+	+		/	−		/	/	/		+	+	−	−
/aɪ/	/	−	+	−	/	/	+		+	+	+	/	+	+		−	+	+	−
/ɔɪ/	/		−			+	+		−	−			+	/		+	+	+	−
/ao/		−	−	−	−	/	/	+		−	+	−	/	+	+		+	+	−

(6.4) Phonemverbindungen
   (s. S. 61)

erstes Glied   zweites Glied →
↓

	b	d	g	p	t	k	ŝ	f	s	ʃ	x	m	n	ŋ	l	r	v
b												—			/	/	
d								—				—			—	/	
g												/			/	/	
p								—				—			≠	/	
t									—			—			—	/	/
k								—				—			—		
ŝ		—						—									
f		—													≠	/	
s		—													—	—	
ʃ		/	/									—	≠		/	/	/
x		—						—									
m		—	—												—	—	
n		—					—										
ŋ		—													—	—	
l		—	—				—	—							—	—	
r		—	—	—			—	—							—	—	
v												—					

3.514 Wolfshagen

(1.) Phonemsysteme

(1.1) /i/   /y/   /u/
       /e/
       /ɛ/   /œ/   /ɔ/
             /a/

6 Göschel, Untersuchungen

(1.2) /ɛː/   /uː/
                               /ɔː/
              /aː/

(1.3) /iːe/   /uːe/
              /uɪ/
       /aɪ/   /ɔɪ/   /ao/

(1.4) /b/   /d/   /g/
       /p/   /t/
              /ŝ/
       /f/   /s/   /ʃ/   /x/
       /v/   /j/
       /m/   /n/   /ŋ/
              /l/   /r/   /h/

(1.5) /mː/   /nː/   /ŋː/
              /lː/

(2.)   Oppositionen

(2.1) /i/ ≠ /y/:   /lit/ '(er) leitet'   ≠ /lyt/ '(er) läutet'
       /i/ ≠ /e/:   /sitn/ 'sitzen'   ≠ /setn/ 'setzen'
       /e/ ≠ /ɛ/:   /vele/ 'Welle'   ≠ /hɛle/ 'Hölle'
       /e/ ≠ /œ/:   /nete/ 'nette'   ≠ /nœte/ 'Nüsse'
       /ɛ/ ≠ /œ/:   /vɛste/ 'Weste'   ≠ /vœste/ 'Würste'

(2.2) /aː/ ≠ /ɔː/:   /braːf/ 'Brief'   ≠ /brɔːf/ 'brav'

(2.3) /uːe/ ≠ /uː/: /bruːet/ 'Brot'   ≠ /bruːt/ 'Braut'

(2.4) /b/ ≠ /p/ ≠ /f/ ≠ /v/: /bloɪn/ 'bluten' ≠ /ploɪn/ 'pflügen'; /bin/ 'binden' ≠ /fin/ 'finden' ≠ /vin/ 'winden'; /pule/ 'Pulle' ≠ /fule/ 'volle'; /pane/ 'Pfanne' ≠ /vane/ 'Wanne'.
/d/ ≠ /t/ ≠ /ŝ/ ≠ /s/: /bede/ 'Bett' ≠ /nete/ 'nette' ≠ /neŝe/ 'Netze' ≠ /nese/ 'Nässe'; /dax/ 'Tag' ≠ /sax/ '(er) sah'; /tuxt/ 'Zucht' ≠ /suxt/ 'Sucht'.
/g/ ≠ /x/ ≠ /j/: /gligen/ 'glücken' ≠ /lixen/ '(einen) lichten (Schacht)' ≠ /lijen/ 'liegen'.
/s/ ≠ /ʃ/ ≠ /x/: /vasen/ 'waschen' ≠ /vaʃen/ 'waschen' ≠ /vaxen/ 'wachen'.
/n/ ≠ /ŋ/: /rine/ 'Rinne' ≠ /riŋe/ 'Ringe'.

(2.5) /m/ ≠ /mː/: /slim/ 'schlimm' ≠ /svimː/ 'schwimmen'
     /n/ ≠ /nː/:   /sin/ 'Sinn'   ≠ /sinː/ 'sinnen'
     /ŋ/ ≠ /ŋː/:   /siŋ/ 'singe!'   ≠ /siŋː/ 'singen'
     /l/ ≠ /lː/:   /daːl/ 'Teil'   ≠ /daːlː/ 'teilen'

(3.) Realisationen und Varianten

(3.1.1) /i/ wird als gespreizter sehr hoher Vorderzungenvokal gebildet [i].

(3.1.2) /e/ wird als gespreizter halbhoher stark zentralisierter Vorderzungenvokal realisiert [e⁻⁻].

(3.1.3) /ɛ/ wird als gespreizter Vorderzungenvokal mittlerer Höhe gebildet [ɛ] und kann leicht zentralisiert sein [ɛ⁻].

(3.1.4) /a/ ist als gespreizter maximal offener tiefer Mittelzungenvokal definiert [a].

(3.1.5) /ɔ/ wird als runder halbtiefer Hinterzungenvokal gebildet [ɔ].

(3.1.6) /u/ wird als runder hoher Hinterzungenvokal realisiert [u]. Freie Varianten können leicht geöffnet oder auch zentralisiert sein [ʊ] [u⁺].

(3.1.7) /y/ ist als runder sehr hoher Vorderzungenvokal definiert [y].

(3.1.8) /œ/ wird als runder Vorderzungenvokal mittlerer Höhe gebildet und neigt etwas zu geschlossener Qualität [œ] [ø̞]. Entrundete Varianten, die einem gespreizten halbhohen leicht geöffneten Vorderzungenvokal entsprechen [ḛ], kommen seltener vor. Hinweise auf eine Entphonologisierung von /œ/ bestehen nicht.

(3.2.1) /ɛː/ wird hauptsächlich als gespreizter Vorderzungenvokal mittlerer Höhe gebildet [ɛː]. Daneben tauchen aber diphthongische Varianten auf: 1. [ɛːᵊ] steht, wenn diachronisch germ. ë vorliegt [brɛːᵊtʰ] 'Brett'; 2. [ᴵɛː] steht, wenn diachronisch gesehen der Umlaut von germ. a (= as. ę) vorliegt [fⁱɛːtə] 'Fässer'.

(3.2.2) /aː/ wird als gespreizter maximal offener tiefer Mittelzungenvokal gebildet [aː].

(3.2.3) /ɔː/ wird in den meisten Fällen als runder halbtiefer Hinterzungenvokal realisiert [ɔː]. Es kommen auch geschlossene und diphthongische Varianten vor, deren Stellung frei ist [ǫː] [ɔːᵊ]: [brǫːf] 'brav', [lɔːᵊn] 'laden'.

(3.2.4) /uː/ wird seltener als runder hoher Hinterzungenvokal gebildet [uː], sondern meist durch eine diphthongische Variante realisiert, bei der dem [uː] ein gespreizter sehr hoher bis hoher Vorderzungenvokal vorausgeht [iuː] [ⁱuː]: [bⁱuːkʻ] 'Bauch', [ⁱuːs] 'Laus', [ⁱuːlə] 'Eule'.

(3.3.1) /iːe/ ist ein vorderer öffnender hoher Diphthong. Der erste Bestandteil ist deutlich länger als der zweite und wird von einem gespreizten sehr hohen Vorderzungenvokal vertreten [iː]. Das zweite Glied entspricht einem schwach gerundeten mittelhohen bis halbhohen Mittelzungenvokal [iːə] [iːëᵊ]. Eine obligatorische monophthongische Variante [iː] hat /iːe/ vor /j/: [driːjə] 'trocken'. Daneben existiert aber auch als freie Variante [iː]: [stiːl] 'Stiel', [mi̧ːtər] neben [miːətər] 'Meter', [miːs] 'mies'. Es ist möglich, daß [iː] von hier aus phonologisiert wird. Als Phonem ist es im System noch nicht vorhanden.

(3.3.2) /uːe/ ist ein hinterer öffnender hoher Diphthong. Das erste Glied ist deutlich länger als das zweite und wird von einem runden hohen Hinterzungenvokal gebildet [uː]. Die zweite Komponente wird in den meisten Fällen durch einen runden Hinterzungenvokal mittlerer Höhe vertreten [uːo]. Seltener sind Varianten, in denen das zweite Glied durch einen schwach gerundeten mittelhohen bis halbhohen Mittelzungenvokal realisiert wird [uːəᵊ] [uːëᵊ]. Monophthongische freie Varianten sind möglich. Sie werden auf zweifache Weise realisiert: 1. [uː] runder hoher Hinterzungenvokal, der meist vor /r/ vorkommt: [uːr] 'Ohr' neben [duːər] 'Tor', jedoch nicht mit /uː/ zusammenfällt (vgl. oben 3.2.4); 2. [oː] runder Hinterzungenvokal mittlerer Höhe, der häufig vor /g/ erscheint: [əstoːɠɪn] 'gestochen', [knoːɠɪn] 'Knochen', [roːkɪn] 'rauchen' neben [kuːoɠən] 'kochen'.

(3.3.3) /uɪ/ ist ein vorderer schließender hoher Diphthong, dessen erstes Glied von einem runden hohen bis halbhohen Hinterzungenvokal realisiert wird [u] [ʉ] [ʊ]. Der zweite Bestandteil wird von einem gespreizten hohen Vorderzungenvokal gebildet [uɪ] [ʉɪ] ʊɪ].

(3.3.4) /oɪ/ ist ein vorderer schließender mittelhoher Diphthong, dessen erster Bestandteil von einem runden Hinterzungenvokal mittlerer Höhe gebildet wird [o] und dessen zweites Glied ein gespreizter hoher Vorderzungenvokal ist [oɪ]. — Es gibt freie Varianten, bei denen die erste Komponente sehr weit nach vorn verlagert werden kann, so daß zunächst ein runder Mittelzungenvokal mittlerer Höhe erscheint [öɪ], der schließlich zum runden geschlossenen Vorderzungenvokal mittlerer Höhe werden kann [œˑɪ]: [froɪɾ] [fröɪɾ] [frœˑɪɾ] 'früher'.

(3.3.5) /aɪ/ ist ein vorderer schließender tiefer Diphthong. Das erste Glied bildet ein gespreizter maximal offener tiefer Mittelzungenvokal [a]. Das zweite Glied wird durch einen gespreizten hohen Vorderzungenvokal realisiert [aɪ].

(3.3.6) /ao/ ist ein hinterer schließender tiefer Diphthong. Die erste Komponente wird von einem gespreizten maximal offenen tiefen Mittelzungenvokal gebildet [a], während das zweite Glied von einem runden Hinterzungenvokal mittlerer Höhe vertreten wird [ao].

(3.4.1) /b/ wird initial frei schwankend als stimmhafte [b] oder stimmlose [b̥] Lenis realisiert, medial dagegen ist /b/ stimmhafte Lenis und wechselt frei mit einem stimmhaften labiodentalen Reibelaut [v], der bis zum friktionslosen labiodentalen Kontinuanten reduziert werden kann: [ribə] [rivə] [riʋə] 'Rippe'.

(3.4.2) /d/ hat initial zwei fakultative Varianten: 1. [d̥] stimmlose Lenis, 2. [d] stimmhafte Lenis; medial wird /d/ stets als stimmhafte Lenis realisiert.

(3.4.3) /g/ als velarer Verschlußlöselaut hat mehrere Varianten: 1. [k] [kʻ] unbehauchte oder behauchte stimmlose Fortis erscheint stets final; 2. [k] unbehauchte stimmlose Fortis, sowie [g̥] stimmlose Lenis und [g] stimmhafte Lenis variieren frei initial und medial: [garkə] [karkə] 'Kirche'; [gipə] 'Kippe', [kilə] 'Kälte'; [tsikə] 'Ziege', [zɛgə] 'Säcke'.

(3.4.4) /p/ wird initial als stimmlose Fortis [p], medial als stimmlose Fortis oder Halbfortis [p] [p̬] und final als stimmlose behauchte Fortis realisiert [pʻ].

(3.4.5) /t/ wird initial als stimmlose Fortis, medial als stimmlose Fortis oder Hablfortis [t] [t̬] und final als stimmlose leicht behauchte Fortis [tʻ] gebildet.

(3.4.6) /s̑/ als dentale Affrikate wird immer als stimmlose Fortis realisiert [ts].

(3.4.7) /f/ wird als labiodentale Fortis oder Halbfortis realisiert [f] [f̥].

(3.4.8) /v/ hat zwei positionsbedingte Varianten: 1. [v] labiodentale stimmhafte Lenis, die bis zu einem friktionslosen labiodentalen Kontinuanten reduziert werden kann [ʋ], gilt initial vor Kernphonemen und medial; 2. [ɸ] bilabiale stimmlose Halbfortis erscheint initial nach Satellitenphonemen: [sɸartʻ] 'schwarz'.

(3.4.9) /s/ als alveolarer Frikativlaut hat zwei stellungsbedingte Varianten, die in komplementärer Verteilung stehen: 1. [s] [s̑] stimmlose Fortis oder Halbfortis steht initial vor Satellitenphonemen, medial nach kurzen Kernphonemen und final; 2. [z] stimmhafte Lenis steht initial vor Kernphonemen und medial nach langen Kernphonemen.

(3.4.10) /ʃ/ wird als palato-alveolare stimmlose Fortis realisiert [ʃ], die medial in seltenen Fällen stimmhafte Lenis sein kann [ʒ]: [eˈtɑːʒə] 'Etage'.

(3.4.11) /j/ wird als stimmhafte palatale Lenis gebildet [j]. Das Vorkommen von /j/ ist eingeschränkt. Es tritt auf: 1. initial vor Kernphonemen, 2. medial nach palatalen Kernphonemen, sowie nach /l/ und /r/. — Die Opposition /j/ ≠ /x/ ist allein medial nach kurzen palatalen Kernphonemen gegeben: /sɛjen/ 'sagen' ≠ /gɛxen/ 'husten', /lijen/ 'liegen' ≠ /lixen/ 'lichten'. Möglicherweise deutet diese eingeschränkte Stellung von /j/ auf eine bereits begonnene Entphonologisierung von /j/ hin, bei der /j/ mit /x/ zusammenfiele und [j] den Status einer stellungsbedingten Variante einnehmen würde. — Einen zusätzlichen Hinweis auf diesen Prozeß liefern außerdem sporadische Vorkommen einer stimmhaften velaren Lenis [ɣ], die nur wenige Male medial nach langen velaren Kernphonemen vorkam: [avəzɑːɣɪt] 'abgesägt'. In diesen [ɣ]-Belegen ist die stellungsbedingte Variante von /j/ zu erkennen, die medial nach velaren Kernphonemen gestanden haben wird. [ɣ] ist jedoch jetzt medial nach langen velaren Kernphonemen mit /g/ und medial nach kurzen velaren Kernphonemen mit /x/ zusammengefallen. Beim Zusammenfall mit /g/ ist in solchen Fällen in der erwähnten Position noch teilweise die Stimmhaftigkeit von /g/ nachzuweisen: [balgɪnlɔːgə] 'Balkenlage'. Eine distinktive Funktion besteht jedoch nicht.

(3.4.12) /x/ ist ein palato-velarer Frikativ. Er hat zwei positionsbedingte Varianten, die in komplementärer Verteilung stehen: 1. [x] velare stimmlose Fortis steht nach Kernphonemen der velaren Reihe; 2. [ç] palatale stimmlose Fortis steht nach Kernphonemen der palatalen Reihe. Beide Varianten können nicht initial auftreten.

(3.4.13) /l/ ist als dentaler Lateral definiert [l].

(3.4.14) /r/ hat zwei Hauptvarianten, deren Stellung nur teils frei ist: 1. [r] alveolarer mehrschlägiger Vibrant steht initial, initial nach Satellitenphonemen, selten medial, häufiger final und final vor Satellitenphonemen; 2. [ɾ] alveolarer einschlägiger Vibrant steht sehr selten initial, häufig initial nach Satellitenphonemen. Sehr selten treten auf: 3. [ʈ] [ɹ] retroflexe Varianten initial und medial; 4. [ʁ] stimmhafter uvular-velarer Frikativlaut oder Kontinuant medial; 5. [ɑ] [ɔ] vokalisierte Varianten in der schriftsprachlichen Silbe er-/-er und final nach langen Kernphonemen, sowie zwischen langen Kernphonemen und Satellitenphonemen.

(3.4.15) /m/ /n/ /ŋ/ sind als bilabialer, dentaler und velarer Nasal definiert.

(3.4.16) /h/ ist glottale stimmlose Fortis.

(3.4.17) Die Intensität ist in den folgenden Oppositionen phonologisch relevant, bei denen das intensive Phonem an erster Stelle steht: /p/ ≠ /b/, /t/ ≠ /d/, /ŝ/ ≠ /d/, /ŝ/ ≠ /t/, /f/ ≠ /v/, /ʃ/ ≠ /j/.

(3.4.18) Die Stimmbeteiligung ist phonologisch irrelevant. Sie ist obligatorisch bei /s/ initial vor Kernphonemen, bei /b/ /d/ in medialer Position, bei /g/ /s/ medial nach langen Kernphonemen, sowie bei /j/ /v/ in allen Stellungen. — Fakultativ ist die Stimmhaftigkeit bei /b/ /d/ /g/ initial, sowie bei /g/ medial nach kurzen Kernphonemen und bei medialem /ʃ/.

(3.4.19) Die Behauchung ist phonologisch irrelevant. Behauchung kommt vor besonders bei /b/ /d/ /g/ in finaler Stellung.

(3.5.1) /lː/ ist langer dentaler Lateral, der nur final auftritt [lː].

(3.5.2) /mː/ /nː/ /ŋː/ sind als langer bilabialer, langer dentaler und langer velarer Nasal definiert [mː] [nː] [ŋː]. Sie erscheinen nur final.

(4.) Distinktive Phonemmerkmale

(4.1)

	u	ɔ	a	y	œ	i	e	ɛ
diffus	+	—	—	+	—	+	—	—
dunkel	+	+	—	—	—	—	—	—
tief	o	o	o	+	+	—	o	—
kompakt	—	+	+	—	+	—	—	+
hell	—	—	—	+	+	+	+	+

(4.2)

	u	ɔ	a	ɛ
diffus	+	—	—	—
dunkel	+	+	—	—
hell	—	—	—	+

(4.3) —

(4.4.1)

	m	n	l	r	b	d	g	p	t	ŝ	f	v	s	ʃ	j	h
vokalisch	+	+	+	+	—	—	—	—	—	—	—	—	—	—	—	—
nasal	+	+	—	—	o	o	o	o	o	o	o	o	o	o	o	o
abrupt	o	o	—	+	+	+	+	+	+	+	—	—	—	—	—	—
gespannt	o	o	o	o	—	—	—	+	+	o	+	—	o	o	o	+
kompakt	o	o	o	o	—	—	+	—	—	—	—	—	—	+	+	—
dunkel	+	—	o	o	+	—	o	+	—	—	+	+	—	o	o	o
scharf	o	o	o	o	o	—	o	o	—	+	+	—	+	+	—	—

(4.4.2)

	m	n	ŋ	l	r	b	d	g	p	t	ŝ	f	v	s	ʃ	x	j
vokalisch	+	+	+	+	+	—	—	—	—	—	—	—	—	—	—	—	—
nasal	+	+	+	—	—	o	o	o	o	o	o	o	o	o	o	o	o
abrupt	o	o	o	—	+	+	+	+	+	+	—	—	—	—	—	—	—
gespannt	o	o	o	o	o	—	—	—	+	+	o	o	o	o	o	+	—
kompakt	—	—	+	o	o	—	—	+	—	—	—	—	—	—	+	+	+
dunkel	+	—	o	o	o	+	—	o	+	—	—	+	+	—	o	o	o
scharf	o	o	o	o	o	o	—	o	o	—	+	+	—	o	+	—	—

(4.4.3)

	m	n	ŋ	l	r	g	p	ŝ	f	s	ʃ	x
vokalisch	+	+	+	+	+	—	—	—	—	—	—	—	—
nasal	+	+	+	—	—	O	O	O	O	O	O	O	O
abrupt	O	O	O	—	+	+	+	+	+	—	—	—	—
kompakt	—	—	+	O	O	+	—	—	—	—	—	+	+
dunkel	+	—	O	O	O	O	+	—	—	+	—	O	O
scharf	O	O	O	O	O	O	O	—	+	O	O	+	—

(4.5.1)

	m	n	ŋ	l
nasal	+	+	+	—
kompakt	—	—	+	O
dunkel	+	—	O	O

(5.) Neutralisationen

(5.1) Vor /r/ werden die Oppositionen /i/ ≠ /y/, /i/ ≠ /e/, /e/ ≠ /ε/, /ε/ ≠ /a/ aufgehoben. In dieser Position stehen die Kernphoneme /a/ /ɔ/ /u/ /œ/.

(5.2) Die Stellung der betonten Kernphoneme ist in finaler Position eingeschränkt. Final stehen immer die betonten Kernphoneme 'relativ lang'. Der Quantitätsgegensatz ist final aufgehoben.

(5.3) —

(5.4.1) Die Opposoitinen /b/ ≠ /p/, /d/ ≠ /t/, /ŝ/ ≠ /d/ werden final aufgehoben. In finaler Position stehen /p/ /t/ /ŝ/. Phonologisch relevant sind diese Gegensätze initial und medial.

(5.4.2) Aufgehoben wird der Gegensatz /b/ ≠ /v/ initial vor Satellitenphonemen, medial und final. Initial vor Satellitenphonemen steht /b/, final weder /b/ noch /v/. Medial erscheinen [b] und [v] im freien Wechsel ohne distinktiv zu wirken. Die Relevanzstellung ist auf die Position initial vor Kernphonemen beschränkt.

(5.4.3) Aufgehoben wird die Opposition /f/ ≠ /v/ initial vor Satellitenphonemen und final. In diesen Positionen erscheint /f/. Phonologische Relevanz hat die Opposition /f/ ≠ /v/ initial vor Kernphonemen und medial.

(5.4.4) Aufgehoben wird die Oppositoin /j/ ≠ /g/ medial nach velaren Kernphonemen und final. In diesen Positionen steht /g/. Die Relevanzstellung ist initial und medial nach palatalen Kernphonemen gegeben.

(5.4.5) Aufgehoben wird die Opposition /j/ ≠ /x/ 1. initial, 2. medial nach velaren und langen palatalen Kernphonemen, sowie 3. final. Initial und medial nach langen palatalen Kernphonemen steht /j/. Medial nach langen velaren Kernphonemen erscheinen /j/ und /x/ überhaupt nicht, final steht /x/. Die Relevanzstellung gilt nur medial nach kurzen palatalen Kernphonemen (vgl. auch oben 3.4.12).

(5.4.6) Aufgehoben werden die Oppositionen /g/ ≠ /x/, /ʃ/ ≠ /x/ initial und medial nach langen Kernphonemen. In diesen Positionen stehen /g/ /ʃ/. Phonologisch relevant sind die Oppositionen /g/ ≠ /x/, /ʃ/ ≠ /x/ medial nach kurzen Kernphonemen und final.

(5.4.7) Aufgehoben wird die Opposition /ŝ/ ≠ /s/ nach /l/ und /n/. In diesen Positionen steht /s/.

(5.4.8) Aufgehoben wird die Opposition /m/ ≠ /n/ nach /b/ /p/. In diesen Stellungen erscheint /m/: [krːɛpm̩] 'kaufen'.

(5.4.9) Aufgehoben wird die Opposition /n/ ≠ /ŋ/ vor /g/. In dieser Stellung steht immer /ŋ/: [laŋkʼ] 'lang'.

(5.4.10) Aufgehoben sind die Oppositionen /m/ ≠ /mː/, /n/ ≠ /nː/, /ŋ/ ≠ /ŋː/, /l/ ≠ /lː/ initial und medial. Hier erschienen nur /m/ /n/ /ŋ/ /l/. Die Relevanzstellung ist nur final gültig.

(6.) Phonemdistribution

(6.1)

(s. S. 60)

	#	b	d	g	p	t	ŝ	f	s	ʃ	x	j	m	n	ŋ	l	r	v	h
/i/	/	+	+	+	+	+	+	+	+	+	/	+	+	+	/	+	−	+	−
/e/	/	−	/	+	+	+		+	+	−	+	+	+	+	/	+	−	+	−
/ɛ/	/	−	+	+	+	+	+	+	+	+	/	+	+	+	/	+	−	+	−
/a/	/	+	+	+	+	+	+	+	+	+	/	−	+	+	/	+	+	+	−
/ɔ/	/	+	+	+	+	+		+	+	−	/		+	+		+	+	−	−
/u/	/	+	+	+	+	+	−	+	+	+	/	−	+	+	/	+	+	+	−
/y/	/		/			/		−	+				+			+			−
/œ/		−	−	−	/	+		+	+		/		−	−		+	−	+	−

3.5 Phonologische Analyse — Ortsdialekt Wolfshagen

(6.2/6.3)

	#	b	d	g	p	t	ŝ	f	s	ʃ	x	j	m	n	ŋ	l	r	v	h
/ɛː/		—	+	+	—	+		+	+	—	/	+		+	+	+	+	+	—
/aː/	/	+	+	+	/	+		+	+	+	—			+	+	+	+	+	—
/ɔː/	/	+	+	+	+	+		+	+	—		—		+	+	+	+	+	—
/uː/	/	—	+	/	—	+		—	+	—		—		+	+	+	+	+	—
/iːe/	/	—	+	+	+	+	—	+	+	—	—	+		+	+	+	+	+	—
/uːe/	/	+	+	+	+	+		/	+	—	/			+	+	+	+	+	—
/uɪ/	/	—	/	—		/		—	+	—				/		+	+	/	—
/ɔɪ/		+		+	+	+		—	—		/			—	/		+	+	—	—
/aɪ/	/	+	+	+	+	+	—	+	+	+	/	—		+	+	+	+	+	—
/ao/	/	—	+	+		+		+	+	—	/			+	+	—	+	+	—

(6.4) Phonemverbindungen

(s. S. 61)

erstes Glied   zweites Glied →

↓

	b	d	g	p	t	ŝ	f	s	ʃ	x	m	n	ŋ	l	r	v	j
b								—		—				/	/		
d												—	—	/			
g				—				—					+	+	/	/	
p								—						+	/		
t								—					—	—	/	/	
ŝ								—							/		
f								—						+	/		
s		/	+								/	+		+		/	
ʃ												—		/	/		
x								—						—			
m				—	—									—			
n				—	—			—	—								
ŋ				—	—									—			
l				—	—			—	—		—	—					
r				—	—			—	—	—	—	—		—			
v															—		
j																	

3.52 Mitteldeutsch-nordthüringische Dialektgruppe

3.521 Hohegeiß

(1.) Phonemsysteme

(1.1)   /i/   /u/
        /e/   /o/
        /ɛ/
        /a/   /ɑ/

(1.2)   /iː/   /uː/
        /eː/   /oː/
        /aː/   /ɔː/

(1.3)   /aɪ/   /ao/

(1.4)   /b/   /d/   /g/
              /t/   /k/
              /ŝ/
        /f/   /s/   /ʃ/   /x/
        /v/   /z/   /j/
        /m/   /n/   /ŋ/
              /l/   /r/   /h/

(2.) Oppositionen

(2.1)   /i/ ≠ /e/:   /kibe/ 'Kippe'   ≠ /kebe/ 'Köpfe'
        /e/ ≠ /ɛ/:   /ʃdele/ 'Stelle' ≠ /ʃdɛle/ 'Ställe'
        /a/ ≠ /ɑ/ ≠ /o/: /ase/ 'essen'   ≠ /ɑse/ 'Achse' ≠ /ose/ 'Ochse'

(2.2)   /aː/ ≠ /ɔː/:   /faːre/ 'Pferde' ≠ /fɔːre/ 'fahren'
        /ɔː/ ≠ /oː/:   /rɔːm/ 'Rabe'   ≠ /roːm/ 'Rahm (Sahne)'

(2.3)   —

(2.4.1) /b/ ≠ /f/ ≠ /v/: /biːle/ 'Beile' ≠ /fiːle/ 'fühlen' ≠ /viːle/ 'Weile'.
/d/ ≠ /t/ ≠ /ŝ/ ≠ /s/ ≠ /z/: /lɛder/ 'Leder' ≠ /lɛter/ 'Leiter'; /miten/ 'Mitte' ≠ /miŝen/ 'Mütze' ≠ /misen/ '(wir) müssen'; /dob/ 'Topf' ≠ /ŝob/ 'Zopf'; /fiːse/ 'Füße' ≠ /viːze/ 'Weise'.

/g/ ≠ /k/ ≠ /x/ ≠ /j/ ≠ /r/: /gɑse/ 'Gasse' ≠ /kɑse/ 'Kasse'; /dɑg/ 'Tag' ≠ /dɑx/ 'Dach'; /hɔːgen/ 'Haken' ≠ /vɔːjen/ 'Wagen'; /kiŋer/ 'Kinder' ≠ /jiŋer/ 'jünger'; /ziːxe/ 'suchen' ≠ /fliːje/ 'fliegen'; /buːx/ 'Buch' ≠ /buːr/ 'Bauer'; /faːje/ 'fegen' ≠ /faːre/ 'Pferde'.

/s/ ≠ /ʃ/ ≠ /x/: /ɑse/ 'Achse' ≠ /ɑʃe/ 'Asche'; /riːs/ 'Reis' ≠ /riːx/ 'reich'; /diʃ/ 'Tisch' ≠ /dix/ 'dich'.

/n/ ≠ /ŋ/: /drine/ 'darin' ≠ /briŋe/ 'bringen'.

(2.4.2) Die Opposition /k/ ≠ /x/ kann nicht belegt werden, weil /k/ nur initial vor Kernphonemen steht, wo /x/ niemals vorkommen kann. Beide bilden aber einen distinktiven Gegensatz zu /g/. So stehen /k/ und /x/ in indirekt-distinktiver Opposition zueinander[238].

(3.) Realisationen und Varianten

(3.1.1) Tendenz zur Rundung besteht bei den gespreizten hohen Vorderzungenvokalen vor /l/: [p̥ɪˑln̩] 'Pille', [feˑln̩] '(wir) fällen', [hɛˑln̩] 'Hölle'.

(3.1.2) /i/ wird als gespreizter zentralisierter hoher Vorderzungenvokal gebildet [ɪ⁻].

(3.1.3) /e/ wird als gespreizter stark zentralisierter halbhoher Vorderzungenvokal realisiert, der auch freie offene Varianten haben kann [e⁻⁻] [ę⁻⁻].

(3.1.4) /ɛ/ ist ein gespreizter zentralisierter Vorderzungenvokal mittlerer Höhe [ɛ⁻].

(3.1.5) /a/ wird als maximal offener tiefer Vorderzungenvokal realisiert [a⁺⁺]. Das Phonem /x/ wird nach /a/ durch die Variante /ç/ gebildet, was die Stellung von /a/ in der palatalen Reihe unterstreicht: [p̥aɪç]. 'Pech'.

(3.1.6) /ɑ/ wird als geschlossener stark zentralisierter gespreizter tiefer Hinterzungenvokal gebildet [ɑ⁺]. Es sind freie Varianten möglich, die einem leicht entrundeten halbtiefen Hinterzungenvokal nahe stehen [ɔᶜ] [ɒᶜ⁺].

(3.1.7) /o/ als runder Hinterzungenvokal mittlerer Höhe wird sehr offen und mit leichter Zentralisierung gebildet [ǫ⁺] [o⁺].

---

[238] N. S. Trubetzkoy (1939), 32. H.-J. Schädlich (1966), 80.

(3.1.8) /u/ ist als runder hoher Hinterzungenvokal mit leichter Zentralisierung definiert [u⁺].

(3.2.1) /iː/ wird als gespreizter sehr hoher Vorderzungenvokal gebildet, der häufig auch freie geöffnetere Varianten haben kann, die fast einem gespreizten hohen Vorderzungenvokal entsprechen [iː] [i̜ː] [ɪː].

(3.2.2) /eː/ ist als gespreizter halbhoher Vorderzungenvokal definiert [eː]. Es gibt eine weit geöffnete Variante, die einem gespreizten Vorderzungenvokal mittlerer Höhe entspricht [ɛː], die positionsbedingt vor /j/ steht: [kɛːjəl] 'Kegel', [ɛːjɪn] 'Egge'. Sie kommt gelegentlich auch vor vokalisiertem /r/ vor: [ɛːɑn] 'Ähre', dagegen [meːɑn] 'Möhre'. Sie kann vereinzelt aber auch völlig frei stehen: [dɛːtɑ] 'Täter', [dɛ̝ːtʰ] '(er) tät'. — Mit einer Phonologisierung der Variante [ɛː] kann gerechnet werden, da sie schon oft verwendet wird.

(3.2.3) /aː/ wird als maximal offener tiefer Mittelzungenvokal realisiert, der aber eine deutliche Neigung zur Vorderzunge zeigt und leicht geöffnet wird [a̝ː⁺⁺]. Auch nach /aː/ wird /x/ wie nach /a/ durch /ç/ gebildet. Damit entsteht in dieser Position unter Einfluß von [ç] eine leicht diphthongische Variante [aːᶦ]: [ʃlaːᶦçtʰ] 'schlecht'.

(3.2.4) /ɔː/ wird als leicht entrundeter halbtiefer Hinterzungenvokal gebildet [ɔːᶜ].

(3.2.5) /oː/ ist ein runder Hinterzungenvokal mittlerer Höhe [oː]. Vor vokalisiertem /r/ können gelegentlich geöffnetere freie Varianten erscheinen [o̞ː]: [bo̞ːɑ] 'Paar'.

(3.2.6) /uː/ wird als runder hoher Hinterzungenvokal realisiert [uː].

(3.3.1) /aɪ/ ist ein vorderer schließender tiefer Diphthong, dessen erster Bestandteil von einem gespreizten maximal offenen tiefen Mittelzungenvokal gebildet wird [a]. Das zweite Glied ist als gespreizter hoher Vorderzungenvokal definiert [aɪ].

(3.3.2) /ao/ ist ein hinterer schließender tiefer Diphthong. Das erste Glied ist ein gespreizter maximal offener tiefer Mittelzungenvokal [a]. Das zweite Glied bewegt sich auf einen runden Hinterzungenvokal mittlerer Höhe zu.

(3.4.1) Final werden /b/ /d/ /g/ als stimmlose behauchte Fortes gebildet [pʻ] [tʻ] [kʻ], wobei /g/ häufig starke Behauchung zeigt [kh].

(3.4.2) /b/ wird initial als stimmlose Lenis realisiert [b̥]. Medial kann /b/ als stimmlose Lenis, Halbfortis oder Fortis in freier Variation gebildet werden [b̥] [p̥] [p]: [ʃnab̥ət] '(er) schnappt', [dipɪn] 'Topf'.

(3.4.3) /d/ wird initial als dentale stimmlose Lenis bis Halbfortis gebildet [d̥] [d̥] [t̥], medial dagegen als stimmhafte Lenis [d].

(3.4.4) /g/ als velarer Verschlußlöselaut hat drei positionsbedingte Varianten: 1. [g] velare stimmlose Lenis steht initial und medial nach kurzen Kernphonemen, wobei in der zuletzt genannten Stellung auch stimmlose Halblenes und Halbfortes [g̥] [k̥] vorkommen können: [gaːl] 'gelb', [ɛgɪn] 'Ecke', [trɛkɪn] 'trecken (ziehen)', [ˈɑk̥ɑˀdigɔ] 'Ackerstücke'; 2. [g] velare stimmhafte Lenis steht medial nach langen Kernphonemen: [gveːgən] 'Quecke'; 3. [kʻ] velare stimmlose behauchte Fortis steht final: [zakʻ] 'sag!', [zɑːkʻ] '(er) sah'.

(3.4.5) /t/ ist als stimmlose Fortis definiert, die nur medial vorkommt [t].

(3.4.6) /k/ als velarer Verschlußlöselaut ist eine stimmlose nur selten behauchte Fortis oder stimmlose Lenis [k] [kʻ] [g̥] und wahrscheinlich erst in jüngster Zeit phonologisiert worden, da [k] und [g] in der Relevanzstellung der Opposition /g/ ≠ /k/ initial vor Kernphonemen noch völlig frei variieren können: [giːvə] [kiːvə] 'Kühe', [gadufln] [kadufln] 'Kartoffeln', [gɑlɑ] [kɑlɑ] 'Keller'.

(3.4.7) /ŝ/ ist eine dentale Affrikate. Sie wird fast in allen Fällen als stimmlose Fortis oder Halbfortis gebildet [ts] [t̥s].

(3.4.8) /f/ ist als labiodentale Fortis oder Halbfortis definiert [f] [f̥].

(3.4.9) /v/ wird meistens als friktionsloser labiodentaler Kontinuant realisiert [ʋ], selten als labiodentale stimmhafte Lenis [v].

(3.4.10) /z/ ist stimmhafte Lenis [z], /s/ ist stimmlose Fortis oder Halbfortis [s] [ŝ]. Als Phoneme stehen sie in teilkomplementärer Verteilung: /z/ initial, /s/ final, die Relevanzstellung ist medial gegeben.

(3.4.11) /ʃ/ ist eine palato-alveolare stimmlose Fortis [ʃ], die medial Varianten haben kann, die als stimmhafte Lenes gebildet werden [ʒ].

(3.4.12) /j/ ist ein stimmhafter Frikativlaut, der zwei stellungsbedingte Varianten hat, die in teilkomplementärer Distribution stehen: 1. [j] palatale stimmhafte Lenis steht initial und medial nach den palatalen Kernphonemen: [joːɑ] 'Jahr', [zaːjə] 'sagen'; 2. [ɣ] velare stimmhafte Lenis steht medial nach den velaren Kernphonemen: [zǫːɣə] 'Säge', z. B. auch bei unter schriftsprachlichem Einfluß realisiertem 'sagen' [zɑːɣə]. — Da /j/ immer als Lenis erscheint und /x/ stets als Fortis auftritt und /j/ auch unmittelbar neben /i/ stehen kann [br̥ɛdijən] 'predigen', ist es ausreichend als selbständiges Phonem belegt.

(3.4.13) /x/ ist ein stimmloser Frikativlaut, der zwei stellungsbedingte Varianten hat, die in komplementärer Distribution stehen: 1. [x] velare stimmlose Fortis steht nach den Kernphonemen der velaren Reihe; 2. [ç] palatale stimmlose Fortis steht nach den Kernphonemen der palatalen Reihe und nach Satellitenphonemen. Beide Varianten können nicht initial auftreten.

(3.4.14) /l/ wird als dentaler Lateral gebildet [l].

(3.4.15) /r/ steht immer vor oder nach Kernphonemen. Es hat mehrere Varianten, die nur teilweise obligatorisch sind: 1. [ɽ] rein retroflex steht vor allem initial, selten initial nach Satellitenphonemen und noch seltener zwischen langen Kernphonemen und Satellitenphonem; 2. [ɹ] alveolarer schwach retroflexer Kontinuant oder stimmhafter Frikativlaut steht ebenfalls initial, initial nach Satellitenphonemen, häufig medial, sowie seltener zwischen kurzen Kernphonemen und Satellitenphonem: 3. [ɾ] [r] einschlägiger selten mehrschlägiger alveolarer oder dentaler Vibrant kommt vor: selten initial, sehr häufig initial nach Satellitenphonemen, intervokalisch-medial, sowie zwischen kurzen Kernphonemen und Satellitenphonem: [barkʼ] 'Berg', [ʃdɑrkʼ] 'stark'; 4. [ʀ] einschlägiger selten mehrschlägiger uvularer Vibrant steht ganz vereinzelt initial und initial nach Satellitenphonemen: [bʀaːdɔ] 'Bretter'; 5. [ʁ] stimmhafter uvularer oder velarer Reibelaut oder bloßer Kontinuant kommt sehr selten initial und initial nach Satellitenphonemen vor, aber häufiger medial; 6. [a] [ɑ] [ɔ] [ɪ] vokalisierte Varianten sind obligatorisch final: [baːɔ] 'Bär' und in der unbetonten schriftsprachlichen Verbindung er-/-er: [ʃaːfɔ] 'Schäfer', [t̂aldɔ] 'Teller', fakultativ zwischen kurzen Kernphonemen und Satellitenphonem: [kɔːtǫtʼ] 'Kater', [kʼǫn] 'Korn', [maɔts] 'März', aber [daɪm] 'Darm'. Die Variante [ɪ] kann nur vor /ʃ/ /j/ /x/ auftreten: [gaːɪʃdn] 'Gerste', [mǫːɪjn̥] 'Morgen (Flächenmaß)', [dą̊ːɪç] 'durch'.

(3.4.16) /m/ /n/ /ŋ/ sind als bilabialer, dentaler und velarer Nasal definiert.

(3.4.17) /h/ ist eine glottale stimmlose Fortis.

(3.4.18) Die Intensität ist phonologisch relevant in den folgenden Oppositionen, in denen das intensive Phonem an erster Stelle genannt wird: /t/ ≠ /d/, /k/ ≠ /g/, /š/ ≠ /d/, /š/ ≠ /t/, /f/ ≠ /v/, /s/ ≠ /z/, /ʃ/ ≠ /j/, /x/ ≠ /j/.

(3.4.19) Die Stimmbeteiligung ist phonologisch irrelevant. Sie ist obligatorisch bei /v/ /z/ /j/, bei /d/ in medialer Position, bei /g/ medial nach langen Kernphonemen. Sie ist fakultativ bei /ʃ/ medial und bei /g/ medial nach kurzen Kernphonemen.

(3.4.20) Die Behauchung ist phonologisch nicht relevant. Sie kommt vor final bei /b/ /d/ /g/, aber selten bei /k/.

(4.) Distinktive Phonemmerkmale

(4.1)

	u	o	ɑ	a	i	e	ε
diffus	+	−	−	−	+	−	−
dunkel	+	+	+	−	−	−	−
kompakt	−	−	+	+	−	−	+
hell	−	−	−	−	+	+	+

(4.2)

	u	o	ɔ	a	i	e
diffus	+	−	−	−	+	−
dunkel	+	+	+	−	−	−
kompakt	−	−	+	+	−	−

(4.3) —

(4.4.1)

	m	n	l	r	b	d	g	k	š	f	v	z	ʃ	j	h
vokalisch	+	+	+	+	−	−	−	−	−	−	−	−	−	−	−
nasal	+	+	−	−	o	o	o	o	o	o	o	o	o	o	o
abrupt	o	o	o	o	+	+	+	+	+	−	−	−	−	−	−
gespannt	o	o	o	o	−	−	−	+	o	+	−	−	o	o	+
kompakt	o	o	−	+	−	−	+	+	−	−	−	−	+	+	−
dunkel	+	−	o	o	+	−	o	o	−	+	+	−	o	o	o
scharf	o	o	o	o	o	−	o	o	+	+	−	o	+	−	−

7 Göschel, Untersuchungen

(4.4.2)

	m	n	ŋ	l	r	b	d	g	t	ŝ	f	v	s	z	ʃ	x	j
vokalisch	+	+	+	+	+	–	–	–	–	–	–	–	–	–	–	–	–
nasal	+	+	+	–	–	o	o	o	o	o	o	o	o	o	o	o	o
abrupt	o	o	o	o	o	+	+	+	+	–	–	–	–	–	–	–	–
gespannt	o	o	o	o	o	–	–	–	+	o	+	–	+	–	+	+	–
kompakt	–	–	+	–	+	–	–	+	–	–	–	–	–	–	+	+	+
dunkel	+	–	o	o	o	+	–	o	–	–	+	+	–	–	o	o	o
scharf	o	o	o	o	o	o	–	o	–	+	o	o	o	o	+	–	–

(4.4.3)

	m	n	ŋ	l	r	b	d	g	ŝ	f	s	ʃ	x
vokalisch	+	+	+	+	+	–	–	–	–	–	–	–	–
konsonantisch	+	+	+	+	–	+	+	+	+	+	+	+	+
nasal	+	+	+	–	o	o	o	o	o	o	o	o	o
abrupt	o	o	o	o	o	+	+	+	+	–	–	–	–
kompakt	–	–	+	o	o	–	–	+	–	–	–	+	+
dunkel	+	–	o	o	+	–	o	–	+	–	o	o	–
scharf	o	o	o	o	o	o	–	o	+	o	o	+	–

(5.) Neutralisationen

(5.1) Die Oppositionen /i/ ≠ /e/, /e/ ≠ /ɛ/, /ɛ/ ≠ /a/ werden vor /r/ aufgehoben. Vor /r/ stehen die Kernphoneme /a/ /ɑ/ /o/ /u/.

(5.2) Die Stellung der betonten Kernphoneme in finaler Position ist eingeschränkt. Final erscheinen nur die betonten Kernphoneme 'relativ lang'. Die Quantitätsopposition ist final aufgehoben.

(5.3) —

(5.4.1) Die Oppositionen /d/ ≠ /t/, /ŝ/ ≠ /t/, /s/ ≠ /t/ sind initial und final aufgehoben. In diesen Stellungen erscheint /t/ nicht. Die Relevanzstellung gilt nur medial.

(5.4.2) Neutralisiert werden die Oppositionen /g/ ≠ /k/, /j/ ≠ /k/ final, medial und initial vor Satellitenphonemen. Die Relevanzstellung ist auf initial vor Kernphonemen beschränkt.

(5.4.3) Aufgehoben werden die Oppositionen /b/ ≠ /v/, /f/ ≠ /v/, /g/ ≠ /j/ initial vor Satellitenphonemen und final. In diesen Positionen stehen /b/ /f/

/g/. Phonologisch relevant sind diese Oppositionen initial vor Kernphonemen und medial.

(5.4.4) Aufgehoben werden die Oppositionen /z/ ≠ /s/, /j/ ≠ /x/ in initialer und finaler Stellung. Initial stehen /z/ /j/, final stehen /s/ /x/. Die Relevanzstellung ist auf die mediale Position beschränkt.

(5.4.5) Aufgehoben wird die Opposition /ŝ/ ≠ /s/ nach /l/ und /n/. Die in dieser Stellung auftretenden Varianten [s] und [t̂s] [d̂s] können frei wechseln: [zoːld̥s] 'Salz', [zoːlsə] 'salzen', [holt̂s] 'Holz', [gɑns] [gɑnd̥s] 'ganz'.

(5.4.6) Aufgehoben wird die Opposition /m/ ≠ /n/ final nach /b/, da in dieser Stellung nur /m/ erscheint: [zubm̩] 'Suppe'.

(5.4.7) Aufgehoben wird die Opposition /n/ ≠ /ŋ/ vor /g/, weil in dieser Position /ŋ/ auftritt: [ʃtɑŋkʼ] 'Schrank'. Die Opposition /n/ ≠ /ŋ/ ist nur medial, final und vor /d/ phonologisch relevant.

(6.) Phonemdistribution

(6.1)

(s. S. 60)

	#	b	d	g	t	k	ŝ	f	s	z	ʃ	x	j	m	n	ŋ	l	r	v	h
/i/	/	+	+	+	/	−	+	−	/	+	+	/	/	+	+	/	+	−	−	−
/e/	/	+	+	−	/	−	/	−	/	−	/		−	−	+	/	+	−	−	−
/ɛ/	/	+	+	+	/	−	/	+	/	−	−	/		+	+	/	+	−	+	−
/a/	/	+	+	+	/	−	/	+	/	−			−	+	+		+	+	−	−
/ɑ/	/	+	+	+		−	/	+	/	−	/	/	−	+	+	/	+	+	+	−
/o/	/	+	+	/	/	−	+	+	/	−	+	/	/	+	/		+	+	−	−
/u/	/	+	+	+		−	−	+	/	−	−	/	−	+	+	/	+	+	−	−

(6.2/6.3)

	#	b	d	g	t	k	ŝ	f	s	z	ʃ	x	j	m	n	ŋ	l	r	v	h
/iː/	/	+	+	+	/	−	−	+	/	+	−	/	/	+	+		+	+	+	−
/eː/	/	−	+	+	/	−	−	+	/	+	−	/	+	+	+		+	+	−	−
/aː/	/	−	/	−		−	−	+	/	+	−	/	/	+	+		+	+	− −
/ɔː/	/	+	+	+	/	−	−	−	/	−	−	/	/	/	/		+	+	+	−
/oː/	/	−	+	+	/	−	−	+	/	−	+	/	+	+	+		+	+	+	−
/uː/	/	−	+	+		−	−	+	/	/	+	/		+	+		+	+	−	−
/aɪ/	+	+	/		−	+	/	/	−	+	/	/		+	+		+	−	+	−
/ao/	+				−	−	/	/	−	−	/	/		+			−	+	/	−

100   3. Zur Analyse niederdeutscher und mitteldeutscher Dialekte

(6.4) Phonemverbindungen

(s. S. 61)

erstes Glied   zweites Glied →

↓

	b	d	g	ŝ	f	s	ʃ	x	m	n	ŋ	l	r	v	j
/b/				—		—	—		—			≠	/		
/d/						—	—			—		—	/		
/g/				—			—	—			≠	≠	/	/	
/ŝ/				—							—	—			/
/f/				—						—		≠	/		
/s/				—							—	—			
/ʃ/	/	≠							/	≠		/	/	/	
/x/				—							—	—			
/m/	—	—			—		—					—			
/n/		—		—		—	—	—							
/ŋ/	—	—			—	—						—	—		
/l/	—	—	—	—		—	—	—					—	—	
/r/	—	—	—	—		—		—	—	—				—	
/v/												—			
/j/										—	—				

3.522 Steina

(1.)   Phonemsysteme

(1.1) /i/   /u/
       /e/   /o/
       /ɛ/
       /a/   /ɑ/

(1.2) /iː/   /uː/
       /eː/   /oː/
       /aː/   /ɔː/

3.5 Phonologische Analyse — Ortsdialekt Steina

(1.3) /eːɪ/   /oːʊ/
       /aɪ/   /ao/

(1.4) /b/   /d/   /g/
              /t/   /k/
       /p̂/   /ŝ/
       /f/   /s/   /ʃ/   /x/
       /v/   /z/   /j/
       /m/   /n/   /ŋ/
              /l/   /r/   /h/

(2.) Oppositionen

(2.1) /i/ ≠ /e/:   /hile/ 'Hülle'   ≠ /hele/ 'Hölle'
       /e/ ≠ /ɛ/:   /veŋe/ 'wenden'   ≠ /vɛŋe/ 'Wände'
       /a/ ≠ /ɑ/:   /bax/ 'Pech'   ≠ /bɑx/ 'Bach'

(2.2) /aː/ ≠ /ɔː/:   /baːr/ 'Bär'   ≠ /bɔːr/ 'Paar'
       /ɔː/ ≠ /oː/:   /rɔːd/ 'Rat'   ≠ /roːd/ 'rot'

(2.3) /eːɪ/ ≠ /eː/: /zeːɪn/ '(wir) seien' ≠ /zeːn/ '(wir) sehen'
       /oːʊ/ ≠ /oː/: /roːʊe/ 'Ruhe'   ≠ /roːe/ 'rohe'

(2.4.1) /b/ ≠ /p̂/ ≠ /f/ ≠ /v/: /bund/ 'bunt' ≠ /p̂und/ 'Pfund' ≠ /fuŋg/ '(er) fand' ≠ /vund/ 'wund'.

/d/ ≠ /t/ ≠ /ŝ/ ≠ /s/ ≠ /z/: /uder/ 'Ader' ≠ /uter/ 'Otter'; /mitin/ 'Mitte' ≠ /miŝin/ 'Mütze' ≠ /misin/ '(wir) müssen'; /fiːse/ 'Füße' ≠ /viːze/ 'Weise'.

/g/ ≠ /k/ ≠ /x/ ≠ /j/ ≠ /r/: /gɑse/ 'Gasse' ≠ /kɑse/ 'Kasse'; /egin/ 'Ecke' ≠ /kexin/ 'Köchin' ≠ /ejin/ 'Egge'; /kiŋer/ 'Kinder' ≠ /jiŋer/ 'jünger'; /duːx/ 'Tuch' ≠ /duːr/ 'Tour'; /veːje/ 'wiegen' ≠ /veːre/ 'wäre'.

/s/ ≠ /ʃ/ ≠ /x/: /fris/ 'friß!' ≠ /friʃ/ 'frisch'; /ziːse/ 'süß' ≠ /ziːxe/ 'suchen'; /diʃ/ 'Tisch' ≠ /dix/ 'dich'.

/n/ ≠ /ŋ/: /zine/ 'Sinne' ≠ /ziŋe/ 'singen'

(2.4.2) Die Opposition /k/ ≠ /x/ kann nicht belegt werden, da /k/ und /x/ in indirekt-distinktivem Gegensatz zueinander stehen (vgl. 3.521 Hohegeiß 2.4.2).

(3.) Realisationen und Varianten

(3.1.1) Tendenz zur Rundung zeigen /i/ und /ɛ/ vor /l/: [vʏᵉln̩] 'Wille', [mʏᵉln̩] 'Mühle'; [kœᵉln̩] 'Kelle'.

(3.1.2) /i/ wird als gespreizter sehr hoher bis hoher Vorderzungenvokal realisiert, der gleichzeitig zur Zentralisierung neigt [i⁻] [i̞⁻] [ɪ⁻].

(3.1.3) /e/ ist ein gespreizter halbhoher Vorderzungenvokal mit Zentralisierung [e⁻].

(3.1.4) /ɛ/ wird als gespreizter Vorderzungenvokal mittlerer Höhe gebildet [ɛ].

(3.1.5) /a/ wird als maximal offener tiefer Mittelzungenvokal realisiert, wobei die Artikulationsstelle aber weiter nach vorn verschoben werden kann und /a/ in die Nähe der Vorderzungenvokale rücken läßt [a] [a⁺]. Kriterium dafür ist außerdem die Realisation des Phonems /x/, das nach /a/ durch die positionsbedingte Variante [ç] gebildet wird: [baç] 'Pech'.

(3.1.6) /ɑ/ wird als gespreizter tiefer Hinterzungenvokal gebildet, der nur selten geschlossenere freie Varianten hat [ɑ], selten [ɒ].

(3.1.7) /o/ als runder Hinterzungenvokal mittlerer Höhe wird ziemlich eng und mit Tendenz zur Zentralisierung gebildet [ǫ] [ǫ⁺].

(3.1.8) /u/ als runder hoher Hinterzungenvokal hat gelegentlich freie offenere Varianten [u] [ʊ].

(3.2.1) /iː/ wird als gespreizter sehr hoher Vorderzungenvokal gebildet [iː], der häufig weiter geöffnete freie Varianten hat [i̞ː] [ɪː].

(3.2.2) /eː/ wird als gespreizter halbhoher Vorderzungenvokal realisiert. Eine positionsbedingte, aber fakultative Variante hat /eː/ vor /r/. In dieser Stellung kann /eː/ von [eː] bis zu einem gespreizten Vorderzungenvokal mittlerer Höhe geöffnet werden [ɛː]: [bɛːɑk] 'Berg', [ʀɛːɑn] 'Röhre', aber [ʃeːɑn] 'Schere', [meːɑn] 'Möhre'.

(3.2.3) /aː/ wird als maximal offener tiefer Mittelzungenvokal gebildet, der eine deutliche Tendenz zur Vorderzunge zeigt [aː⁺⁺]. Wie bei /a/ (vgl. oben

3.1.5) kann auch hier dafür die Realisation des Phonems /x/ ein Hinweis sein, da /x/ nach /aː/ durch [ç] nicht durch [x] gebildet wird: [ʁaːᶦçtʰ] 'recht', wobei die diphthongische Variante [aːᶦ] durch [ç] bewirkt wird.

(3.2.4) /ɔː/ wird als entrundeter halbtiefer Hinterzungenvokal realisiert [ɔːᶜ]. Gelegentlich treten geöffnetere freie Varianten auf, die in die Nähe des gespreizten tiefen Hinterzungenvokals [ɑː] treten: [ɑː] [ɑ̞ː].

(3.2.5) /oː/ ist als runder Hinterzungenvokal mittlerer Höhe definiert und hat gelegentlich engere freie Varianten [oː] [o̝ː].

(3.2.6) /uː/ wird als leicht entrundeter hoher Hinterzungenvokal gebildet [uːᶜ].

(3.3.1) /eːɪ/ ist ein vorderer schließender mittelhoher Diphthong, bei dem das erste Glied deutlich länger gebildet wird und durch einen gespreizten halbhohen Vorderzungenvokal realisiert wird [eː]. Der zweite Bestandteil ist ein hoher bis sehr hoher Vorderzungenvokal gespreizter Art [eːɪ] [eːi̞].

(3.3.2) /oːʊ/ ist ein hinterer schließender mittelhoher Diphthong. Das erste Glied wird deutlich länger realisiert als das zweite und durch einen leicht entrundeten Hinterzungenvokal mittlerer Höhe gebildet [oᵛᶜ]. Das zweite Glied bewegt sich auf einen runden hohen Hinterzungenvokal zu [oᵛᶜu].

(3.3.3) /aɪ/ ist ein vorderer schließender tiefer Diphthong. Das erste Glied bildet ein maximal offener gespreizter tiefer Mittelzungenvokal, der nach der Vorderzunge neigt [a⁺]. Das zweite Glied wird von einem hohen gespreizten Vorderzungenvokal gebildet [a⁺ɪ].

(3.3.4) /ao/ ist ein hinterer schließender tiefer Diphthong, dessen erstes Glied ein gespreizter maximal offener tiefer Mittelzungenvokal ist [a]. Der zweite Bestandteil wird gebildet durch einen runden Hinterzungenvokal mittlerer Höhe [ao].

(3.4.1) Final werden /b/ /d/ /g/ als stimmlose behauchte Fortes gebildet [pʰ] [tʰ] [kʰ].

(3.4.2) /b/ kann medial zwischen stimmloser Lenis und Fortis frei variieren [b̥] [b̆] [p̬] [p]: [gnab̥ə] 'knapp', [dɛb̥ɑ] 'Töpfer', [kʰɛp̬ə] 'Köpfe'. Initial wird /b/ als stimmlose Lenis realisiert [b̥].

(3.4.3) /d/ ist initial dentale stimmlose Lenis bis Halbfortis [d̥] [d̥˳] [t̬]. Medial ist /d/ stimmhafte Lenis [d], wobei besonders nach kurzen Kernphonemen die Artikulationsstelle zurückverlegt werden kann und ein schwacher präpalataler Plosivlaut mit teilweise lateraler Verschlußlösung entsteht [d.⁻]. Dieser Laut kann bis zum bloßen Kontinuanten abgeschwächt und andererseits durch [l] realisiert werden: [bɔːdə] 'baden', [ved⁻ɑ] [velɑ] 'wieder'.

(3.4.4) /g/ als velarer Verschlußlöselaut hat drei stellungsbedingte Varianten: 1. [g] velare stimmlose Lenis steht initial und medial nach kurzen Kernphonemen: [guːt'] 'gut', [ʃmɛgɪt'] '(es) schmeckt'; 2. [g] velare stimmhafte Lenis steht medial nach langen Kernphonemen: [gɑːgə] 'schreien'; 3. [kʰ] velare stimmlose stark behauchte Fortis steht final: [ʀǫkʰ] 'Rock', [luːk'] '(er) lag'.

(3.4.5) /t/ wird als stimmlose behauchte Fortis oder Halbfortis gebildet [t'] [t̬'], die nur medial zu /d/ in Opposition treten kann.

(3.4.6) /k/ kann als stark behauchte stimmlose Fortis und als stimmlose Lenis realisiert werden [kh] [g]. Offenbar ist es erst in jüngster Zeit phonologisiert worden. Die noch häufige freie Variation von [g] und [kʰ] in der Relevanzstellung initial vor Kernphonemen, sowie die Phoneminventare benachbarter Ortsdialekte wiesen darauf hin. Es kommen vor: [guː] [kʰuː] 'Kuh', [giːvə] [kʰiːvə] 'Kühe', [gaofdə] [kʰaofdə] '(er) kaufte'. Die Distinktion wird aber deutlich in der Opposition: /gɔːm/ '(sie) gaben' ≠ /kɔːm/ '(er) kam'.

(3.4.7) /f̂/ als labiodentale stimmlose Affrikate wird entphonologisiert und fällt mit /f/ zusammen. Der Prozeß ist noch nicht abgeschlossen. Gegenwärtig ist die Opposition /f̂/ ≠ /f/ nur noch sehr schwach besetzt. In vielen Fällen wurde /f̂/ bereits durch /f/ ersetzt oder [b̥f] als stimmlose Lenis kann als freie Variante von /f/ angesehen werden: [faːɾə] [b̥faːɾə] 'Pferde'.

(3.4.8) /ŝ/ als dentale Affrikate wird immer als stimmlose Fortis oder Halbfortis realisiert [ts] [t̬s].

(3.4.9) /f/ ist als labiodentale Fortis oder Halbfortis definiert [f] [f̬].

(3.4.10) /v/ wird meistens als friktionsloser labiodentaler Kontinuant gebildet [ʋ].

(3.4.11) /z/ als stimmhafte Lenis [z] und /s/ als stimmlose Fortis oder Halbfortis [s] [s̬] stehen in teilkomplementärer Verteilung: /z/ steht initial, /s/ steht final, nur medial treten sie in Opposition.

(3.4.12) /ʃ/ ist als palato-alveolarer stimmloser Frikativlaut definiert, der medial eine freie Variante in einer stimmhaften Lenis haben kann [ʃ] [ʒ].

(3.4.13) /j/ ist ein stimmhafter Frikativlaut und hat zwei positionsbedingte Varianten, die in teilweise komplementärer Verteilung stehen: 1. [j] als palatale stimmhafte Lenis steht initial und medial nach den Kernphonemen der palatalen Reihe: [jeːn] 'jeden', [gʁiːjə] '(im) Kriege'; 2. [ɣ] als velare stimmhafte Lenis steht medial nach den Kernphonemen der velaren Reihe: [loːɣɪn] '(sie) lagen'. — Da /j/ stets als Lenis erscheint und /x/ immer als Fortis auftritt und /j/ auch unmittelbar neben /i/ auftreten kann [jɪŋsdə] '(der) jüngste', ist /j/ hinreichend als selbständiges Phonem definiert.

(3.4.14) /x/ ist ein stimmloser Frikativlaut und hat zwei stellungsbedingte Varianten, die in komplementärer Verteilung stehen: 1. [x] velare stimmlose Fortis steht nach Kernphonemen der velaren Reihe; 2. [ç] palatale stimmlose Fortis steht nach Kernphonemen der palatalen Reihe und Satellitenphonemen, wobei /a/ durch die Realisation von [baç] 'Pech' zur palatalen Reihe gerechnet werden muß. Beide Varianten können niemals initial auftreten.

(3.4.15) /l/ steht als dentaler Lateral [l] und zeigt nur in wenigen Ansätzen Fälle von Vokalisierung: [iŋəzoˑadsᵈ] 'eingesalzen', [kʻeːʁə] 'Köhler'.

(3.4.16) /r/ steht immer vor oder nach Kernphonemen. Es hat mehrere Varianten, die nur teilweise obligatorisch sind: 1. [ʁ] als stimmhafter uvularer oder velarer Reibelaut bzw. Kontinuant ist die weitaus häufigste prävokalische Bildungsweise, also initial, initial nach Satellitenphonemen, aber auch medial; 2. [R] als einschlägiger, selten mehrschlägiger uvularer Vibrant kommt vor initial, initial nach Satellitenphonemen, selten auch medial; 3. [ɾ] [r] als einschlägiger, selten als mehrschlägiger alveolarer Vibrant kommt nur gelegentlich initial nach Satellitenphonemen und medial vor; 4. [ʈ] retroflexe Varianten treten ebenfalls nur sporadisch auf, und zwar nur medial oder in den schriftsprachlichen Verbindungen -ler, -ner: [faːʈə] 'Pferde', [d̥alʈə] 'Teller', [glɛnʈə] 'kleiner'; 5. [a] [ɑ] [ɔ] [ɪ] vokalisierte Varianten stehen immer postvokalisch sowohl nach langen als auch nach kurzen Kernphonemen. Die Qualität bei den Realisationen ist schwankend, lediglich [ɪ] läßt sich auf die Position vor /g/ und /x/ festlegen: [bɛɪkʻ] 'Berg', [ʃdɔːɪç] 'Storch'.

(3.4.17) /m/ /n/ /ŋ/ sind als bilabialer, dentaler und velarer Nasal definiert.

(3.4.18) /h/ ist glottale stimmlose Fortis.

(3.4.19) Die Intensität ist phonologisch relevant in den folgenden Oppositionen, bei denen das intensive Phonem an erster Stelle steht: /t/ ≠ /d/, /k/ ≠ /g/, /f̂/ ≠ /b/, /ŝ/ ≠ /d/, /ŝ/ ≠ /t/, /f/ ≠ /v/, /s/ ≠ /z/, /ʃ/ ≠ /j/, /x/ ≠ /j/.

(3.4.20) Die Stimmbeteiligung ist phonologisch irrelevant. Sie tritt obligatorisch auf bei /v/ /z/ /j/, bei /d/ in medialer Position, bei /g/ medial nach langen Kernphonemen. Sie erscheint fakultativ bei /ʃ/ medial.

(3.4.21) Die Behauchung ist ohne phonologische Relevanz. Sie kommt vor bei /b/ /d/ /g/ in finaler Stellung, sowie in starker Form bei /k/, das nur initial vor Kernphonemen steht [kh].

(4.) Distinktive Phonemmerkmale

(4.1)

	u	o	ɑ	a	i	e	ε
diffus	+	—	—	—	+	—	—
dunkel	+	+	+	—	—	—	—
kompakt	—	—	+	+	—	—	+
hell	—	—	—	—	+	+	+

(4.2)

	u	o	ɔ	a	i	e
diffus	+	—	—	—	+	—
dunkel	+	+	+	—	—	—
kompakt	—	—	+	+	—	—

(4.3) —

(4.4.1)

	m	n	l	r	b	d	g	k	f̂	ŝ	f	v	z	ʃ	j	h
vokalisch	+	+	+	+	—	—	—	—	—	—	—	—	—	—	—	—
nasal	+	+	—	—	○	○	○	○	○	○	○	○	○	○	○	○
abrupt	○	○	○	○	+	+	+	+	+	+	—	—	—	—	—	—
gespannt	○	○	○	○	—	—	—	+	○	○	+	—	—	○	○	+
kompakt	○	○	○	○	—	—	+	+	—	—	—	—	—	+	+	—
dunkel	+	—	—	+	+	—	○	○	+	—	+	+	—	○	○	○
scharf	○	○	○	○	—	—	○	○	+	+	+	—	○	+	—	—

(4.4.2)

	m	n	ŋ	l	r	b	d	g	t	ŝ	f	v	s	z	ʃ	x	j
vokalisch	+	+	+	+	+	—	—	—	—	—	—	—	—	—	—	—	—
nasal	+	+	+	—	—	o	o	o	o	o	o	o	o	o	o	o	o
abrupt	o	o	o	—	+	+	+	+	+	—	—	—	—	—	—	—	—
gespannt	o	o	o	o	o	—	—	—	+	o	+	—	+	—	+	+	—
kompakt	—	—	+	o	o	—	—	+	—	—	—	—	—	—	+	+	+
dunkel	+	—	o	—	+	+	—	o	—	—	+	+	—	—	o	o	o
scharf	o	o	o	o	o	o	—	o	—	+	o	o	o	o	+	—	—

(4.4.3)

	m	n	ŋ	l	r	b	d	g	ŝ	f	s	ʃ	x
vokalisch	+	+	+	+	+	—	—	—	—	—	—	—	—
konsonantisch	+	+	+	+	—	+	+	+	+	+	+	+	+
nasal	+	+	+	—	o	o	o	o	o	o	o	o	o
abrupt	o	o	o	o	o	+	+	+	+	—	—	—	—
kompakt	—	—	+	o	o	—	—	+	—	—	—	+	+
dunkel	+	—	o	o	o	+	—	o	—	+	—	o	o
scharf	o	o	o	o	o	o	—	o	+	o	o	+	—

(5.) Neutralisationen

(5.1) Vor /r/ werden die Oppositionen /i/ ≠ /e/, /e/ ≠ /ɛ/ aufgehoben. In dieser Stellung stehen die Kernphoneme /ɛ/ /a/ /ɑ/ /o/ /u/.

(5.2) Die Stellung der betonten Kernphoneme ist in finaler Position eingeschränkt. Final stehen immer die betonten Kernphoneme 'relativ lang'. Der Quantitätsgegensatz ist final aufgehoben.

(5.3) —

(5.4.1) Die Oppositionen /d/ ≠ /t/, /ŝ/ ≠ /t/, /s/ ≠ /t/ sind initial und final aufgehoben. In diesen Stellungen tritt /t/ nicht auf. Die Relevanzstellung ist medial gültig.

(5.4.2) Aufgehoben werden die Oppositionen /g/ ≠ /k/, /j/ ≠ /k/ final, medial und initial vor Satellitenphonemen, so daß die Relevanzstellung initial vor Kernphonemen gilt, da /k/ nur hier auftritt.

(5.4.3) Die Oppositionen /f̂/ ≠ /b/, /f̂/ ≠ /f/ werden medial und final aufgehoben. In diesen Positionen stehen /b/ /f/. Phonologisch relevant sind diese Gegensätze initial.

(5.4.4) Aufgehoben werden die Oppositionen /b/ ≠ /v/, /f/ ≠ /v/, /g/ ≠ /j/ initial vor Satellitenphonemen und final. In der Aufhebungsstellung stehen /b/ /f/ /g/. Phonologisch relevant sind diese Oppositionen initial vor Kernphonemen und medial.

(5.4.5) Aufgehoben werden die Oppositionen /z/ ≠ /s/, /j/ ≠ /x/ in initialer und finaler Stellung. Initial stehen /z/ /j/, final erscheinen /s/ /x/. Die Relevanzstellung ist medial gültig.

(5.4.6) Aufgehoben wird die Opposition /ŝ/ ≠ /s/ final nach /l/ und /n/. Die Varianten [s] und [ts] [t̂s] [d̂s] stehen in dieser Stellung im freien Wechsel: [hults] 'Holz', [zoːlᵈs] 'Salz', [gɑns] [gɑnd̪s] 'ganz', [d̂ɑns] 'Tanz'.

(5.4.7) Aufgehoben wird die Opposition /m/ ≠ /n/ nach /b/. In den meisten Fällen steht hier [m], nur selten [n], ohne daß ein distinktiver Unterschied besteht: [zub̚m̩] 'Suppe', [kɑb̚n̩] 'Kappe'.

(5.4.8) Aufgehoben wird die Opposition /n/ ≠ /ŋ/ vor /g/. In dieser Stellung steht nur [ŋ]: [ʃiŋgɪn] 'Schinken'. Der Gegensatz /n/ ≠ /ŋ/ gilt nur medial, final und vor /d/ und /r/.

(6.) Phonemdistribution

(6.1)
  (s. S. 60)

	#	b	d	g	t	k	f̂	ŝ	f	s	z	ʃ	x	j	m	n	ŋ	l	r	v	h
/i/		+	+	+		−		+	+		+	+			+	+		+	−	−	−
/e/		+	+	+		−			+		−	+		−	+	+	+	+	−	−	−
/ɛ/		+	+	+		−			+		−	−				+	+	+	+	+	−
/a/		+	+	+		−	−	+	+		−				−	−	+	+	+	+	
/ɑ/		+	+	+		−			+		−	+		−	+	+	+	+	+	−	
/o/		+	+			−		+	+		−	−				+	+	+	+	−	−
/u/		+	+	+		−	−	+	+		−	+			+	+	+	+	−	−	

3.5 Phonologische Analyse — Ortsdialekt Steina

(6.2/6.3)

	#	b	d	g	t	k	f̂	ŝ	f	s	z	ʃ	x	j	m	n	ŋ	l	r	v	h
/iː/	/	+	+		/	—		—	+	/	+	—	/	+		+	+	+	+	+	—
/eː/	/	—	+	+		—		—	+	/	+	—	/	+		+	+	+	+	+	—
/aː/	/	—	+	—	/	—	—	—	+	/	+	—	/		/	+	+	+	+	+	—
/ɔː/	/	+	+	+	/	—		+	—	/	+	—	/		/	+	+	+	+	+	—
/oː/	/	—	+	+	/	—		—	+	/	+	—	/	+		+	+	+	+	+	—
/uː/	/	—	+	/	/	—		—	+	/	+	—	/			+	+	+	+	—	—
/eɪ/											—	/				+			—		
/oːʊ/		—	/					—								/			—		
/aɪ/	/	+	+	/		—		+	/	/	+	+	/	/		+	+	+	—	+	—
/ao/	/	+	—	—		—		/		—		/			/	/		—	—	/	—

(6.4) Phonemverbindungen

(s. S. 61)

erstes Glied

zweites Glied →

↓

	b	d	g	f̂	ŝ	f	s	ʃ	x	m	n	ŋ	l	r	v
b							—	—		—			+	/	
d							—	—			—		—	/	
g		—						—	—			+	+	/	/
f̂													/	/	
ŝ		—						—	—					/	
f		—						—	—				+	/	
s		—						—	—				—		
ʃ		/	+					/	+			/	/	/	/
x		—											—		
m		—	—				—	—					—	—	
n		—					—	—					—		
ŋ		—	—				—						—		
l		—	—				—	—	—				—	—	
r		—	—	—			—	—	—	—			—	—	
v													—		
j													—	—	

3.523 Tettenborn

(1.) Phonemsysteme

(1.1) /i/   /u/
       /e/   /o/
       /ɛ/
       /a/   /ɑ/

(1.2) /iː/   /uː/
       /eː/   /oː/
       /aː/   /ɔː/

(1.3) /eːɪ/   /oːʊ/
       /aɪ/   /ao/

(1.4) /b/   /d/   /g/
             /t/   /k/
             /ŝ/
       /f/   /s/   /ʃ/   /x/
       /v/   /z/   /j/
       /m/   /n/   /ŋ/
             /l/   /r/   /h/

(2.) Oppositionen

(2.1) /i/ ≠ /e/ ≠ /ɛ/: /ʃdile/ 'still' ≠ /ʃdele/ 'Stelle' ≠ /ʃdɛle/ 'Ställe'.
/a/ ≠ /ɑ/: /fal/ 'Fell' ≠ /fɑl/ 'Fall'.

(2.2) /aː/ ≠ /ɔː/: /braːd/ 'Brett' ≠ /brɔːd/ 'Brot'
/ɔː/ ≠ /oː/: /rɔːve/ 'Rabe' ≠ /roːve/ 'Robe'

(2.3) /eːɪ/ ≠ /eː/: /zeːɪn/ '(wir) seien' ≠ /zeːn/ '(wir) säen'
/oːʊ/ ≠ /oː/: /roːʊe/ 'Ruhe' ≠ /roːe/ 'rohe'

(2.4.1) /b/ ≠ /f/ ≠ /v/: /bɑnd/ 'Band' ≠ /fɑnd/ 'Pfand' ≠ /vɑnd/ 'Wand'.
/d/ ≠ /t/ ≠ /ŝ/ ≠ /s/ ≠ /z/: /oder/ 'Ader' ≠ /oter/ 'Otter'; /dɔːl/ 'Tal' ≠ /ŝɔːl/ 'Zahl' ≠ /zɔːl/ 'Saal'; /fiːse/ 'Füße' ≠ /viːze/ 'Weise'.

/g/ ≠ /k/ ≠ /x/ ≠ /j/ ≠ /r/: /gɑse/ 'Gasse' ≠ /kɑse/ 'Kasse'; /dɑg/ 'Tag' ≠ /dɑx/ 'Dach'; /hɔːgen/ 'Haken' ≠ /mɔːjen/ 'Magen'; /kiŋer/ 'Kinder' ≠ /jiŋer/ 'jünger'; /fliːje/ 'fliegen' ≠ /riːxe/ 'reich'; /zuːxe/ 'suchen ≠ /zuːre/ 'saure'; /fɑːje/ 'fegen' ≠ /vɑːre/ 'werden'.

/s/ ≠ /ʃ/ ≠ /x/: /fasn/ '(sie) fassen' ≠ /flaʃn/ 'Flasche'; /duːʃe/ 'tauschen' ≠ /duːxe/ 'tauchen'; /fas/ 'Faß' ≠ /fax/ 'Fach''.

/n/ ≠ /ŋ/: /fane/ 'Pfanne' ≠ /faŋe/ 'fangen'.

(2.4.2) Die Opposition /k/ ≠ /x/ kann nicht belegt werden, weil /k/ und /x/ in indirekt-distinktivem Gegensatz zueinander stehen (vgl. 3.521 Hohegeiß 2.4.2).

(3.) Realisationen und Varianten

(3.1.1) Tendenz zur Rundung besteht bei /i/ vor /l/: [viˑln̩] 'Wille'.

(3.1.2) /i/ wird als gespreizter sehr hoher bis hoher Vorderzungenvokal realisiert [i] [i̞] [ɪ].

(3.1.3) /e/ ist als gespreizter halbhoher Vorderzungenvokal definiert [e] und wird entphonologisiert. Der Prozeß ist noch nicht völlig abgeschlossen. Dabei fällt das Phonem /e/ teilweise mit /i/ [ʁetn̩ → ʁitn̩] '(sie) ritten' und teilweise mit /ɛ/ [ʃdelə → ʃdɛlə] 'Stelle' zusammen. Dadurch werden die Oppositionen /e/ ≠ /i/ und /e/ ≠ /ɛ/ aufgehoben. Die Gegensätze /e/ ≠ /i/ und /e/ ≠ /ɛ/ sind nur noch schwach besetzt.

(3.1.4) /ɛ/ wird als gespreizter Vorderzungenvokal mittlerer Höhe gebildet [ɛ].

(3.1.5) /a/ wird ziemlich weit vorn und sehr offen gebildet [a̰₊]. Das zeigen besonders die Realisationen von /x/ nach /a/. Nach /a/ wird /x/ nämlich nicht wie nach velaren Kernphonemen durch [x] gebildet, sondern durch [ç] realisiert: [ba̰₊ç] 'Pech', dagegen [bɑx] 'Bach'. Danach ist /a/ als gespreizter maximal offener tiefer Vorderzungenvokal zu definieren. Möglicherweise besteht hier ein struktureller Sog zur palatalen Reihe, der durch die Entphonologisierung von /e/ ausgelöst wird (vgl. oben 3.1.3).

(3.1.6) /ɑ/ wird als gespreizter tiefer Hinterzungenvokal realisiert [ɑ], oftmals auch leicht geschlossen [ɑ̝].

(3.1.7) /o/ wird meist als offener runder Hinterzungenvokal mittlerer Höhe realisiert [ǫ], selten sind freie Varianten mit geschlossener Qualität [o].

(3.1.8) /u/ kann als hoher bis halbhoher runder Hinterzungenvokal in freier Variation gebildet werden [u] [ɥ] [ʊ].

(3.2.1) /iː/ wird meist als gespreizter sehr hoher Vorderzungenvokal gebildet [i]. Es gibt jedoch sehr offene freie Varianten, die [ɪː] gleichzusetzen sind, sich aber mit den Varianten von /eː/ nicht überschneiden: [zɪːn] '(wir) sehen', [ʁɪːbm̩] 'Rübe', [bʁɪː] 'Brühe'.

(3.2.2) /eː/ als gespreizter halbhoher Vorderzungenvokal ist ein ziemlich geschlossener Laut, der meist als [ẹː] gebildet wird. — Als freie Variante kommt auch ein gespreizter Vorderzungenvokal mittlerer Höhe vor [ɛː], der besonders vor vokalisiertem /r/ steht: [bɛːˈjə] 'Berge', aber auch in allen anderen Fällen auftreten kann: [geː] [gɛː] 'geh!'.

(3.2.3) /aː/ kann als gespreizter maximal offener tiefer Mittelzungenvokal definiert werden, der wie /a/ (vgl. oben 3.1.5) jedoch ziemlich weit vorn und offen gebildet wird [a̝ː⁺]. Auch nach /aː/ wird das Phonem /x/ nicht durch [x], sondern durch [ç] realisiert. Dabei bewirkt [ç], daß /aː/ in dieser Position eine diphthongische Variante hat [aːɪ]: [ʃlaːɪçtˀ] 'schlecht'.

(3.2.4) /ɔː/ ist ein leicht entrundeter halbtiefer Hinterzungenvokal, der weiter geöffnete Varianten haben kann [ɔːᶜ] [ɒ̝ːᶜ].

(3.2.5) /oː/ ist ein runder Hinterzungenvokal mittlerer Höhe [oː].

(3.2.6) /uː/ wird als runder hoher Hinterzungenvokal gebildet [uː].

(3.3.1) /eːɪ/ ist ein vorderer schließender mittelhoher Diphthong mit deutlich längerem ersten Bestandteil, der als gespreizter halbhoher Vorderzungenvokal realisiert wird [eˑ]. Das zweite Glied wird durch einen hohen bis sehr hohen gespreizten Vorderzungenvokal gebildet [eˑɪ] [eˑi̯].

(3.3.2) /oːʊ/ ist ein hinterer schließender mittelhoher Diphthong. Das erste Glied ist wahrnehmbar länger als das zweite und wird von einem entrundeten Hinterzungenvokal mittlerer Höhe gebildet [oˑᶜ]. Das zweite Glied ist ein runder halbhoher Hinterzungenvokal [oˑᶜʊ].

(3.3.3) /aɪ/ ist ein vorderer schließender tiefer Diphthong. Das erste Glied wird durch einen gespreizten maximal offenen tiefen Mittelzungenvokal realisiert, der deutlich zur Vorderzunge neigt [a⁺]. Das zweite ist ein hoher gespreizter Vorderzungenvokal [a⁺ɪ].

(3.3.4) /ao/ ist ein hinterer schließender tiefer Diphthong, dessen erstes Glied von einem gespreizten maximal offenen tiefen Mittelzungenvokal gebildet wird [a]. Das zweite Glied ist ein runder Hinterzungenvokal mittlerer Höhe [ao].

(3.4.1) Final werden /b/ /d/ /g/ durch die entsprechenden stimmlosen behauchten Fortes gebildet [pʻ] [tʻ] [kʻ].

(3.4.2) /b/ ist initial stimmlose Lenis [b̥]; medial kann /b/ neben stimmloser Lenis auch als stimmlose Fortis realisiert werden [b̥] [p]: [dopə] '(im) Topfe'.

(3.4.3) /d/ ist initial eine stimmlose Lenis [d̥], intervokalisch-medial ist /d/ stimmhaft [d] und geht über in einen stimmhaften stark zurückgezogenen palato-alveolaren Verschlußlöselaut mit lateraler Explosion [d.⁻]. /d/ kann medial bis zum bloßen Kontinuanten reduziert werden.

(3.4.4) /g/ als velarer Verschlußlöselaut hat drei stellungsbedingte Varianten: 1. [g̊] velare stimmlose Lenis steht initial und häufig medial nach kurzen Kernphonemen: [gu:tʻ] 'gut', [hagə] 'hacken'; 2. [g] velare stimmhafte Lenis steht medial nach langen Kernphonemen: [gɑ:gə] 'schreien', [lo:gɪn] '(sie) lagen'; 3. [kʻ] velare behauchte stimmlose Fortis steht final und kann auch neben [g] medial nach kurzen Kernphonemen auftreten: [flo:kʰ] '(es) flog', [zɑkʻ] 'Sack', [zekʻə] 'Säcke'.

(3.4.5) /t/ ist als stimmlose teilweise behauchte Fortis oder Halbfortis definiert [t] [tʻ] [t̂] [t̂ʻ]. Sie tritt nur medial zu /d/ in Opposition.

(3.4.6) /k/ ist eine stimmlose stark behauchte Fortis [kʰ], die nur initial vor Kernphonemen auftritt. Als freie Variante kann in einigen Fällen auch [g̊] als stimmlose Lenis vorkommen.

(3.4.7) /ŝ/ als dentale Affrikate wird meist als Halbfortis, seltener als Fortis realisiert [t̂s] [ts].

(3.4.8) /f/ ist als labiodentale Fortis oder Halbfortis definiert [f] [f̬].

(3.4.9) /v/ wird meist als friktionsloser labiodentaler Kontinuant gebildet [ʋ], selten als stimmhafte labiodentale Lenis.

(3.4.10) /z/ ist eine stimmhafte Lenis [z] und /s/ eine stimmlose Fortis oder Halbfortis [s] [s̬]. Sie stehen in teilkomplementärer Verteilung: /z/ initial, /s/ final. Nur medial treten sie in Opposition.

(3.4.11) /ʃ/ ist als palato-alveolare stimmlose Fortis definiert [ʃ], die medial freie Varianten in der stimmhaften Lenis haben kann [ʒ].

(3.4.12) /j/ ist ein stimmhafter Frikativlaut. Es hat zwei stellungsbedingte Varianten, die in teilkomplementärer Distribution stehen: 1. [j] palatale stimmhafte Lenis steht initial und medial nach den Kernphonemen der palatalen Reihe: [juŋə] 'Junge', [fliːjɪn] '(sie) fliegen', [faːjɪn] '(sie) fegen'; 2. [ɣ] velare stimmhafte Lenis steht medial nach den Kernphonemen der velaren Reihe: [mɑːɣɪn] 'Magen'. — Da /j/ unmittelbar neben /i/ stehen kann, ist eine Variante von /i/ auszuschließen: [jiŋɑ] 'jünger'.

(3.4.13) /x/ ist ein stimmloser Frikativlaut, der auf zweifache Weise realisiert wird, wobei die stellungsbedingten Varianten in komplementärer Verteilung stehen: 1. [x] velare stimmlose Fortis steht nach velaren Kernphonemen; 2. [ç] palatale stimmlose Fortis steht nach palatalen Kernphonemen und nach Satellitenphonemen. Beide Varianten können nicht initial auftreten.

(3.4.14) /l/ als dentaler Lateral zeigt final nach langen Kernphonemen Ansätze zur Vokalisierung: [ʃdeːᵉl] 'Stiel'.

(3.4.15) /r/ steht immer vor oder nach Kernphonemen. Es hat mehrere Varianten, die nur teilweise positionsbedingt sind: 1. [ʀ] als uvularer meist einschlägiger, selten mehrschlägiger Vibrant steht initial, initial nach Satellitenphonemen und selten medial; 2. [ʁ] als stimmhafter uvularer oder velarer Reibelaut oder Kontinuant steht meist medial, aber auch initial und initial nach Satellitenphonemen; 3. [ɑ] [ɒ] [ɐ] [ɔ] als vokalisierte Varianten stehen immer nach Kernphonemen; 4. [ɪ] als weitere vokalische Variante steht stets zwischen langen Kernphonemen und /g/ /x/: [ʃdɔːɪç] 'Storch', [bæːɪkʼ] 'Berg'.

(3.4.16) /m/ /n/ /ŋ/ sind als bilabialer, dentaler und velarer Nasal definiert.

(3.4.17) /h/ ist glottale stimmlose Fortis.

(3.4.18) Die Intensität besitzt phonologische Relevanz in den folgenden Oppositionen, bei denen das intensive Phonem an erster Stelle genannt wird: /t/ ≠ /d/, /k/ ≠ /g/, /š/ ≠ /d/, /š/ ≠ /t/, /f/ ≠ /v/, /s/ ≠ /z/, /ʃ/ ≠ /j/, /x/ ≠ /j/.

(3.4.19) Die Stimmbeteiligung ist ohne phonologische Relevanz. Sie tritt auf obligatorisch bei /v/ /z/ /j/, ferner bei /d/ medial nach langen Kernphonemen. Sie ist fakultativ bei /ʃ/ in medialer Stellung.

(3.4.20) Die Behauchung ist phonologisch irrelevant. Behauchung zeigen aber in finaler Stellung /b/ /d/ /g/. Stark behaucht ist /k/, das nur initial vor Kernphonemen auftritt [kh].

(4.) Distinktive Phonemmerkmale

(4.1)

	u	o	ɑ	a	i	e	ɛ
diffus	+	—	—	—	+	—	—
dunkel	+	+	+	—	—	—	—
kompakt	—	—	+	+	—	—	+
hell	—	—	—	—	+	+	+

(4.2)

	u	o	ɔ	a	i	e
diffus	+	—	—	—	+	—
dunkel	+	+	+	—	—	—
kompakt	—	—	+	+	—	—

(4.3) —

(4.4.1)

	m	n	l	r	b	d	g	k	š	f	v	z	ʃ	j	h
vokalisch	+	+	+	+	—	—	—	—	—	—	—	—	—	—	—
nasal	+	+	—	—	o	o	o	o	o	o	o	o	o	o	o
abrupt	o	o	—	—	+	+	+	+	+	—	—	—	—	—	—
gespannt	o	o	o	o	—	—	—	+	o	+	—	—	o	o	+
kompakt	o	o	o	o	—	—	+	+	—	—	—	—	+	+	—
dunkel	+	—	—	+	+	—	o	o	—	+	+	—	o	o	o
scharf	o	o	o	o	o	—	o	o	+	+	—	o	+	—	—

(4.4.2)

	m	n	ŋ	l	r	b	d	g	t	ŝ	f	v	s	z	ʃ	x	j
vokalisch	+	+	+	+	+	—	—	—	—	—	—	—	—	—	—	—	—
nasal	+	+	+	—	—	O	O	O	O	O	O	O	O	O	O	O	O
abrupt	O	O	O	—	+	+	+	+	+	+	—	—	—	—	—	—	—
gespannt	O	O	O	O	O	—	—	—	+	O	+	—	+	—	+	+	—
kompakt	—	—	+	O	O	—	—	+	—	—	—	—	—	—	+	+	+
dunkel	+	—	O	—	+	+	—	O	—	—	+	+	—	—	O	O	O
scharf	O	O	O	O	O	O	—	O	—	+	O	O	O	O	+	—	—

(4.4.3)

	m	n	ŋ	l	r	b	d	g	ŝ	f	s	ʃ	x
vokalisch	+	+	+	+	+	—	—	—	—	—	—	—	—
konsonantisch	+	+	+	+	—	+	+	+	+	+	+	+	+
nasal	+	+	+	—	O	O	O	O	O	O	O	O	O
abrupt	O	O	O	O	O	+	+	+	+	—	—	—	—
kompakt	—	—	+	O	O	—	—	+	—	—	—	+	+
dunkel	+	—	O	O	O	+	—	O	—	+	—	O	O
scharf	O	O	O	O	O	O	—	O	+	O	O	+	—

(5.) Neutralisationen

(5.1) Die Oppositionen /i/ ≠ /e/, /e/ ≠ /ɛ/, /o/ ≠ /u/ werden vor /r/ aufgehoben. In dieser Position stehen die Kernphoneme /ɛ/ /a/ /ɑ/ /o/.

(5.2) Offenbar distributionell geregelt ist die Stellung der betonten Kernphoneme in finaler Position. Es können hier nur die Kernphoneme 'relativ lang' stehen. Damit ist der Quantitätsgegensatz in dieser Stellung aufgehoben.

(5.3) —

(5.4.1) Die Oppositionen /d/ ≠ /t/, /ŝ/ ≠ /t/, /s/ ≠ /t/ sind initial und final aufgehoben. In diesen Positionen tritt /t/ nicht auf. Die Oppositionen sind nur medial phonologisch relevant.

3.5 Phonologische Analyse — Ortsdialekt Tettenborn

(5.4.2) Aufgehoben werden die Oppositionen /g/ ≠ /k/, /j/ ≠ /k/ initial vor Satellitenphonemen, medial und final. Die Relevanzstellung gilt initial vor Kernphonemen.

(5.4.3) Aufgehoben werden die Oppositionen /b/ ≠ /v/, /f/ ≠ /v/, /g/ ≠ /j/ initial vor Satellitenphonemen und final. In diesen Positionen stehen /b/ /f/ /g/. Phonologische Relevanz haben diese Oppositionen initial vor Kernphonemen und medial.

(5.4.4) Die Oppositionen /z/ ≠ /s/, /j/ ≠ /x/ werden in initialer und finaler Position aufgehoben. Initial erscheinen stets /z/ /j/, final stehen /s/ /x/. Die Relevanzstellung gilt medial.

(5.4.5) Aufgehoben wird die Opposition /ŝ/ ≠ /s/ nach /l/ und /n/, da die in dieser Stellung vorkommenden Varianten [s] [t͡s] [d͡s] frei wechseln können: [halt͡s] [hals] 'Hals'.

(5.4.6) Aufgehoben wird die Opposition /m/ ≠ /n/ final nach /b/, da hier fast immer [m] steht und [n] nur als seltene freie Variante auftreten kann: [ʁɪbm̩] 'Rippe', [labm̩] 'Lappen'.

(5.4.7) Aufgehoben wird die Opposition /n/ ≠ /ŋ/ vor /g/. In dieser Stellung steht /ŋ/: [baŋkʼ] 'Bank'. Phonologisch relevant ist der Gegensatz /n/ ≠ /ŋ/ medial, final und vor /d/ und /s/.

(6.) Phonemdistribution

(6.1)

(s. S. 60)

	#	b	d	g	t	k	ŝ	f	s	z	ʃ	x	j	m	n	ŋ	l	r	v	h
/i/	/	+	−	+	/	−	+	+	/	+	+	/	+	+	+	/	+	−	−	−
/e/	/	−	−		/		−		−	/	−	+		−	−	+	/	+	−	+	−
/ɛ/	/	+	+	+	/	−	/	+	/	−	−	/		+	+	/	+	+	+	−
/a/	/	−	+	/	/	−	/	+	/	−	/	/		+	+		+	+	+	−
/ɑ/	/	+	−	+	/	−	/	+	/	−	+	+		+	+	/	+	−	+	−
/o/	/	+	+	/	/	−	+	/	/	−	/	/		−	−		+	+	−	−
/u/	/	+	−	+	/	−	+	+	/	−	+	/	−	+	+	/	+	−	−	−

(6.2/6.3)

	#	b	d	g	t	k	ŝ	f	s	z	ʃ	x	j	m	n	ŋ	l	r	v	h
/iː/	/	+	+	/	+	—	—	+	/	+	—	+	/	+	+		+	+	+	—
/eː/	/	+	—		/	—	—	—	/	+	—	/	+	+	+		+	+	—	—
/aː/	/	—	—	—	/	—	+	+	/	+		/	/	+	+		+	+	—	—
/ɔː/	/	+	—	+	/	—	—	+	/	+	—	/		+	+		+	+	+	—
/oː/	/	+	+	+	/	—		+	/	+	—	/	+	—	+		+	+	+	—
/uː/	/	—	+	/	/	—	—	+	/	+	+	/	—	+	+		+	+	—	—

	#	b	d	g	t	k	ŝ	f	s	z	ʃ	x	j	m	n	ŋ	l	r	v	h
/eːɪ/							—					—						/		
/oːʊ/	—	/					/				/							/	—	
/aɪ/	/	—	/	+	/	—		/	/	+	/	/		+	+		+	—	—	—
/ao/	/	+		/		—	/		—	/	/			/	/		—	—	—	—

(6.4) Phonemverbindungen

(s. S. 61)

erstes Glied   zweites Glied →

↓

	b	d	g	ŝ	f	s	ʃ	x	m	n	ŋ	l	r	v	j
b				—		—	—		—			+	/		
d				—		—	+		—			—	/		
g				—			—		+			+	/	/	
ŝ				—					—			—		/	
f				—			—		—			+	/		
s				—					—			—			
ʃ	—	+							/	+		+	/	/	
x				—					—						
m				—								—	—		
n				—		—	—	—					—		
ŋ		—	—			—							—		
ŋ		—	—			—							—		
l		—	—	—		—	—	—	—						
r		—	—	—	—	—		—	—	—		—		—	
v													—		
j													—		

3.524 Walkenried

(1.) Phonemsysteme

(1.1) /i/   /u/
       /e/
       /ɛ/   /ɔ/
       /a/   /ɑ/

(1.2) /iː/   /uː/
       /eː/   /oː/
       /aː/   /ɔː/

(1.3) /eːɪ/   /oːʊ/
       /aɪ/   /ao/

(1.4) /b/   /d/   /g/
              /t/   /k/
              /ŝ/
       /f/   /s/   /ʃ/   /x/
       /v/   /z/   /j/
       /m/   /n/   /ŋ/
              /l/   /r/   /h/

(2.) Oppositionen

(2.1) /e/ ≠ /ɛ/:   /fele/ 'Felle'   ≠ /fɛle/ 'Fälle'
       /a/ ≠ /ɑ/:   /bax/ 'Pech'   ≠ /bɑx/ 'Bach'
       /ɑ/ ≠ /ɔ/:   /ɑgse/ 'Achse'   ≠ /ɔgse/ 'Ochse'

(2.2) /aː/ ≠ /ɔː/: /maːl/ 'Mehl'   ≠ /mɔːl/ 'Mal'
       /oː/ ≠ /ɔː/: /oːle/ 'alte'   ≠ /ɔːle/ 'Ahle'

(2.3) /eːɪ/ ≠ /eː/: /zeːɪn/ 'Sehnen' ≠ /zeːn/ '(wir) sehen'
       /oːʊ/ ≠ /oː/: /roːʊe/ 'Ruhe'   ≠ /roːe/ 'rohe'

(2.4.1) /b/ ≠ /f/ ≠ /v/: /bund/ 'bunt' ≠ /fund/ 'Pfund' ≠ /vund/ 'wund'.
/d/ ≠ /t/ ≠ /ŝ/ ≠ /s/ ≠ /z/: /vɛder/ 'wieder' ≠ /vɛter/ 'Wetter'; /dob/ 'Topf' ≠ /ŝob/ 'Zopf'; /miten/ 'Mitte' ≠ /miŝen/ 'Mütze' ≠ /misen/ '(wir) müssen'; /loːse/ 'lassen' ≠ /loːze/ 'lose (locker)'.

/g/ ≠ /k/ ≠ /x/ ≠ /j/ ≠ /r/: /gɑse/ 'Gasse' ≠ /kɑse/ 'Kasse'; /ʃdig/ 'Stück' ≠ /ʃdix/ 'Stich'; /ɛgen/ 'Ecke' ≠ /ɛjen/ 'Egge'; /kiŋer/ 'Kinder' ≠ /jiŋer/ 'jünger'; /maːxen/ 'Mädchen' ≠ /zaːjen/ 'Segen'; /zuːxe/ 'suchen' ≠ /zuːre/ 'sauere'; /faːje/ 'fegen' ≠ /faːre/ 'Pferde'.

/s/ ≠ /ʃ/ ≠ /x/: /fris/ 'friß!' ≠ /friʃ/ 'frisch'; /fas/ 'Faß' ≠ /fax/ 'Fach'; /duːʃe/ 'tauschen' ≠ /duːxe/ 'tauchen'.

/n/ ≠ /ŋ/: /zine 'Sinne'/ ≠ /ziŋe/ 'singen'.

(2.4.2) Die Opposition /k/ ≠ /x/ kann nicht belegt werden, weil /k/ und /x/ in indirekt-distinktivem Gegensatz zueinander stehen (vgl. 3.521 Hohegeiß 2.4.2).

(3.) Realisationen und Varianten

(3.1.1) Tendenz zur Rundung besteht bei den gespreizten hohen Vorderzungenvokalen vor /l/ /ʃ/ /x/ [vɪᵊln̩] 'Wille', [kɛᵊln̩] 'Kelle', [veᵊʃə] 'Wäsche', [vœˑlçə] 'welche'.

(3.1.2) /i/ wird als gespreizter leicht zentralisierter sehr hoher bis hoher Vorderzungenvokal gebildet [i] [i⁻] [ï⁻] [ɪ] [ɪ⁻].

(3.1.3) /e/ ist als gespreizter offener stark zentralisierter halbhoher Vorderzungenvokal definiert [ɇ⁻] [ɇ⁻⁻]. Die Entphonologisierung von /e/ steht bevor. Die Opposition /e/ ≠ /ɛ/ ist nur noch sehr schwach besetzt, während die Opposition /e/ ≠ /i/ normal funktioniert, obwohl /e/ sowohl mit /ɛ/ als auch mit /i/ zusammenfällt: [ʁets → ʁi̯ts] 'Ritz', [degə → dɛgə] 'Decke'.

(3.1.4) /ɛ/ wird als gespreizter häufig offener Vorderzungenvokal mittlerer Höhe realisiert [ɛ] [ɛ̞].

(3.1.5) /a/ wird als maximal offener tiefer Mittelzungenvokal mit deutlicher Tendenz zur Vorderzunge gebildet [a₊₊]. Kriterium dafür ist auch die Realisation des Phonems /x/ nach /a/ durch die Variante [ç], die nur nach Kernphonemen der palatalen Reihe stehen kann: [ʃlaçtʰ] 'schlecht'.

(3.1.6) /ɑ/ wird als gespreizter geschlossener stark zentralisierter tiefer bis halbtiefer Hinterzungenvokal gebildet [ɑ] [ɑ⁺] [ɑ̝⁺] [ɑ⁺⁺] [ɒ⁺].

(3.1.7) /ɔ/ wird als leicht geschlossener runder halbtiefer Hinterzungenvokal realisiert [ɔ] [ɔ̣].

(3.1.8) /u/ ist als runder hoher Hinterzungenvokal definiert [u].

(3.2.1) /iː/ wird als gespreizter sehr hoher bis hoher Vorderzungenvokal gebildet [iː] [i̞ː] [ɪː].

(3.2.2) /eː/ wird als gespreizter halbhoher Vorderzungenvokal realisiert [eː]. Hinzu kommt eine freie Variante, die als gespreizter Vorderzungenvokal mittlerer Höhe definiert ist [ɛː] und häufig vor vokalisiertem /r/ vorkommt: [bɛːɑkˤ] 'Berg', aber in dieser Stellung nicht obligatorisch ist: [feːɑt] '(er) fährt'. — Eine weitere Variante von /eː/ ist [øːˤ], ein leicht entrundeter halbhoher Vorderzungenvokal, der bezeichnenderweise fast ausschließlich in dem Wort [ʃøːˤn] 'schön' vorkommt.

(3.2.3) /aː/ wird als maximal offener tiefer Mittelzungenvokal gebildet [aː]. Es können freie Varianten auftreten, die zur Vorderzunge neigen, so daß das Phonem /x/ nach /aː/ durch die Variante [ç] wiedergegeben wird: [maːɪçɪn] 'Mädchen'. Durch [ç] entsteht als Variante von /aː/ ein schwacher Diphthong [aːɪ].

(3.2.4) /ɔː/ wird als entrundeter halbtiefer Hinterzungenvokal gebildet [ɔːˤ]. Freie Varianten können nahe bei einem gespreizten tiefen Hinterzungenvokal liegen [ɔ̣ːˤ] [ɑː] [ɑːᐩ].

(3.2.5) /oː/ ist als runder Hinterzungenvokal mittlerer Höhe definiert [oː].

(3.2.6) /uː/ wird als runder hoher Hinterzungenvokal realisiert [uː].

(3.3.1) /eːɪ/ ist ein vorderer schließender mittelhoher Diphthong, dessen erster Bestandteil deutlich länger ist als der zweite. Das erste Glied ist ein gespreizter halbhoher Vorderzungenvokal [eˑ], das zweite Glied ist ein hoher bis sehr hoher gespreizter Vorderzungenvokal [eˑɪ] [eˑi].

(3.3.2) /oːʊ/ ist ein hinterer schließender mittelhoher Diphthong, dessen erste Komponente länger ist als die zweite und die von einem leicht entrundeten Hinterzungenvokal mittlerer Höhe gebildet wird [oᵛᵋ]. Das zweite Glied bewegt sich auf einen hohen runden Hinterzungenvokal zu [oᵛᶜu].

(3.3.3) /aɪ/ ist ein vorderer schließender tiefer Diphthong. Den ersten Bestandteil bildet ein gespreizter maximal offener tiefer Mittelzungenvokal, der zur Vorderzunge neigt [a⁺]. Das zweite Glied ist ein hoher gespreizter Vorderzungenvokal [a⁺ɪ].

(3.3.4) /ao/ ist ein hinterer schließender tiefer Diphthong. Das erste Glied ist ein gespreizter maximal offener tiefer Mittelzungenvokal [a]. Das zweite Glied schwankt zwischen rundem mittelhohem bis halbtiefem Hinterzungenvokal [ao] [aɔ].

(3.4.1) Final werden /b/ /d/ /g/ als stimmlose behauchte Fortes realisiert [pʻ] [tʻ] [kʻ].

(3.4.2) /b/ wird initial als stimmlose Lenis gebildet [b̥]. Medial hat /b/ freie Varianten, die von stimmloser Lenis über Halbfortis bis zur Fortis reichen können [b̥] [b̥] [p̥] [p]: [kʻop̥ə] '(im) Kopfe'.

(3.4.3) /d/ kann initial dentale stimmlose Lenis bis Halbfortis sein [d̥] [d̥] [t̥]. Medial ist /d/ stimmhafte Lenis, bei der die Artikulationsstelle etwas zurück verlegt werden kann [d] [d⁻].

(3.4.4) /g/ als velarer Verschlußlöselaut hat drei positionsbedingte Varianten: 1. [g] velare stimmlose Lenis steht initial vor Kernphonemen: [gaːn] '(wir) gehen'; 2. [g] velare stimmhafte Lenis steht medial nach langen Kernphonemen: [gɑːgə] 'schreien'; 3. [kʻ] velare stimmlose behauchte Fortis steht final: [dɑkʻ] 'Tag'. — Außerdem kommen freie Varianten vor: [g] [g̊] [k̊] [k] [kʻ] können wechseln: a) initial vor Satellitenphonemen, besonders vor /l/: [gliːç] [k̊liːç] 'gleich', [glogɪn] [klogɪn] 'Glocke'; b) medial nach kurzen Kernphonemen: [kvakɪn] 'Quecke', [tʀɛkɪn] 'trecken (ziehen)', [ɛgɪn] 'Ecke', [dig̊ə] 'dick'.

(3.4.5) /t/ wird als stimmlose Fortis realisiert, die nur medial vorkommt [t].

(3.4.6) /k/ als velarer Verschlußlöselaut kommt nur initial vor Kernphonemen vor. Die Realisationen schwanken frei zwischen stimmloser Lenis und stimmloser selten behauchter Fortis [g] [k] [kʻ], was auf eine erst jüngst vollzogene Phonologisierung von /k/ hinweisen dürfte: [gɑmɑ] [kɑmɑ] 'Kammer', [g̊aɪnə] [kaɪnə] 'keine'.

(3.4.7) /s̑/ als dentale Affrikate wird fast immer als stimmlose Fortis oder Halbfortis gebildet [ts] [t̊s]. Realisationen als stimmlose Lenis kommen äußerst selten vor [d̥s].

(3.4.8) /f/ wird als labiodentale stimmlose Fortis oder Halbfortis gebildet [f] [f̊].

(3.4.9) /v/ wird fast immer als friktionsloser labiodentaler Kontinuant realisiert [ʋ].

(3.4.10) /z/ ist eine stimmhafte Lenis [z] und /s/ eine stimmlose Fortis oder Halbfortis [s] [s̊]. Beide Phoneme stehen in teilkomplementärer Distribution: /z/ initial, /s/ final, die Relevanzstellung gilt medial.

(3.4.11) /ʃ/ ist als palato-alveolare stimmlose Fortis definiert, die medial freie Varianten in einer stimmhaften Lenis haben kann [ʃ] [ʒ].

(3.4.12) /j/ ist ein stimmhafter Frikativlaut, der zwei positionsbedingte Varianten hat, die in teilkomplementärer Verteilung stehen: 1. [j] palatale stimmhafte Lenis steht initial, medial nach palatalen Kernphonemen, sowie nach /n/ /l/ /r/: [jɑxt'] 'Jagd', [ziːjɪn] '(wir) siegen', [mɔːʁjɪn] 'morgen'; 2. [ɣ] velare stimmhafte Lenis steht medial nach den velaren Kernphonemen: [luːɣɪn] '(sie) lagen'. Da /j/ immer als Lenis auftritt und /x/ stets Fortis ist und /j/ andererseits auch direkt neben /i/ stehen kann: [ed̆lijɪn] 'etlichen', ist es als selbständiges Phonem ausgewiesen.

(3.4.13) /x/ ist ein stimmloser Frikativlaut, der zwei stellungsbedingte Varianten hat, die in komplementärer Verteilung stehen: 1. [x] velare stimmlose Fortis steht nach den Kernphonemen der velaren Reihe; 2. [ç] palatale stimmlose Fortis steht nach den Kernphonemen der palatalen Reihe und Satellitenphonemen. Beide Varianten können nur medial und final, jedoch niemals initial auftreten.

(3.4.14) /l/ wird als dentaler Lateral realisiert [l].

(3.4.15) /r/ steht immer vor oder nach Kernphonemen. Es hat zwei stellungsbedingte Varianten: 1. [ʁ] der stimmhafte uvulare oder velare Reibelaut oder

Kontinuant steht initial, initial nach Satellitenphonemen und medial; 2. [a] [ɑ] [ɒ] [ɔ] [ɪ] vokalisierte Varianten stehen final nach Kernphonemen, sowie zwischen Kernphonemen und Satellitenphonemen, wobei die Variante [ɪ] auf die Stellung vor /j/ /x/ beschränkt ist: [bɔ·ɪjɪn] 'borgen', [dæːɪç] 'durch'.

(3.4.16)   /m/ /n/ /ŋ/ sind als bilabialer, dentaler, velarer Nasal definiert.

(3.4.17)   /h/ ist glottale stimmlose Fortis.

(3.4.18)   Die Intensität ist phonologisch relevant in den folgenden Oppositionen, wobei das intensive Phonem zuerst genannt wird: /t/ ≠ /d/, /k/ ≠ /g/, /š/ ≠ /d/, /š/ ≠ /t/, /f/ ≠ /v/, /s/ ≠ /z/, /ʃ/ ≠ /j/, /x/ ≠ /j/.

(3.4.19)   Die Stimmbeteiligung ist phonologisch irrelevant. Sie ist obligatorisch bei /v/ /z/ /j/, bei /d/ in medialer Stellung, bei /g/ medial nach langen Kernphonemen. Sie ist fakultativ bei /ʃ/ in medialer Position.

(3.4.20)   Die Behauchung ist phonologisch irrelevant. Sie tritt auf final bei /b/ /d/ /g/ (vgl. oben 3.4.1) und selten bei /k/, dessen Stellung auf die initiale Position vor Kernphonemen beschränkt ist [k] [kʻ].

(4.)   Distinktive Phonemmerkmale

(4.1)

	u	ɔ	ɑ	a	i	e	ɛ
diffus	+	−	−	−	+	−	−
dunkel	+	+	+	−	−	−	−
kompakt	−	−	+	+	−	−	+
hell	−	−	−	−	+	+	+

(4.2)

	u	o	ɔ	a	i	e
diffus	+	−	−	−	+	−
dunkel	+	+	+	−	−	−
kompakt	−	−	+	+	−	−

(4.3)   —

(4.4.1)

	m	n	l	r	b	d	g	k	ŝ	f	v	z	ʃ	j	h
vokalisch	+	+	+	+	−	−	−	−	−	−	−	−	−	−	−
nasal	+	+	−	−	O	O	O	O	O	O	O	O	O	O	O
abrupt	O	O	O	O	+	+	+	+	+	−	−	−	−	−	−
gespannt	O	O	O	O	−	−	−	+	O	+	−	−	O	O	+
kompakt	O	O	O	O	−	−	+	+	−	−	−	−	+	+	−
dunkel	+	−	−	+	+	−	O	O	−	+	+	−	O	O	O
scharf	O	O	O	O	O	−	O	O	+	+	−	O	+	−	−

(4.4.2)

	m	n	ŋ	l	r	b	d	g	t	ŝ	f	v	s	z	ʃ	x	j
vokalisch	+	+	+	+	+	−	−	−	−	−	−	−	−	−	−	−	−
nasal	+	+	+	−	−	O	O	O	O	O	O	O	O	O	O	O	O
abrupt	O	O	O	O	O	+	+	+	+	+	−	−	−	−	−	−	−
gespannt	O	O	O	O	O	−	−	−	+	O	+	−	+	−	+	+	−
kompakt	−	−	+	O	O	−	−	+	−	−	−	−	−	−	+	+	+
dunkel	+	−	O	−	+	+	−	O	−	−	+	+	−	−	O	O	O
scharf	O	O	O	O	O	O	−	O	−	+	O	O	O	O	+	−	−

(4.4.3)

	m	n	ŋ	l	r	b	d	g	ŝ	f	s	ʃ	x
vokalisch	+	+	+	+	+	−	−	−	−	−	−	−	−
konsonantisch	+	+	+	+	−	+	+	+	+	+	+	+	+
nasal	+	+	+	−	O	O	O	O	O	O	O	O	O
abrupt	O	O	O	O	+	+	+	+	−	−	−	−	−
kompakt	−	−	+	O	O	−	−	+	−	−	−	+	+
dunkel	+	−	O	O	+	−	O	−	+	−	O	O	−
scharf	O	O	O	O	O	O	−	O	+	O	O	+	−

(5.) Neutralisationen

(5.1) Die Oppositionen /i/ ≠ /e/, /e/ ≠ /ɛ/ werden in der Stellung vor /r/ aufgehoben, da vor /r/ die Kernphoneme /ɛ/ /a/ /ɑ/ /ɔ/ /u/ erscheinen.

(5.2) Die Stellung der betonten Kernphoneme in finaler Position ist eingeschränkt. Final treten nur die betonten Kernphoneme 'relativ lang' auf. Die Quantitätsopposition ist final aufgehoben.

(5.3) —

(5.4.1) Die Oppositionen /d/ ≠ /t/, /ŝ/ ≠ /t/, /s/ ≠ /t/ sind initial und final aufgehoben, da in diesen Stellungen /t/ nicht erscheint. Die Oppositionen sind nur medial phonologisch relevant.

(5.4.2) Die Oppositionen /g/ ≠ /k/, /j/ ≠ /k/ sind nur initial vor Kernphonemen phonologisch relevant. Initial vor Satellitenphonemen, medial und final sind sie aufgehoben.

(5.4.3) Die Oppositonen /b/ ≠ /v/, /f/ ≠ /v/, /g/ ≠ /j/ werden aufgehoben initial vor Satellitenphonemen und final. In diesen Stellungen stehen /b/ /f/ /g/. Die Relevanzstellung ist auf initial vor Kernphonemen und medial beschränkt.

(5.4.4) Die Oppositionen /z/ ≠ /s/, /j/ ≠ /x/ werden in initialer und finaler Position aufgehoben. Initial stehen /z/ /j/, final stehen /s/ /x/. Phonologisch relevant sind beide Oppositionen medial.

(5.4.5) Aufgehoben wird die Opposition /ŝ/ ≠ /s/ nach /l/ und /n/. Die in dieser Stellung auftretenden Varianten [s] und [t͡s] [d̥s] können völlig frei wechseln: [halt͡s] 'Hals', [gans] [gan̥ᵈs] 'ganz', [ʃvant͡s] 'Schwanz'.

(5.4.6) Aufgehoben wird die Opposition /n/ ≠ /m/ final nach /b/. In dieser Stellung steht /m/: [ʁibm̩] 'Rippe'.

(5.4.7) Aufgehoben wird die Opposition /n/ ≠ /ŋ/ vor /g/. In dieser Position steht /ŋ/: [diŋkʻ] 'Ding', [gʁaŋkʻ] 'krank'. Die Opposition /n/ ≠ /ŋ/ ist nur medial, final und vor /d/ phonologisch relevant.

(6.) Phonemdistribution

(6.1)
    (s. S. 60)

	#	b	d	g	t	k	ŝ	f	s	z	ʃ	x	j	m	n	ŋ	l	r	v	h
/i/	/	+	+	+	/	−	+	−	/	+	+	/	+	+	+	/	+	−	−	−
/e/	/	+	+	+	/	−	/	−	/	−	/	/	+	−	+	/	+	−	+	−
/ɛ/	/	+	+	+	/	−	+	+	/	−	−			+	+	/	+	+	+	−
/a/	/	−	+	/	/	−	+	/	−	/	/		−	/			+	+	+	−
/ɑ/	/	+	+	+	/	−	/	+	/	−	+	/	−	+	+	/	+	−	+	−
/ɔ/	/	+	+	+	/	−	+	+	/	−	+	/		+	+	/	+	+	+	−
/u/	/	+	+	+	/	−	+	+	/	−	+	/	−	+	/	/	+	+	−	−

3.5 Phonologische Analyse — Ortsdialekt Walkenried

(6.2/6.3)

	#	b	d	g	t	k	ŝ	f	s	z	ʃ	x	j	m	n	ŋ	l	r	v	h
/iː/	/	+	+	/	/	—	—	+	/	+	—	+	/	+	+		+	+	+	—
/eː/	/	+	+	+		—	—	+	/	+	—	/	+	+	+		+	+	+	—
/aː/	/	—	+	—	/	—	—	+		—	—	/	+	+	+		+	+	—	—
/ɔː/	/	/	+	+	/	—	—	—		—	—	/	/	+	+		+	+	+	—
/oː/	/	—	+	/		—	—	+	/	+	—	/	+	+	/		+	+	+	—
/uː/	/	—	+	+		—	—	+	/	+	+	/	/	+	+		+	+	+	—
/eːɪ/								/	—			/		+			—			
/oːʊ/		—	+									—					—			
/aɪ/	/	+	+	/		—	+	/	/	—	+	/	/	+	+		+	+	+	—
/ao/	/	+	—		—	—	/		—		/	/	/	+			—	—	/	—

(6.4) Phonemverbindungen

(s. S. 61)

erstes Glied   zweites Glied →

↓

	b	d	g	ŝ	f	s	ʃ	x	m	n	ŋ	l	r	v	j
b						—	—		—			+	/		
d						—	—		—			—	—	/	
g					—							+	+	/	/
ŝ				—					—			—			/
f							—			—		—	+	/	
s							—			—		—	—		
ʃ		/	+							/	+		+	/	/
x						—				—		—			
m		—	—				—					—	—		
n		—				—	—					—			
ŋ		—	—			—						—			
l		—	—			—	—		—		—				
r		—	—	—	—	—		—	—	—	—			—	
v														—	
j														—	

3.525 Wieda

(1.) Phonemsysteme

(1.1) /i/   /u/
      /e/   /o/
      /ɛ/
      /a/   /ɑ/

(1.2) /iː/   /uː/
      /eː/   /oː/
      /aː/   /ɔː/

(1.3) /eːɪ/   /oːʊ/
      /aɪ/   /ao/

(1.4) /b/   /d/   /g/
            /t/
            /ŝ/
      /f/   /s/   /ʃ/   /x/
      /v/   /z/   /j/
      /m/   /n/   /ŋ/
            /l/   /r/   /h/

(2.) Oppositionen

(2.1) /i/ ≠ /e/:   /gibe/ 'Kippe'   ≠ /gebe/ 'Köpfe'
      /e/ ≠ /ɛ/:   /veŋe/ 'wenden'   ≠ /vɛŋe/ 'Wände'
      /a/ ≠ /ɑ/:   /fal/ 'Fell'   ≠ /fɑl/ 'Fall'

(2.2) /aː/ ≠ /ɔː/: /maːl/ 'Mehl'   ≠ /mɔːl/ 'Mal'

(2.3) /eːɪ/ ≠ /eː/: /neːɪe/ 'neue'   ≠ /neːe/ 'nähen'
      /oːʊ/ ≠ /oː/: /droːʊe/ 'trauen' ≠ /droːe/ 'drohen'

(2.4.1) /b/ ≠ /f/ ≠ /v/: /bɑnd/ 'Band' ≠ /fɑnd/ 'Pfand' ≠ /vɑnd/ 'Wand'. /d/ ≠ /t/ ≠ /ŝ/ ≠ /s/ ≠ /z/: /uder/ 'Ader' ≠ /uter/ 'Otter'; /mitin/ 'Mitte' ≠ /miŝin/ 'Mütze' ≠ /misin/ '(wir) müssen'; /dɔːl/ 'Tal' ≠ /ŝɔːl/ 'Zahl' ≠ /zɔːl/ 'Saal'; /fuːse/ '(mit dem) Fuße' ≠ /huːze/ '(zu) Hause'.

/g/ ≠ /x/ ≠ /j/ ≠ /r/: /egin/ 'Ecke' ≠ /ʃbrexin/ '(wir) sprechen' ≠ /ejin/ 'Egge'; /borgin/ 'Borke' ≠ /borjin/ '(wir) borgen'; /duːxe/ 'tauchen' ≠ /duːre/ 'dauern'; /faːje/ 'fegen' ≠ /vaːre/ 'werden'.
/s/ ≠ /ʃ/ ≠ /x/: /fasin/ '(wir) fassen' ≠ /flaʃin/ 'Flasche'; /masin/ '(in) Massen' ≠ /maxin/ '(wir) machen'; /diʃ/ 'Tisch' ≠ /dix/ 'dich'.
/n/ ≠ /ŋ/: /gan/ '(ich) kann' ≠ /gaŋ/ 'Gang'.

(2.4.2) —

(3.) Realisationen und Varianten

(3.1.1) Tendenz zur Rundung besteht bei /i/ /e/ /ɛ/ vor /l/ /r/ /ʃ/: [hiᵊln̩] 'Hülle', [heᵊln̩] 'Hölle'; [gœˤrviçın] 'Körbchen'; [bœˤʃuŋkˤ] 'Böschung'.

(3.1.2) /i/ wird als gespreizter sehr hoher bis hoher Vorderzungenvokal realisiert, wobei die Varianten frei stehen [i] [i̞] [ɪ].

(3.1.3) /e/ wird als gespreizter halbhoher Vorderzungenvokal mit teilweise starker Zentralisierung gebildet [e] [e⁻].

(3.1.4) /ɛ/ ist als gespreizter Vorderzungenvokal mittlerer Höhe definiert, der ebenfalls zentralisiert sein kann [ɛ] [ɛ⁻].

(3.1.5) /a/ wird als maximal offener tiefer Mittelzungenvokal gebildet, dessen Artikulationsstelle häufig weiter nach vorn verschoben wird [a] [a⁺], so daß /a/ in die Reihe der Vorderzungenvokale gestellt werden kann.

(3.1.6) /ɑ/ wird als gespreizter tiefer Hinterzungenvokal realisiert [ɑ], der auch geschlossen und meist zentralisiert sein kann [ɒ] [a⁺] [ɑ⁺].

(3.1.7) /o/ als runder Hinterzungenvokal mittlerer Höhe hat freie Varianten in [o̞] [o].

(3.1.8) /u/ wird als runder hoher Hinterzungenvokal gebildet, der leicht geöffnete freie Varianten haben kann [u] [u̞].

(3.2.1) /iː/ wird als gespreizter sehr hoher bis hoher Vorderzungenvokal gebildet [iː] [i̞ː] [ɪː]. Sehr offene freie Varianten treten in die Nähe von [ẹː]: [zɪ̣ːsə] 'süß'.

(3.2.2) /eː/ wird als gespreizter halbhoher Vorderzungenvokal realisiert [eː]. Es kommt eine Variante vor, die zwar positionsbedingt ist, aber trotzdem frei steht: [ɛ̝ː] offener gespreizter halbhoher Vorderzungenvokal kann nur vor /r/ auftreten: [rɛ̝ːrə] 'Röhre', [lɛ̝ːɑ] 'leer', jedoch sind auch Realisationen mit [eː] möglich: [feːɑtʰ] '(er) fährt'.

(3.2.3) /aː/ wird als maximal offener tiefer gespreizter Mittelzungenvokal mit deutlicher Neigung zur Vorderzunge gebildet [aː⁺]. Einen Hinweis auf die Vorverlegung der Artikulationsstelle darf man auch in der Realisation von /x/ nach /aː/ sehen, das hier durch [ç] und nicht durch [x] gebildet wird: [ʃlaːᶦçtʰ] 'schlecht'. Die diphthongische Variante wird durch [ç] bewirkt.

(3.2.4) /ɔː/ wird als gespreizter tiefer bis leicht entrundeter halbtiefer Hinterzungenvokal gebildet [ɑː] [ɑ̝ː] [ɔ̝ːᶜ].

(3.2.5) /oː/ ist als runder Hinterzungenvokal mittlerer Höhe definiert und hat eine positionsbedingte geöffnete Variante, die immer vor /r/ steht: [ǫː] in [dǫːɑ] 'Tor', sonst [oː].

(3.2.6) /uː/ wird als runder hoher Hinterzungenvokal gebildet, der freie offene und geschlossene Varianten haben kann [ʊ] [uː] [ʊː].

(3.3.1) /eːɪ/ ist ein vorderer schließender mittelhoher Diphthong mit deutlich längerem ersten Bestandteil. Das erste Glied ist ein gespreizter halbhoher Vorderzungenvokal [eˑ], das zweite ein hoher bis sehr hoher gespreizter Vorderzungenvokal [eˑɪ] [eˑi̯].

(3.3.2) /oːʊ/ ist ein hinterer schließender mittelhoher Diphthong mit wahrnehmbar längerem ersten Glied. Der erste Bestandteil wird von einem leicht entrundeten Hinterzungenvokal mittlerer Höhe gebildet [oˑᶜ]. Das zweite Glied ist ein hoher runder Hinterzungenvokal [oˑᶜu].

(3.3.3) /aɪ/ ist ein vorderer schließender tiefer Diphthong. Das erste Glied bildet ein gespreizter maximal offener tiefer Mittelzungenvokal. Das zweite Glied ist ein hoher gespreizter Vorderzungenvokal [aɪ].

(3.3.4) /ao/ ist ein hinterer schließender tiefer Diphthong. Der erste Bestandteil ist ein gespreizter maximal offener tiefer Mittelzungenvokal. Das zweite Glied ist ein runder Hinterzungenvokal mittlerer Höhe [ao].

(3.4.1) Final werden /b/ /d/ /g/ als stimmlose behauchte Fortes realisiert [pʻ] [tʻ] [kʻ].

(3.4.2) /b/ ist initial stimmlose Lenis [b̥], medial kann /b/ auch als stimmlose Fortis realisiert werden: [rupə] 'rupfen', bleibt aber sonst weitgehend auch hier stimmlose Lenis.

(3.4.3) /d/ ist initial stimmlose Lenis bis Halbfortis [d̥] [ă] [t̥]. Medial ist /d/ stimmhafte Lenis [d], die nach kurzen Kernphonemen stark reduziert werden kann, so daß ein stimmhafter präpalataler Verschlußlöselaut entsteht [d⁻].

(3.4.4) /g/ ist als velarer Verschlußlöselaut definiert und hat drei stellungsbedingte Varianten: 1. [g] velare stimmlose Lenis steht initial und medial nach kurzen Kernphonemen: [ge̥ːtʻ] '(es) geht', [degɪn] 'Decke'; 2. [g] velare stimmhafte Lenis steht medial nach langen Kernphonemen: [hɔːgɪn] 'Haken'; 3. [kʻ] velare behauchte stimmlose Fortis steht final: [tsikʻ] 'Zeug', [zoːkʻ] '(er) sah'. — Als seltene freie Varianten von /g/, die teilweise kontextuell bedingt sind, kann [j] in den folgenden Beispielen angesehen werden: [uːsjɪjaːn] 'ausgegeben', [ǫbjɪjaːn] 'abgegeben', [jəjeːn] 'gegangen', da hier das zweite [j] stets unter Einfluß des ersten auftritt, wie Formen wie [me̥dge̥ː] 'mitgehen' beweisen.

(3.4.5) /t/ wird als stimmlose behauchte Fortis bis Halbfortis gebildet [t] [t̥], die nur medial zu /d/ in Opposition treten kann.

(3.4.6) /ŝ/ als dentale Affrikate wird meist als stimmlose Fortis oder Halbfortis realisiert [ts] [t̥s].

(3.4.7) /f/ wird als labiodentale Fortis oder Halbfortis gebildet [f] [f̥].

(3.4.8) /v/ wird überwiegend als friktionsloser labiodentaler Kontinuant gebildet [ʋ].

(3.4.9) /z/ als stimmhafte Lenis [z] und /s/ als stimmlose Fortis oder Halbfortis [s] [s̥] stehen in teilkomplementärer Verteilung: /z/ initial, /s/ final. Nur medial treten sie in Opposition.

(3.4.10) /ʃ/ ist als palato-alveolare stimmlose Fortis definiert, die medial auch stimmhafte freie Varianten haben kann [ʃ] [ʒ].

(3.4.11) /j/ ist ein stimmhafter Frikativlaut und hat zwei stellungsbedingte Varianten, die in teilkomplementärer Verteilung stehen: 1. [j] palatale stimmhafte Lenis steht initial und medial nach den Kernphonemen der palatalen Reihe; 2. [ɣ] velare stimmhafte Lenis steht medial nach den Kernphonemen der velaren Reihe. — Durch folgende Opposition wird /j/ als selbständiges Phonem definiert: /juŋ/ 'jung' ≠ /guŋ/ '(er) ging'; /egin/ 'Ecke' ≠ /ejin/ 'Egge' ≠ /ʃbrexin/ '(wir) sprechen'; /gaːjin/ 'gegen' ≠ /maːxin/ 'Mädchen'; /loːjin/ '(sie) lagen' ≠ /ʃbroːxe/ 'Sprache'. Da /j/ auch unmittelbar neben /i/ stehen kann, liegt somit keine Variante des /i/ mit satellitischer Funktion vor: [jiɲisdə] '(der) jüngste'. — Als seltene freie Varianten des /j/ sind [ç]-Belege anzusehen in Beispielen wie [çoː] 'ja', [çe̥ds] 'jetzt'.

(3.4.12) /x/ ist ein stimmloser Frikativlaut und hat zwei stellungsbedingte Varianten, die in komplementärer Distribution stehen: 1. [x] velare stimmlose Fortis steht nach Kernphonemen der velaren Reihe; 2. [ç] palatale stimmlose Fortis steht nach Kernphonemen der palatalen Reihe und Satellitenphonemen. Beide Varianten kommen nur medial und final vor.

(3.4.13) /l/ als dentaler Lateral zeigt in finaler Position Ansätze zur Vokalisierung nach langen Kernphonemen: [ʃduːeˡ] 'Stuhl', [giːeˡ] 'Keil'.

(3.4.14) /r/ steht immer vor oder nach Kernphonemen. Es hat mehrere Varianten, die nur teilweise obligatorisch sind: 1. [ʈ] rein retroflex steht fast nur initial, seltener medial und initial nach Satellitenphonemen; 2. [ɹ] der alveolare schwach retroflexe Kontinuant bis stimmhafte Reibelaut steht ebenfalls initial, initial nach Satellitenphonemen, selten: medial, zwischen kurzen Kernphonemen und Satellitenphonemen: [vɔɹf] 'Wurf', final nach langen Kernphonemen, sowie final zwischen /l/ /n/ und Kernphonemen: [dalɹə] 'Teller', [dinɹə] 'deiner'; 3. [r] [ř] der einschlägige ganz selten mehrschlägige alveolare oder dentale Vibrant steht initial, meist initial nach Satellitenphonem, medial und häufig zwischen kurzen Kernphonemen und Satellitenphonem: [darm] 'Darm', [barǧ] 'Berg', sowie zwischen /l/ /n/ und Kernphonem: [galrə] 'Keller'; 4. [ɑ] [ɔ] die vokalisierten Varianten stehen stets zwischen langen Kernphonemen und Satellitenphonem: [ʃeːɑn] 'Schere', meist final nach langen Kernphonemen: [tuːɑ] 'Tour' und immer in der schriftsprachlichen unbetonten Silbe er-/-er, jedoch nicht in der Verbindung -ler, -ner.

(3.4.15) /m/ /n/ /ŋ/ sind als bilabialer, dentaler und velarer Nasal definiert.

(3.4.16) /h/ ist glottale stimmlose Fortis.

(3.4.17) Die Intensität ist phonologisch relevant in den folgenden Oppositionen, bei denen das intensive Phonem an erster Stelle notiert wird: /t/ ≠ /d/, /ŝ/ ≠ /d/, /ŝ/ ≠ /t/, /f/ ≠ /v/, /s/ ≠ /z/, /ʃ/ ≠ /j/, /x/ ≠ /j/.

(3.4.18) Die Stimmbeteiligung ist ohne phonologische Relevanz. Sie ist obligatorisch bei /v/ /z/ /j/, bei /d/ medial, bei /g/ medial nach langen Kernphonemen. Sie ist fakultativ bei /ʃ/ in medialer Stellung.

(3.4.19) Die Behauchung ist phonologisch irrelevant. Behauchung tritt auf final bei /b/ /d/ /g/.

(4.) Distinktive Phonemmerkmale

(4.1)

	u	o	ɑ	a	i	e	ɛ
diffus	+	—	—	—	+	—	—
dunkel	+	+	+	—	—	—	—
kompakt	—	—	+	+	—	—	+
hell	—	—	—	—	+	+	+

(4.2)

	u	o	ɔ	a	i	e
diffus	+	—	—	—	+	—
dunkel	+	+	+	—	—	—
kompakt	—	—	+	+	—	—

(4.3) —

(4.4.1)

	m	n	l	r	b	d	g	ŝ	f	v	z	ʃ	j	h
vokalisch	+	+	+	+	—	—	—	—	—	—	—	—	—	—
nasal	+	+	—	—	o	o	o	o	o	o	o	o	o	o
abrupt	o	o	o	o	+	+	+	+	—	—	—	—	—	—
kompakt	o	o	—	+	—	—	+	—	—	—	—	+	+	—
dunkel	+	—	o	o	+	—	o	—	+	+	—	o	o	o
scharf	o	o	o	o	o	—	o	+	+	—	o	+	—	—

(4.4.2)

	m	n	ŋ	l	r	b	d	g	t	ŝ	f	v	s	z	ʃ	x	j
vokalisch	+	+	+	+	+	—	—	—	—	—	—	—	—	—	—	—	—
nasal	+	+	+	—	—	o	o	o	o	o	o	o	o	o	o	o	o
abrupt	o	o	o	o	o	+	+	+	+	+	—	—	—	—	—	—	—
gespannt	o	o	o	o	o	—	—	—	+	o	+	—	+	—	+	+	—
kompakt	—	—	+	o	o	—	—	+	—	—	—	—	—	—	+	+	+
dunkel	+	—	o	o	o	+	—	o	—	—	+	+	—	—	o	o	o
scharf	o	o	o	o	o	o	—	o	—	+	o	o	o	o	+	—	—

(4.4.3)

	m	n	ŋ	l	r	b	d	g	ŝ	f	s	ʃ	x
vokalisch	+	+	+	+	+	—	—	—	—	—	—	—	—
konsonantisch	+	+	+	+	—	+	+	+	+	+	+	+	+
nasal	+	+	+	—	o	o	o	o	o	o	o	o	o
abrupt	o	o	o	o	o	+	+	+	+	—	—	—	—
kompakt	—	—	+	—	+	—	—	+	—	—	—	+	+
dunkel	+	—	o	o	o	+	—	o	—	+	—	o	o
scharf	o	o	o	o	o	o	—	o	+	o	o	+	—

(5.) Neutralisationen

(5.1) —

(5.2) Die Stellung der betonten Kernphoneme ist final distributionell geregelt. Final können nur die Kernphoneme 'relativ lang' stehen. Der Quantitätsgegensatz ist in dieser Position aufgehoben.

(5.3) —

(5.4.1) Die Oppositionen /d/ ≠ /t/, /ŝ/ ≠ /t/, /s/ ≠ /t/ sind initial und final aufgehoben. In diesen Positionen erscheint /t/ nicht. Phonologische Relevanz besteht bei dieser Opposition medial.

(5.4.2) Aufgehoben werden die Oppositionen /b/ ≠ /v/, /f/ ≠ /v/, /g/ ≠ /j/ initial vor Satellitenphonemen und final. In diesen Positionen stehen /b/ /f/ /g/. Phonologisch relevant sind die Oppositionen initial vor Kernphonemen und medial.

(5.4.3) Aufgehoben werden die Oppositionen /z/ ≠ /s/, /j/ ≠ /x/ in initialer und finaler Stellung. Initial stehen /z/ /j/, final erscheinen /s/ /x/. Die Relevanzstellung gilt medial.

(5.4.4) Die Opposition /ŝ/ ≠ /s/ wird aufgehoben final nach /l/ und /n/. In dieser Stellung steht [s], selten als freie Variante [t̂s]: [gɑns] 'Gans', 'ganz', [jədɑnst] 'getanzt', [hɔls] 'Holz', [ʃvɑnt̂s] 'Schwanz'.

(5.4.5) Aufgehoben wird die Opposition /m/ ≠ /n/ final nach /b/. In dieser Stellung steht /m/.

(5.4.6) Aufgehoben wird die Opposition /n/ ≠ /ŋ/ vor /g/, da in dieser Position /ŋ/ erscheint: [juŋkʻ] 'jung', [deŋgɪstʻ] '(du) denkst'. Die Relevanzstellung gilt nur medial und final.

(6.) Phonemdistribution

(6.1)

(s. S. 60)

	#	b	d	g	t	ŝ	f	s	z	ʃ	x	j	m	n	ŋ	l	r	v	h
/i/	/	+	+	+	/	+		+	/	–	+	/	–	+	+	/	+	+	+	–
/e/	/	+	+	+	–	/		+	/	–	/	/	–	+	+	/	+	+	+	–
/ɛ/	/	+	+	+				+		–	+	/		+	+	/	+	+	+	–
/a/	/	+	+	+	/	/		+	/	–	–			/	+	/	+	+	–	–
/ɑ/	/	+	+	+		/		+	/	–	+	/		+	+	/	+	+	–	–
/o/	/	+	+	+	–	–		–	/	–	+	/		+	+	/	+	+	+	–
/u/	/	+	+	+	/	!		+	/	+	–	/	–	+	+	/	+	+	+	–

(6.2/6.3)

	#	b	d	g	t	ŝ	f	s	z	ʃ	x	j	m	n	ŋ	l	r	v	h
/iː/	/	+	+	+	/	+		+	/	+	–	/		+	+		+	+	+	–
/eː/	/	+	+	+		–		+	/	+	–			+	+		+	+	+	
/aː/	/	–	+	+	/	–		+	/	+	–	/		+	+	/	+	+	+	–
/ɔː/	/	–	+	+		+		–	/	/	–	/		+	+		+	+	+	–
/oː/	/	–	+	–		–		+	/	+	–	/	–	+	+		+	+	+	–
/uː/	/	–	+	+		+		+	/	+	–	/		+	+		+	+	–	–
/eːɪ/		–	/											–			–	–	–	–
/oːʊ/		–	+							/							–		–	
/aɪ/	/	–	+	+		+		/	/	+	/			+	/		+	+	+	–
/ao/	/	+	/	+				/	/		/			/			–	–	/	–

3. Zur Analyse niederdeutscher und mitteldeutscher Dialekte

(6.4) Phonemverbindungen
    (s. S. 61)

erstes Glied   zweites Glied →

↓	b	d	g	ŝ	f	s	ʃ	x	m	n	ŋ	l	r	v	j
b			—			—	—		—			≠	/		
d						—	—			—		—	/		
g						—		—			≠	≠	/	/	
ŝ			—								—	—		/	
f			—					—	—			≠	/		
s			—							—	—				
ʃ	/	≠	/						/	≠	≠		/	/	
x			—			—						—	—		
m			—	—		—	—					—	—		
n			—			—	—					—	—		
ŋ			—	—		—						—	—		—
l			—	—		—	—	—	—				—	—	
r			—	—	—		—		—	—				—	
v															—
j															—

3.53   Mitteldeutsch-erzgebirgische Dialektgruppe

3.531   Altenau

(1.)   Phonemsysteme

(1.1)   /i/   /u/
        /e/   /o/
        /ɛ/   /ɑ/
              /a/

3.5 Phonologische Analyse — Ortsdialekt Altenau

(1.2) /iː/   /uː/
       /eː/   /oː/
       /ɛː/   /ɑː/
            /aː/

(1.3) /aɪ/   /ao/

(1.4) /b/   /d/   /g/
              /ŝ/
       /f/   /s/   /ʃ/
       /v/   /x/
       /m/   /n/   /ŋ/
              /l/   /r/   /h/

(2.) Oppositionen

(2.1) /e/ ≠ /ɛ/:   /ned/ 'nicht'   ≠ /nɛd/ 'nett'
       /a/ ≠ /ɑ/:   /vald/ 'Welt'   ≠ /vɑld/ 'Wald'

(2.2) /eː/ ≠ /ɛː/: /eːl/ 'Öl'   ≠ /ɛːl/ 'Eile'
       /aː/ ≠ /ɑː/: /aːl/ 'Eule'   ≠ /ɑːl/ 'Aal'

(2.3) —

(2.4) /b/ ≠ /f/ ≠ /v/: /bɑnd/ 'Band' ≠ /fɑnd/ 'Pfand', '(er) fand' ≠ /vɑnd/ 'Wand'.
/d/ ≠ /ŝ/ ≠ /s/: /dɛːl/ 'Teil' ≠ /ŝɛːl/ 'Zeile' ≠ /sɛːl/ 'Seil'.
/g/ ≠ /x/ ≠ /ʃ/: /ʃdig/ 'Stück' ≠ /ʃdix/ 'Stich', /dix/ 'dich' ≠ /diʃ/ 'Tisch'.
/n/ ≠ /ŋ/: /suːn/ 'Sohn' ≠ /suːŋ/ 'suchen'.
/r/ ≠ /x/: /fiːrer/ 'Führer' ≠ /fiːxer/ 'Viecher'.

(3.) Realisationen und Varianten

(3.1.1) Gegentlich besteht Tendenz zur Rundung bei /i/ und /e/ vor /l/: [ʃdɪᵊl] 'still', [ʃdeᵊl] 'Stelle'.

(3.1.2) /i/ ist als gespreizter sehr hoher und teilweise leicht geöffneter Vorderzungenvokal definiert [i] [i].

(3.1.3) /e/ ist ein gespreizter halbhoher Vorderzungenvokal, der ziemlich offen gebildet wird und dadurch mit dem Phonem /ɛ/ zusammenfallen kann. Die Opposition /e/ ≠ /ɛ/ ist nur noch sehr schwach besetzt und in der freien Erzählung faktisch aufgehoben. Entsprechend groß ist die Variationsbreite der Realisationen von /e/. Das Kernphonem in /neŝ/ 'Netz' kann durch [e] [e̝] [ḙ] [ɛ] wiedergegeben werden. Die Entphonologisierung von /e/ ist noch nicht völlig abgeschlossen.

(3.1.4) /ɛ/ wird als gespreizter Vorderzungenvokal mittlerer Zungenhöhe realisiert [ɛ].

(3.1.5) /a/ wird als maximal offener tiefer Mittelzungenvokal gebildet [a].

(3.1.6) /ɑ/ als gespreizter tiefer Hinterzungenvokal wird entphonologisiert und fällt mit dem Phonem /a/ zusammen. Die Opposition /a/ ≠ /ɑ/ ist gegenwärtig nur noch schwach besetzt. In freier Rede sind die distinktiven Merkmale der beiden Phoneme kaum noch faßbar. Soweit distinktive Unterschiede in erfragten Minimalpaaren noch vorhanden sind, haben sie sich von der Artikulationsstelle zum Öffnungsgrad verlagert: /ɑ/ wird zum Mittelzungenvokal geschlossener Qualität [a], während /a/ offener realisiert wird [a̞]: [va̝ltˢ] 'Welt', [va̞ltˢ] 'Wald'.

(3.1.7) /o/ wird als runder halbtiefer Hinterzungenvokal gebildet [ɔ].

(3.1.8) /u/ erscheint als leicht entrundeter hoher Hinterzungenvokal mit geöffneten freien Varianten [uᶜ] [ʊᶜ].

(3.2.1) /iː/ ist als gespreizter sehr hoher Vorderzungenvokal definiert [iː].

(3.2.2) /eː/ wird als gespreizter halbhoher Vorderzungenvokal gebildet [eː].

(3.2.3) /ɛː/ wird als gespreizter Vorderzungenvokal mittlerer Höhe gebildet [ɛː] und hat vor vokalisiertem /r/ eine sehr offene Variante [æː]: [ʃæːɐ] 'Schere'.

(3.2.4) /aː/ ist ein maximal offener gespreizter tiefer Mittelzungenvokal [aː].

(3.2.5) /aː/ als gespreizter tiefer Hinterzungenvokal hat auch geschlossenere freie Varianten [ɑː] [ɑ̈ː].

(3.2.6) /oː/ als runder Hinterzungenvokal mittlerer Höhe [oː] hat vor vokalisiertem /r/ eine offenere Variante, die bis zum runden halbtiefen Hinterzungenvokal reichen kann [ǫː] [ɔː]: [vɔːɑ] '(er) war'.

(3.2.7) /uː/ wird als runder hoher Hinterzungenvokal gebildet [uː].

(3.3.1) /aɪ/ als vorderer schließender tiefer Diphthong wird in seinem ersten Bestandteil durch einen maximal offenen gespreizten tiefen Mittelzungenvokal gebildet, der deutlich länger ist als das zweite Glied [aˑ]. Die zweite Komponente ist ein gespreizter hoher bis sehr hoher Vorderzungenvokal [ɪ] [i̝], der manchmal nur noch schwach angedeutet wird [aˑᶦ] oder ganz schwindet. Dann fällt /aɪ/ mit /aː/ zusammen.

(3.3.2) /ao/ ist ein hinterer schließender tiefer Diphthong, dessen erstes Glied durch einen maximal offenen gespreizten Mittelzungenvokal realisiert wird [a]. Das zweite Glied ist ein runder Hinterzungenvokal mittlerer Höhe [ao].

(3.4.1) /b/ /g/ werden initial als stimmlose Lenes realisiert [b̥] [g̊]. Medial sind sie meist stimmhaft [b] [g], sie können aber auch stimmlos bleiben. Final werden sie als stimmlose behauchte Fortes oder Halbfortes gebildet [pʻ] [kʻ], [p̥ʻ] [k̥ʻ].

(3.4.2) /d/ ist initial stimmlose Lenis [d̥]. Intervokalisch-medial wird /d/ häufig als präpalataler stimmhafter Verschlußlöselaut gebildet, der sogar zum bloßen Kontinuanten werden kann [d⁻].

(3.4.3) /š/ als dentale Affrikate wird initial und final meist durch stimmlose Fortis oder Halbfortis realisiert [ts] [t̑s], medial dagegen steht stimmlose Lenis [d̥s].

(3.4.4) /f/ wird als labiodentale Fortis gebildet [f].

(3.4.5) /v/ wird fast immer als friktionsloser labiodentaler Kontinuant realisiert [ʋ], in seltenen Fällen als labiodentale stimmhafte Lenis [v].

(3.4.6) /s/ wird als alveolare stimmlose Fortis oder Halbfortis gebildet [s] [ŝ].

(3.4.7) /ʃ/ ist als palato-alveolare stimmlose Fortis definiert [ʃ].

(3.4.8) /x/ als palato-velarer Frikativ hat drei positionsbedingte Varianten, die in komplementärer Verteilung stehen: 1. [x] velare stimmlose Fortis steht nach velaren Kernphonemen; 2. [ç] palatale stimmlose Fortis steht nach palatalen Kernphonemen und nach Satellitenphonemen, [x] [ç] können nicht initial auftreten; 3. [j] als palatale stimmhafte Lenis erscheint nur initial vor Kernphonemen: [jɑgə] 'Jacke'.

(3.4.9) /l/ als dentaler Lateral [l] wird nur in seltenen Fällen vokalisiert: [æˑs] 'als'.

(3.4.10) /r/ steht immer vor oder nach Kernphonemen und hat zwei positionsbedingte Hauptvarianten: 1. [ʁ] als stimmhafter uvularer oder velarer Frikativlaut oder bloßer Kontinuant steht a) initial, b) initial nach Satellitenphonemen, c) medial. Sehr selten kommen in diesen Positionen die rein retroflexe Variante [ʈ] und der alveolar schwach retroflexe Kontinuant oder Frikativlaut [ɹ] vor. 2. [ɐ] [ɑ] [ɔ] [ɪ] als vollständig vokalisierte Varianten stehen immer final, sowie zwischen Kernphonemen und Satellitenphonemen. Die Qualität ist häufig schwer zu bestimmen und von dem vorausgehenden Kernphonem abhängig. Obligatorisch zwischen Kernphonem und [ç] steht [ɪ]: [gaːɪç] 'Kirche'.

(3.4.11) /m/ /n/ /ŋ/ sind als bilabialer, dentaler und velarer Nasal definiert.

(3.4.12) /h/ ist glottale stimmlose Fortis.

(3.4.13) Die Intensität ist in einigen Oppositionen phonologisch relevant. Das intensive Phonem steht an erster Stelle: /ŝ/ ≠ /d/, /f/ ≠ /v/, /ʃ/ ≠ /x/.

(3.4.14) Die Behauchung und Stimmbeteiligung sind phonologisch irrelevant. Behauchung kommt final vor bei /b/ /d/ /g/. — Stimmhafte Varianten konnten bei /b/ /d/ /g/ und in seltenen Fällen bei /s/ und /ʃ/ immer in medialer Stellung beobachtet werden.

(4.) Distinktive Phonemmerkmale

(4.1)

	u	o	ɑ	a	i	e	ɛ
diffus	+	−	−	−	+	−	−
dunkel	+	+	+	−	−	−	−
kompakt	−	−	+	+	−	−	+
hell	−	−	−	−	+	+	+

(4.2) siehe 4.1

(4.3) —

(4.4.1)

	m	n	l	r	b	d	g	ŝ	f	v	s	ʃ	x[j]	h
vokalisch	+	+	+	+	−	−	−	−	−	−	−	−	−	−
nasal	+	+	−	−	○	○	○	○	○	○	○	○	○	○
abrupt	○	○	○	○	+	+	+	+	−	−	−	−	−	−
kompakt	○	○	○	○	−	−	+	−	−	−	−	+	+	−
dunkel	+	−	−	+	+	−	○	−	+	+	−	○	○	○
scharf	○	○	○	○	○	−	○	+	+	−	+	+	−	−

(4.4.2)

	m	n	ŋ	l	r	b	d	g	ŝ	f	v	s	ʃ	x
vokalisch	+	+	+	+	+	−	−	−	−	−	−	−	−	−
nasal	+	+	+	−	−	○	○	○	○	○	○	○	○	○
abrupt	○	○	○	○	○	+	+	+	+	−	−	−	−	−
kompakt	−	−	+	○	○	−	−	+	−	−	−	−	+	+
dunkel	+	−	○	−	+	+	−	○	−	+	+	−	○	○
scharf	○	○	○	○	○	○	○	○	+	+	−	○	+	−

(4.4.3)

	m	n	ŋ	l	r	b	d	g	ŝ	f	s	ʃ	x
vokalisch	+	+	+	+	+	—	—	—	—	—	—	—	—
konsonantisch	+	+	+	+	—	+	+	+	+	+	+	+	+
nasal	+	+	+	—	o	o	o	o	o	o	o	o	o
abrupt	o	o	o	o	o	+	+	+	+	—	—	—	—
kompakt	—	—	+	o	o	—	—	+	—	—	—	+	+
dunkel	+	—	o	o	o	+	—	o	—	+	—	o	o
scharf	o	o	o	o	o	o	—	o	+	o	o	+	—

(5.) Neutralisationen

(5.1) Vor /r/ stehen die Kernphoneme /a/ /ɑ/ /o/. Das bedeutet, daß die Oppositionen /i/ ≠ /e/, /e/ ≠ /ɛ/, /ɛ/ ≠ /a/ und /o/ ≠ /u/ in dieser Position aufgehoben werden. Das ist als Hinweis darauf zu werten, daß /r/ postvokalisch nicht völlig assimiliert wird, sondern diese stellungsbedingten Varianten verlangt. Diese Aufhebungsart ist auch im Ostvogtländischen bekannt[239], sowie in den hier untersuchten nordthüringischen Dialekten (außer Wieda) und ostfälischen Mundarten.

(5.2) Die Stellung der betonten Kernphoneme in finaler Stellung ist auch hier distributionell geregelt. Final können nur die Kernphoneme 'relativ lang' stehen, während die Kernphoneme 'relativ kurz' hier niemals vorkommen. Damit ist der Quantitätsgegensatz in dieser Position aufgehoben.

(5.3) —

(5.4.1) Die Opposition /f/ ≠ /v/ wird initial vor Satellitenphonemen und final aufgehoben. In diesen Stellungen steht /f/. Die Relevanzstellung gilt demnach initial vor Kernphonemen und medial.

(5.4.2) Aufgehoben wird die Opposition /b/ ≠ /v/: 1. initial vor Satellitenphonemen; 2. medial nach langen Kernphonemen; 3. final; 4. zwischen Kernphonemen und /l/: [ɛvl] 'Äpfel', [naːvl] 'Nebel'. Initial vor Satellitenphonemen und final steht /b/, während medial nach langen Kernphonemen, sowie zwischen Kernphonemen und /l/ nur /v/ erscheinen kann. Phonologisch relevant ist der Gegensatz /b/ ≠ /v/ demnach initial vor Kernphonemen und medial nach kurzen Kernphonemen.

[239] H.-J. Schädlich (1966), 186.

(5.4.3) Aufgehoben wird die Opposition /ŝ/ ≠ /s/ nach /l/ und /n/. In dieser Stellung steht in den meisten Fällen [s], obwohl als freie Variante auch [ts] [t̂s] auftreten kann: [hǫls] 'Holz', [gansn̩] '(die) ganzen'.

(5.4.4) Aufgehoben wird die Opposition /m/ ≠ /n/ final nach /b/ und /f/. Meist erscheint nur /m/ in dieser Position, aber als freie Variante ist auch [n] möglich: [eːfm̩] 'Öfen'.

(5.4.5) Aufgehoben wird die Opposition /n/ ≠ /ŋ/ vor /g/, nach /g/ und nach /x/. Vor /g/ steht immer /ŋ/: [buŋgdᵅ] 'Punkte'. Nach /g/ /x/ stehen [n] [ŋ] im freien Wechsel: [hagn̩] [hagŋ̩] 'hacken'. Die Opposition /n/ ≠ /ŋ/ ist phonologisch relevant medial, final und vor den Satellitenphonemen /d/ /s/ /ʃ/ /l/.

(6.) Phonemdistribution

(6.1)

(s. S. 60)

	#	b	d	g	ŝ	f	s	ʃ	x	m	n	ŋ	l	r	v	h
/i/	/	+	+	+	+	+	+	+	+	+	+	/	+	−	−	−
/e/	/	+	+	+	+	+	+	+	+	+	+	/	+	−	−	−
/ɛ/	/	+	+	+	+	+	+	+	+	+	+	/	+	−	−	−
/a/	/	+	+	+	+	+	+	+	+	+	+	/	+	+	−	−
/ɑ/	/	+	+	+	+	+	+	+	+	+	+	/	+	+	−	−
/o/	/	+	+	+	+	+	+	+	/	+	+	/	+	+	+	−
/u/	/	+	+	+	+	+	+	+	+	+	+	/	+	−	−	−

(6.2/6.3)

	#	b	d	g	ŝ	f	s	ʃ	x	m	n	ŋ	l	r	v	h
/iː/	/	+	+	+	+	+	+	−	/	+	+	/	+	+	+	−
/eː/	/	+	+	−	−	+	+	−	+	+	+	/	+	+	−	−
/ɛː/	/	+	+	−	−	+	+	+	/	+	+	/	+	+	−	−
/aː/	/	+	+	+	−	+	+	−	/	+	+	/	+	+	−	−
/ɑː/	/	+	+	−	−	−	−	−	−	+	+	/	+	+	−	−
/oː/	/	+	+	+	−	+	+	−	+	+	+	/	+	+	+	−
/uː/	/	+	+	+	−	+	+	−	+	+	+	/	+	+	−	−
/ai/	/	+	+	+	+	+	+	−	/	+	+	/	+	−	−	−
/ao/	/	+	+	+	+	+	+	+	/			/	+	−	/	−

144   3. Zur Analyse niederdeutscher und mitteldeutscher Dialekte

(6.4) Phonemverbindungen

   (s. S. 61)

erstes Glied   zweites Glied →

↓	b	d	g	ŝ	f	s	ʃ	x	m	n	ŋ	l	r	v
b			—			—	—		—			≠	/	
d							—			≠		≠	/	
g			—			—	—		/	—	≠		/	/
ŝ			—						—		—		/	
f			—				—			—		≠	/	
s	—	—								—	—			
ʃ	/	≠	/						/	≠	≠		/	/
x			—				—				—	—		
m	—	—			—	—	—					—	—	
n			—		—	—	—	—					—	
ŋ	—	—			—	—	—						—	
l	—	—	—		—	—	—	—					—	
r	—	—	—	—		—	—	—		—	—	—		
v										—		—		

3.532   St. Andreasberg

(1.)   Phonemsysteme

(1.1)   /i/   /u/
        /e/   /o/
        /ɛ/   /ɑ/
              /a/

(1.2)   /iː/   /uː/
        /eː/   /oː/
        /ɛː/   /ɑː/
              /aː/

3.5 Phonologische Analyse — Ortsdialekt St. Andreasberg

(1.3)   /aɪ/   /ao/

(1.4)   /b/   /d/   /g/
                            /k/
        /f̂/   /ŝ/
        /f/   /s/   /ʃ/   /x/
        /v/
        /m/   /n/   /ŋ/
               /l/   /r/   /h/

(2.) Oppositionen

(2.1)   /e/ ≠ /ɛ/:   /ʃdel/ 'Stelle'   ≠ /ʃdɛl/ '␣ tälle'
        /a/ ≠ /ɑ/:   /fal/ 'Fell'   ≠ /fɑl/ 'Fall'

(2.2)   /eː/ ≠ /ɛː/: /heː/ 'Höhe'   ≠ /hɛː/ 'Heu'
        /aː/ ≠ /ɑː/: /saːn/ 'sehen'   ≠ /sɑːn/ 'sagen'

(2.3) —

(2.4) /b/ ≠ /f̂/ ≠ /f/ ≠ /v/: /bɑnd/ 'Band' ≠ /f̂ɑnd/ 'Pfand' ≠ /fɑnd/ '(er) fand' ≠ /vɑnd/ 'Wand'.
/d/ ≠ /ŝ/ ≠ /s/: /doːl/ 'Tal' ≠ /ŝoːl/ 'Zahl'; /rud/ 'Rute' ≠ /rus/ 'Ruß'; /ŝɑg/ 'Zacke' ≠ /sɑg/ 'Sack'.
/g/ ≠ /k/ ≠ /x/: /gɑs/ 'Gasse' ≠ /kɑs/ 'Kasse'; /ʃdig/ 'Stück' ≠ /ʃdix/ 'Stich'; /keːder/ 'Köter (Hund)' ≠ /xeːder/ 'jeder'.
/ʃ/ ≠ /x/ ≠ /r/: /diʃ/ 'Tisch' ≠ /dix/ 'dich'; /huːx/ 'hoch' ≠ /huːr/ '(er) hörte'.
/n/ ≠ /ŋ/: /ʃdiːn/ 'stehen' ≠ /ʃdiːŋ/ 'Stiegen' (Plur.).

(3.) Realisationen und Varianten

(3.1.1) Gelegentlich besteht Tendenz zur Rundung bei den gespreizten palatalen Kernphonemen vor /l/: [frˑltʼ] '(er) füllt'.

(3.1.2) /i/ wird als gespreizter sehr hoher bis hoher Vorderzungenvokal gebildet [i] [i̞] [ɪ].

(3.1.3) /e/ wird als gespreizter halbhoher Vorderzungenvokal realisiert [e].

(3.1.4) /ɛ/ ist als gespreizter Vorderzungenvokal mittlerer Höhe definiert [ɛ].

(3.1.5) /a/ wird als gespreizter maximal offener tiefer Mittelzungenvokal gebildet [a].

(3.1.6) /ɑ/ als gespreizter tiefer Hinterzungenvokal kann freie Varianten haben, die geschlossen oder zurückgezogen erscheinen [ɑ] [ɒ] [ɑ⁻].

(3.1.7) /o/ wird immer als offener runder Hinterzungenvokal mittlerer Höhe realisiert [ɔ].

(3.1.8) /u/ als runder hoher Hinterzungenvokal kann leicht entrundet werden [u] [uᶜ] oder weiter geöffnet auftreten [ʊ] [ʊᶜ].

(3.1.9) Das finale unbetonte /e/, phonetisch meist als [ə] wiedergegeben, hat zahlreiche Varianten, die zur Vorderzunge [ę⁻], häufiger aber zur Hinterzunge neigen [ʌ] [ɒ] [ɐ] [ɑ].

(3.2.1) /i:/ kann als gespreizter sehr hoher bis hoher Vorderzungenvokal gebildet werden [i:] [i̝:] [ɪ:].

(3.2.2) /e:/ wird als gespreizter halbhoher Vorderzungenvokal realisiert [e:].

(3.2.3) /ɛ:/ ist als gespreizter Vorderzungenvokal mittlerer Höhe definiert [ɛ:].

(3.2.4) /a:/ ist ein gespreizter maximal offener tiefer Mittelzungenvokal [a:].

(3.2.5) /ɑ:/ wird als gespreizter tiefer Hinterzungenvokal realisiert [ɑ:].

(3.2.6) /o:/ als runder Hinterzungenvokal mittlerer Höhe kann sehr offene freie Varianten haben [o:] [ɔ:] [ɔ̞:].

(3.2.7) /u:/ wird durch einen leicht entrundeten hohen Hinterzungenvokal [u:ᶜ] oder durch einen halbhohen schwach entrundeten Hinterzungenvokal mit leichter Zentralisierung realisiert [ʊ:ᶜ⁺].

3.5 Phonologische Analyse — Ortsdialekt St. Andreasberg

(3.3.1) /aɪ/ wird als vorderer schließender tiefer Diphthong definiert. Das erste Glied wird von einem gespreizten maximal offenen tiefen Mittelzungenvokal gebildet [a], während das zweite von einem gespreizten hohen Vorderzungenvokal vertreten wird [aɪ].

(3.3.2) /ao/ ist ein hinterer schließender tiefer Diphthong. Sein erster Bestandteil ist ein gespreizter maximal offener tiefer Mittelzungenvokal [a]. Das zweite Glied wird von einem runden mitttelhohen Hinterzungenvokal gebildet [ao].

(3.4.1) /b/ /d/ /g/ werden initial als stimmlose Lenes realisiert [b̥] [d̥] [g̊]. Medial werden sie meist als stimmhafte [b] [d] [g], daneben aber auch als stimmlose Lenes gebildet. Final werden sie stets als stimmlose behauchte Fortes oder Halbfortes realisiert [pʻ] [tʻ] [kʻ], [p̥ʻ] [t̥ʻ] [k̊ʻ].

(3.4.2) /k/ ist als velare stark behauchte stimmlose Fortis definiert, die nur initial vor Kernphonemen erscheint [kh].

(3.4.3) /p̂f/ als labiodentale Affrikate wird fast durchgehend als stimmlose Fortis realisiert [pf] und tritt nur initial vor Kernphonemen auf.

(3.4.4) /ŝ/ als dentale Affrikate wird fast immer als stimmlose Fortis gebildet [ts]. Medial kann dafür auch stimmlose Lenis eintreten [d̥s].

(3.4.5) /f/ wird als labiodentale Fortis gebildet [f].

(3.4.6) /v/ wird meistens als friktionsloser labiodentaler Kontinuant [ʋ], seltener als labiodentale stimmhafte Lenis gebildet [v].

(3.4.7) /s/ ist alveolare stimmlose Fortis oder Halbfortis [s] [s̥].

(3.4.8) /ʃ/ wird als palato-alveolare stimmlose Fortis gebildet [ʃ].

(3.4.9) /x/ als palato-velarer Frikativlaut hat drei kombinatorische Varianten, die in komplementärer Verteilung stehen: 1. [x] velare stimmlose Fortis steht nach velaren Kernphonemen; 2. [ç] palatale stimmlose Fortis steht nach palatalen Kernphonemen und Satellitenphonemen, [x] [ç] kommen nicht initial vor; 3. [j] palatale stimmhafte Lenis steht nur initial vor Kernphonemen: [jiŋsdn] '(die) jüngsten'.

(3.4.10) /l/ als dentaler Lateral [l] zeigt final nach langen Kernphonemen Ansätze zur Vokalisierung: [doːel] 'Tal', [ʃoːel] 'Schal'.

(3.4.11) /r/ steht immer vor oder nach Kernphonemen. Es hat mehrere fakultative Varianten, die sich in der Stellung gewissen Regeln unterwerfen: 1. [ɽ] rein retroflex steht besonders initial, selten initial nach Satellitenphonemen; 2. [ɹ] als abgeschwächte retroflexe Variante und alveolarer schwach retroflexer Kontinuant oder stimmhafter Frikativlaut kommt vor: a) selten initial, b) häufig initial nach Satellitenphonemen, c) medial, d) zwischen Kernphonemen und Satellitenphonemen; 3. [r] als einschlägiger alveolarer Vibrant steht selten initial nach Satellitenphonemen; 4. [ɑ] [ɒ] [ɔ] vokalisierte Varianten stehen immer final nach langen Kernphonemen, in der schriftsprachlichen unbetonten Silbe er-/-er, sowie häufig zwischen Kernphonemen und Satellitenphonemen: [kʻaɔn] 'Kern', [buːɔn] 'bohren', jedoch auch [baˑɽkʻ] 'Berg'; 5. [ʁ] als stimmhafter uvular-velarer Frikativlaut oder bloßer Kontinuant kann bisweilen medial auftreten.

(3.4.12) /m/ /n/ /ŋ/ sind als bilabialer, dentaler und velarer Nasal definiert.

(3.4.13) /h/ ist glottale stimmlose Fortis.

(3.4.14) Die Intensität ist phonologisch relevant in folgenden Oppositionen, in denen das intensive Phonem an erster Stelle genannt wird: /k/ ≠ /g/, /f̑/ ≠ /b/, /s̑/ ≠ /d/, /f/ ≠ /v/, /ʃ/ ≠ /x/.

(3.4.15) Behauchung und Stimmbeteiligung sind phonologisch irrelevant. Behauchung kommt vor final bei /b/ /d/ /g/ (vgl. oben 3.4.1), sowie starke Behauchung bei /k/. — Stimmbeteiligung kann nachgewiesen werden bei /b/ /d/ /g/ in medialer Position, äußerst selten bei medialen /s/ und /ʃ/.

(4.) Distinktive Phonemmerkmale

(4.1)

	u	o	ɑ	a	i	e	ɛ
diffus	+	—	—	—	+	—	—
dunkel	+	+	+	—	—	—	—
kompakt	—	—	+	+	—	—	+
hell	—	—	—	—	+	+	+

(4.2) siehe 4.1

(4.3) —

(4.4.1)

	m	n	l	r	b	d	g	k	f̂	ŝ	f	v	s	ʃ	x[j]	h
vokalisch	+	+	+	+	−	−	−	−	−	−	−	−	−	−	−	−
nasal	+	+	−	−	O	O	O	O	O	O	O	O	O	O	O	O
abrupt	O	O	−	+	+	+	+	+	+	−	−	−	−	−	−	−
gespannt	O	O	O	O	−	−	−	+	O	O	+	−	O	+	−	+
kompakt	O	O	−	+	−	−	+	+	−	−	−	−	−	+	+	−
dunkel	+	−	O	O	+	−	O	O	+	−	+	+	−	O	O	O
scharf	O	O	O	O	−	−	O	O	+	+	+	−	+	O	O	−

(4.4.2)

	m	n	ŋ	l	r	b	d	g	ŝ	f	v	s	ʃ	x
vokalisch	+	+	+	+	+	−	−	−	−	−	−	−	−	−
nasal	+	+	+	−	−	O	O	O	O	O	O	O	O	O
abrupt	O	O	O	O	O	+	+	+	+	−	−	−	−	−
kompakt	−	−	+	−	+	−	−	+	−	−	−	−	+	+
dunkel	+	−	O	−	+	+	−	O	−	+	+	−	O	O
scharf	O	O	O	O	O	O	−	O	+	+	−	O	+	−

(4.4.3)

	m	n	ŋ	l	r	b	d	g	ŝ	f	s	ʃ	x
vokalisch	+	+	+	+	+	−	−	−	−	−	−	−	−
konsonantisch	+	+	+	+	−	+	+	+	+	+	+	+	+
nasal	+	+	+	−	O	O	O	O	O	O	O	O	O
abrupt	O	O	O	O	O	+	+	+	+	−	−	−	−
kompakt	−	−	+	O	O	−	−	+	−	−	−	+	+
dunkel	+	−	O	O	O	+	−	O	−	+	−	O	O
scharf	O	O	O	O	O	O	−	O	+	O	O	+	−

(5.) Neutralisationen

(5.1) Vor /r/ werden die Oppositionen /i/ ≠ /e/, /e/ ≠ /ɛ/, /ɛ/ ≠ /a/, /o/ ≠ /u/ aufgehoben. In dieser Stellung stehen die Kernphoneme /a/ /ɑ/ /o/ (vgl. oben 3.531 Altenau 5.1).

(5.2) Die Stellung der betonten Kernphoneme ist in finaler Position distributionell geregelt. Final können nur die Kernphoneme 'relativ lang' stehen. Damit ist der Quantitätsgegensatz in dieser Stellung aufgehoben.

(5.3) —

(5.4.1) Aufgehoben wird die Opposition /g/ ≠ /k/ initial vor Satellitenphonemen, medial und final. Die Relevanzstellung gilt initial vor Kernphonemen.

(5.4.2) Aufgehoben wird die Opposition /p̂/ ≠ /b/ medial und final. In diesen Positionen steht /b/. Phonologisch relevant ist der Gegensatz initial vor Kernphonemen, da die Aufhebungsstellung auch initial vor Satellitenphonemen gilt.

(5.4.3) Aufgehoben wird die Opposition /f̂/ ≠ /f/ initial vor Satellitenphonemen, medial und final. In diesen Stellungen erscheint /f/. Phonologische Relevanz besitzt die Opposition initial vor Kernphonemen.

(5.4.4) Aufgehoben wird die Opposition /f/ ≠ /v/ initial vor Satellitenphonemen und final. In diesen Positionen steht /f/. Phonologisch relevant ist die Opposition initial vor Kernphonemen und medial.

(5.4.5) Aufgehoben wird die Opposition /b/ ≠ /v/: 1. initial vor Satellitenphonemen; 2. final, in beiden Positionen steht /b/; 3. medial; 4. zwischen langen Kernphonemen und /l/, in diesen Stellungen erscheint /v/: [liːvɪs] 'liebes', [heːvl̩] 'Hebel'. Die Relevanzstellung gilt initial vor Kernphonemen, medial nach kurzen Kernphonemen, sowie zwischen kurzen Kernphonemen und /l/.

(5.4.6) Aufgehoben wird die Opposition /ŝ/ ≠ /s/ nach /l/ und /n/, da in dieser Stellung [ts] [t̂s] und [s] frei wechseln können, wobei [ts] [t̂s] seltener auftritt: [gɑns] 'Gans', 'ganz'; [hɔls] 'Holz'.

3.5 Phonologische Analyse — Ortsdialekt St. Andreasberg

(5.4.7) Aufgehoben wird die Opposition /m/ ≠ /n/ final nach /b/ und /f/, weil [m] und [n] in dieser Stellung frei alternieren können: [oːfn̩] 'Ofen', [eːfm̩] 'Öfen', [tsaobm̩] 'Zaupen' (Maiglöckchen, Plur.).

(5.4.8) Aufgehoben wird die Opposition /n/ ≠ /ŋ/ vor /g/, nach /g/ und nach /x/. Vor /g/ steht stets /ŋ/: [daŋkʰ] 'Dank'. Nach /g/ und nach /x/ können [n] und [ŋ] frei wechseln: [maxn̩] [maxŋ̍] 'machen'. Phonologisch relevant ist die Opposition medial, final nach Kernphonemen und vor den Satellitenphonemen /d/ /s/ /l/.

(6.) Phonemdistribution

(6.1)

(s. S. 60)

	#	b	d	g	k	f̂	ŝ	f	s	ʃ	x	m	n	ŋ	l	r	v	h
/i/	/	+	+	+	−	−	+	+	+	+	+	+	+	/	+	−	−	−
/e/	/	−	+	+	−	−	+		+	+	+	−	+	+	+	−	−	−
/ɛ/	/	/	+	+	−		+		+	+	/		+	+	/	+	−	−
/a/	/	+	+	+	−	−		+	+		+	+		+	+	−	−	
/ɑ/	/	+	+	+	−	−	+	+	+	+	+	+	+	/	+	+	−	−
/o/	/	+	+	/	−		+	+	+	+	/		−		/	+	+	−	−
/u/	/	+	+	+	−	−	+	+	+	−	+	+	+	/	+	−	−	−

(6.2/6.3)

	#	b	d	g	k	f̂	ŝ	f	s	ʃ	x	m	n	ŋ	l	r	v	h
/iː/	/	+	+	−	−		+	+	+	+	/	+	+	/	+	+	+	−
/eː/	/	−	+		−			+	+		+	+	+	/	+	+	−	
/ɛː/	/	+	+	−	−		−	+	+	+	/	+	+	/	+	+	−	−
/aː/	/	+	+	+	−	−	−	+	+	−	/	+	+	/	+	+	+	−
/ɑː/	/	+	+	/	−		−	+	+	−	−		+	+		+	+	+	−
/oː/	/	+	+	+	−	−	−	+	+	−	/	+	+	/	+	+	+	−
/uː/	/	+	+	+	−	−	−	+	+		+	−	+	/	+	+	−	−
/aɪ/	/	+	+	/	−	−	+	+	+	−	/	+	+	/	+	+	−	−
/ao/	/	/	/	+		−	−	/	/			+	/		+	−	/	−

152   3. Zur Analyse niederdeutscher und mitteldeutscher Dialekte

(6.4) Phonemverbindungen
(s. S. 61)

erstes Glied   zweites Glied →
↓   b d g ŝ   f s ʃ x   m n ŋ l   r v

b   — —   —   ╪ /
d   —   ╪ ╪ /
g   —   —   / — ╪ / /
ŝ   —   —   /

f   —   ╪ /
s   —   — —
ʃ   / ╪   / ╪ ╪ / /
x   —   —   — —

m   — —   —   —
n   —   — —   —
ŋ   — —   —   —
l   — — —   — —   — —

r   — — — —   —   — —   — — — —
v   —

3.533 Clausthal

(1.) Phonemsysteme

(1.1) /i/   /u/
       /e/   /o/
       /ɛ/   /ɑ/
              /a/

(1.2) /iː/   /uː/
       /eː/   /oː/
       /ɛː/   /ɑː/
              /aː/

3.5 Phonologische Analyse — Ortsdialekt Clausthal

(1.3) /aɪ/   /ao/

(1.4) /b/   /d/   /g/
                          /k/
       /f̂/   /ŝ/
       /f/   /s/   /ʃ/
       /v/   /x/
       /m/   /n/   /ŋ/
              /l/   /r/   /h/

(2.) Oppositionen

(2.1) /e/ ≠ /ɛ/:   /ʃdel/ 'Stelle'   ≠ /ʃdɛl/ 'Ställe'
       /a/ ≠ /ɑ/:   /val/ 'Welle'   ≠ /vɑl/ 'Wall'

(2.2) /eː/ ≠ /ɛː/: /beːdn/ 'Böden'   ≠ /bɛːdn/ '(die) beiden'
       /aː/ ≠ /ɑː/: /ʃdaːb/ 'Staub'   ≠ /ʃdɑːb/ 'Stab'

(2.3) —

(2.4) /b/ ≠ /f̂/ ≠ /f/ ≠ /v/: /bɑnd/ 'Band' ≠ /f̂ɑnd/ 'Pfand' ≠ /fɑnd/ '(er) fand' ≠ /vɑnd/ 'Wand'.
/d/ ≠ /ŝ/ ≠ /s/: /daɪx/ 'Teich' ≠ /ŝaɪx/ 'Zeug'; /bloːd/ 'Blatt' ≠ /bloːs/ 'Blase'; /raɪŝ/ 'Reiz' ≠ /raɪs/ 'Reis'.
/g/ ≠ /k/ ≠ /x/: /giː/ 'geh!' ≠ /kiː/ 'Kühe'; /druːg/ 'Trog' ≠ /druːx/ '(er) trug'; /kuːŋ/ 'Kuchen' ≠ /xuːŋ/ 'Jugend'.
/ʃ/ ≠ /x/ ≠ /r/: /ʃɑːr/ 'Schar' ≠ /xɑːr/ 'Jahr' ≠ /rɑːr/ 'rar'.
/n/ ≠ /ŋ/: /dreːn/ 'drehen' ≠ /dreːŋ/ 'trocknen'.

(3.) Realisationen und Varianten

(3.1.1) Tendenz zur Rundung besteht bei den gespreizten palatalen Kernphonemen vor /l/ /r/ /ʃ/: [fiᵊl] 'Fülle', [vʏᶜltʼ] 'wild', [gəʀœᶜl] 'Geröll', [kh̥iᵊʀəpʰ] 'Körbe', [viᵊʃ] 'Wisch'.

(3.1.2) /i/ wird als gespreizter sehr hoher Vorderzungenvokal gebildet [i].

(3.1.3) /e/ wird als gespreizter halbhoher Vorderzungenvokal realisiert [e].

(3.1.4) /ɛ/ wird als gespreizter Vorderzungenvokal mittlerer Höhe gebildet [ɛ].

(3.1.5) /a/ ist als gespreizter maximal offener tiefer Mittelzungenvokal definiert [a].

(3.1.6) /ɑ/ wird als gespreizter tiefer Hinterzungenvokal gebildet, wobei die Artikulationsstelle etwas nach vorn verlegt werden kann [ɑ] [ɑ⁺].

(3.1.7) /o/ wird fast immer als offener runder Hinterzungenvokal mittlerer Zungenhöhe realisiert [ǫ].

(3.1.8) /u/ erscheint als runder hoher oder halbhoher Hinterzungenvokal [u] [ʊ].

(3.2.1) /iː/ als gespreizter sehr hoher Vorderzungenvokal kann mit offener und geschlossener Qualität realisiert werden [i̝ː] [iː] [i̞ː].

(3.2.2) /eː/ wird als gespreizter halbhoher Vorderzungenvokal gebildet [eː].

(3.2.3) /ɛː/ als gespreizter Vorderzungenvokal mittlerer Zungenhöhe [ɛː] hat vor vokalisiertem /r/ weiter geöffnete Varianten [ɛ̞ː]: [ʃɛ̞ːɑ] 'Schere'.

(3.2.4) /aː/ wird als gespreizter maximal offener tiefer Mittelzungenvokal mit Tendenz zur Hinterzunge gebildet [aː⁻].

(3.2.5) /ɑː/ wird als gespreizter tiefer Hinterzungenvokal gebildet, der freie offene und geschlossene Varianten haben kann und die Artikulationsstelle etwas nach hinten verlegen kann [ɑː] [ɑ̝ː] [ɑ̞ː] [ɑː⁻].

(3.2.6) /oː/ hat als runder Hinterzungenvokal mittlerer Höhe [oː] vor vokalisiertem /r/ geöffnete Varianten, die bis zu einem leicht entrundeten halbtiefen Hinterzungenvokal reichen können [ǫː] [ǫːᶜ] [ɔːᶜ]: [ʃɔːᶜɑ] 'Schar'.

(3.2.7) /uː/ wird als leicht entrundeter hoher Hinterzungenvokal gebildet [uːᶜ].

(3.3.1) /aɪ/ wird als vorderer schließender tiefer Diphthong realisiert. Der erste Bestandteil wird von einem gespreizten maximal offenen tiefen Mittelzungenvokal gebildet [a]. Das zweite Glied wird durch einen gespreizten hohen Vorderzungenvokal vertreten [aɪ].

(3.3.2) /ao/ ist ein hinterer schließender tiefer Diphthong, dessen erstes Glied durch einen gespreizten maximal offenen tiefen Mittelzungenvokal gebildet wird [a], während das zweite Glied durch einen runden Hinterzungenvokal mittlerer Höhe vertreten wird [ao].

(3.4.1) /b/ /d/ /g/ werden initial als stimmlose Lenes realisiert [b̥] [d̥] [g̥]. In medialer Position sind sie meist stimmhaft [b] [d] [g], in seltenen Fällen auch stimmlos. Final werden sie immer als stimmlose behauchte Fortes oder Halbfortes gebildet [pʻ] [tʻ] [kʻ], [p̥ʻ] [t̥ʻ] [k̥ʻ].

(3.4.2) /k/ wird als velare stimmlose stark behauchte Fortis gebildet, die nur initial vor Kernphonemen erscheint [kh].

(3.4.3) /f̂/ als labiodentale und /ŝ/ als dentale Affrikate werden stets als Fortes realisiert [pf] [ts].

(3.4.4) /f/ wird als labiodentale Fortis gebildet [f].

(3.4.5) /v/ wird meist als friktionsloser labiodentaler Kontinuant gebildet [ʋ], in seltenen Fällen auch als labiodentale stimmhafte Lenis [v].

(3.4.6) /s/ wird als alveolare stimmlose Fortis realisiert [s].

(3.4.7) /ʃ/ ist als palato-alveolare stimmlose Fortis definiert [ʃ].

(3.4.8) /x/ als palato-velarer Frikativlaut hat drei positionsbedingte Varianten, die komplementär verteilt sind: 1. [x] velare stimmlose Fortis steht nach velaren Kernphonemen; 2. [ç] palatale stimmlose Fortis steht nach palatalen Kernphonemen und nach Satellitenphonemen, [x] [ç] treten niemals initial auf; 3. [j] stimmhafte palatale Lenis steht nur initial vor Kernphonemen: [jɑgə] 'Jacke', [gəjoːxtʻ] 'gejagt'.

(3.4.9) /l/ als dentaler Lateral [l] zeigt in finaler Stellung nach langen Kernphonemen Ansätze zur Vokalisierung: [doːel] 'Tal'.

(3.4.10) /r/ steht immer unmittelbar neben Kernphonemen und hat drei freie Varianten: 1. [ʀ] als einschlägiger häufig als mehrschlägiger uvularer Vibrant tritt auf a) initial, b) initial nach Satellitenphonemen, sowie c) medial und d) selten postvokalisch; 2. [ʁ] als stimmhafter uvularer oder velarer Reibelaut oder Kontinuant steht häufig medial, selten jedoch initial; 3. [ɑ] [ɔ] als vokalisierte Varianten stehen häufig a) nach langen und kurzen Kernphonemen, jedoch sind in diesen Positionen auch [ʀ]-Realisationen möglich:

156   3. Zur Analyse niederdeutscher und mitteldeutscher Dialekte

[mɔˑʀɪŋ) 'Morgen', b) stets in der unbetonten schriftsprachlichen Silbe er-/-er. Bei der Vokalisierung verschmolz /r/ mit dem vorausgehenden Vokal zu einem Laut wechselnder Qualität, die teilweise von dem betreffenden Vokal abhängig und oft nur schwer zu bestimmen ist.

(3.4.11)   /m/ /n/ /ŋ/ sind als bilabialer, dentaler und velarer Nasal definiert.

(3.4.12)   /h/ ist glottale stimmlose Fortis.

(3.4.13)   Die Intensität besitzt phonologische Relevanz in folgenden Oppositionen, bei denen das intensive Phonem an erster Stelle genannt wird: /k/ ≠ /g/, /f̂/ ≠ /b/, /ŝ/ ≠ /d/, /f/ ≠ /v/, /ʃ/ ≠ /x/.

(3.4.14)   Die Behauchung und Stimmbeteiligung sind phonologisch irrelevant. — Starke Behauchung zeigen aber final /b/ /d/ /g/ und initial vor Kernphonemen /k/. — Stimmbeteiligung ist medial bei /b/ /d/ /g/, selten bei /ʃ/ medial nachzuweisen.

(4.)   Distinktive Phonemmerkmale

(4.1)

	u	o	a	ɑ	i	e	ɛ
diffus	+	—	—	—	+	—	—
dunkel	+	+	+	—	—	—	—
kompakt	—	—	+	+	—	—	+
hell	—	—	—	—	+	+	+

(4.2)   siehe 4.1

(4.3)   —

(4.4.1)

	m	n	l	r	b	d	g	k	f̂	ŝ	f	v	s	ʃ	x[j]	h
vokalisch	+	+	+	+	—	—	—	—	—	—	—	—	—	—	—	—
nasal	+	+	—	—	o	o	o	o	o	o	o	o	o	o	o	o
abrupt	o	o	—	+	+	+	+	+	+	—	—	—	—	—	—	—
gespannt	o	o	o	o	—	—	—	+	o	o	+	—	o	+	—	+
kompakt	o	o	o	o	—	—	+	+	—	—	—	—	—	+	+	—
dunkel	+	—	o	o	+	—	o	o	+	—	+	+	—	o	o	o
scharf	o	o	o	o	—	—	o	o	+	+	+	—	+	o	o	—

(4.4.2)

	m	n	ŋ	l	r	d	g	ŝ	f	v	s	ʃ	x
vokalisch	+	+	+	+	+	—	—	—	—	—	—	—	—
nasal	+	+	+	—	—	O	O	O	O	O	O	O	O
abrupt	O	O	O	—	+	+	+	+	—	—	—	—	—
kompakt	—	—	+	O	O	—	+	—	—	—	—	+	+
dunkel	+	—	O	—	+	—	O	—	+	+	—	O	O
scharf	O	O	O	O	O	—	O	+	+	—	O	+	—

(4.4.3)

	m	n	ŋ	l	r	b	d	g	ŝ	f	s	ʃ	x
vokalisch	+	+	+	+	+	—	—	—	—	—	—	—	—
konsonantisch	+	+	+	+	—	O	O	O	O	O	O	O	O
nasal	+	+	+	—	O	O	O	O	O	O	O	O	O
abrupt	O	O	O	O	O	+	+	+	+	—	—	—	—
kompakt	—	—	+	O	O	—	—	+	—	—	—	+	+
dunkel	+	—	O	O	O	+	—	O	—	+	—	O	O
scharf	O	O	O	O	O	O	—	O	+	O	O	+	—

(5.) Neutralisationen

(5.1) Vor /r/ erscheinen die Kernphoneme /i/ /ɛ/ /a/ /ɑ/ /o/. Danach werden die Gegensätze /i/ ≠ /e/, /e/ ≠ /ɛ/, /o/ ≠ /u/ vor /r/ aufgehoben. Die Kernphoneme /e/ /u/ können vor /r/ nicht auftreten. Das weist gleichzeitig darauf hin, daß /r/ nicht vollständig assimiliert wurde, sondern diese positionsbedingten Realisierungsvarianten verlangt (vgl. oben 3.531 Altenau 5.1).

(5.2) Distributionell geregelt ist die Stellung der betonten Kernphoneme in finaler Position. In dieser Stellung können nur die Kernphoneme 'relativ lang' vorkommen, während die Kernphoneme 'relativ kurz' hier niemals auftreten. Der Quantitätsgegensatz ist demnach in dieser Stellung aufgehoben.

(5.3) —

(5.4.1) Aufgehoben wird die Opposition /g/ ≠ /k/ initial vor Satellitenphonemen, medial und final. Die Relevanzstellung gilt initial vor Kernphonemen.

(5.4.2) Aufgehoben werden die Oppositionen /f̂/ ≠ /b/, /f̂/ ≠ /f/ medial und final. In diesen Stellungen stehen /b/ /f/. Phonologisch relevant sind die Oppositionen initial.

(5.4.3) Aufgehoben wird die Opposition /f/ ≠ /v/ initial vor Satellitenphonemen und final. In diesen Stellungen erscheint /f/. Phonologisch relevant ist die Opposition /f/ ≠ /v/ initial vor Kernphonemen und medial.

(5.4.4) Aufgehoben wird die Opposition /b/ ≠ /v/: 1. initial vor Satellitenphonemen; 2. medial; 3. final; 4. zwischen langen Kernphonemen und /l/. Initial vor Satellitenphonemen steht /b/, während medial sowie zwischen langen Kernphonemen und /l/ nur /v/ auftritt, final steht nur /b/. Phonologisch relevant ist die Opposition /b/ ≠ /v/ initial vor Kernphonemen, sowie zwischen kurzen Kernphonemen und /l/.

(5.4.5) Aufgehoben wird die Opposition /ŝ/ ≠ /s/ nach /l/ und /n/. In dieser Position wechseln [s] und [ts] frei, jedoch tritt [s] häufiger auf: [gɑns] [gɑnts] 'ganz'.

(5.4.6) Neutralisiert wird die Opposition /m/ ≠ /n/ final nach /b/ und /f/. In diesen Stellungen können [m] und [n] frei wechseln und stellen Varianten dar: [dɛˑɑbm̩] '(aus) derbem (Stoff)'; [ʃloːfm̩] 'schlafen', [kʰḛːfn̩] 'kaufen'.

(5.4.7) Aufgehoben wird die Opposition /n/ ≠ /ŋ/ vor /g/, nach /g/ und nach /x/. Vor /g/ steht stets /ŋ/: [sɛŋktʼ] '(es) senkt (sich)'. Nach /g/ und nach /x/ erscheint meist [ŋ], im freien Wechsel aber auch [n]: [kɔxn̩] 'kochen', [gəbRɔxn̩] 'gebrochen'. Phonologisch relevant ist die Opposition /n/ ≠ /ŋ/ medial, final nach Kernphonemen und vor den Satellitenphonemen /d/ /s/ /ʃ/ /l/.

(6.) Phonemdistribution

(6.1)

(s. S. 60)

	#	b	d	g	k	f̂	ŝ	f	s	ʃ	x	m	n	ŋ	l	r	v	h
/i/	|	+	+	+	−	−	+	+	+	+	+	+	+	|	+	+	−	−
/e/	|	+	+	+	−		+	+	+	+	+	+	+	|	+	−	−	−
/ɛ/	|	+	+	+	−	−	+	+	+	+	+	+	+	|	+	+	−	−
/a/	|	+	+	+	−	−	+	+	+		+	+	+	|	+	+	−	−
/ɑ/	|	+	+	+	−	−	+	+	+	+	+	+	+	|	+	+	−	−
/o/	|	+	+	+	−	−	+	+	+	+	+	+	+	|	+	+	−	−
/u/	|	+	+	+	−	−	+	+	+	+	+	+	+	|	+	−	−	−

(6.2)

	#	b	d	g	k	f̂	ŝ	f	s	ʃ	x	m	n	ŋ	l	r	v	h
/iː/	/	+	+	+	−	−	+	+	+	−	+	+	+	/	+	+	+	−
/eː/	/	+	+	+	−		+	+	+	−	+	+	+	/	+	+	+	−
/ɛː/	/	+	+	+	−		+	+	+	+	+	+	+	/	+	+	+	−
/aː/	/	+	+	+	−	−	+	+	+	−	+	+	+	/	+	+	+	−
/ɑː/	/	+	+	+	−		+	+	+	−	+	+	+	/	+	+	+	−
/oː/	/	+	+	+	−	−	+	+	+	−	+	+	+	/	+	+	+	−
/uː/	/	+	+	+	−	−	+	+	+	−	+	+	+	/	+	+	+	−

(6.3)

	#	b	d	g	k	f̂	ŝ	f	s	ʃ	x	m	n	ŋ	l	r	v	h
/aɪ/	/	+	+	−	−	−	+	+	+	−	+	+	+	/	+	+	+	−
/ao/	/	+	+	+	−	−	+	+	+	−	+	+	+	/	+	+	+	−

(6.4) Phonemverbindungen

(s. S. 61)

erstes Glied   zweites Glied →

↓   b   d   g   f̂   ŝ   f   s   ʃ   x   m   n   ŋ   l   r   v

b   −   − −   −   +   /
d   −   −   +   +   /
g   −   − −   / − +   / /
f̂   /   /
ŝ   −   − −   /

f   −   − −   −   +   /
s   − −   −
ʃ   / + /   / +   +   / /
x   −   −   − −

m   − −   − − −   −   −
n   −   − − −   −
ŋ   − −   − −   −
l   − − −   − − − −

r   − − −   −   − − − −   − −
v   −   −

3.534 Hahnenklee

(1.) Phonemsysteme

(1.1)   /i/   /u/
        /e/   /o/
        /ɛ/   /ɑ/
              /a/

(1.2)   /iː/   /uː/
        /eː/   /oː/
        /ɛː/   /ɑː/
              /aː/

(1.3)   /ai/   /ao/

(1.4)   /b/   /d/   /g/
                          /k/
        /f̂/   /ŝ/
        /f/   /s/   /ʃ/   /x/
        /v/
        /m/   /n/   /ŋ/
              /l/   /r/   /h/

(2.) Oppositionen

(2.1)   /e/ ≠ /ɛ/:   /ʃdele/ 'Stelle'   ≠ /ʃdɛle/ 'Ställe'
        /a/ ≠ /ɑ/:   /hal/ 'hell'   ≠ /hɑl/ 'Halle'

(2.2)   /eː/ ≠ /ɛː/: /heːrd/ 'Herde'   ≠ /hɛːrd/ '(er) hört'
        /aː/ ≠ /ɑː/: /saːn/ 'sehen'   ≠ /sɑːn/ 'sagen'

(2.3) —

(2.4) /b/ ≠ /f̂/ ≠ /f/ ≠ /v/: /bɑnd/ 'Band' ≠ /f̂ɑnd/ 'Pfand' ≠ /fɑnd/ '(er) fand' ≠ /vɑnd/ 'Wand'.
/d/ ≠ /ŝ/ ≠ /s/: /blɑd/ 'Blatt' ≠ /blɑŝ/ 'Platz' ≠ /blɑs/ 'blaß'.
/g/ ≠ /k/ ≠ /x/: /giːs/ 'gieß!' ≠ /kiːs/ 'Kies'; /sɑg/ 'Sack' ≠ /sɑx/ 'Sache'; /kuː/ 'Kuh' ≠ /xuː/ 'ja'.
/ʃ/ ≠ /x/ ≠ /r/: /diʃ/ 'Tisch' ≠ /dix/ 'dich'; /buːx/ 'Buch' ≠ /buːr/ 'pur'.
/n/ ≠ /ŋ/: /raɪn/ 'herein' ≠ /raɪŋ/ 'Reigen'.

3.5 Phonologische Analyse — Ortsdialekt Hahnenklee

(3.) Realisationen und Varianten

(3.1.1) Tendenz zur Rundung kann bei den gespreizten palatalen Kernphonemen vor /l/ beobachtet werden: [frᵓltᶜ] '(er) füllt', [hɛᵓlə] 'Hölle'.

(3.1.2) /i/ ist meist ein gespreizter hoher bis sehr hoher Vorderzungenvokal [ɪ] [i] [i̞].

(3.1.3) /e/ ist als gespreizter halbhoher Vorderzungenvokal mit weiterer Öffnung und gleichzeitiger Zentralisation definiert [e̞⁻]. Damit rückt /e/ in die Nähe von /ɛ/ und unterscheidet sich von diesem besonders durch den geringeren Öffnungsgrad. Die Opposition /e/ ≠ /ɛ/ ist nur noch schwach besetzt. Die Entphonologisierung, bei der /e/ mit /ɛ/ zusammenfällt, ist bereits im Gange.

(3.1.4) /ɛ/ wird als gespreizter Vorderzungenvokal mittlerer Höhe gebildet [ɛ].

(3.1.5) /a/ als gespreizter maximal offener tiefer Mittelzungenvokal ist nicht häufig belegt. Die Opposition /a/ ≠ /ɑ/ ist nur schwach besetzt. Die Entphonologisierung von /a/ → /ɑ/ hat bereits begonnen, indem /a/ auf einen kleineren Öffnungsgrad ausweicht und /ɑ/ gleichzeitig die Artikulationsstelle etwas nach vorn verlagert. Der Phonemzusammenfall steht bevor. Phonetisch ist /a/ als [a̝] zu umschreiben.

(3.1.6) /ɑ/ ist kein reiner gespreizter tiefer Hinterzungenvokal mehr, sondern ein stark zentralisierter halbgeschlossener Mittel- bis Hinterzungenvokal, der weit häufiger vorkommt als /a/: [a̝⁻] [ɑ⁺] [ɑ⁺⁺].

(3.1.7) /o/ wird als runder halbtiefer Hinterzungenvokal gebildet [ɔ].

(3.1.8) /u/ wird meist als leicht entrundeter hoher oder halbhoher Hinterzungenvokal realisiert [uᶜ] [ʊᶜ].

(3.2.1) /i:/ ist als gespreizter sehr hoher Vorderzungenvokal definiert, der auch offenere freie Varianten haben kann [i:], [i̞:] [ɪ:].

(3.2.2) /e:/ wird als gespreizter halbhoher Vorderzungenvokal gebildet [e:].

(3.2.3) /ɛː/ ist ein gespreizter Vorderzungenvokal mittlerer Höhe [ɛː]. Es kann auch offenere freie Varianten haben [ɛ̞ː] [æː], namentlich vor vokalisiertem /r/: [ʃɛ̞ːɑ] 'Schere'.

(3.2.4) /aː/ wird als gespreizter maximal offener tiefer Mittelzungenvokal realisiert, der manchmal auch zur Hinterzunge tendiert [aː] [aː⁻].

(3.2.5) /ɑː/ als gespreizter tiefer Hinterzungenvokal kann geöffnet und geschlossene freie Varianten haben und auch etwas zentralisiert auftreten [ɑː] [ɒː] [ɑ̣ː] [ɑː⁺].

(3.2.6) /oː/ ist ein runder Hinterzungenvokal mittlerer Höhe [oː].

(3.2.7) /uː/ wird als leicht entrundeter hoher Hinterzungenvokal realisiert [uːᶜ].

(3.3.1) /aɪ/ ist ein vorderer schließender tiefer Diphthong. Das erste Glied wird von einem gespreizten maximal offenen tiefen Mittelzungenvokal vertreten, der etwas zurückgezogen wird [a⁻]. Der zweite Bestandteil ist ein gespreizter hoher Vorderzungenvokal [aɪ].

(3.3.2) /ao/ ist ein hinterer schließender tiefer Diphthong. Der erste Teil wird von einem gespreizten maximal offenen tiefen Mittelzungenvokal gebildet [a], das zweite Glied von einem runden mittelhohen Hinterzungenvokal [ao].

(3.4.1) /b/ /d/ /g/ werden initial als stimmlose Lenes gebildet, die schwach behaucht sein können [b̥] [d̥] [g̊], [b̥ʻ] [d̥ʻ] [g̊ʻ]. Medial sind es meist stimmhafte Lenes [b] [d] [g], seltener stimmlose. Final werden sie durch stimmlose behauchte Fortes realisiert [pʻ] [tʻ] [kʻ].

(3.4.2) /k/ wird als velare sehr stark behauchte stimmlose Fortis realisiert, deren Stellung auf die Position initial vor Kernphonemen eingeschränkt ist [kh].

(3.4.3) /f̂/ als labiodentale Affrikate wird als stimmlose Fortis oder Halbfortis realisiert [pf] [p̥f].

(3.4.4) /ŝ/ als dentale Affrikate wird als stimmlose Fortis oder Halbfortis gebildet [ts] [t̥s]. Medial und final nach langen Kernphonemen kann /ŝ/

jedoch auch als stimmlose Lenis bis Halblenis realisiert werden [d̥s] [d̄s]: [taid̥s] 'Reiz'.

(3.4.5) /f/ wird als labiodentale Fortis oder Halbfortis gebildet [f] [f̥].

(3.4.6) /v/ wird meistens als friktionsloser labiodentaler Kontinuant [ʋ], seltener als labiodentale stimmhafte Lenis realisiert [v].

(3.4.7) /s/ ist als alveolare stimmlose Fortis oder Halbfortis definiert [s[[s̥].

(3.4.8) /ʃ/ ist eine palato-alveolare stimmlose Fortis [ʃ], die in seltenen Fällen medial durch eine stimmhafte Lenis vertreten werden kann [ʒ].

(3.4.9) /x/ als palato-velarer Frikativlaut hat drei stellungsbedingte Varianten, die komplementär verteilt sind: 1. [x] velare stimmlose Fortis steht nach velaren Kernphonemen; 2. [ç] palatale stimmlose Fortis steht nach palatalen Kernphonemen und Satellitenphonemen, [x] [ç] kommen niemals in initialer Position vor; 3. [j] palatale stimmhafte Lenis steht nur initial vor Kernphonemen.

(3.4.10) /l/ wird als dentaler Lateral realisiert [l].

(3.4.11) /r/ steht immer vor oder nach Kernphonemen. Es wird hauptsächlich durch zwei Varianten gebildet: 1. [ʁ] uvularer oder velarer stimmhafter Frikativlaut oder Kontinuant steht: a) initial, b) initial nach Satellitenphonemen, c) medial; 2. [ɑ] [a] [ɔ] vollständig vokalisierte Varianten stehen stets in der schriftsprachlichen unbetonten Silbe er-/-er und nach langen Kernphonemen. — Daneben gibt es aber weitere Varianten, die zwar fakultativ sind, jedoch gewissen Regeln folgen: 3. [ʈ] rein retroflex kommt vor initial und initial nach Satellitenphonemen, auch intervokalisch-medial; 4. [ɹ] gleichsam abgeschwächtes [ʈ] als alveolarer schwach retroflexer Kontinuant oder Reibelaut steht in medialer Position, nach kurzen Kernphonemen, selten initial nach Satellitenphonemen; 5. [r] als einschlägiger alveolarer Vibrant tritt auf initial nach Satellitenphonemen; 6. [ʀ] als einschlägiger uvularer Vibrant kommt initial nach Satellitenphonemen vor.

(3.4.12) /m/ /n/ /ŋ/ sind als bilabialer, dentaler und velarer Nasal definiert.

(3.4.13) /h/ ist glottale stimmlose Fortis.

(3.4.14) Die Intensität ist bei folgenden Oppositionen phonologisch relevant, das intensive Phonem wird an erster Stelle genannt: /k/ ≠ /g/, /p̂/ ≠ /b/, /ŝ/ ≠ /d/, /f/ ≠ /v/, /ʃ/ ≠ /x/.

(3.4.15) Behauchung und Stimmbeteiligung sind phonologisch ohne Relevanz. Schwache Behauchung zeigen /b/ /d/ /g/ initial, sehr starke Behauchung weist /k/ auf. Stimmbeteiligung ist bei /b/ /d/ /g/, seltener bei /s/ und /ʃ/ in medialer Position festzustellen.

(4.) Distinktive Phonemmerkmale

(4.1)

	u	o	ɑ	a	i	e	ɛ
diffus	+	—	—	—	+	—	—
dunkel	+	+	+	—	—	—	—
kompakt	—	—	+	+	—	—	+
hell	—	—	—	—	+	+	+

(4.2) siehe 4.1

(4.3) —

(4.4.1)

	m	n	l	r	b	d	g	k	p̂	ŝ	f	v	s	ʃ	x[j]	h
vokalisch	+	+	+	+	—	—	—	—	—	—	—	—	—	—	—	—
nasal	+	+	—	—	○	○	○	○	○	○	○	○	○	○	○	○
abrupt	○	○	—	+	+	+	+	+	+	+	—	—	—	—	—	—
gespannt	○	○	○	○	—	—	—	+	○	○	+	—	○	+	—	+
kompakt	○	○	—	+	—	—	+	+	—	—	—	—	—	—	+	+	—
dunkel	+	—	—	+	+	—	○	○	+	—	+	+	—	○	○	○
scharf	○	○	○	○	—	—	○	○	+	+	+	—	+	○	○	—

(4.4.2)

	m	n	ŋ	l	r	b	d	g	ŝ	f	v	s	ʃ	x
vokalisch	+	+	+	+	+	○	○	○	○	○	○	○	○	○
nasal	+	+	+	—	—	○	○	○	○	○	○	○	○	○
abrupt	○	○	○	○	○	+	+	+	+	—	—	—	—	—
kompakt	—	—	+	—	+	—	—	+	—	—	—	—	+	+
dunkel	+	—	○	—	+	+	—	○	—	+	+	—	○	○
scharf	○	○	○	○	○	○	—	○	+	+	—	○	+	—

(4.4.3)

	m	n	ŋ	l	r	b	d	g	ŝ	f	s	ʃ	x
vokalisch	+	+	+	+	+	—	—	—	—	—	—	—	—
konsonantisch	+	+	+	+	—	+	+	+	+	+	+	+	+
nasal	+	+	+	—	○	○	○	○	○	○	○	○	○
abrupt	○	○	○	○	○	+	+	+	+	—	—	—	—
kompakt	—	—	+	○	○	—	—	+	—	—	—	+	+
dunkel	+	—	○	○	○	+	—	○	—	+	—	○	○
scharf	○	○	○	○	○	○	—	○	+	○	○	+	—

(5.) Neutralisationen

(5.1) Vor /r/ werden die Oppositionen /i/ ≠ /e/, /e/ ≠ /ɛ/, /ɛ/ ≠ /a/ aufgehoben. In dieser Position stehen /a/ /ɑ/ /o/ /u/ (vgl. oben 3.531 Altenau 5.1).

(5.2) In finaler Position ist die Stellung der betonten Kernphoneme offenbar distributionell geregelt. Final kommen nur betonte Kernphoneme 'relativ lang' vor, während die betonten Kernphoneme 'relativ kurz' hier niemals auftreten können. Damit ist in dieser Position der Quantitätsgegensatz aufgehoben.

(5.3) —

(5.4.1) Aufgehoben wird die Opposition /k/ ≠ /g/ initial vor Satellitenphonemen, medial und final. Die Relevanzstellung beschränkt sich auf initial vor Kernphonemen.

(5.4.2) Aufgehoben werden die Oppositionen /f̂/ ≠ /b/, /f̂/ ≠ /f/ in medialer und finaler Stellung. In diesen Positionen stehen /b/ und /f/. Phonologische Relevanz haben diese Gegensätze initial.

(5.4.3) Aufgehoben wird die Opposition /f/ ≠ /v/ initial vor Satellitenphonemen und final. In diesen Stellungen steht immer /f/. Die Relevanzstellung ist demnach initial vor Kernphonemen und medial gegeben.

(5.4.4) Aufgehoben wird die Opposition /b/ ≠ /v/: 1. initial vor Satellitenphonemen; 2. final, in beiden Stellungen erscheint /b/; 3. medial nach langen Kernphonemen und /l/, in diesen beiden Positionen steht /v/: [liːvɪs] 'liebes', [naːv]] 'Nebel'. Die Opposition /b/ ≠ /v/ ist initial vor Kernphonemen, medial nach kurzen Kernphonemen, sowie zwischen kurzen Kernphonemen und /l/ phonologisch relevant.

(5.4.5) Aufgehoben wird die Opposition /ŝ/ ≠ /s/ nach /n/ und /l/. In dieser Position steht meist [s], aber als freie Variante kann [ts] vorkommen.

(5.4.6) Aufgehoben wird die Opposition /m/ ≠ /n/ final nach /b/ und /f/. In dieser Stellung steht /m/: [khɛːfm̩] 'kaufen', [khumbm̩] 'Kumpen' (Trinkgefäß).

(5.4.7) Aufgehoben wird die Opposition /n/ ≠ /ŋ/ vor /g/, nach /g/ und nach /x/. Vor /g/ steht immer /ŋ/: [blɑŋkʼ] 'blank', nach /g/ und nach /x/ können [n] und [ŋ] frei wechseln: [hoːgŋ̍] 'Haken', [suxŋ̍] 'suchen', [mɑxn̩] 'machen'. Die Relevanzstellung gilt medial und final nach Kernphonemen, sowie vor den Satellitenphonemen /d/ /s/ /l/.

(6.) Phonemdistribution

(6.1)

(s. S. 60)

	#	b	d	g	k	f̂	ŝ	f	s	ʃ	x	m	n	ŋ	l	r	v	h
/i/	/	+	+	+	−		+	+	+	+	+	+	+	/	+	−	−	−
/e/	/	−	+	/	−		/	+	+	/	+	−	+	/	+	−	−	−
/ɛ/	/	/	+	+	−		+	−	/		−	+	/	/	+	−	−	−
/a/	/	+	+	+	−	−		+	+	/		−	+		+	+	−	−
/ɑ/	/	+	+	+	−	−	+	+	+	+	+	+	+	/	+	+	−	−
/o/	/	+	+	/	−			+	+	/	/	−	+		+	+	−	−
/u/	/	+	+	+	−	−	−	+	+	+	+	+	+	/	+	+	−	−

(6.2/6.3)

	#	b	d	g	k	f̂	ŝ	f	s	ʃ	x	m	n	ŋ	l	r	v	h
/iː/	/	+	+	−	−		+	+	+	−	/	+	+	/	+	+	+	−
/eː/	/	−	+				−	−	/		+	+	+	/	+	+	/	−
/ɛː/	/	+	+		−		/	+	+	+	/	−	+		+	+	−	−
/aː/	/	+	+	−	−	−	−	+	+	−	/	+	+	/	+	/	+	−
/ɑː/	/	−	+	−	−			−	−	−	−	+	+		+	+	−	−
/oː/	/	+	+	/	−	−	−	+	+	−	+	+	+	/	+	+	−	−
/uː/	/	+	+	+	−	−	−	+	+	−	/	+	+	/	+	+	−	−
/aɪ/	/	+	+	/	−		+	+	+	−	/	+	+	/	+	+	−	−
/ao/	/	+	+		−		−	/	+	/		+	/		+	−	/	

(6.4) Phonemverbindungen
   (s. S. 61)

erstes Glied   zweites Glied →

	b	d	g	f̂	ŝ	f	s	ʃ	x	m	n	ŋ	l	r	v
b						—	—		—				≠	/	
d							—				—		≠	/	
g		—					—	—		/	—		≠	/	/
f̂													/		/
ŝ		—									—	—			/
f		—								—			≠	/	
s		—									—	—			
ʃ	/	≠								/	≠		≠	/	/
x		—					—						—	—	
m		—	—				—	—					—		
n		—					—	—					—		
ŋ		—	—				—						—		
l		—	—	—			—	—		—	—	—			
r		—	—	—			—	—	—		—	—			—
v															

3.535 Lautenthal

(1.) Phonemsysteme

(1.1) /i/   /u/
       /e/   /o/
       /ɛ/   /ɑ/
              /a/

(1.2) /iː/   /uː/
       /eː/   /oː/
       /ɛː/   /ɑː/
              /aː/

(1.3) /aɪ/   /ao/

(1.4) /b/   /d/   /g/
                              /k/
/f̂/   /ŝ/
/f/   /s/   /ʃ/   /x/
/v/
/m/   /n/   /ŋ/
        /l/   /r/   /h/

(2.) Oppositionen

(2.1) /e/ ≠ /ɛ/:   /ʃdele/ 'Stelle'   ≠ /ʃdɛle/ 'Ställe'
       /a/ ≠ /ɑ/:   /val/ 'Welle'   ≠ /vɑl/ 'Wall'

(2.2) /eː/ ≠ /ɛː/:   /breːd/ 'breit'   ≠ /brɛːd/ '(sie) brät'
       /aː/ ≠ /ɑː/:   /daːd/ '(es) taut' ≠ /dɑːd/ '(er) tat'

(2.3) —

(2.4) /b/ ≠ /f̂/ ≠ /f/ ≠ /v/: /bɑnd/ 'Band' ≠ /f̂ɑnd/ 'Pfand' ≠ /fɑnd/ '(er) fand' ≠ /vɑnd/ 'Wand'.
/d/ ≠ /ŝ/ ≠ /s/: /dɑːl/ 'Tal' ≠ /ŝɑːl/ 'Zahl' ≠ /sɑːl/ 'Saal'.
/g/ ≠ /k/ ≠ /x/: /gas/ 'Gasse' ≠ /kas/ 'Kasse'; /ʃdig/ 'Stück' ≠ /ʃdix/ 'Stich'; /kuːŋ/ 'Kuchen' ≠ /xuːŋ/ 'Jugend'.
/ʃ/ ≠ /x/ ≠ /r/: /ʃoːr/ 'Schar' ≠ /xoːr/ 'Jahr' ≠ /roːr/ 'rar'.
/n/ ≠ /ŋ/: /ŝiːn/ 'ziehen' ≠ /ŝiːŋ/ 'Ziegen' (Plur.).

(3.) Realisationen und Varianten

(3.1.1) Tendenz zur Rundung besteht bei den palatalen gespreizten Kernphonemen vor /l/: [frˀlə] 'Fülle', [hɛˀlə] 'Hölle'.

(3.1.2) /i/ wird als gespreizter hoher Vorderzungenvokal gebildet [ɪ].

(3.1.3) Entphonologisierung kann bei /e/ beobachtet werden. Die Opposition /e/ ≠ /ɛ/ ist nur noch sporadisch zu belegen, da /e/ mit /ɛ/ zusammenfällt: [bəʃdelt'] → bəʃdɛlt'] 'bestellt'. Damit wird der Gegensatz /e/ ≠ /ɛ/ aufgehoben. /e/ wird meist als weit geöffneter stark zentralisierter halbhoher Vorderzungenvokal gebildet [ɛ̈⁻], während /ɛ/ als Vorderzungenvokal mittlerer Höhe realisiert wird [ɛ].

(3.1.4) Auch die beiden Phoneme /a/ und /ɑ/ fallen zusammen, so daß die Opposition /a/ ≠ /ɑ/ aufgehoben wird. Wie bei dem Gegensatz /e/ ≠ /ɛ/ ist dieser Prozeß noch nicht völlig abgeschlossen. Die Opposition /a/ ≠ /ɑ/ ist aber nur noch sehr schwach besetzt. Der Zusammenfall von /a/ und /ɑ/ geschieht durch Entphonologisierung von /ɑ/, das etwas weiter geöffnet wird und gleichzeitig die Artikulationsstelle nach vorn verschiebt. Der gegenwärtige Unterschied von /a/ als gespreiztem maximal offenem tiefem Mittelzungenvokal mit geringer Tendenz nach hinten [a⁻] und /ɑ/, einem geschlossenen zentralisierten gespreizten tiefen Hinterzungenvokal [ɑ⁺⁺], besteht bei den noch zu belegenden Oppositionen im Öffnungsgrad. /ɑ/ ist nur wenig geschlossener als /a/.

(3.1.5) /o/ ist ein halbtiefer und oft leicht entrundeter Hinterzungenvokal [ɔ] [ɔᶜ].

(3.1.6) /u/ wird meist als runder hoher Hinterzungenvokal gebildet, der auch leicht entrundet sein kann [u] [uᶜ].

(3.2.1) /iː/ kann frei variieren zwischen hohem und sehr hohem gespreiztem Vorderzungenvokal [ɪː] [i̝ː] [iː].

(3.2.2) /eː/ wird als gespreizter halbhoher Vorderzungenvokal realisiert [eː].

(3.2.3) /ɛː/ ist ein gespreizter Vorderzungenvokal mittlerer Höhe [ɛː] und hat vor /r/ weiter geöffnete Varianten [ɛ̞ː]: [ʃɛ̞ːɑ] 'Schere'.

(3.2.4) /aː/ wird als gespreizter maximal offener tiefer Mittelzungenvokal mit Neigung zur Hinterzunge gebildet [aː] [aː⁻].

(3.2.5) /ɑː/ variiert frei zwischen [ɑː] und [ɔːᶜ]. Das bedeutet, daß /ɑ/ sowohl tiefer als auch halbtiefer entrundeter Hinterzungenvokal sein kann.

(3.2.6) /oː/ wird als gerundeter Hinterzungenvokal mittlerer Höhe realisiert [oː].

(3.2.7) /uː/ ist ein leicht entrundeter hoher Hinterzungenvokal [uːᶜ], der geöffnete Varianten haben kann, die einem halbhohen leicht entrundeten Hinterzungenvokal entsprechen [ʊːᶜ]: [brʊːᶜtᶜ] 'Brot', 'Brut'.

(3.3.1) /aɪ/ ist ein vorderer schließender tiefer Diphthong, dessen erstes Glied von einem gespreizten maximal offenen tiefen Mittelzungenvokal gebildet wird [a]. Das zweite Glied wird von einem gespreizten hohen Vorderzungenvokal vertreten [aɪ].

(3.3.2) /ao/ ist ein hinterer schließender tiefer Diphthong. Sein erster Bestandteil wird durch einen gespreizten maximal offenen tiefen Mittelzungenvokal realisiert [a]. Das zweite Glied wird von einem runden Hinterzungenvokal mittlerer Höhe gebildet [ao].

(3.4.1) /b/ /d/ /g/ werden initial als stimmlose Lenes realisiert [b̥] [d̥] [g̊]. Medial werden sie durch stimmhafte Lenes [b] [d] [g], nur selten durch stimmlose Lenes vertreten. Final werden /b/ /d/ /g/ als stimmlose behauchte Fortes gebildet [pʻ] [tʻ] [kʻ].

(3.4.2) /k/ als velare stimmlose sehr stark behauchte Fortis kommt nur initial vor Kernphonemen vor [kh]. Die Behauchung von /k/ kann so kräftig sein, daß /k/ in die Nähe von [x] tritt: [ᵏxɔːmə] '(sie) kamen'.

(3.4.3) /f̂/ als labiodentale und /ŝ/ als dentale Affrikate werden fast durchgehend als stimmlose Fortes realisiert [pf] [ts].

(3.4.4) /f/ wird als labiodentale stimmlose Fortis gebildet [f].

(3.4.5) /v/ wird meist als friktionsloser labiodentaler Kontinuant gebildet [ʋ], seltener als labiodentale stimmhafte Lenis [v].

(3.4.6) /s/ wird als alveolare stimmlose Fortis oder Halbfortis realisiert [s] [s̬].

(3.4.7) /ʃ/ ist als palato-alveolare stimmlose Fortis definiert [ʃ], die nur selten in medialer Position auch als stimmhafte Lenis auftreten kann [ʒ].

(3.4.8) /x/ als palato-velarer Reibelaut hat drei positionsbedingte Varianten, die in komplementärer Verteilung stehen: 1. [x] velare stimmlose Fortis steht nach velaren Kernphonemen; 2. [ç] palatale stimmlose Fortis steht nach palatalen Kernphonemen und nach Satellitenphonemen, [x] [ç] treten niemals initial auf; 3. [j] palatale stimmhafte Lenis erscheint nur initial vor Kernphonemen: [jiŋsd̥ə] '(der) jüngste'.

(3.4.9) /l/ ist als dentaler Lateral definiert [l].

(3.4.10) /r/ steht immer neben Kernphonemen und hat mehrere fakultative Varianten, die sich in ihrer Stellung an gewisse Regeln halten: 1. [r] retroflex steht a) stets in initialer Position, b) häufig auch initial nach Satellitenphonemen, c) intervokalisch-medial, d) postvokalisch vor Satellitenphonemen; 2. [ɹ] gleichsam zum alveolar-dentalen retroflexen Kontinuanten oder stimmhaften Frikativlaut abgeschwächtes [r] steht besonders a) initial nach Satel-

3.5 Phonologische Analyse — Ortsdialekt Lautenthal

litenphonemen, b) medial und c) postvokalisch vor Satellitenphonemen; 3. [ɑ] [ɐ] [ɔ] vokalisierte Varianten von /r/ stehen a) immer final nach langen Kernphonemen: [fṛiːɐ] 'früher', b) seltener zwischen Kernphonemen und Satellitenphonemen: [eːɑts] 'Erz', [mɑɔts] 'März', c) aber stets in der schriftsprachlichen unbetonten Silbe er-/-er: [pfafɔ] 'Pfeffer'.

(3.4.11) /m/ /n/ /ŋ/ sind als bilabialer, dentaler und velarer Nasal definiert.

(3.4.12) /h/ ist glottale stimmlose Fortis.

(3.4.13) Die Intensität besitzt in den folgenden phonologischen Oppositionen Relevanz, wobei das intensive Phonem an erster Stelle genannt wird: /k/ ≠ /g/, /f̂/ ≠ /b/, /ŝ/ ≠ /d/, /f/ ≠ /v/, /ʃ/ ≠ /x/.

(3.4.14) Die Behauchung und Stimmbeteiligung sind phonologisch irrelevant. Behauchung kommt aber durchgehend bei /b/ /d/ /g/ final vor. Sehr stark behaucht ist /k/ (vgl. oben 3.4.2). — Stimmbeteiligung kann beobachtet werden fast immer bei /b/ /d/ /g/ in medialer Stellung, selten bei /s/ und /ʃ/ in medialer Position.

(4.) Distinktive Phonemmerkmale

(4.1)

	u	o	ɑ	a	i	e	ɛ
diffus	+	—	—	—	+	—	—
dunkel	+	+	+	—	—	—	—
kompakt	—	—	+	+	—	—	+
hell	—	—	—	—	+	+	+

(4.2) siehe 4.1

(4.3) —

(4.4.1)

	m	n	l	r	b	d	g	k	f̂	ŝ	f	v	s	ʃ	x[j]	h
vokalisch	+	+	+	+	—	—	—	—	—	—	—	—	—	—	—	—
nasal	+	+	—	—	o	o	o	o	o	o	o	o	o	o	o	o
abrupt	o	o	o	o	+	+	+	+	+	+	—	—	—	—	—	—
gespannt	o	o	o	o	—	—	—	+	o	o	+	—	o	+	—	+
kompakt	o	o	—	+	—	—	+	+	—	—	—	—	—	+	+	—
dunkel	+	—	o	o	+	—	o	o	+	—	+	+	—	o	o	o
scharf	o	o	o	o	—	—	—	o	o	+	+	+	—	+	o	—

(4.4.2)

	m	n	ŋ	l	r	d	g	ŝ	f	v	s	ʃ	x
vokalisch	+	+	+	+	+	—	—	—	—	—	—	—	—
nasal	+	+	+	—	—	o	o	o	o	o	o	o	o
abrupt	o	o	o	o	o	+	+	+	—	—	—	—	—
kompakt	—	—	+	—	+	—	+	—	—	—	—	+	+
dunkel	+	—	o	o	o	—	o	—	+	+	—	o	o
scharf	o	o	o	o	o	—	o	+	+	—	o	+	—

(4.4.3)

	m	n	ŋ	l	r	b	d	g	ŝ	f	s	ʃ	x
vokalisch	+	+	+	+	+	—	—	—	—	—	—	—	—
konsonantisch	+	+	+	+	—	+	+	+	+	+	+	+	+
nasal	+	+	+	—	o	o	o	o	o	o	o	o	o
abrupt	o	o	o	o	o	+	+	+	+	—	—	—	—
kompakt	—	—	+	o	o	—	—	+	—	—	—	+	+
dunkel	+	—	o	o	o	+	—	o	—	+	—	o	o
scharf	o	o	o	o	o	o	—	o	+	o	o	+	—

(5.) Neutralisationen

(5.1) Vor /r/ werden die Oppositionen /i/ ≠ /e/, /e/ ≠ /ɛ/, /ɛ/ ≠ /a/ aufgehoben. In dieser Stellung stehen die Kernphoneme /a/ /ɑ/ /o/ /u/ (vgl. oben 3.531 Altenau 5.1).

(5.2) Distributionell geregelt ist die Stellung der betonten Kernphoneme in finaler Position. Hier stehen die Kernphoneme 'relativ lang', so daß der Quantitätsgegensatz aufgehoben wird.

(5.3) —

(5.4.1) Aufgehoben wird die Opposition /g/ ≠ /k/ initial vor Satellitenphonemen, medial und final. Die Relevanzstellung ist auf initial vor Kernphonemen beschränkt.

(5.4.2) Aufgehoben wird die Opposition /f̂/ ≠ /b/ medial und final. In diesen Positionen steht /b/. Die Relevanzstellung gilt initial.

3.5 Phonologische Analyse — Ortsdialekt Lautenthal

(5.4.3) Aufgehoben wird die Opposition /f̂/ ≠ /f/ initial vor Satellitenphonemen, medial und final. In diesen Stellungen erscheint stets /f/. Die Relevanzstellung ist nur initial vor Kernphonemen gültig.

(5.4.4) Aufgehoben wird die Opposition /f/ ≠ /v/ initial vor Satellitenphonemen und final. In diesen Stellungen steht /f/. Relevant ist die Opposition initial vor Kernphonemen und medial.

(5.4.5) Aufgehoben wird die Opposition /b/ ≠ /v/: 1. initial vor Satellitenphonemen; 2. final, in diesen Positionen erscheint /b/; 3. medial; 4. zwischen Kernphonemen und /l/. In diesen beiden Stellungen steht /v/: [iːvɔ] 'über', [siːvenə] 'sieben'; [ɛvl] 'Apfel', [naːvl̥] 'Nebel'. Phonologisch relevant ist der Gegensatz /b/ ≠ /v/ initial vor Kernphonemen.

(5.4.6) Aufgehoben wird die Opposition /ŝ/ ≠ /s/ nach /l/ und /n/. In diesen Stellungen erscheint überwiegend [s], obwohl auch [ts] als freie Variante vorkommen kann.

(5.4.7) Aufgehoben wird die Opposition /m/ ≠ /n/ final nach /b/ und /f/, weil [m] und [n] hier frei alternieren können: [lib̥m̥] 'Lippen', [glob̥n̥] 'klopfen', [gə̥lofm̥] 'gelaufen'.

(5.4.8) Aufgehoben wird der Gegensatz /n/ ≠ /ŋ/ vor /g/, nach /g/ und nach /x/. Vor /g/ steht nur /ŋ/, nach /g/ und nach /x/ stehen [n] und [ŋ] im freien Wechsel. Phonologisch relevant ist die Opposition /n/ ≠ /ŋ/ medial, final nach Kernphonemen und vor /d/ /s/ /l/.

(6.) Phonemdistribution

(6.1)

(s. S. 60)

	#	b	d	g	k	f̂	ŝ	f	s	ʃ	x	m	n	ŋ	l	r	v	h
/i/	/	+	+	+	−	−	+	+	+	+	+	+	+	/	+	−	−	−
/e/		−	+	/	−		−	−	+	/	/			+	−			
/ɛ/	/	+	+	+	−	−	+	+	+	+	/	+	+	/	+	−	+	−
/a/	/	+	+	+	−	−	−	+	+	+	+	+	/	/	+	+	−	−
/ɑ/	/	+	+	+	−		+	−	+	+	+	+	+	/	+	+	−	−
/o/	/	+	+	+	−		−	/		/		+	−		+	+	−	−
/u/	/	+	+	+	−	−	−	+	+	+	+	+	+	/	+	+	−	−

174   3. Zur Analyse niederdeutscher und mitteldeutscher Dialekte

(6.2/6.3)

	#	b	d	g	k	f̂	ŝ	f	s	ʃ	x	m	n	ŋ	l	r	v	h
/iː/	/	+	+	−	−		+		+	+	−	/	+	+	/	+	+	+	−
/eː/	/	+	+	+	−		/		+	+	−	+	+	+	/	+	+	+	−
/ɛː/		−	+				−			+	/	−		−	+	+	+	−	−
/aː/	/	+	+	+	−	−	−		+	+		/	+	+	/	+	+	−	−
/ɑː/	/	+	+	+	−	−	−		−	+		+	+	+	/	+	+	−	−
/oː/	/	−	+	/	−				+	+	−	+	+	+	/	+	+	+	−
/uː/	/	+	+	+	−	−	−		+	+	−	/	+	+	/	+	+	−	−
/aɪ/	/	+	+	/	−	−	+		+	+	−	/	+	+	/	+	+	−	−
/ao/	/	+	/						−	+	+	/	+	/	+	+	−	

(6.4) Phonemverbindungen
      (s. S. 61)

erstes Glied   zweites Glied →
↓
                    b   d   g   ŝ   f   s   ʃ   x   m   n   ŋ   l   r   v
        b   −   − −   −   +   /
        d   −   +   +   /
        g   −   −   / − +   / /
        ŝ   −   −   /

        f   −   −   −   + /
        s   −   − −
        ʃ   / +   / +   +   / /
        x   −   −

        m   − −   −   −
        n   −   − −   −
        ŋ   − −   −   −
        l   − − −   − −   − −

        r   − − − −   −   −   − −   −
        v   −

3.536 Schulenberg

(1.) Phonemsysteme

(1.1) /i/   /u/
      /e/   /o/
      /ɛ/   /ɑ/
           /a/

(1.2) /iː/   /uː/
      /eː/   /oː/
      /ɛː/   /ɑː/
           /aː/

(1.3) /aɪ/   /ao/

(1.4) /b/   /d/   /g/
            /ŝ/
      /f/   /s/   /ʃ/   /x/
      /v/
      /m/   /n/   /ŋ/
            /l/   /r/   /h/

(2.) Oppositionen

(2.1) /e/ ≠ /ɛ/:   /ʃdele/ 'Stelle' ≠ /ʃdɛle/ 'Ställe'
      /a/ ≠ /ɑ/:   /fald/ 'Feld'   ≠ /vɑld/ 'Wald'

(2.2) /eː/ ≠ /ɛː/: /beːdn/ 'Böden'   ≠ /bɛːdn/ '(die) beiden'
      /aː/ ≠ /ɑː/: /daːl/ 'Diele'   ≠ /dɑːl/ 'Tal'

(2.3) —

(2.4) /b/ ≠ /f/ ≠ /v/: /bund/ 'bunt' ≠ /fund/ 'Pfund' ≠ /vund/ 'wund'.
      /d/ ≠ /ŝ/ ≠ /s/: /dɑːl/ 'Tal' ≠ /ŝɑːl/ 'Zahl' ≠ /sɑːl/ 'Saal'.
      /g/ ≠ /x/ ≠ /ʃ/: /dig/ 'dick' ≠ /dix/ 'dich' ≠ /diʃ/ 'Tisch'.
      /r/ ≠ /x/: /fiːrer/ 'Führer' ≠ /fiːxer/ 'Viecher'.
      /n/ ≠ /ŋ/: /suːn/ 'Sohn' ≠ /suːŋ/ 'suchen'.

(3.) Realisationen und Varianten

(3.1.1) Tendenz zur Rundung besteht bei den gespreizten palatalen Kernphonemen vor /l/: [hɪˑlə] 'Hülle', [heˑlə] 'Hölle'.

(3.1.2) /i/ wird als gespreizter sehr hoher Vorderzungenvokal realisiert [i].

(3.1.3) /e/ ist ein stark zentralisierter und ziemlich weit geöffneter gespreizter halbhoher Vorderzungenvokal [ẹ⁻⁻], der in die Nähe von [ɛ] rückt und mit /ɛ/ teilweise zusammenfällt. /ɛ/ ist ein zentralisierter gespreizter Vorderzungenvokal mittlerer Höhe [ɛ⁻]. Die Opposition /e/ ≠ /ɛ/ ist nur noch schwach besetzt. In freier Rede ist sie aufgehoben. Die Entphonologisierung von /e/ steht bevor, ist aber noch nicht abgeschlossen.

(3.1.4) /a/ wird als gespreizter maximal offener tiefer Mittelzungenvokal gebildet. Die Artikulationsstelle ist etwas zurückgezogen, der Öffnungsgrad nicht normal weit [ạ⁻].

(3.1.5) /ɑ/ wird als gespreizter tiefer Hinterzungenvokal ziemlich geschlossen und mit starker Zentralisierung gebildet [ɑ⁺⁺].

(3.1.6) /o/ wird fast immer als offener leicht entrundeter Hinterzungenvokal mittlerer Höhe realisiert [ǫᶜ].

(3.1.7) /u/ wird als halbhoher leicht entrundeter Hinterzungenvokal gebildet [ʊᶜ].

(3.2.1) /iː/ als gespreizter sehr hoher Vorderzungenvokal kann mit offener und geschlossener Qualität gebildet werden [i̞ː] [iː] [i̝ː].

(3.2.2) /eː/ wird als gespreizter hoher Vorderzungenvokal realisiert [eː].

(3.2.3) /ɛː/ ist ein gespreizter Vorderzungenvokal mittlerer Höhe [ɛː] mit geöffneteren Varianten vor /r/: [hɛːɔdə] 'Herde'.

(3.2.4) /aː/ wird als gespreizter maximal offener tiefer Mittelzungenvokal realisiert [aː].

(3.2.5) /ɑː/ als gespreizter tiefer Hinterzungenvokal kann freie geöffnete und nach vorn verlegte Varianten haben [ɑː] [ɑː⁺], jedoch besteht eine besondere Tendenz zur Verengung [ɑː].

(3.2.6) /oː/ als runder mittelhoher Hinterzungenvokal wird meist mit ziemlich geschlossener Qualität realisiert [o̝ː]. Vor /r/ hat /oː/ eine geöffnete Variante, die einem runden halbtiefen Hinterzungenvokal entspricht [ɔː]: [gɔːᶦpʻ] 'Korb'.

(3.2.7) /uː/ wird als runder hoher Hinterzungenvokal ziemlich offen gebildet [uː] [u̞ː].

(3.3.1) /aɪ/ ist ein vorderer schließender tiefer Diphthong. Das erste Glied wird von einem gespreizten maximal offenen tiefen Mittelzungenvokal gebildet, der zur Hinterzunge verlegt werden kann [a⁻] [ɑ⁺⁺]. Das zweite Glied ist durch einen gespreizten hohen Vorderzungenvokal vertreten [a⁻ɪ] [ɑ⁺⁺ɪ].

(3.3.2) /ao/ ist ein hinterer schließender tiefer Diphthong. Das erste Glied wird von einem gespreizten maixmal offenen tiefen Mittelzungenvokal gebildet [a]. Das zweite Glied ist ein runder mittelhoher Hinterzungenvokal [ao].

(3.4.1) /b/ /d/ /g/ werden initial als stimmlose Lenes realisiert [b̥] [d̥] [g̥]. Medial sind /b/ /d/ /g/ meist stimmhafte Lenes [b] [d] [g], seltener stimmlose. Final werden /b/ /d/ /g/ immer als stimmlose behauchte Fortes oder Halbfortes gebildet [pʻ] [tʻ] [kʻ], [p̥ʻ] [t̥ʻ] [k̥ʻ].

(3.4.2) /ŝ/ ist eine dentale Affrikate, die initial und final als stimmlose Fortis [ts], medial aber auch als stimmlose Lenis realisiert werden kann [d̥s].

(3.4.3) /f/ wird als labiodentale stimmlose Fortis gebildet [f].

(3.4.4) /v/ wird überwiegend als friktionsloser labiodentaler Kontinuant realisiert [ʋ], selten als labiodentale stimmhafte Lenis [v].

(3.4.5) /s/ ist als alveolare stimmlose Fortis definiert [s].

(3.4.6) /ʃ/ wird als palato-alveolare stimmlose Fortis gebildet [ʃ].

(3.4.7) /x/ als palato-velarer Reibelaut hat drei stellungsbedingte Varianten, die in komplementärer Verteilung stehen: 1. [x] velare stimmlose Fortis steht nach velaren Kernphonemen; 2. [ç] palatale stimmlose Fortis steht nach palatalen Kernphonemen und Satellitenphonemen, [x] [ç] treten nie initial auf; 3. [j] palatale stimmhafte Lenis steht allein initial vor Kernphonemen.

(3.4.8) /l/ wird als dentaler Lateral realisiert [l].

(3.4.9) /r/ steht immer vor oder nach Kernphonemen. Es hat mehrere Varianten, die zwar fakultativ sind, in den Positionen aber doch gewissen Regeln folgen: 1. [ʈ] rein retroflex erscheint nur initial; 2. [ɹ] alveolarer schwach retroflexer Kontinuant oder stimmhafter Reibelaut ist die häufigste Bildungsweise und steht a) initial b) initial nach Satellitenphonemen, c) medial, d) zwischen kurzen und seltener langen Kernphonemen und Satellitenphonemen; 3. [r] als einschlägiger alveolarer Vibrant ist sehr selten und kommt initial nach Satellitenphonemen sowie medial vor; 4. [ɑ] [ɐ] [ɔ] als vokalisierte Varianten stehen stets final nach langen Kernphonemen, sehr häufig zwischen langen Kernphonemen und Satellitenphonemen und in der unbetonten schriftsprachlichen Silbe er-/-er.

(3.4.10) /m/ /n/ /ŋ/ sind als bilabialer, dentaler und velarer Nasal definiert.

(3.4.11) /h/ ist glottale stimmlose Fortis.

(3.4.12) Die Intensität ist phonologisch relevant in den folgenden Oppositionen, in denen das intensive Phonem an erster Stelle genannt wird: /ś/ ≠ /d/, /f/ ≠ /v/, /ʃ/ ≠ /x/.

(3.4.13) Behauchung und Stimmbeteiligung sind phonologisch irrelevant. Behauchung zeigen aber /b/ /d/ /g/ in finaler Stellung. Stimmhafte Varianten kommen medial vor bei /b/ /d/ /g/, sehr selten bei /s/ /ʃ/.

(4.) Distinktive Phonemmerkmale

(4.1)

	u	o	ɑ	a	i	e	ε
diffus	+	−	−	−	+	−	−
dunkel	+	+	+	−	−	−	−
kompakt	−	−	+	+	−	−	+
hell	−	−	−	−	+	+	+

(4.2) siehe 4.1

(4.3) —

(4.4.1)

	m	n	l	r	b	d	g	ŝ	f	v	s	ʃ	x[j]	h
vokalisch	+	+	+	+	—	—	—	—	—	—	—	—	—	—
nasal	+	+	—	—	o	o	o	o	o	o	o	o	o	o
abrupt	o	o	o	o	+	+	+	+	—	—	—	—	—	—
kompakt	o	o	—	+	—	—	+	—	—	—	—	—	+	+ —
dunkel	+	—	o	o	+	—	o	—	+	+	—	o	o	o
scharf	o	o	o	o	o	—	o	+	+	—	o	+	—	—

(4.4.2)

	m	n	ŋ	l	r	b	d	g	ŝ	f	v	s	ʃ	x
vokalisch	+	+	+	+	+	—	—	—	—	—	—	—	—	—
nasal	+	+	+	—	—	o	o	o	o	o	o	o	o	o
abrupt	o	o	o	—	+	+	+	+	+	—	—	—	—	—
kompakt	—	—	+	—	+	—	—	+	—	—	—	—	+	+
dunkel	+	—	o	o	o	+	—	o	—	+	+	—	o	o
scharf	o	o	o	o	o	o	—	o	+	+	—	o	+	—

(4.4.3)

	m	n	ŋ	l	r	b	d	g	ŝ	f	s	ʃ	x
vokalisch	+	+	+	+	+	—	—	—	—	—	—	—	—
konsonantisch	+	+	+	+	—	+	+	+	+	+	+	+	+
nasal	+	+	+	—	o	o	o	o	o	o	o	o	o
abrupt	o	o	o	o	o	+	+	+	+	—	—	—	—
kompakt	—	—	+	o	o	—	—	+	—	—	—	+	+
dunkel	+	—	o	o	o	+	—	o	—	+	—	o	o
scharf	o	o	o	o	o	o	—	o	+	o	o	+	—

(5.) Neutralisationen

(5.1) Vor /r/ werden folgende Oppositionen aufgehoben: /i/ ≠ /e/, /e/ ≠ /ε/, /ε/ ≠ /a/, /o/ ≠ /u/. In dieser Stellung erscheinen /a/ /ɑ/ /o/. Das weist zusätzlich darauf hin, daß /r/ postvokalisch nicht als vollständig assimiliert aufzufassen ist, sondern bestimmte Realisationen der Kernphoneme 'relativ kurz' in dieser Position verlangt (vgl. 3.531 Altenau 5.1).

(5.2) In finaler Stellung ist der Quantitätsgegensatz von kurzen und langen Kernphonemen aufgehoben, da hier nur die Kernphoneme 'relativ lang' auftreten können.

(5.3) —

180   3. Zur Analyse niederdeutscher und mitteldeutscher Dialekte

(5.4.1) Aufgehoben wird die Opposition /f/ ≠ /v/ initial vor Satellitenphonemen und final. In diesen Positionen erscheint /f/. Die Relevanzstellung wird damit auf initial vor Kernphonemen und medial beschränkt.

(5.4.2) Die Opposition /b/ ≠ /v/ wird aufgehoben: 1. initial vor Satellitenphonemen; 2. final, in beiden Stellungen tritt /f/ auf; 3. medial nach langen Kernphonemen; zwischen langen Kernphonemen und /l/, in diesen beiden Positionen erscheint /v/: [hoːvə] '(ich) habe', [ne:vᵉl] 'Nebel'. Damit ist der Gegensatz /b/ ≠ /v/ initial vor Kernphonemen, medial nach kurzen Kernphonemen, sowie zwischen kurzen Kernphonemen und /l/ phonologisch relevant.

(5.4.3) Aufgehoben wird die Opposition /ŝ/ ≠ /s/ nach /l/ und /n/. In dieser Position steht fast immer [s]. Als freie Variante kann aber auch [ts] vorkommen.

(5.4.4) Aufgehoben wird die Opposition /m/ ≠ /n/ final nach /b/ und /f/. In den meisten Fällen steht hier [m], seltener als freie Variante [n] [gəlaːfn̩] 'gelaufen', [glɔbm̩] 'klopfen'.

(5.4.5) Aufgehoben wird die Opposition /n/ ≠ /ŋ/ vor /g/, nach /g/ und nach /x/. Vor /g/ steht immer /ŋ/: [gɑŋkʼ] 'Gang'. Nach /g/ und nach /x/ können [n] und [ŋ] im freien Wechsel stehen: [hagn̩] 'hacken', [mɔxn̩] 'machen', [gəbɪɔxn̩] 'gebrochen'. Die Relevanzstellung gilt medial, final nach Kernphonemen und vor den Satellitenphonemen /d/ /s/ /l/.

(6.) Phonemdistribution

(6.1)

(s. S. 60)

	#	b	d	g	ŝ	f	s	ʃ	x	m	n	ŋ	l	r	v	h
/i/	/	+	+	+	+	+	+	+	+	+	+	/	+	−	+	−
/e/	/	+	+	+	+	−	+	/	+	/	+	/	+	−	−	−
/ɛ/	/	+	−	+	+	+		/		+	/	/	+	−	−	−
/a/	/	−	+	+		+	+	−	/		−	+		+	+	−	−
/ɑ/	/	+	+	+	+	+	+	+	+	+	+	/	+	+	−	−
/o/	/	+	+	+		+		/	/		−			+	+	−	−
/u/	/	+	+	+	+	+	+	−	+	+	+	/	+	−	−	−

3.5 Phonologische Analyse — Ortsdialekt Schulenberg

(6.2/6.3)

	#	b	d	g	ŝ	f	s	ʃ	x	m	n	ŋ	l	r	v	h
/iː/	/	+	+	−	+	+	+	−	/	+	+	/	+	+	+	−
/eː/	/	−	+	+	−	+	+	−	+	+	+	/	+	+	+	−
/ɛː/	/	+	+	−	−	/	+		/	+	+	/	+	+	−	−
/aː/	/	+	+	−	−	+	+	/	/	/	+	/	+	+	−	−
/ɑː/	/	−	+	+	−	−	+	−	+	+	+		+	+	−	−
/oː/	/	+	+	+		+	/	−	+	+	−		+	+	+	−
/uː/	/	+	+	+	−	+	+	−	+	+	+	/	+	+	+	−
/aɪ/	/	+	+	+	+	+	+	−	/	+	+	/	+	+	+	−
/ao/	/	+	+	−	−	/	+	−		−	/		+	+	+	−

(6.4) Phonemverbindungen

(s. S. 61)

erstes Glied

↓   zweites Glied →

	b	d	g	ŝ	f	s	ʃ	x	m	n	ŋ	l	r	v
b				−		−	−		−			+	/	
d										−		/	/	
g				−			−		/	−	+	/	/	
ŝ				−					−		−			/
f				−					−			+	/	
s				−					−		−			
ʃ	/	+							/	+	+	/	/	
x				−					−					
m	−	−		−					−			−		
n	−	−				−	−					−		
ŋ	−	−		−					−					
l	−	−	−		−	−			−	−				
r	−	−	−	−	−		−	−	−	−				−
v									−					

3.537 Wildemann

(1.) Phonemsysteme

(1.1) /i/   /u/
      /e/   /o/
      /ɛ/   /ɑ/
           /a/

(1.2) /iː/   /uː/
      /eː/   /oː/
      /ɛː/   /ɑː/
           /aː/

(1.3) /aɪ/   /ao/

(1.4) /b/   /d/   /g/
                         /k/
      /f̂/   /ŝ/
      /f/   /s/   /ʃ/   /x/
      /v/
      /m/   /n/   /ŋ/
           /l/ /r/   /h/

(2.) Oppositionen

(2.1) /e/ ≠ /ɛ/:   /ʃdel/ 'Stelle'   ≠ /ʃdɛl/ 'Ställe'
      /a/ ≠ /ɑ/:   /ʃlaxdn/ 'schlechten' ≠ /ʃlɑxdn/ 'schlachten'

(2.2) /eː/ ≠ /ɛː/: /beːdn/ 'Böden'   ≠ /bɛːdn/ '(die) beiden'
      /aː/ ≠ /ɑː/: /saːn/ 'sehen'   ≠ /sɑːn/ 'sagen'

(2.3) —

(2.4) /b/ ≠ /f̂/ ≠ /f/ ≠ /v/: /band/ 'Band' ≠ /f̂and/ 'Pfand' ≠ /fand/ '(er) fand' ≠ /vand/ 'Wand'.
/d/ ≠ /ŝ/ ≠ /s/ ≠ /ʃ/: /doːl/ 'Tal' ≠ /ŝoːl/ 'Zahl' ≠ /soːl/ 'Saal'; /siːs/ 'süß' ≠ /ʃiːs/ 'schieß!'.
/g/ ≠ /k/ ≠ /x/: /gas/ 'Gasse' ≠ /kas/ 'Kasse'; /bɑg/ 'Backe' ≠ /bɑx/ 'Bach'; /kuːŋ/ 'Kuchen' ≠ /xuːŋ/ 'Jugend'.

/ʃ/ ≠ /x/ ≠ /r/: /diʃ/ 'Tisch' ≠ /dix/ 'dich'; /huːx/ 'hoch' ≠ /huːr/ '(er) hörte'.
/n/ ≠ /ŋ/: /ʃdiːn/ 'stehen' ≠ /ʃdiːŋ/ '(die) Stiegen'.

(3.) Realisationen und Varianten

(3.1.1) Tendenz zur Rundung ist bei den gespreizten palatalen Kernphonemen vor /l/ und /ʃ/ festzustellen: [vɪˀltʻ] 'wild', [tsvɛˀləvə] 'zwölf', [fuːg]ʃdɛˀln̩] 'Vogelstellen'; [vɪˀʃ] 'Wisch', [veˀʃ] 'Wäsche'.

(3.1.2) /i/ wird meist als gespreizter hoher Vorderzungenvokal gebildet [ɪ].

(3.1.3) /e/ ist ein ziemlich weit geöffneter stark zentralisierter gespreizter halbhoher Vorderzungenvokal [e̞⁻], der in die Nähe von [ɛ] rückt. Deshalb ist die Opposition /e/ ≠ /ɛ/ nur sehr schwach besetzt. Der Entphonologisierungsprozeß von /e/ hat bereits begonnen, so daß in freier Rede die Opposition faktisch aufgehoben ist. Der Phonemzusammenfall von /e/ und /ɛ/ in /ɛ/ kann damit vorausgesagt werden: /ʃdel/ 'Stelle' → /ʃdɛl/ 'Stelle', 'Ställe'.

(3.1.4) /ɛ/ ist ein gespreizter Vorderzungenvokal mittlerer Zungenhöhe [ɛ].

(3.1.5) /a/ wird als gespreizter maximal offener tiefer Mittelzungenvokal gebildet [a].

(3.1.6) /ɑ/ ist kein reiner gespreizter tiefer Hinterzungenvokal, sondern ein gespreizter stark zentralisierter geschlossener Mittel- bis Hinterzungenvokal [a⁻] [ɑ⁺⁺] [ɑ⁺].

(3.1.7) /o/ wird als runder halbtiefer Hinterzungenvokal realisiert [ɔ].

(3.1.8) /u/ wird meist als leicht entrundeter halbhoher Hinterzungenvokal gebildet [ʊᶜ].

(3.2.1) /iː/ wird meist als gespreizter sehr hoher Vorderzungenvokal realisiert [iː]. Selten sind geöffnete Varianten [i̞ː].

(3.2.2) /eː/ ist als gespreizter halbhoher Vorderzungenvokal definiert [eː].

(3.2.3) /ɛː/ wird als gespreizter Vorderzungenvokal mittlerer Höhe gebildet [ɛː].

(3.2.4) /aː/ ist ein gespreizter maximal offener tiefer Mittelzungenvokal, der etwas zur Hinterzunge verlegt werden kann [aː] [aː⁻].

(3.2.5) /ɑː/ kann frei variieren zwischen gespreiztem tiefem bis halbtiefem ungerundetem Hinterzungenvokal [ɑː] [ɔːᶜ] [ʌː].

(3.2.6) /oː/ wird als runder Hinterzungenvokal mittlerer Höhe gebildet [oː].

(3.2.7) /uː/ ist als leicht entrundeter hoher Hinterzungenvokal definiert, der auch freie geöffnete Varianten haben kann [uː] [u̜ːᶜ].

(3.3.1) /aɪ/ ist ein vorderer schließender tiefer Diphthong. Das erste Glied ist durch einen gespreizten maximal offenen tiefen Mittelzungenvokal vertreten [a]. Der zweite Bestandteil ist ein gespreizter hoher Vorderzungenvokal [aɪ].

(3.3.2) /ao/ ist ein hinterer schließender tiefer Diphthong. Das erste Glied wird durch einen gespreizten maximal offenen tiefen Mittelzungenvokal gebildet [a]. Die zweite Komponente wird vertreten durch einen runden Hinterzungenvokal mittlerer Höhe [ao].

(3.4.1) /b/ /d/ /g/ werden initial als stimmlose Lenes gebildet [b̥] [d̥] [g̥]. Medial werden sie meist als stimmhafte Lenes [b] [d] [g], selten als stimmlose realisiert. In finaler Stellung sind /b/ /d/ /g/ stimmlose behauchte Fortes [pʻ] [tʻ] [kʻ].

(3.4.2) /k/ als velare stimmlose Fortis erscheint nur initial vor Kernphonemen und wird mit starker Behauchung realisiert [kh].

(3.4.3) /f̂/ als labiodentale Affrikate wird fast immer als stimmlose Fortis realisiert. Sehr selten treten freie Varianten auf, die stimmlose Lenes oder Halblenes sein können [pf], [b̥f] [b̃f].

(3.4.4) /ŝ/ als dentale Affrikate wird meistens als stimmlose Fortis gebildet, nur selten sind freie Varianten, die durch stimmlose Lenes oder Halblenes realisiert werden [ts], [d̥s] [d̃s].

(3.4.5) /f/ wird als labiodentale stimmlose Fortis gebildet [f].

(3.4.6)   /v/ wird überwiegend als friktionsloser labiodentaler Kontinuant gebildet [ʋ]. Selten sind Realisationen, die eine labiodentale stimmhafte Lenis ergeben [v].

(3.4.7)   /s/ ist als alveolare stimmlose Fortis oder Halbfortis definiert [s] [ŝ].

(3.4.8)   /ʃ/ wird als palato-alveolare stimmlose Fortis realisiert [ʃ].

(3.4.9)   /x/ ist ein palato-velarer Frikativlaut, der drei stellungsbedingte Varianten hat, die komplementär verteilt sind: 1. [x] velare stimmlose Fortis steht nach den Kernphonemen der velaren Reihe; 2. [ç] palatale stimmlose Fortis steht nach den Kernphonemen der palatalen Reihe und nach Satellitenphonemen; 3. [j] palatale stimmhafte Lenis steht nur initial vor Kernphonemen, wo [x] und [ç] niemals auftreten können.

(3.4.10)   /l/ wird als dentaler Lateral gebildet [l].

(3.4.11)   /r/ steht immer neben Kernphonemen und hat verschiedene fakultative Varianten: 1. [ṛ] rein retroflex steht a) initial durchgehend, b) initial nach Satellitenphonemen häufig, c) meist auch medial, d) seltener postvokalisch vor Satellitenphonemen, Beispiele: [ṛeːn] 'regnen', [bṛɛːtʰ] 'breit', [jɔːṛɑ] 'Jahre', [faˑṛgl] 'Ferkel'; 2. [ɹ] als alveolarer schwach retroflexer Kontinuant kommt vor a) initial nach Satellitenphonemen, b) seltener medial, c) postvokalisch vor Satellitenphonemen, d) final nach langen Kernphonemen, Beispiele: [fɹɔʃ] 'Frosch', [fiːɹə] 'vier', [dʊɹm] 'Turm', [baːɹ] 'Bär'; 3. [ɑ] [ɔ] vokalisiertes /r/, dessen Qualität nicht immer genau zu definieren ist und vom vorangehenden Vokal abhängt, steht a) meist nach langen Kernphonemen: [uːɔ] 'Ohr', [mɛːɑn] 'Möhre', aber auch b) nach kurzen Kernphonemen: [kʻaɔn] 'Kern' und c) in der schriftsprachlichen unbetonten Silbe er-/-er, in der bisweilen aber auch [ɹ] erscheinen kann: [khalɑ] 'Keller', [pfafɑɹ] 'Pfeffer'.

(3.4.12)   /m/ /n/ /ŋ/ sind als bilabialer, dentaler und velarer Nasal definiert.

(3.4.13)   /h/ ist glottale stimmlose Fortis.

(3.4.14)   Die Intensität ist phonologisch relevant in folgenden Oppositionen, bei denen das intensive Phonem an erster Stelle genannt wird: /k/ ≠ /g/, /f̂/ ≠ /b/, /ŝ/ ≠ /d/, /f/ ≠ /v/, /ʃ/ ≠ /x/.

(3.4.15) Die Behauchung und Stimmbeteiligung sind phonologisch irrelevant. Behaucht werden aber /b/ /d/ /g/ in finaler Stellung. Starke Behauchung zeigt /k/. — Stimmhaftigkeit ist nachzuweisen medial bei /b/ /d/ /g/, selten bei /s/ und /ʃ/ in medialer Position.

(4.) Distinktive Phonemmerkmale

(4.1)

	u	o	ɑ	a	i	e	ɛ
diffus	+	—	—	—	+	—	—
dunkel	+	+	+	—	—	—	—
kompakt	—	—	+	+	—	—	+
hell	—	—	—	—	+	+	+

(4.2) siehe 4.1

(4.3) —

(4.4.1)

	m	n	l	r	b	d	g	k	f̂	ŝ	f	v	s	ʃ	x[j]	h
vokalisch	+	+	+	+	—	—	—	—	—	—	—	—	—	—	—	—
nasal	+	+	—	—	o	o	o	o	o	o	o	o	o	o	o	o
abrupt	o	o	o	o	+	+	+	+	+	+	—	—	—	—	—	—
gespannt	o	o	o	o	—	—	—	+	o	o	+	—	o	+	—	+
kompakt	o	o	—	+	—	—	+	+	—	—	—	—	—	+	+	—
dunkel	+	—	o	o	+	—	o	o	+	—	+	+	—	o	o	o
scharf	o	o	o	o	—	—	o	o	+	+	+	—	+	o	o	—

(4.4.2)

	m	n	ŋ	l	r	d	g	ŝ	f	v	s	ʃ	x
vokalisch	+	+	+	+	+	—	—	—	—	—	—	—	—
nasal	+	+	+	—	—	o	o	o	o	o	o	o	o
abrupt	o	o	o	o	o	+	+	+	—	—	—	—	—
kompakt	—	—	+	—	+	—	+	—	—	—	—	+	+
dunkel	+	—	o	o	o	—	o	—	+	+	—	o	o
scharf	o	o	o	o	o	—	o	+	+	—	+	+	—

(4.4.3)

	m	n	ŋ	l	r	b	d	ĝ	f	s	ʃ	x
vokalisch	+	+	+	+	+	—	—	—	—	—	—	—
konsonantisch	+	+	+	+	—	+	+	+	+	+	+	+
nasal	+	+	+	—	—	O	O	O	O	O	O	O
abrupt	O	O	O	O	O	+	+	+	+	—	—	—
kompakt	—	—	+	—	+	—	—	+	—	—	+	+
dunkel	+	—	O	O	+	—	O	—	+	—	O	O
scharf	O	O	O	O	O	O	—	O	+	O	O	+	—

(5.) Neutralisationen

(5.1) —

(5.2) In finaler Position ist die Stellung der betonten Kernphoneme offensichtlich distributionell geregelt, da hier nur die Kernphoneme 'relativ lang' auftreten können. Damit ist der Quantitäsgegensatz in dieser Stellung aufgehoben.

(5.3) —

(5.4.1) Aufgehoben wird die Opposition /g/ ≠ /k/ initial vor Satellitenphonemen, medial und final. Die Relevanzstellung ist demnach auf die Position initial vor Kernphonemen beschränkt.

(5.4.2) Aufgehoben wird die Opposition /f̂/ ≠ /b/ medial und final. In diesen Positionen steht /b/. Phonologisch relevant ist der Gegensatz initial.

(5.4.3) Aufgehoben wird die Opposition /f̂/ ≠ /f/ initial vor Satellitenphonemen, medial und final. In diesen Positionen erscheint stets /f/. Phonologische Relevanz besitzt die Opposition initial vor Kernphonemen.

(5.4.4) Aufgehoben ist die Opposition /f/ ≠ /v/ initial vor Satellitenphonemen und final. In beiden Stellungen steht /f/. Die Relevanzstellung ist initial vor Kernphonemen und medial gültig.

(5.4.5) Die Opposition /b/ ≠ /v/ wird aufgehoben: 1. initial vor Satellitenphonemen; 2. final, in diesen beiden Positionen steht /b/; 3. medial; 4. zwischen Kernphonemen und /l/. In diesen Stellungen steht immer /v/: [laːvɔ] 'Leber', [huːvl̩] 'Hobel', [ɛvl̩] 'Apfel'. Als freie Variante kann im zuletzt genannten Fall auch [b] erscheinen: [ɛbļ] 'Apfel'. Die Relevanzstellung ist auf die Position initial vor Kernphonemen beschränkt.

(5.4.6) Aufgehoben wird die Opposition /ŝ/ ≠ /s/ nach /n/ und /l/. Vorwiegend steht in dieser Position [s], obwohl [ts] als freie Variante vorkommen kann.

(5.4.7) Aufgehoben wird der Gegensatz /m/ ≠ /n/ in finaler Stellung nach /b̥/ und /f/. Hier steht /m/: [uːfm̥] 'Ofen', [lɑb̥m̥] 'Lappen'.

(5.4.8) Aufgehoben wird der Gegensatz /n/ ≠ /ŋ/ vor /g/, nach /g/ und nach /x/. Vor /g/ steht hier immer /ŋ/ [ʃd̥o̬ŋkʼ] '(es) stank'. Nach /g/ und nach /x/ stehen [n] und [ŋ] in freiem Wechsel: [b̥uːgn̥] '(sie) buken' [sɑxn̥] 'Sachen', [g̥əb̥ruxn̥] 'gebrochen'.

(6.) Phonemdistribution

(6.1)

(s. S. 60)

	#	b	d	g	k	f̂	ŝ	f	s	ʃ	x	m	n	ŋ	l	r	v	h
/i/	/	+	+	+	−		+	+	+	+	+	+	+	/	+	+	−	−
/e/	/	+	+	+	−		/		+	/		−	/		+	+		
/ɛ/	/	+	+	+	−		+	+	+	+	+	+	+	/	+	+	−	−
/a/	/	−	+	+	−	−	+	+	+	−	/	+	+		+	+	−	−
/ɑ/	/	+	+	+	−	−	+	+	+	+	+	/	+	/	+	+	−	−
/o/	/	+	+	+	−		−	/	+	+	/	+	/		+	+	−	−
/u/	/	+	+	/	−	−	+	+	+	+	+	+	+	/	+	+	−	−

(6.2/6.3)

	#	b	d	g	k	f̂	ŝ	f	s	ʃ	x	m	n	ŋ	l	r	v	h
/iː/	/	+	+	+	−	−		+	+	−	/	+	+	/	+	+	+	−
/eː/	/	+	+	+		+		/	+		+	+	+	/	+	+	−	−
/ɛː/	/	+	+		−			/	+	+	+	+	+	/	+	+	−	−
/aː/	/	+	+	−	−	−	−	+	+	−	/	+	+	/	+	+	+	−
/ɑː/	/	−	+		−		−	−	+	−	−	+	+	/	+	+	−	−
/oː/	/	/	+	/	−	−	−	+	+	−	+	+	+	/	+	+	−	−
/uː/	/	+	+	+	−	−	−	+	+	−	/	+	+	/	+	+	+	−
/ai/	/	+	+	/			+	+	+	−	/	+	+	/	+	+	−	−
/ao/	/	+	/		−			/	+	−	/	+	/	/	+	+	−	−

(6.4) Phonemverbindungen

(s. S. 61)

erstes Glied zweites Glied →

↓	b	d	g	ŝ	f	s	ʃ	x	m	n	ŋ	l	r	v
b		—				—	—		—			╪	/	
d							—			—		╪	/	
g	—					—			/	—	╪		/	/
ŝ									—	—				/
f		—							—			╪	/	
s		—							—	—				
ʃ	/	╪							/	╪	╪		/	/
x		—			—				—	—				
m		—	—			—						—		
n		—	—			—	—					—		
ŋ		—	—			—								
l		—	—	—		—	—			—	—			
r		—	—	—	—	—		—	—	—	—			—
v										—				

3.538 Zellerfeld

(1.) Phonemsysteme

(1.1) /i/ /u/
/e/ /o/
/ɛ/ /ɑ/
/a/

(1.2) /iː/ /uː/
/eː/ /oː/
/ɛː/ /ɑː/
/aː/

(1.3) /aɪ/   /ao/

(1.4) /b/   /d/   /g/
                               /k/
      /f̂/   /ŝ/
      /f/   /s/   /ʃ/
      /v/
      /m/   /n/   /ŋ/
             /l/   /r/   /h/

(2.) Oppositionen

(2.1) /e/ ≠ /ɛ/: /ʃdel/ 'Stelle'   ≠ /ʃdɛl/ 'Ställe'
      /a/ ≠ /ɑ/: /fal/ 'Fell'   ≠ /fɑl/ 'Fall'

(2.2) /eː/ ≠ /ɛː/: /beːdn/ 'Böden' ≠ /bɛːdn/ '(die) beiden'
      /aː/ ≠ /ɑː/: /laːm/ 'leben' ≠ /lɑːm/ 'lahm'

(2.3) —

(2.4) /b/ ≠ /f̂/ ≠ /f/ ≠ /v/: /band/ 'Band' ≠ /f̂and/ 'Pfand' ≠ /fand/ '(er) fand' ≠ /vand/ 'Wand'.
/d/ ≠ /ŝ/ ≠ /s/: /daɪx/ 'Teich' ≠ /ŝaɪx/ 'Zeug'; /nɑːd/ 'Naht' ≠ /nɑːs/ 'Nase'; /ŝag/ 'Zacke' ≠ /sag/ 'Sack'.
/g/ ≠ /k/ ≠ /x/: /giːs/ 'gieß!' ≠ /kiːs/ 'Kies'; /sag/ 'Sack' ≠ /sax/ 'Sache'; /kuːŋ/ 'Kuchen' ≠ /xuːŋ/ 'Jugend'.
/ʃ/ ≠ /x/ ≠ /r/: /diʃ/ 'Tisch' ≠ /dix/ 'dich'; /huːx/ 'hoch' ≠ /huːr/ '(er) hörte'.
/n/ ≠ /ŋ/: /suːn/ 'Sohn' ≠ /suːŋ/ 'suchen'.

(3.) Realisationen und Varianten

(3.1.1) Tendenz zur Rundung besteht bei den gespreizten palatalen Kernphonemen vor /l/: [hrᵊl] 'Hülle', [heᵊl] 'Hölle'.

(3.1.2) /i/ wird als gespreizter hoher Vorderzungenvokal gebildet, der auch zentralisiert sein kann [ɪ] [ɪ⁻].

(3.1.3) /e/ wird als gespreizter leicht geöffneter halbhoher Vorderzungenvokal mit Zentralisierung gebildet [ẹ⁻].

(3.1.4) /ɛ/ wird als gespreizter Vorderzungenvokal mittlerer Höhe gebildet [ɛ].

(3.1.5) /a/ wird als gespreizter maximal offener tiefer Mittelzungenvokal realisiert [a].

(3.1.6) /ɑ/ wird als leicht geschlossener stark zentralisierter gespreizter tiefer Hinterzungenvokal gebildet [ɑ⁺⁺].

(3.1.7) /o/ wird vorwiegend als leicht geöffneter zentralisierter runder Hinterzungenvokal mittlerer Höhe realisiert [ǫ⁺].

(3.1.8) /u/ ist als runder hoher oder halbhoher Hinterzungenvokal definiert, der auch leicht zentralisiert sein kann [u] [ʊ], [u⁺] [ʊ⁺].

(3.2.1) /iː/ ist ein gespreizter sehr hoher Vorderzungenvokal [iː].

(3.2.2) /eː/ wird als gespreizter halbhoher Vorderzungenvokal realisiert [eː].

(3.2.3) /ɛː/ ist als gespreizter Vorderzungenvokal mittlerer Höhe definiert [ɛː]. Vor vokalisiertem /r/ treten weiter geöffnete Varianten auf [ɛ̞ː]: [bɛ̞ːɑ] 'Beere'.

(3.2.4) /aː/ ist ein gespreizter maximal offener tiefer Mittelzungenvokal [aː].

(3.2.5) /ɑː/ kann frei variieren zwischen gespreiztem tiefem Hinterzungenvokal und entrundetem halbtiefem Hinterzungenvokal [ɑː] [ɑː] [ɒːᶜ].

(3.2.6) /oː/ ist ein runder Hinterzungenvokal mittlerer Höhe, der fakultative Varianten hat, die offener oder geschlossener sein können [oː] [ǫː] [ọː].

(3.2.7) /uː/ wird als leicht entrundeter hoher Hinterzungenvokal gebildet [uːᶜ].

(3.3.1) /aɪ/ ist als vorderer schließender tiefer Diphthong definiert. Das erste Glied wird von einem maximal offenen gespreizten tiefen Mittelzungenvokal gebildet [a], während das zweite Glied durch einen gespreizten hohen Vorderzungenvokal vertreten wird [aɪ].

(3.3.2) /ao/ ist ein hinterer schließender tiefer Diphthong. Sein erster Bestandteil ist ein gespreizter maximal offener tiefer Mittelzungenvokal [a].

Das zweite Glied wird von einem runden Hinterzungenvokal mittlerer Höhe gebildet [ao].

(3.4.1) /b/ /d/ /g/ werden initial als stimmlose Lenes gebildet [b̥] [d̥] [g̊]. Medial werden sie meist als stimmhafte Lenes [b] [d] [g], seltener auch als stimmlose Lenes realisiert. Final werden sie stets als stimmlose behauchte Fortes oder Halbfortes gebildet [pʻ] [tʻ] [kʻ], [p̥ʻ] [t̥ʻ] [k̥ʻ].

(3.4.2) /k/ wird als velare stimmlose stark behauchte Fortis gebildet, die nur initial vor Kernphonemen auftritt [kh].

(3.4.3) /f̂/ als labiodentale Affrikate wird fast immer als Fortis, selten als Halbfortis realisiert [pf] [p̥f].

(3.4.4) /ŝ/ als dentale Affrikate wird als stimmlose Fortis oder Halbfortis gebildet [ts] [t̥s]. Medial kann /ŝ/ auch als stimmlose Lenis auftreten [d̥s].

(3.4.5) /f/ wird als labiodentale stimmlose Fortis gebildet [f].

(3.4.6) /v/ wird in den meisten Fällen als friktionsloser labiodentaler Kontinuant gebildet, seltener als stimmhafte labiodentale Lenis [ʋ], [v].

(3.4.7) /s/ wird als alveolare stimmlose Fortis oder Halbfortis realisiert [s] [s̥].

(3.4.8) /ʃ/ ist als palato-alveolare stimmlose Fortis definiert [ʃ].

(3.4.9) /x/ ist ein palato-velarer Reibelaut. Er hat drei positionsbedingte Varianten, die in komplementärer Distribution stehen: 1. [x] velare stimmlose Fortis steht nach den Kernphonemen der velaren Reihe; 2. [ç] palatale stimmlose Fortis steht nach den Kernphonemen der palatalen Reihe und nach Satellitenphonemen, [x] [ç] erscheinen niemals initial; 3. [j] palatale stimmhafte Lenis steht nur initial vor Kernphonemen: [joːŋ] 'jagen'.

(3.4.10) /l/ wird als dentaler Lateral gebildet [l].

(3.4.11) /r/ steht immer unmittelbar neben Kernphonemen und hat mehrere fakultative und obligatorische Varianten: 1. [ʁ] als stimmhafter uvularer oder auch velarer Reibelaut oder Kontinuant wird in der überwiegenden Zahl der Fälle in initialer Position, initial nach Satellitenphonemen und intervokalisch-medial gebildet; 2. [ɑ] [ɔ] als vokalisierte Varianten stehen stets postvokalisch, besonders auch in der schriftsprachlichen unbetonten Silbe er-/-er; 3. [ɪ] als vokalisierte Variante ist positionsbedingt und steht vor [ç]: [baːɪç] 'Berg'; 4. [ʀ] ein- oder mehrschlägiger uvularer Vibrant tritt äußerst selten auf und kann nur initial nach Satellitenphonemen vorkommen: [bʀatʼ] 'Brett'.

(3.4.12) /m/ /n/ /ŋ/ sind als bilabialer, dentaler und velarer Nasal definiert.

(3.4.13) /h/ ist glottale stimmlose Fortis.

(3.4.14) Die Intensität ist phonologisch relevant in den folgenden Oppositionen, wobei das intensive Phonem zuerst genannt wird: /k/ ≠ /g/, /f̂/ ≠ /b/, /ŝ/ ≠ /d/, /f/ ≠ /v/, /ʃ/ ≠ /x/.

(3.4.15) Behauchung und Stimmbeteiligung sind phonologisch irrelevant. Stark behaucht sind aber /b/ /d/ /g/ in finaler Position und /k/ initial. — Stimmbeteiligung kann medial bei /b/ /d/ /g/, selten bei /s/ /ʃ/ in medialer Stellung nachgewiesen werden.

(4.) Distinktive Phonemmerkmale

(4.1)

	u	o	ɑ	a	i	e	ɛ
diffus	+	—	—	—	+	—	—
dunkel	+	+	+	—	—	—	—
kompakt	—	—	+	+	—	—	+
hell	—	—	—	—	+	+	+

(4.2) siehe 4.1

(4.3) —

(4.4.1)

	m	n	l	r	b	d	g	k	f̂	ŝ	f	v	s	ʃ	x[j]	h
vokalisch	+	+	+	+	—	—	—	—	—	—	—	—	—	—	—	—
nasal	+	+	—	—	o	o	o	o	o	o	o	o	o	o	o	o
abrupt	o	o	o	o	+	+	+	+	+	+	—	—	—	—	—	—
gespannt	o	o	o	o	—	—	—	+	o	o	+	—	o	+	—	+
kompakt	o	o	o	o	—	—	+	+	—	—	—	—	—	+	+	—
dunkel	+	—	—	+	+	—	o	o	+	—	+	+	—	o	o	o
scharf	o	o	o	o	—	—	o	o	+	+	+	—	+	o	o	—

(4.4.2)

	m	n	ŋ	l	r	b	d	g	ŝ	f	v	s	ʃ	x
vokalisch	+	+	+	+	+	—	—	—	—	—	—	—	—	—
nasal	+	+	+	—	—	○	○	○	○	○	○	○	○	○
abrupt	○	○	○	○	○	+	+	+	+	—	—	—	—	—
kompakt	—	—	+	○	○	—	—	+	—	—	—	—	+	+
dunkel	+	—	○	—	+	+	—	○	—	+	+	—	○	○
scharf	○	○	○	○	○	○	—	○	+	+	—	+	+	—

(4.4.3)

	m	n	ŋ	l	r	b	d	g	ŝ	f	s	ʃ	x
vokalisch	+	+	+	+	+	—	—	—	—	—	—	—	—
konsonantisch	+	+	+	+	—	+	+	+	+	+	+	+	+
nasal	+	+	+	—	○	○	○	○	○	○	○	○	○
abrupt	○	○	○	○	○	+	+	+	+	—	—	—	—
kompakt	—	—	+	○	○	—	—	+	—	—	—	+	+
dunkel	+	—	○	○	+	—	○	—	+	—	○	○	○
scharf	○	○	○	○	○	○	—	○	+	○	○	+	—

(5.) Neutralisationen

(5.1) Vor /r/ stehen die Kernphoneme /ɛ/ /a/ /ɑ/ /o/ /u/. Die Oppositionen /i/ ≠ /e/, /e/ ≠ /ɛ/ werden in dieser Position aufgehoben (vgl. oben 3.531 Altenau 5.1).

(5.2) Aufgehoben wird der Quantitätsgegensatz der betonten Kernphoneme in finaler Stellung, da dort nur die Kernphoneme 'relativ lang' stehen dürfen und die Kernphoneme 'relativ kurz' in dieser Position nicht auftreten.

(5.3) —

(5.4.1) Aufgehoben wird die Opposition /g/ ≠ /k/ initial vor Satellitenphonemen, medial und final. Die Relevanzstellung ist auf die Position initial vor Kernphonemen eingeschränkt.

(5.4.2) Aufgehoben wird die Opposition /b̂/ ≠ /b/ medial und final. In diesen Positionen steht /b/. Phonologisch relevant ist die Opposition initial.

(5.4.3) Aufgehoben wird die Opposition /f̂/ ≠ /f/ initial vor Satellitenphonemen, medial und final. In diesen Stellungen steht immer /f/. Die Relevanzstellung ist initial vor Kernphonemen gegeben.

(5.4.4) Aufgehoben ist die Opposition /f/ ≠ /v/ initial vor Satellitenphonemen und final. In diesen Stellungen erscheint /f/. Die Relevanzstellung gilt somit initial vor Kernphonemen und medial.

(5.4.5) Die Opposition /b/ ≠ /v/ wird aufgehoben: 1. initial vor Satellitenphonemen; 2. final, in diesen Positionen steht /b/; 3. medial nach langen Kernphonemen; 4. zwischen langen Kernphonemen und /l/, in diesen beiden Stellungen steht /v/: [aɪnʁaɪvɪʃ] 'Einreibung', [naːvl] 'Nebel'. Phonologisch relevant ist der Gegensatz /b/ ≠ /v/ initial vor Kernphonemen, medial nach kurzen Kernphonemen, sowie zwischen kurzen Kernphonemen und /l/.

(5.4.6) Aufgehoben wird die Opposition /ŝ/ ≠ /s/ nach /n/ und /l/. In dieser Stellung erscheint meist [s], doch kann als freie Variante auch [ts] auftreten: [gɑns] 'Gans', 'ganz', [hɔls] 'Holz', [hɑls] 'Hals'.

(5.4.7) Aufgehoben wird die Opposition /m/ ≠ /n/ in finaler Stellung nach /b/ und /f/. In dieser Position steht meist [m], selten erscheint [n] als freie Variante: [uːfn̩] 'Ofen', [gəlɔfm̩] 'gelaufen', [ʁɪbm̩] 'Rippen' (Plur.).

(5.4.8) Aufgehoben wird die Opposition /n/ ≠ /ŋ/ vor /g/, nach /g/ und nach /x/. Vor /g/ steht stets /ŋ/: [b̥ədɛŋgn̩] 'bedenken', [fɪŋkʼ] 'Fink'. Nach /g/ und nach /x/ steht meist [ŋ], jedoch ist auch [n] als weitere freie Variante möglich: [hɑːgn̩] 'Haken', [kɔxn̩] 'kochen', [vɔxn̩] 'Wochen'. Die Relevanzstellung gilt medial, final nach Kernphonemen und vor den Satellitenphonemen /d/ /s/ /l/.

(6.) Phonemdistribution

(6.1)

(s. S. 60)

	#	b	d	g	k	f̂	ŝ	f	s	ʃ	x	m	n	ŋ	l	r	v	h
/i/	/	+	+	+	−		+		+	+	+	+	+	+	/	+	−	+	−
/e/	/	−	+	+	−		−		−	/	−				/	−			
/ɛ/	/	+	+	+	−		/		+	+	/		+	+	/	+	+	−	−
/a/	/	+	+	+	−	−	+		+	+	−	+	+	+	/	+	+	+	−
/ɑ/	/	+	+	+	−		+		+	+	+	/	+	+	/	+	+	−	−
/o/	/	+	+	/	−		−		+	+	+	/	+	+		+	+	+	−
/u/	/	+	+	+	−	−	+		+	+	−	+	+	+	/	+	+	−	−

(6.2)

	#	b	d	g	k	f̂	ŝ	f	s	ʃ	x	m	n	ŋ	l	r	v	h
/iː/	/	+	+	—	—		—	+	+	—	/	+	+	/	+	+	+	—
/eː/	/	+	+	+	—		—	+	/	—	+	+	+	/	+	+	+	—
/ɛː/	/	+	+		—		—	+	—	+	+	+		+	+	—	—
/aː/	/	+	+	+	—	—	—	+	+		/	+	+	/	+	+	+	—
/ɑː/	/	+	+	+	—	—	—	—	—	+	+	+	+	/	+	+	—	—
/oː/	/	+	+	+	—			/	+		+	+	+	/	+	+	+	—
/uː/	/	+	+	+	—	—	—	+	+	—	+	+	+	/	+	+	+	—

(6.3)

	#	b	d	g	k	f̂	ŝ	f	s	ʃ	x	m	n	ŋ	l	r	v	h
/aɪ/	/	+	+	—	—		+	+	+	—	/	+	+	/	+	+	—	—
/ao/	/	+	+		—		—	/	/		+	/			+	+		—

(6.4) Phonemverbindungen

(s. S. 61)

erstes Glied   zweites Glied →

↓

	b	d	g	ŝ	f	s	ʃ	x	m	n	ŋ	l	r	v
b				—		—	—		—			+	/	
d				—			—		—			+	/	
g				—			—		/	—	+	/	/	
ŝ				—					—	—			/	
f				—					—			+	/	
s				—					—	—				
ʃ	/	+							/	+	+	/	/	
x				—			—			—	—			
m				— —		—	—					—		
n				—		—	—	—				—		
ŋ		—	—			—								
l		—	—	—		—	—	—					—	
r	—	—	—	—	—		—	—	—	—				
v														—

3.6 Erläuterungen zur akustischen Analyse

3.61 Für die akustische Analyse in der vorliegenden Arbeit wurde ausschließlich der Sonagraph (Spektrograph) benutzt [2.311]. Verwendet wurde ein Sonagraph vom Typ Vibralyzer (Vibration Analyzer) der Fa. Kay Electric, Pine Brook, N. J./USA (Baujahr 1963) und Sonagrammpapier Type B. Die Sonagramme wurden mit der Filtereinstellung 'weit' (190 Hertz) hergestellt. Die Formantfrequenzen der Vokale und vokalischen Laute wurden auf der Zeitachse in der Mitte des betreffenden Segments mit einem Lineal, das eine Halbmillimetereinteilung hatte, gemessen. Mit Hilfe einer Umrechnungstabelle wurde der abgelesene Millimeterwert sofort in den Hertz-Wert umgesetzt und als solcher in die Liste eingetragen.

3.620 Für die sonagraphische Analyse mußte das aufgenommene Material der Hauptaufnahme zusätzlich aufbereitet werden. Arbeitsmethodisch ging das so vor sich, daß die zu analysierenden Segmente auf ein Arbeitsband kopiert und von da aus auf die Speichertrommel des Sonagraphen gegeben wurden. Dafür standen drei Magnetophone KL 85 der Fa. Telefunken GmbH., Berlin, Herstellungsjahr 1967, zur Verfügung.

3.621 Bei der Auswahl der Segmente für die spektrographische Analyse war zu beachten, daß vom Inhalt der Aufnahmen her [3.132], drei verschiedene Kategorien von gesprochener Sprache zu unterscheiden waren: 1. die modifizierten Wenkersätze, die von einem Blatt abgelesen und dabei gleichzeitig in den jeweiligen Ortsdialekt übertragen wurden; dies könnte mit einer Lesung verglichen werden; 2. eine freie Erzählung oder ein freies Gespräch mit dem Aufnahmeleiter; 3. dem Aufsagen der Zahlen von 1 bis 15, der Wochentage und etwa weiteren 700 isoliert gesprochenen Wörtern. — Damit stellte sich die Frage, ob diese drei Kategorien auch hinsichtlich akustischer Meßdaten unterschiedliche Werte liefern würden. Im rein auditiven Verfahren hatte R. D. Hall festgestellt[240], daß phonetische Unterschiede bei den Vokalen in den von ihm untersuchten drei verschiedenen 'Textkategorien' (1. Wenkersätze, 2. freier Text, 3. isoliert ausgesprochene Wörter) sich besonders in Tendenzen zu Geschlossenheit und Kürzung der Kontextwörter gegenüber den isoliert ausgesprochenen Wörtern zeigen.

3.622 In einer Voruntersuchung mußte deshalb diese Frage hier auch für die akustische Ebene geklärt werden. Es wurden dafür die Allophonbereiche von insgesamt sechs Phonemen aus zwei verschiedenen Ortsdialekten

---

[240] R. D. Hall (1966), 22.

stichprobenartig auf dieses Problem hin untersucht. — Aus dem Ortsdialekt Wildemann wurden 37 Allophone der Phoneme /e/ /ɛ/ und 50 Allophone der Phoneme /eː/ /ɛː/, aus dem Ortsdialekt Tettenborn wurden 40 Allophone der Phoneme /aː/ /ɔː/ sonagraphiert. Die Meßdaten von Formant 1 (F 1) und Formant 2 (F 2) wurden anschließend auf Formantkarten eingetragen. Bei sorgfältiger Interpretation der Diagramme ergab sich, daß im Allophonbereich des Phonems /eː/ (Ortsdialekt Wildemann) eine ganz geringe Tendenz zur Zentralisation bei den Allophonen aus den Wenkersätzen und der freien Erzählung gegenüber den isoliert ausgesprochenen Wörtern der Abfrageliste festzustellen war. In den restlichen fünf Allophonbereichen, die untersucht wurden, konnte diese Neigung jedoch nicht beobachtet werden.

Die geringfügigen Abweichungen innerhalb der drei Kategorien gesprochener Sprache einerseits (nur in einem von sechs untersuchten Allophonbereichen) und die Kongruenz der Meßwerte andererseits erlaubten den Schluß, das Material für die akustische Analyse des jeweiligen Ortsdialektes aus allen drei Kategorien zu entnehmen. Das wurde in allen Fällen auch so gehandhabt, wenngleich die isoliert gesprochenen Wörter stets ein Übergewicht hatten.

Nicht einzubeziehen waren in diesem Zusammenhang die Betonungskategorien, die R. D. Hall zusätzlich berücksichtigt hatte[241], weil in der vorliegenden Untersuchung aus den Wenkersätzen und aus der freien Erzählung nur satzhauptbetonte Wörter herangezogen wurden. Das geschah nicht zuletzt auch deshalb, um klar gezeichnete Sonagrammbilder zu erhalten, an denen die Messungen exakter vorgenommen werden konnten.

3.630 Materialbasis der akustischen Analyse

Für die akustische Analyse wurde davon ausgegangen, daß jedes Phonem durch die Meßdaten von mindestens zehn Allophonen akustisch ausreichend zu definieren sei. Meist sind sogar noch weit mehr als zehn Allophone gemessen worden, wie leicht aus den unter [3.7] folgenden Tabellen entnommen werden kann. — Für die Gewinnung dieser akustischen Daten wurden insgesamt 1597 Sonagramme hergestellt. Davon entfielen 573 auf die Allophone der Kernphoneme 'relativ kurz', 635 auf die Allophone der Kernphoneme 'relativ lang' und 389 auf die Allophone von /r/[242]. Es kann angenommen werden, daß auf jedem Sonagramm durchschnittlich vier Segmente mit mindestens je drei Werten (F 1, F 2, F 3 — wo es möglich war auch F 4) gemessen wurden. Daraus ergibt sich, daß insgesamt 19 164 einzelne Meßdaten für die Auswertung zur Verfügung standen. Es soll hinzugefügt werden,

[241] R. D. Hall (1966), 16, 19—22.   [242] Vgl. unten [3.631].

daß die Daten für das finale unbetonte /e/ nebenbei mitgesammelt und auch in die Tabelle der akustischen Analyse in [3.7] aufgenommen wurden. Selbstverständlich ist [ə] in diesen Tabellen nicht als Phonem anzusehen. — Wie sich die Meßwerte anzahlmäßig auf die einzelnen Phoneme und von daher weiter auf die Ortsdialekte verteilen, kann aus Spalte 2 („Anzahl bei der Analyse") der Tabellen unter [3.7] leicht entnommen werden.

3.631 Für die Allophone des /r/ wurde eine relativ große Zahl von Meßdaten ermittelt, da /r/ in allen 17 untersuchten Ortsdialekten mehrere Varianten hatte, die teilweise positionsbedingt waren. Eine Auswertung dieses Materials unter diesen verschiedenen Gesichtspunkten ist jedoch, wie sich während der Arbeit herausstellte, nur in einer separaten Abhandlung möglich. Auf diese Untersuchung, die demnächst abgeschlossen wird, soll hier vorläufig verwiesen werden.

3.632 Erwähnt werden muß an dieser Stelle auch der Zeitaufwand, der für sonagraphische Analysen erforderlich ist. Schon das Herstellen des Arbeitsbandes, auf das die Wörter mit den betreffenden Segmenten aus dem Originalband herauskopiert wurden, war ein sehr langsames Verfahren, da die Segmente vorher in den phonetischen Transkriptionslisten aufgesucht und auditiv nochmals überprüft werden mußten. Bei diesem Arbeitsgang wurden die Segmente gleichzeitig grob geordnet, so daß alle Allophone, die zu einem Phonem gehörten, eine Gruppe auf dem Arbeitsband bildeten. Ein solches Arbeitsband wurde für jeden Ortsdialekt angelegt. Es enthielt durchschnittlich 250—300 Wörter, die nicht alle für die Analyse benutzt wurden, weil manche dafür akustisch ungeeignet waren (z. B. durch Verzerren beim Kopieren). — Noch bedeutend aufwendiger war aber das Herstellen eines Sonagramms. Für jedes Sonagramm war mit dem zur Verfügung stehenden Sonagraphen älteren Datums (1963) eine reine Analysierzeit von fünf Minuten erforderlich. Hinzu kommt aber noch die exakte Eingabe des zu analysierenden Sprachsignals vom Arbeitsband auf die Speichertrommel des Sonagraphen, außerdem verschiedene Einstellungen am Gerät, das Anlegen des Spezialpapiers an die Trommel u. ä., so daß in einer Stunde nicht etwa zwölf Sonagramme herzustellen sind, sondern maximal acht. Und auch dafür ist zu betonen, daß es sich hier um eine effektive Arbeitszeit handelt, die vergleichbar ist mit der effektiven Spielzeit beim Eishockey[243]. — Die Messun-

---

[243] Die effektive Spielzeit beim Eishockey beträgt 60 Minuten. Bei jeder Unterbrechung des Spiels durch Pfiff der Schiedsrichter wird auch die Spielzeit angehalten. So dauert im Eishockey ein Spiel nicht nur 60 Minuten sondern in absoluter Zeit meist zwei bis drei Stunden.

gen der Formanten und die Fixierung dieser Daten kostete etwa soviel Zeit wie das Herstellen der Sonagramme. Eine Verkürzung dieser Arbeitszeiten wäre durch ein zu entwickelndes elektronisches kombiniertes Ablese-Auswertungsgerät möglich. Ein Sonagraph jüngeren Baujahres (1968) braucht nur noch 2,5 statt bisher 5 Minuten Analysierzeit für ein Sonagramm (Baujahr 1971: 1,5 Minuten).

Die sich anschließende Kette von Rechenprozessen wurde dadurch erleichtert, daß ein elektronischer Tischrechner zur Verfügung stand, mit dem alle sieben Grundrechnungsarten ausgeführt werden konnten und der außerdem einen Programmspeicher sowie zwei Konstantenspeicher besaß. Es handelte sich um ein Gerät des Typs Combitron der Fa. Diehl Rechenmaschinen, Nürnberg (Herstellungsjahr 1967).

3.64 Erläuterungen zu den Daten aus der akustischen Analyse

3.641 Auf den Sonagrammen wurden von den ausgewählten Segmenten die Frequenzen von Formant 1, Formant 2, Formant 3 und Formant 4 gemessen. Bei den beiden oberen Formanten (F 3 und F 4) war wegen zu geringer Intensität häufig bei /uː/, /oː/, /ɔː/, /u/, /o/, /ɔ/ keine Messung möglich. Die gemessenen Werte für das jeweilige Allophon wurden in Listen eingetragen, wobei jedes Allophon eine Nummer bekam. Außerdem wurde der phonetische Kontext hinzugefügt.

Die Daten von F 1 und F 2 wurden von diesen Listen auf Formantkarten übertragen. Dadurch wurden die Allophonbereiche der Kernphoneme 'relativ kurz' und der Kernphoneme 'relativ lang' aus allen untersuchten Ortsdialekten sichtbar gemacht. Diese Diagramme werden im Abbildungsteil gezeigt [Abb. 10.1 bis 10.17 und Abb. 11.1 bis 11.17].

3.642 In den unter [3.7] zusammengestellten Tabellen werden für jeden der 17 Ortsdialekte, wiederum getrennt nach kurzen und langen Kernphonemen, folgende akustische Daten festgehalten:

(1.) Die Mittelwerte aus den Allophonbereichen der Phoneme werden deshalb aufgeführt, weil sie den Ausgangspunkt für alle weiteren Berechnungen bilden. In der ersten Spalte von links wird das Phonem genannt, für das der Mittelwert gilt. Die Phoneme wurden durchnumeriert im Sinne des Vokaldreiecks von /i/ über /a/ nach /u/, angeschlossen werden die gerundeten palatalen Kernphoneme und ganz zuletzt folgt bei den Kernphonemen 'relativ kurz' das finale unbetonte [ə]. Durch eine vorangestellte Null bei den kurzen sind diese sofort von den langen Kernphonemen zu unterscheiden. In der zweiten Spalte folgt die Anzahl der Allophone, aus denen die Mittelwerte für die drei Formanten F 1, F 2, F 3 berechnet wurden. Konnte F 3 wegen zu geringer Intensität nicht gemessen werden, so wird in der Spalte „Mittelwert F 3" vor dem Hertz-Wert in Klammern die Anzahl der Allophone notiert, die zur Berechnung des Mittelwertes verwendet wurde. — Die Mittelwerte für F 1 und F 2 werden sowohl in Hertz als auch in Halbtönen angegeben. Der Hertz-Wert ist ein linearer Wert. Die benutzte Formantkarte aber besitzt eine logarithmische Skala, die dem Wahrnehmungsmodus des menschlichen Gehörs entspricht. Schallwellen breiten sich als lineare Wellen in der Luft aus, ohne sich gegenseitig zu beeinflussen. Der Hörmechanismus besitzt diese linearen Eigenschaften offenbar nicht. Werden zwei laute Töne mit vergleichbaren Amplituden und mit nur wenig voneinander abweichenden Frequenzen vom Ohr aufgefangen, so wird ein neuer Ton wahrgenommen. Deshalb muß es zwischen der Erregung des Ohres durch die Schallwelle und der Empfindung des Schalls im Gehirn einen nicht-linearen Vorgang geben[244]. Diese Empfindung folgt einem annähernd logarithmischen Gesetz[245].

Um der logarithmischen Skala der Formantkarte treu zu bleiben, sollte nicht mit Hertz-Werten gearbeitet werden. Es bieten sich zunächst zwei Lösungen an. Entweder wird eine Umwandlungsformel gesucht und angewandt oder es wird nur graphisch linear gearbeitet. Beides wäre mit zu großem Aufwand verbunden. Die dritte Lösung ist in der Halbtonskala zu sehen, die eine logarithmische Skala mit linearen Werten darstellt. Sie konnte mit Hilfe des erwähnten [3.632] elektronischen Tischrechners erstellt werden. Die Berechnung der Skala erfolgte ab 100 Hertz, die als Nullpunkt oder Grundfrequenz angenommen wurden. Halbton 1 wird berechnet nach der Formel

$$100 \cdot \sqrt[12]{2} \quad = 100 \cdot 1{,}0594631$$
$$= 105{,}94631 \text{ Hertz}$$

Halbton 2 wird berechnet

$$105{,}94631 \cdot 1{,}0594631 = 112{,}24620603 \text{ Hertz}$$

usw., so daß sich folgende Skala ergibt (Ausschnitt):

---

[244] W. A. van Bergeijk/J. R. Pierce/E. E. David (1960), 91—92.
[245] F. Winckel (1960), 75. — Vgl. auch R. Feldtkeller/E. Zwicker (1956), 55—56. W. Meyer-Eppler (1969), 274—275. F. Winckel (1960), 81—82.

Halbton	Hertz
15	237,84144201
16	251,98423146
17	266,96799501
18	282,84273959
19	299,66144570
20	317,48024421
21	336,35860372
22	356,35952901
23	377,54977132
24	400,00005113
25	423,78529417

Der Wert $\sqrt[12]{2}$ ist die Konstante des Intervalls für einen Halbton[246].
Um eine größere Genauigkeit zu erreichen, wurde die Skala gespreizt, indem der Exponent von $\sqrt[12]{2}$ mit 10 potenziert und mit dem Wert $\sqrt[120]{2} = 1,00579295$ gearbeitet wurde. Auch von dieser Skala wird hier ein Ausschnitt beigefügt:

Halbton	Hertz
22,1	358,42411136
22,2	360,50044432
22,3	362,58880537
22,4	364,68926419
22,5	366,80189086
22,6	368,92675587
22,7	371,06393012
22,8	373,21348491
22,9	375,37549197
23,0	377,55002343

Einen Beweis für die Angemessenheit der Halbtonskala an den Wahrnehmungsmodus des menschlichen Gehörs liefern Ergebnisse der vorliegenden Arbeit. Im Ortsdialekt Altenau entspricht bei den Kernphonemen 'relativ lang' der Abstand der Variationsbreite der Eckvokale von F 2 bei /iː/ → /uː/ auditiv-artikulatorisch [vgl. Abb. 2.1 a und b] dem Abstand von F 1 bei /iː/ → /aː/. In Hertz-Werten sind es aber folgende Abstände: /iː/ →

[246] R. Feldtkeller/E. Zwicker (1956), 57.

/aː/: 498 Hertz (F 1), /iː/ → /uː/: 1596 Hertz (F 2). Dagegen zeigt die Halbtonskala für /iː/ → /aː/: 17,2 und für /iː/ → /uː/: 17,9.

(2.) Der Schwerpunkt des Dreiecks der Eckvokale wurde berechnet in Anlehnung an M. Joos[247], der diesen Punkt 'centroid' (also Zentrum) oder 'the basis of articulation' nennt. Die Angaben erfolgen hier nur in Halbtönen. Aus F 2 : F 1 wurde schließlich der Quotient gebildet, der als R-Wert in der letzten Spalte angeführt wird. Zu bemerken ist hier, daß der R-Wert nicht aus den Halbton-Werten sondern aus den Hertz-Daten berechnet wurde, weil damit eine schärfere Differenzierung der einzelnen Dialekte zu erzielen war. Inwieweit sich diese Werte überhaupt zur Unterscheidung von Dialekten eignen, wird unter [4.24] abgehandelt.

(3.) Berechnet wurde auch die Variationsbreite von F 1 und F 2. Wie [Abb. 12] zeigt, ist das also der Wert, der für F 1 dem artikulatorischen Parameter des Öffnungsgrades entspricht und von /i/ → /a/ (Strecke $\overline{AB}$) reicht. Für F 2 entspricht dieser Wert dem Parameter der Artikulationsstelle und somit der Strecke /u/ → /i/ (Strecke $\overline{CD}$). Auch hier erfolgt die Angabe wiederum in Halbtönen, während der R-Wert wie beim Zentrum aus den Hertz-Messungen errechnet wurde.

(4.) Der Variationsraum ist ein Wert, der Aufschluß geben sollte, welche Möglichkeiten von den Ortsdialekten hier ausgenutzt werden. Es handelt sich dabei um den Flächeninhalt des akustischen Vokaldreiecks, wie es durch die drei Eckvokale /i/ — /a/ — /u/ gebildet wird [Abb. 12]. Er wurde aus den Werten der Halbtonskala errechnet.

(5.) Die Variationsdominanz wurde mit Hilfe der Halbtonskala berechnet. Sie kann als eine Art Gleichgewichtsstörung im akustischen Vokaldreieck definiert werden, wenn das Dreieck einem Referenzpunkt, im vorliegenden Falle dem Gesamtschwerpunkt aller untersuchten Ortsdialekte, zugeordnet wird. So wurde diese Gleichgewichtsstörung auch berechnet. Indem von dem errechneten Gesamtschwerpunkt der akustischen Vokaldreiecke verschiedener Sprachen (hier also der 17 untersuchten Ortsdialekte) Z aus auf die Strecke der Variationsbreite von F 1 und auf die Strecke der Variationsbreite von F 2 das Lot gefällt wird [Abb. 12], entstehen die Strecken $\overline{AZ'}$ und $\overline{Z'B}$ (F 1) sowie $\overline{CZ''}$ und $\overline{Z''D}$ (F 2). Anschließend werden die Teilstrecken $\overline{AZ'}$ und $\overline{DZ''}$ auf die Strecken $\overline{AB}$ und $\overline{CD}$ projiziert, so daß

[247] M. Joos (1948), 86.

man die Punkte A' und D' erhält. Damit sind gleichzeitig die Strecken und Werte für die Variationsdominanz von F 1 ($\overline{A'B}$) und von F 2 ($\overline{D'C}$) gegeben. Die Variationsdominanz für F 1 und F 2 ist positiv, wenn sie in den höheren Bereichen von F 1 und F 2 liegt, sie ist negativ, wenn sie in den unteren Bereichen von F 1 und F 2 liegt. — Die Variationsdominanz wurde nach der folgenden mathematischen Formel berechnet:

$$VD = F\,[Min(/V/)] - F\,(Z) + F\,[Max(/V/)] - F\,(Z)$$

oder noch weiter vereinfacht:

$$VD = F\,[Min(/V/)] + F\,[Max(/V/)] - 2\,F\,(Z)$$

Wie in der Auswertung [4.26] zu sehen ist, kann die Variationsdominanz als ein akustischer Wert betrachtet werden, der sich vielleicht zur Differenzierung von Dialekten eignet. Inwieweit sie jedoch für die wahrgenommene Vokalfarbe (vowel colour) repräsentativ ist, läßt sich aus der vorliegenden Arbeit noch nicht feststellen. Dafür sind umfangreichere Untersuchungen erforderlich.

3.7 Akustische Analyse

3.71 Niederdeutsch-ostfälische Dialektgruppe

3.711 Gittelde

(1.) Kernphoneme 'relativ kurz'
(1.1) Mittelwerte

Phonem	Anzahl bei der Analyse	Mittelwert F 1 in Hertz und Halbtönen	Mittelwert F 2	Mittelwert F 3
01. /i/	15	296 / 18,8	2056 / 52,3	2680
02. /ɛ/	28	498 / 27,8	1733 / 49,4	2595
03. /a/	16	646 / 32,3	1495 / 46,8	2481
04. /ɔ/	13	538 / 29,1	1078 / 41,2	(12) 2291
05. /u/	15	343 / 21,3	942 / 38,8	(10) 2145
06. /y/	15	320 / 20,1	1606 / 48,1	2266
07. /œ/	15	518 / 28,5	1592 / 47,9	2398
08. [ə]	55	513 / 28,3	1545 / 47,4	(48) 2531

		F 1 in Halbtönen	F 2	R
(1.2)	Schwerpunkt des Dreiecks der Eckvokale	24,1	45,9	3,52
(1.3)	Variationsbreite der Eckvokale	13,5	13,5	3,50

(1.4) Variationsraum
42,03

(1.5) Variationsdominanz
F 1 — 0,82   F 2 — 0,56

(2.) Kernphoneme 'relativ lang'
(2.1) Mittelwerte

Phonem	Anzahl bei der Analyse	Mittelwert F 1	Mittelwert F 2	Mittelwert F 3
		in Hertz und Halbtönen		
1. /eː/	18	442 / 25,8	1992 / 51,8	2638
2. /ɛː/	16	532 / 29	1919 / 51,1	2593
3. /ɔː/	19	579 / 30,4	1033 / 40,4	(16) 2263
4. /oː/	14	465 / 26,6	935 / 38,7	
5. /œː/	17	432 / 25,3	1589 / 47,9	2294

		F 1	F 2	R
		in Halbtönen		
(2.2)	Schwerpunkt des Dreiecks der Eckvokale	27,6	43,6	2,52
(2.3)	Variationsbreite der Eckvokale	4,6	13,1	7,71

(2.4) Variationsraum   (2.5) Variationsdominanz
           12,73   F 1 + 5,98   F 2 + 0,5

3.712 Kamschlacken

(1.) Kernphoneme 'relativ kurz'
(1.1) Mittelwerte

Phonem	Anzahl bei der Analyse	Mittelwert F 1	Mittelwert F 2		Mittelwert F 3
		in Hertz und Halbtönen			
01. /i/	14	294 / 18,7	2153 / 53,1		2832
02. /ɛ/	27	478 / 27,1	2007 / 51,9		2807
03. /a/	16	779 / 35,5	1511 / 47	(15)	2570
04. /ɔ/	15	505 / 28	1041 / 40,6	(13)	2226
05. /u/	13	334 / 20,9	886 / 37,8	(5)	2040
06. /y/	16	314 / 19,8	1747 / 49,5	(13)	2246
07. /œ/	16	494 / 27,7	1728 / 49,3		2412
08. [ə]	79	618 / 31,5	1668 / 48,7	(78)	2692

		F 1	F 2	R
		in Halbtönen		
(1.2)	Schwerpunkt des Dreiecks der Eckvokale	25	45,9	3,34
(1.3)	Variationsbreite der Eckvokale	16,8	15,3	3,23
(1.4)	Variationsraum 60,79	(1.5) Variationsdominanz F 1 + 2,28 F 2 — 0,76		

(2.) Kernphoneme 'relativ lang'
(2.1) Mittelwerte

Phonem	Anzahl bei der Analyse	Mittelwert F 1	Mittelwert F 2	Mittelwert F 3	
		in Hertz und Halbtönen			
1. /iː/	14	270 / 17,2	2275 / 54,2		3107
2. /eː/	30	470 / 26,7	2174 / 53,3		2975
3. /aː/	16	837 / 36,8	1349 / 45		2886
4. /ɔː/	15	597 / 31	1010 / 40	(6)	2538
5. /oː/	13	435 / 25,5	830 / 36,6	(5)	1970
6. /uː/	14	277 / 17,7	770 / 35,3	(11)	2895
7. /yː/	15	253 / 16,1	1761 / 49,7		2182
8. /øː/	15	448 / 26	1756 / 49,6		2306

		F 1	F 2	R
		in Halbtönen		
(2.2)	Schwerpunkt des Dreiecks der Eckvokale	23,9	44,8	3,34
(2.3)	Variationsbreite der Eckvokale	18,9	19,6	2,65
(2.4)	Variationsraum 91,34	(2.5) Variationsdominanz F 1 + 5,16 F 2 — 0,5		

3.713 Osterhagen

(1.) Kernphoneme 'relativ kurz'
(1.1) Mittelwerte

Phonem	Anzahl bei der Analyse	Mittelwert F 1 in Hertz und Halbtönen	Mittelwert F 2 in Hertz und Halbtönen	Mittelwert F 3	
01. /i/	15	339 / 21,2	1923 / 51,2	(12)	2670
02. /ɛ/	24	510 / 28,2	1796 / 50		2533
03. /a/	15	738 / 34,6	1377 / 45,4		2212
04. /ɔ/	15	532 / 29	1107 / 41,6	(14)	2125
05. /u/	15	341 / 21,2	962 / 39,2	(9)	1738
06. /y/	15	341 / 21,2	1718 / 49,2		2686
07. /œ/	12	522 / 28,6	1620 / 48,2		2377
08. [ə]	26	500 / 27,9	1574 / 47,7	(22)	2458

		F 1 in Halbtönen	F 2 in Halbtönen	R
(1.2)	Schwerpunkt des Dreiecks der Eckvokale	25,6	45,2	3,10
(1.3)	Variationsbreite der Eckvokale	13,4	12	3,01
(1.4)	Variationsraum 40,19	(1.5) Variationsdominanz F 1 + 3,88 F 2 — 1,26		

(2.) Kernphoneme 'relativ lang'
(2.1) Mittelwerte

Phonem	Anzahl bei der Analyse	Mittelwert F 1 in Hertz und Halbtönen	Mittelwert F 2	Mittelwert F 3
1. /iː/	16	283 / 18	1997 / 51,8	2909
2. /ɛː/	25	471 / 26,8	1967 / 51,6	2676
3. /aː/	10	651 / 32,4	1252 / 43,8	2416
4. /uː/	12	315 / 19,9	785 / 35,7	
5. /yː/	15	295 / 18,7	1831 / 50,3	(14) 3319
6. /œː/	11	505 / 28,1	1645 / 48,5	2334

	F 1 in Halbtönen	F 2	R
(2.2) Schwerpunkt des Dreiecks der Eckvokale	23,4	43,7	3,23
(2.3) Variationsbreite der Eckvokale	16,1	14,4	3,29

(2.4) Variationsraum 54,08 (2.5) Variationsdominanz F 1 + 1,56   F 2 − 2,5

3.714 Wolfshagen

(1.) Kernphoneme 'relativ kurz'
(1.1) Mittelwerte

Phonem	Anzahl bei der Analyse	Mittelwert F 1 in Hertz und Halbtönen	Mittelwert F 2	Mittelwert F 3	
01. /i/	13	310 / 19,6	2253 / 53,9		2871
02. /e/	13	436 / 25,5	1933 / 51,3		2525
03. /ɛ/	13	490 / 27,5	1919 / 51,2		2526
04. /a/	15	754 / 35	1315 / 44,6	(14)	2596
05. /ɔ/	14	512 / 28,3	935 / 38,7	(9)	2400
06. /u/	16	345 / 21,4	912 / 38,3	(12)	2387
07. /y/	4	317 / 20	1700 / 49		2250
08. /œ/	12	463 / 26,5	1759 / 49,6		2504
09. [ə]	56	533 / 29	1519 / 47,1	(51)	2541

		F 1 in Halbtönen	F 2	R
(1.2)	Schwerpunkt des Dreiecks der Eckvokale	25,3	45,6	3,22
(1.3)	Variationsbreite der Eckvokale	15,4	15,6	3,18

(1.4) Variationsraum
　　　　55,78

(1.5) Variationsdominanz
　　　F 1 + 2,68　　F 2 + 0,54

(2.) Kernphoneme 'relativ lang'
(2.1) Mittelwerte

Phonem	Anzahl bei der Analyse	Mittelwert F 1 in Hertz und Halbtönen	Mittelwert F 2	Mittelwert F 3
1. /ɛː/	16	483 / 27,3	2056 / 52,3	2592
2. /aː/	15	781 / 35,6	1228 / 43,4	2818
3. /ɔː/	18	523 / 28,7	918 / 38,4	(15) 2740
4. /uː/	12	310 / 19,6	817 / 36,4	

	F 1 in Halbtönen	F 2	R
(2.2) Schwerpunkt des Dreiecks der Eckvokale	27,5	44	2,59
(2.3) Variationsbreite der Eckvokale	15,9	16	2,62

(2.4) Variationsraum
 50,07

(2.5) Variationsdominanz
F 1 + 6,36   F 2 — 1,3

3.72 Mitteldeutsch-nordthüringische Dialektgruppe

3.721 Hohegeiß

(1.) Kernphoneme 'relativ kurz'
(1.1) Mittelwerte

Phonem	Anzahl bei der Analyse	Mittelwert F 1	Mittelwert F 2	Mittelwert F 3	
		in Hertz und Halbtönen			
01. /i/	15	385 / 23,3	1959 / 51,5	(14)	2586
02. /e/	15	492 / 27,6	1768 / 49,7	(12)	2541
03. /ɛ/	18	574 / 30,3	1807 / 50,1	(13)	2590
04. /a/	17	799 / 36	1550 / 47,4	(13)	2506
05. /ɑ/	13	581 / 30,5	1249 / 43,7	(10)	2446
06. /o/	16	506 / 28,1	1026 / 40,3	(6)	2295
07. /u/	14	380 / 23,1	1010 / 40	(6)	1808
08. [ə]	34	525 / 28,7	1506 / 47	(11)	2760

		F 1	F 2	R
		in Halbtönen		
(1.2)	Schwerpunkt des Dreiecks der Eckvokale	27,4	46,3	2,98
(1.3)	Variationsbreite der Eckvokale	12,9	11,5	2,89
(1.4)	Variationsraum 36,65	(1.5) Variationsdominanz F 1 + 7,18 F 2 — 0,16		

(2.) Kernphoneme 'relativ lang'
(2.1) Mittelwerte

Phonem	Anzahl bei der Analyse	Mittelwert F 1 in Hertz und Halbtönen	Mittelwert F 2	Mittelwert F 3
1. /iː/	16	288 / 18,3	2237 / 53,8	2621
2. /eː/	16	385 / 23,4	2171 / 53,3	2631
3. /aː/	16	811 / 36,2	1404 / 45,7	2692
4. /ɔː/	14	538 / 29,1	1025 / 40,3	(13) 2548
5. /oː/	16	429 / 25,2	896 / 38	
6. /uː/	15	321 / 20,2	890 / 37,9	

	F 1 in Halbtönen	F 2	R
(2.2) Schwerpunkt des Dreiecks der Eckvokale	24,9	45,8	3,34
(2.3) Variationsbreite der Eckvokale	15,9	17,9	2,57

(2.4) Variationsraum 67,21

(2.5) Variationsdominanz F 1 + 5,66   F 2 + 1,7

3.722 Steina

(1.) Kernphoneme 'relativ kurz'
(1.1) Mittelwerte

Phonem	Anzahl bei der Analyse	Mittelwert F 1 in Hertz und Halbtönen	Mittelwert F 2	Mittelwert F 3	
01. /i/	15	321 / 20,2	1995 / 51,8	(14)	2585
02. /e/	15	411 / 24,5	1927 / 51,2	(14)	2493
03. /ɛ/	15	554 / 29,7	1911 / 51,1		2586
04. /a/	16	790 / 35,8	1420 / 45,9	(13)	2400
05. /ɑ/	16	603 / 31,1	1132 / 42	(8)	2268
06. /o/	17	435 / 25,5	1000 / 39,9	(8)	2062
07. /u/	13	372 / 22,8	876 / 37,6	(3)	2133
08. [ə]	35	514 / 28,4	1506 / 47	(29)	2395

		F 1 in Halbtönen	F 2	R
(1.2)	Schwerpunkt des Dreiecks der Eckvokale	26,2	45,1	2,98
(1.3)	Variationsbreite der Eckvokale	15,6	14,2	2,89

(1.4) Variationsraum
      51,50

(1.5) Variationsdominanz
      F 1 + 4,08   F 2 — 2,26

(2.) Kernphoneme 'relativ lang'
(2.1) Mittelwerte

Phonem	Anzahl bei der Analyse	Mittelwert F 1 in Hertz und Halbtönen	Mittelwert F 2 in Hertz und Halbtönen	Mittelwert F 3
1. /iː/	17	280 / 17,8	2298 / 54,3	3085
2. /eː/	16	352 / 21,8	2311 / 54,4	2738
3. /aː/	14	769 / 35,3	1241 / 43,6	
4. /ɔː/	15	537 / 29,1	882 / 37,7	
5. /oː/	14	385 / 23,3	807 / 36,2	
6. /uː/	15	306 / 19,4	794 / 35,9	

	F 1 in Halbtönen	F 2 in Halbtönen	R
(2.2) Schwerpunkt des Dreiecks der Eckvokale	24,1	44,6	3,26
(2.3) Variationsbreite der Eckvokale	18,4	17,5	3,08
(2.4) Variationsraum 76,09	(2.5) Variationsdominanz F 1 + 4,26		F 2 + 0,2

3.723 Tettenborn

(1.) Kernphoneme 'relativ kurz'
(1.1) Mittelwerte

Phonem	Anzahl bei der Analyse	Mittelwert F 1 in Hertz und Halbtönen	Mittelwert F 2	Mittelwert F 3	
01. /i/	17	325 / 20,4	2203 / 53,5		2932
02. /e/	17	442 / 25,8	2122 / 52,9	(16)	2825
03. /ɛ/	14	570 / 30,1	1980 / 51,7		2706
04. /a/	13	814 / 36,3	1646 / 48,5		2520
05. /ɑ/	14	642 / 32,2	1222 / 43,3	(12)	2104
06. /o/	14	521 / 28,6	1079 / 41,2	(12)	2119
07. /u/	13	333 / 20,9	843 / 36,9	(7)	1507
08. [ə]	61	466 / 26,6	1714 / 49,2	(34)	2702

		F 1 in Halbtönen	F 2	R
(1.2)	Schwerpunkt des Dreiecks der Eckvokale	25,8	46,3	3,27
(1.3)	Variationsbreite der Eckvokale	15,9	16,6	3,18
(1.4)	Variationsraum 65,31	(1.5) Variationsdominanz F 1 + 4,78 F 2 — 1,26		

(2.) Kernphoneme 'relativ lang'
(2.1) Mittelwerte

Phonem	Anzahl bei der Analyse	Mittelwert F 1	Mittelwert F 2	Mittelwert F 3
		in Hertz und Halbtönen		
1. /iː/	18	300 / 19	2385 / 54,9	3225
2. /eː/	17	415 / 24,6	2303 / 54,3	2867
3. /aː/	22	804 / 36,1	1309 / 44,5	2329
4. /ɔː/	19	568 / 30,1	1000 / 39,9	2151
5. /oː/	13	409 / 24,4	924 / 38,5	(3) 2226
6. /uː/	16	300 / 19	830 / 36,8	

	F 1	F 2	R
	in Halbtönen		
(2.2.) Schwerpunkt des Dreiecks der Eckvokale	24,7	45,4	3,30
(2.3) Variationsbreite der Eckvokale	18,1	17,1	3,08
(2.4) Variationsraum 77,35	(2.5) Variationsdominanz F 1 + 6,26 F 2 + 1,7		

3.724 Walkenried

(1.) Kernphoneme 'relativ kurz'
(1.1) Mittelwerte

Phonem	Anzahl bei der Analyse	Mittelwert F 1	Mittelwert F 2	Mittelwert F 3
		in Hertz und Halbtönen		
01. /i/	17	337 / 21,1	2192 / 53,4	2758
02. /e/	16	467 / 26,7	1948 / 51,4	2741
03. /ɛ/	16	565 / 30	1882 / 50,8	2729
04. /a/	16	759 / 35,1	1386 / 45,5	(14) 2630
05. /ɑ/	14	646 / 32,3	1203 / 43,1	(12) 2579
06. /ɔ/	15	537 / 29,1	994 / 39,8	(10) 2515
07. /u/	15	330 / 20,7	880 / 37,6	(8) 2300
08. [ə]	30	548 / 29,5	1509 / 47	(21) 2631

		F 1	F 2	R
		in Halbtönen		
(1.2)	Schwerpunkt des Dreiecks der Eckvokale	25,6	45,5	3,15
(1.3)	Variationsbreite der Eckvokale	14,4	15,8	3,12
(1.4)	Variationsraum 55,99	(1.5) Variationsdominanz F 1 + 3,88 F 2 — 0,66		

(2.) Kernphoneme 'relativ lang'
(2.1) Mittelwerte

Phonem	Anzahl bei der Analyse	Mittelwert F 1	Mittelwert F 2	Mittelwert F 3	
		in Hertz und Halbtönen			
1. /iː/	15	256 / 16,3	2430 / 55,2		2990
2. /eː/	18	351 / 21,8	2247 / 53,9		2776
3. /aː/	15	757 / 35	1276 / 44,1	(13)	2783
4. /ɔː/	15	575 / 30,3	1082 / 41,2	(10)	2729
5. /oː/	15	354 / 21,9	820 / 36,4	(6)	2583
6. /uː/	15	288 / 18,4	774 / 35,4		

	F 1	F 2	R
	in Halbtönen		
(2.2) Schwerpunkt des Dreiecks der Eckvokale	23,2	44,9	3,50
(2.3) Variationsbreite der Eckvokale	19,8	18,7	3,31

(2.4) Variationsraum   (2.5) Variationsdominanz
       86,64   F 1 + 2,38   F 2 + 0,6

3.725 Wieda

(1.) Kernphoneme 'relativ kurz'
(1.1) Mittelwerte

Phonem	Anzahl bei der Analyse	Mittelwert F 1 in Hertz und Halbtönen	Mittelwert F 2	Mittelwert F 3	
01. /i/	16	315 / 19,9	2109 / 52,8	(14)	2617
02. /e/	15	440 / 25,7	1958 / 51,5		2524
03. /ɛ/	16	529 / 28,9	1898 / 51	(15)	2542
04. /a/	15	720 / 34,2	1384 / 45,5	(14)	2412
05. /ɑ/	17	601 / 31,1	1224 / 43,4	(14)	2422
06. /o/	15	484 / 27,3	1065 / 41	(10)	2448
07. /u/	13	347 / 21,6	1048 / 40,7	(4)	2037
08. [ə]	40	473 / 26,9	1385 / 45,5	(25)	2424

		F 1 in Halbtönen	F 2	R
(1.2)	Schwerpunkt des Dreiecks der Eckvokale	25,2	46,3	3,38
(1.3)	Variationsbreite der Eckvokale	14,3	12,1	3,28

(1.4) Variationsraum
  40,11

(1.5) Variationsdominanz
  F 1 + 2,18   F 2 + 1,84

(2.) Kernphoneme 'relativ lang'
(2.1) Mittelwerte

Phonem	Anzahl bei der Analyse	Mittelwert F 1	Mittelwert F 2	Mittelwert F 3	
		in Hertz und Halbtönen			
1. /iː/	15	270 / 17,2	2338 / 54,6	(14)	2841
2. /eː/	18	356 / 22	2243 / 53,8	(17)	2707
3. /aː/	15	747 / 34,8	1256 / 43,8	(13)	2575
4. /ɔː/	15	538 / 29,1	902 / 38,1	(13)	2625
5. /oː/	15	396 / 23,9	831 / 36,7	(3)	2500
6. /uː/	15	286 / 18,2	799 / 36		

		F 1	F 2	R
		in Halbtönen		
(2.2)	Schwerpunkt des Dreiecks der Eckvokale	23,4	44,8	3,44
(2.3)	Variationsbreite der Eckvokale	18,6	17,6	3,22
(2.4) Variationsraum 79,09		(2.5) Variationsdominanz F 1 + 3,16 F 2 + 0,6		

3.73 Mitteldeutsch-erzgebirgische Dialektgruppe

3.731 Altenau

(1.) Kernphoneme 'relativ kurz'
(1.1) Mittelwerte

Phonem	Anzahl bei der Analyse	Mittelwert F 1 Mittelwert F 2 in Hertz und Halbtönen		Mittelwert F 3	
01. /i/	15	292 / 18,6	2476 / 55,6	(14)	3598
02. /e/	14	432 / 25,4	2122 / 52,9		3237
03. /ɛ/	13	538 / 29,1	1959 / 51,5		3132
04. /a/	12	790 / 35,8	1600 / 48		2484
05. /ɑ/	13	696 / 33,7	1633 / 48,4	(12)	2554
06. /o/	12	596 / 30,9	1125 / 41,9	(6)	1781
07. /u/	15	304 / 19,3	880 / 37,7		
08. [ə]	26	609 / 31,3	1520 / 47,1	(19)	2617

		F 1 F 2 in Halbtönen		R
(1.2)	Schwerpunkt des Dreiecks der Eckvokale	24,5	47,1	3,69
(1.3)	Variationsbreite der Eckvokale	17,2	17,9	3,57
(1.4)	Variationsraum 75,61	(1.5) Variationsdominanz F 1 + 2,48 F 2 + 1,64		

(2.) Kernphoneme 'relativ lang'
(2.1) Mittelwerte

Phonem	Anzahl bei der Analyse	Mittelwert F 1 in Hertz und Halbtönen	Mittelwert F 2	Mittelwert F 3
1. /iː/	13	277 / 17,7	2703 / 57,1	3748
2. /eː/	16	433 / 25,4	2498 / 55,7	3473
3. /ɛː/	12	635 / 32	2137 / 53	3131
4. /aː/	15	863 / 37,3	1530 / 47,2	2595
5. /ɑː/	13	638 / 32,1	1206 / 43,1	(8) 2547
6. /oː/	13	417 / 24,7	853 / 37,1	(6) 2561
7. /uː/	14	317 / 19	813 / 36,3	(4) 2600

		F 1 in Halbtönen	F 2	R
(2.2)	Schwerpunkt des Dreiecks der Eckvokale	24,6	46,9	3,62
(2.3)	Variationsbreite der Eckvokale	20,8	19,6	3,22

(2.4) Variationsraum 98,60

(2.5) Variationsdominanz F 1 + 6,56   F 2 + 3,4

3.732 St. Andreasberg

(1.) Kernphoneme 'relativ kurz'
(1.1) Mittelwerte

Phonem	Anzahl bei der Analyse	Mittelwert F 1 in Hertz und Halbtönen	Mittelwert F 2	Mittelwert F 3	
01. /i/	13	362 / 22,3	2290 / 54,2		2896
02. /e/	18	466 / 26,7	2144 / 53,1	(17)	2770
03. /ɛ/	14	562 / 29,9	2139 / 53		2782
04. /a/	14	833 / 36,7	1456 / 46,4		2432
05. /ɑ/	15	727 / 34,3	1268 / 44		2405
06. /o/	15	581 / 30,5	1123 / 41,9		2190
07. /u/	14	375 / 22,9	890 / 37,9	(8)	1875
08. [ə]	19	636 / 32	1810 / 50,1	(17)	2655

		F 1 in Halbtönen	F 2	R
(1.2)	Schwerpunkt des Dreiecks der Eckvokale	27,3	46,1	2,96
(1.3)	Variationsbreite der Eckvokale	14,4	16,3	2,95
(1.4)	Variationsraum 57,47	(1.5) Variationsdominanz F 1 + 7,08 F 2 + 0,44		

15 Göschel, Untersuchungen

(2.) Kernphoneme 'relativ lang'
(2.1) Mittelwerte

Phonem	Anzahl bei der Analyse	Mittelwert F 1	Mittelwert F 2	Mittelwert F 3
		in Hertz und Halbtönen		
1. /iː/	18	277 / 17,7	2587 / 56,3	3113
2. /eː/	16	440 / 25,7	2458 / 55,4	2931
3. /ɛː/	18	541 / 29,2	2442 / 55,3	2926
4. /aː/	14	881 / 37,7	1352 / 45,1	2621
5. /ɑː/	15	708 / 33,9	1115 / 41,7	2460
6. /oː/	15	486 / 27,4	946 / 38,9	2522
7. /uː/	17	358 / 22,1	852 / 37,1	(14) 2378

		F 1	F 2	R
		in Halbtönen		
(2.2)	Schwerpunkt des Dreiecks der Eckvokale	25,8	46,1	3,23
(2.3)	Variationsbreite der Eckvokale	19,2	20	2,87

(2.4) Variationsraum
      83,64

(2.5) Variationsdominanz
    F 1 + 6,56   F 2 + 3,4

3.733 Clausthal

(1.) Kernphoneme 'relativ kurz'
(1.1) Mittelwerte

Phonem	Anzahl bei der Analyse	Mittelwert F 1 in Hertz und Halbtönen	Mittelwert F 2	Mittelwert F 3	
01. /i/	12	288 / 18,4	2328 / 54,5		2909
02. /e/	13	430 / 25,3	2015 / 52		2892
03. /ɛ/	14	537 / 29,1	2005 / 51,9		2775
04. /a/	11	758 / 35,1	1429 / 46,1		2701
05. /ɑ/	11	646 / 32,3	1271 / 44		2656
06. /o/	11	510 / 28,2	1080 / 41,2		2160
07. /u/	12	300 / 19	737 / 34,6	(11)	1291
08. [ə]	16	478 / 27,1	1638 / 48,4	(15)	2656

		F 1 in Halbtönen	F 2	R
(1.2)	Schwerpunkt des Dreiecks der Eckvokale	24,1	45	3,34
(1.3)	Variationsbreite der Eckvokale	16,7	19,9	3,33
(1.4)	Variationsraum 81,70	(1.5) Variationsdominanz F 1 + 1,58 F 2 — 2,56		

(2.) Kernphoneme 'relativ lang'
(2.1) Mittelwerte

Phonem	Anzahl bei der Analyse	Mittelwert F 1	Mittelwert F 2	Mittelwert F 3
		in Hertz und Halbtönen		
1. /iː/	12	267 / 17	2598 / 56,4	2979
2. /eː/	13	390 / 23,6	2323 / 54,5	2906
3. /ɛː/	14	511 / 28,3	2295 / 54,3	2914
4. /aː/	16	783 / 35,6	1248 / 43,7	2731
5. /ɑː/	10	605 / 31,2	1091 / 41,4	2793
6. /oː/	17	408 / 24,4	895 / 38	1816
7. /uː/	13	293 / 18,7	780 / 35,6	(6) 1463

		F 1	F 2	R
		in Halbtönen		
(2.2)	Schwerpunkt des Dreiecks der Eckvokale	23,7	45,2	3,46
(2.3)	Variationsbreite der Eckvokale	20,8	18,6	3,52
(2.4)	Variationsraum 91,28	(2.5) Variationsdominanz F 1 + 3,76 F 2 + 2,0		

3.734 Hahnenklee

(1.) Kernphoneme 'relativ kurz'
(1.1) Mittelwerte

Phonem	Anzahl bei der Analyse	Mittelwert F 1	Mittelwert F 2	Mittelwert F 3	
		in Hertz und Halbtönen			
01. /i/	15	382 / 23,2	2017 / 52	(14)	2707
02. /e/	17	500 / 27,9	1838 / 50,4	(15)	2696
03. /ɛ/	15	553 / 29,6	1892 / 50,9	(10)	2725
04. /a/	15	711 / 34	1288 / 44,2	(12)	2558
05. /ɑ/	13	609 / 31,3	1311 / 44,5	(8)	2631
06. /o/	15	535 / 29	968 / 39,3		
07. /u/	15	340 / 21,2	960 / 39,2		
08. [ə]	46	474 / 26,9	1663 / 48,7	(31)	2857

		F 1	F 2	R
		in Halbtönen		
(1.2)	Schwerpunkt des Dreiecks der Eckvokale	26,1	45,1	3,00
(1.3)	Variationsbreite der Eckvokale	12,8	12,8	2,97
(1.4) Variationsraum 38,39		(1.5) Variationsdominanz F 1 + 3,28 F 2 — 0,46		

(2.) Kernphoneme 'relativ lang'
(2.1) Mittelwerte

Phonem	Anzahl bei der Analyse	Mittelwert F 1 in Hertz und Halbtönen	Mittelwert F 2	Mittelwert F 3
1. /iː/	15	300 / 19	2508 / 55,8	2913
2. /eː/	14	396 / 23,8	2289 / 54,2	2810
3. /ɛː/	18	521 / 28,6	2138 / 53	2796
4. /aː/	15	759 / 35,1	1219 / 43,3	(10) 2615
5. /ɑː/	14	607 / 31,2	979 / 39,5	(8) 2568
6. /oː/	15	376 / 23	832 / 36,7	(6) 2766
7. /uː/	15	312 / 19,7	756 / 35	

	F 1 in Halbtönen	F 2	R
(2.2) Schwerpunkt des Dreiecks der Eckvokale	24,6	44,7	3,19
(2.3) Variationsbreite der Eckvokale	20,8	16,1	3,81

(2.4) Variationsraum
    81,50

(2.5) Variationsdominanz
    F 1 + 5,26   F 2 + 0,8

3.735 Lautenthal

(1.) Kernphoneme 'relativ kurz'
(1.1) Mittelwerte

Phonem	Anzahl bei der Analyse	Mittelwert F 1 in Hertz und Halbtönen	Mittelwert F 2	Mittelwert F 3	
01. /i/	16	408 / 24,4	2011 / 52	(15)	2657
02. /e/	15	552 / 29,6	1768 / 49,7	(14)	2553
03. /ɛ/	16	625 / 31,7	1830 / 50,3	(15)	2606
04. /a/	17	783 / 35,6	1236 / 43,5	(11)	2515
05. /ɑ/	16	741 / 34,7	1355 / 45,1	(11)	2522
06. /o/	16	585 / 30,6	1080 / 41,2	(10)	2560
07. /u/	16	448 / 26	1033 / 40,4	(7)	2185
08. [ə]	46	583 / 30,5	1584 / 47,8	(34)	2693

	F 1 in Halbtönen	F 2	R
(1.2) Schwerpunkt des Dreiecks der Eckvokale	28,6	45,3	2,62
(1.3) Variationsbreite der Eckvokale	11,2	11,6	2,61

(1.4) Variationsraum
29,03

(1.5) Variationsdominanz
F 1 + 8,08   F 2 + 0,74

(2.) Kernphoneme 'relativ lang'
(2.1) Mittelwerte

Phonem	Anzahl bei der Analyse	Mittelwert F 1 in Hertz und Halbtönen	Mittelwert F 2 in Hertz und Halbtönen	Mittelwert F 3	
1. /iː/	20	300 / 19	2436 / 55,3	(18)	2813
2. /eː/	15	456 / 26,3	2118 / 52,9		2703
3. /ɛː/	15	530 / 28,9	2036 / 52,2		2703
4. /aː/	15	792 / 35,8	1160 / 42,4	(11)	2777
5. /ɑː/	18	575 / 30,3	973 / 39,4		2847
6. /oː/	18	470 / 26,8	870 / 37,5	(10)	2765
7. /uː/	15	348 / 21,6	816 / 36,4		

		F 1 in Halbtönen	F 2 in Halbtönen	R
(2.2)	Schwerpunkt des Dreiecks der Eckvokale	25,4	44,7	3,05
(2.3)	Variationsbreite der Eckvokale	18,9	16,8	3,29

(2.4) Variationsraum 70,94   (2.5) Variationsdominanz F 1 + 5,96   F 2 + 1,7

3.736 Schulenberg

(1.) Kernphoneme 'relativ kurz'
(1.1) Mittelwerte

Phonem	Anzahl bei der Analyse	Mittelwert F 1	Mittelwert F 2	Mittelwert F 3
		in Hertz und Halbtönen		
01. /i/	15	338 / 21,1	2230 / 53,7	2733
02. /e/	15	483 / 25,6	1888 / 50,8	2590
03. /ɛ/	16	520 / 28,6	1977 / 51,6	2678
04. /a/	15	695 / 33,6	1426 / 46	(13) 2665
05. /ɑ/	15	572 / 30,2	1623 / 48,3	2630
06. /o/	15	496 / 27,7	1154 / 42,3	2593
07. /u/	13	418 / 24,8	874 / 37,6	
08. [ə]	77	465 / 26,6	1729 / 49,3	(67) 2581

		F 1	F 2	R
		in Halbtönen		
(1.2)	Schwerpunkt des Dreiecks der Eckvokale	26,5	45,7	3,03
(1.3)	Variationsbreite der Eckvokale	12,5	16,1	3,12

(1.4) Variationsraum   (1.5) Variationsdominanz
       43,10   F 1 + 2,78   F 2 — 0,36

(2.) Kernphoneme 'relativ lang'
(2.1) Mittelwerte

Phonem	Anzahl bei der Analyse	Mittelwert F 1	Mittelwert F 2	Mittelwert F 3	
		in Hertz und Halbtönen			
1. /iː/	15	310 / 19,6	2469 / 55,5	(11)	2904
2. /eː/	16	466 / 26,6	2183 / 53,4		2695
3. /ɛː/	15	521 / 28,6	2032 / 52,3		2663
4. /aː/	14	688 / 33,4	1337 / 44,9		2795
5. /ɑː/	15	560 / 29,8	1034 / 40,5		2762
6. /oː/	15	450 / 26,1	813 / 36,3		2804
7. /uː/	14	338 / 21,1	772 / 35,4	(7)	2714

		F 1	F 2	R
		in Halbtönen		
(2.2)	Schwerpunkt des Dreiecks der Eckvokale	24,7	45,2	3,27
(2.3)	Variationsbreite der Eckvokale	20,1	13,8	4,48
(2.4)	Variationsraum 65,28	(2.5) Variationsdominanz F 1 + 4,16 F 2 + 0,9		

3.737 Wildemann

(1.) Kernphoneme 'relativ kurz'
(1.1) Mittelwerte

Phonem	Anzahl bei der Analyse	Mittelwert F 1 in Hertz und Halbtönen	Mittelwert F 2 in Hertz und Halbtönen	Mittelwert F 3	
01. /i/	14	375 / 22,9	2109 / 52,8	(13)	2942
02. /e/	13	471 / 26,8	1703 / 49,1	(12)	2687
03. /ɛ/	17	546 / 29,4	1848 / 50,5	(12)	2645
04. /a/	14	708 / 33,9	1348 / 45	(13)	2493
05. /ɑ/	16	591 / 30,8	1350 / 45,1	(12)	2579
06. /o/	14	473 / 26,9	1155 / 42,4	(9)	2387
07. /u/	16	406 / 24,3	1049 / 40,7		
08. [ə]	45	566 / 30	1470 / 46,5	(36)	2744

		F 1	F 2	R
		in Halbtönen		
(1.2)	Schwerpunkt des Dreiecks der Eckvokale	27	46,1	3,01
(1.3)	Variationsbreite der Eckvokale	11	12,1	3,02
(1.4)	Variationsraum 30,47	(1.5) Variationsdominanz F 1 + 4,88 F 2 + 1,84		

(2.) Kernphoneme 'relativ lang'
(2.1) Mittelwerte

Phonem	Anzahl bei der Analyse	Mittelwert F 1	Mittelwert F 2	Mittelwert F 3	
		in Hertz und Halbtönen			
1. /iː/	15	246 / 15,6	2446 / 55,3		2966
2. /eː/	17	405 / 24,2	2280 / 54,1		2955
3. /ɛː/	19	540 / 29,2	1958 / 51,5		2773
4. /aː/	16	731 / 34,5	1235 / 43,5		2587
5. /ɑː/	16	543 / 29,3	1021 / 40,2	(9)	2433
6. /oː/	13	433 / 25,4	959 / 39,1	(8)	2575
7. /uː/	14	315 / 19,9	820 / 36,4		

		F 1	F 2	R
		in Halbtönen		
(2.2)	Schwerpunkt des Dreiecks der Eckvokale	23,3	45	3,50
(2.3)	Variationsbreite der Eckvokale	18,9	18,9	3,35
(2.4)	Variationsraum 76,51	(2.5) Variationsdominanz F 1 + 2,26 F 2 + 1,7		

3.738 Zellerfeld

(1.) Kernphoneme 'relativ kurz'
(1.1) Mittelwerte

Phonem	Anzahl bei der Analyse	Mittelwert F 1 in Hertz und Halbtönen	Mittelwert F 2	Mittelwert F 3	
01. /i/	15	392 / 23,7	2140 / 53		2698
02. /e/	16	485 / 27,3	1877 / 50,7		2605
03. /ɛ/	15	560 / 29,8	1864 / 50,6		2610
04. /a/	16	735 / 34,5	1417 / 45,9	(14)	2346
05. /ɑ/	17	651 / 32,4	1448 / 46,3	(15)	2436
06. /o/	15	533 / 29	1142 / 42,2	(12)	2481
07. /u/	15	344 / 21,4	1000 / 39,9	(10)	2420
08. [ə]	22	517 / 28,5	1616 / 48,2	(16)	2661

		F 1 in Halbtönen	F 2	R
(1.2)	Schwerpunkt des Dreiecks der Eckvokale	26,5	46,2	3,12
(1.3)	Variationsbreite der Eckvokale	13,1	13,1	3,10

(1.4) Variationsraum 39,42   (1.5) Variationsdominanz F 1 + 3,98   F 2 + 1,24

(2.) Kernphoneme 'relativ lang'
(2.1) Mittelwerte

Phonem	Anzahl bei der Analyse	Mittelwert F 1	Mittelwert F 2		Mittelwert F 3
		in Hertz und Halbtönen			
1. /iː/	17	257 / 16,4	2418 / 55,2		3194
2. /eː/	16	391 / 23,6	2187 / 53,4		2688
3. /ɛː/	15	503 / 28	2106 / 52,8		2610
4. /aː/	15	752 / 34,9	1254 / 43,8	(14)	2593
5. /ɑː/	15	659 / 32,7	1105 / 41,6	(10)	2610
6. /oː/	14	430 / 25,3	937 / 38,7	(6)	2433
7. /uː/	14	300 / 19	852 / 37,1	(6)	2466

	F 1	F 2	R
	in Halbtönen		
(2.2) Schwerpunkt des Dreiecks der Eckvokale	23,4	45,3	3,54
(2.3) Variationsbreite der Eckvokale	18,1	18,5	3,16

(2.4) Variationsraum (2.5) Variationsdominanz
     76,27   F 1 + 2,46   F 2 + 2,3

4. Komparative Auswertung und Ergebnisse

4.1 Zur Phonetik und Phonologie

4.11 Niederdeutsch-ostfälische Dialektgruppe

4.111 Phonetische Besonderheiten

(1.) Kurzvokale

(1.1) Das phonetische System der Kurzvokale zeigt bei allen vier untersuchten Ortsdialekten zwei gerundete Palatalvokale [y] [œ].

(1.2) Geschlossene kurze Vokale sind sehr selten. Nur einmal ist einer in der vorderen Reihe im Ortsdialekt Wolfshagen auch als Phonem belegt [e].

(2.) Langvokale

Das phonetische System der Langvokale hat nur in zwei Ortsdialekten je zwei gerundete Palatalvokale aufzuweisen noch dazu mit unterschiedlichem Öffnungsgrad in der mittleren Höhe: Kamschlacken [yː] [øː], Osterhagen [yː] œː]. Einen gerundeten Palatalvokal hat Gittelde [œː], Wolfshagen hat keinen.

(3.) Diphthonge

(3.1) Schließende Diphthonge kennen alle vier Ortsdialekte.

(3.2) Öffnende Diphthonge haben nur zwei Ortsdialekte: Osterhagen [iːə] [uːə] [oːə], Wolfshagen [iːə] [uːə].

(3.3) Darüber hinaus gibt es in zwei Dialekten Diphthonge, die an der gleichen Artikulationsstelle gebildet werden: Gittelde [eːɪ] [øːɪ] [oːu], Osterhagen [ɛːɪ] [ɑːʊ].

(4.) Konsonanten

(4.1) Ein auffälliges Merkmal sind die langen Konsonanten [mː] [nː] [ŋː] [lː] in finaler Stellung in den Ortsdialekten Gittelde und Wolfshagen.

(4.2) Die Affrikata [ts] kommt in allen vier niederdeutschen Ortsdialekten vor.

(4.3) Die Stimmhaftigkeit der Lenis-Plosive [b] [d] [g] ist weitgehend fakultativ und kommt weniger initial, häufiger medial vor. — Die Lenis-Frikative sind stets stimmhaft.

(4.4) Die Behauchung der Fortis-Plosive [p] [t] [k] ist fakultativ. Sie kann nachgewiesen werden final in den Ortsdialekten Kamschlacken und Wolfshagen, final und initial im Ortsdialekt Osterhagen, initial bei [k] im Ortsdialekt Gittelde. Obligatorisch ist die Behauchung von [p] [t] [k] final in Gittelde.

(4.5) Bei der r-Artikulation fällt auf, daß vokalisierte Varianten nur sehr selten vorkommen, häufiger sind sie nur im Ortsdialekt Kamschlacken final und zwischen Kernphonemen und Satellitenphonemen anzutreffen. In den anderen Positionen hat Kamschlacken durchgehend [ʁ]. — Der uvulare mehrschlägige Vibrant [R] herrscht in allen Positionen vor in den Ortsdialekten Gittelde und Osterhagen. Im Ortsdialekt Wolfshagen steht dafür [r] [ɾ] als alveolarer ein- und mehrschlägiger Vibrant. Sehr selten sind in diesen drei Dialekten andere Varianten [ʁ] [ɔ] [ɑ].

(4.6) Bemerkenswert ist, daß [x] im Ortsdialekt Kamschlacken auch initial auftritt.

4.112 Zur Phonologie

4.1121 Phonemsysteme

(1.) Kernphoneme 'relativ kurz'

Das Phonemsystem wird in drei von den vier niederdeutsch-ostfälischen Ortsdialekten durch ein regelmäßiges dreistufiges dreiklassiges Dreiecksystem mit sieben Phonemen repräsentiert (Gittelde, Kamschlacken, Osterhagen). Eine Unregelmäßigkeit gibt es im Ortsdialekt Wolfshagen. Die vordere gespreizte Klasse hat hier drei Öffnungsgrade /i/ /e/ /ɛ/. Dagegen haben die vordere gerundete und die hintere Klasse nur zwei Stufen, so daß acht Phoneme vorhanden sind.

(2.) Kernphoneme 'relativ lang'

(2.0) Die Phonemsysteme zeigen hier sehr unregelmäßige Muster, die auch in den Systemen der Diphthongphoneme wiederkehren. Diese Verhältnisse lassen auf tiefere Umbrüche auf diachronischer Ebene schließen.

(2.1) Ortsdialekt Gittelde hat ein zweistufiges dreiklassiges Vierecksystem, dem allerdings das gerundete Phonem der vorderen Reihe in der oberen Stufe fehlt, so daß das Inventar fünf Phoneme enthält.

(2.2) Ortsdialekt Kamschlacken hat ein unregelmäßiges vierstufiges dreiklassiges Dreiecksystem mit acht Phonemen. In der dritten Stufe fehlen das gespreizte und gerundete Phonem der vorderen Klassen.

(2.3) Ortsdialekt Osterhagen zeigt ein unregelmäßiges dreistufiges dreiklassiges Dreiecksystem, in dem das gerundete Phonem der hinteren Klasse auf der mittleren Stufe fehlt. Das Inventar umfaßt sechs Phoneme.

(2.4) Ortsdialekt Wolfshagen hat ein unregelmäßiges dreistufiges zweiklassiges Dreiecksystem mit nur vier Phonemen. Sehr auffällig ist das Fehlen des gespreizten Phonems der vorderen Reihe auf der obersten Stufe (/iː/). — Bemerkenswert waren hier auch akustische Messungen. Probeweise wurde eine auditiv nicht sauber zu identifizierende Lautklasse [oː] analysiert, die später als Variante des Phonems /uːə/ erkannt wurde. Die in diesem Zusammenhang für [oː] gemessenen Werte zeigten nach der Eintragung auf die Formantkarte im Vergleich zu den Allophonbereichen der anderen Phoneme einen ziemlich großen und recht diffusen Streubereich [Abb. 13]. Dieses Faktum könnte ein Hinweis darauf sein, daß Phoneme mit ihren akustischen Meßwerten einen relativ kompakten Streubereich bilden, während nicht genau zu bestimmende Lautklassenelemente, die möglicherweise verschiedenen Phonemen zugeordnet werden müssen, ein diffuses Bild ihrer Streubereiche zeigen. Außerdem wäre daraus weiterhin vorsichtig zu schließen, daß ein Lautwandel im Gange ist.

(3.) Diphthongphoneme

(3.1) Ein regelmäßiges Diphthongsystem mit sechs Phonemen zeigt nur Ortsdialekt Gittelde.

(3.2) Unregelmäßige Systeme haben die Ortsdialekte Osterhagen mit acht und Wolfshagen mit sechs Diphthongphonemen. Hier bestehen wahrscheinlich Wechselbeziehungen zu den jeweiligen Systemen der Kernphoneme 'relativ lang'. In beiden Systemen ist mit Phonologisierung von Varianten und Entphonologisierung von Phonemen zu rechnen.

(3.3) Ortsdialekt Kamschlacken hat nur ein diphthongisches Phonem: /ao/.

(4.) Satellitenphoneme

(4.0) Die vollständigen Systeme der Satellitenphoneme weisen in den vier untersuchten niederdeutschen Ortsdialekten jeweils zweimal zwei gleiche Muster auf.

(4.1) Die Ortsdialekte Gittelde und Osterhagen zeigen für die Klasse der Plosivlaute ein regelmäßiges System. Die Klasse der Affrikaten ist nur an einer Stelle, nämlich in der Dentalreihe besetzt. Die Fortis-Frikative haben ein regelmäßiges symmetrisches System, während die Lenis-Frikative wiederum nur an einer Stelle besetzt sind, hier in der labiodentalen Reihe. Regelmäßig sind auch die Teilsysteme der Nasale und Liquiden.

(4.2) Die Systeme der Plosivlaute haben in den Ortsdialekten Kamschlacken und Wolfshagen eine Lücke in der velaren Reihe der Fortes. Dafür taucht in der Klasse der Frikative bei den Lenes in der palatalen Reihe ein Phonem auf, das in den Ortsdialekten Gittelde und Osterhagen fehlt. Aus diachronischer Sicht liegt in den Phonemsystemen von Kamschlacken und Wolfshagen eine Lenierung von /k/ > /g/ vor, während das alte /g/ in die Klasse der Lenis-Frikative abgedrängt wurde, in der damit nun zwei Phoneme vorhanden sind. — Die Anzahl der Satellitenphoneme bleibt demnach in allen vier Ortsdialekten mit 18 Phonemen gleich, denn die Fortis-Frikative haben ebenso wie die Nasale und Liquiden überall die gleichen Teilsysteme.

(4.3) In finaler Position existieren Teilsysteme von langen Satellitenphonemen in den Ortsdialekten Gittelde und Wolfshagen. Erfaßt werden davon die Klasse der Nasale und der Lateral. — Damit vermehrt sich das Inventar des Gesamtsystems in beiden Ortsdialekten von 18 auf 22 Phoneme.

4.1122 Distinktive Phonemmerkmale

(1.) Kernphoneme

(1.1) Hinsichtlich der inhärenten distinktiven Merkmale nach R. Jakobson, C. G. M. Fant und M. Halle[248] ist zu sagen, daß die vier niederdeutsch-ostfälischen Ortsdialekte für die Kernphoneme 'relativ kurz' und die Kernphoneme 'relativ lang' bis auf zwei Ausnahmen mit fünf Oppositionen zu distinguieren sind: 'diffus'/'nicht-diffus', 'dunkel'/'nicht-dunkel', 'tief'/'nicht-

---

[248] R. Jakobson/C. G. M. Fant/M. Halle (1967), 13.

tief', 'kompakt'/'nicht-kompakt', 'hell'/'nicht-hell'. Das Merkmalpaar 'tief'/ 'nicht-tief' scheidet die gerundeten von den ungerundeten Kernphonemen. Schwierigkeiten gab es anfangs in der binaristischen Theorie mit dem Merkmalpaar 'kompakt'/'diffus', da damit nur zwei Öffnungsgrade zu bestimmen waren. Wie später noch zu sehen sein wird [4.1222/1] tritt hier eine echte Schwäche in der 'distinctive-features'-Theorie zutage. Um einen mittleren Kompaktheitsgrad zu definieren, zog man sich zunächst durch das Zeichen ± aus der Schlinge[249]. Das bedeutete aber nichts anderes als ein Abweichen vom binären Modell und die Einführung eines ternären Distinktionsschemas, wie es z. B. von M. Halle für die deutsche Hochsprache auch tatsächlich aufgestellt wurde[250]. — Dennoch handelt es sich vorläufig noch um ein Scheinproblem, dessen Lösung schon in der zweiten Auflage der 'Preliminaries' (1952)[251] angekündigt wurde. Danach konnte die Opposition der zwei Gegensätze 'kompakt' ≠ 'diffus' aufgelöst werden in zwei binäre Oppositionen 'kompakt' ≠ 'nicht-kompakt' und 'diffus' ≠ 'nicht-diffus'. Damit war es möglich, Kernphoneme mit mittlerem Kompaktheitsgrad als 'nicht-kompakt'/ 'nicht-diffus' zu klassifizieren[252]. Nichtsdestoweniger bedeutet dies jedoch die Einführung eines dritten Terminus[253]. Dieser neue Terminus läuft auf ein zusätzliches distinktives Merkmal hinaus, das für vierstufige Kernphonemsysteme unbedingt erforderlich wird, wie unter [4.1222/1] zu zeigen ist. Deshalb wäre die Wahl eines präzis definierten zusätzlichen Merkmalpaares mehr als wünschenswert. Trotzdem wurden die 'distinctive features' auch in der vorliegenden Arbeit in der von M. Halle vorgeschlagenen Weise angewendet.

Das gleiche Problem tritt auf bei dem Merkmalpaar 'dunkel'/'hell'. Um das Kernphonem /a/ von /ɛ/ und /ɔ/ zu dinstinguieren, gibt es keine andere Möglichkeit als /a/ das Merkmal 'nicht-dunkel'/'nicht-hell' zuzuordnen. Da das Gegensatzpaar 'dunkel'/'hell' organgenetisch gesehen periphere ['dunkle' (labiale, velare)] Phoneme von medialen ['hellen' (dentalen, palatalen)] scheiden soll[254], trifft die Zuweisung des Merkmals 'nicht-dunkel'/'nicht-hell' für /a/ als maximal offenen tiefen Mittelzungenvokal [a] wirklich zu. Denn /a/ nimmt als Mittelzungenvokal artikulatorisch gesehen auch eine Mittelstellung zwischen den palatalen und velaren Kernphonemen ein.

---

[249] R. Jakobson/C. G. M. Fant/M. Halle (1967), 29.
[250] M. Halle (1954), 208. — G. Heike (1964), 121 arbeitete mit einem quaternären Modell.
[251] R. Jakobson/C. G. M. Fant/M. Halle (1967), 29.
[252] M. Halle (1957), 71f.
[253] R. D. Wilson (1966), 198.
[254] R. Jakobson/M. Halle (1960), 28; (1968), 431.

(1.2) Die Phonemsysteme der Kernphoneme 'relativ lang' aus den Ortsdialekten Gittelde und Wolfshagen kommen sogar mit drei Merkmalpaaren aus. Im Ortsdialekt Gittelde fehlen die diffusen Kernphoneme und das 'nicht-dunkle'/'nicht-helle' Phonem /aː/, so daß die Gegensatzpaare 'dunkel'/'hell', 'tief'/'nicht-tief', 'kompakt'/'nicht-kompakt' für die Definition der distinktiven Merkmale ausreichend sind. Im Ortsdialekt Wolfshagen sind im System der Kernphoneme 'relativ lang' nur vier Phoneme vorhanden. Es fehlen die tiefen Kernphoneme und das 'helle'/'diffuse' Phonem /iː/. Zur Distinktion der vier Phoneme genügen die Paare 'diffus'/'kompakt', 'dunkel'/'nicht-dunkel', 'hell'/'nicht-hell'.

(2.) Satellitenphoneme

(2.0) Die analytische Transkription der Satellitenphoneme erfolgte für die oben [3.4/3] erläuterten drei Positionen: I) initial, II) intervokalisch-medial und III) final.

(2.1) In den Positionen I und II sind sieben Merkmalpaare erforderlich, um die Phoneme voneinander zu distinguieren: 'vokalisch'/'nicht-vokalisch', 'nasal'/'oral', 'abrupt'/'dauernd', 'gespannt'/'ungespannt', 'kompakt'/'diffus', 'dunkel'/'hell' und 'scharf'/'mild'[255]. Bei der Zuordnung der Merkmale ergaben sich keine besonderen Schwierigkeiten. Die Opposition 'gespannt'/'ungespannt' wurde überall dort eingesetzt, wo es möglich war, also auch bei der Distinktion /f/ ≠ /v/, obwohl deshalb auf die Merkmale 'scharf'/'nicht-scharf (mild)' nicht verzichtet werden konnte. — Das Phonem /š/ wurde wie schon in den 'Preliminaries'[256] als „strident stop" aufgefaßt, also auch mit dem Merkmal 'abrupt' versehen. — Das Paar 'scharf'/'nicht-scharf' wurde auch zur Distinktion von /ʃ/ gegenüber /j/ /x/ angewandt. Für die deutsche Hochsprache hatte M. Halle[257] /ʃ/ gegen /x/ überhaupt nicht abgegrenzt. Die von G. Heike verbesserte Tabelle M. Halles bei W. Meyer-Eppler[258] unterscheidet /x/ von /ʃ/ mit dem Oppositionspaar 'dunkel'/'hell'. Dieser Entscheidung kann man sich kaum anschließen, da /x/ im Deutschen

---

[255] Es handelt sich bei 'scharf'/'mild' um das Sonoritätsmerkmal engl. strident/mellow, wie es in den 'Preliminaries' (R. Jakobson/C. G. M. Fant/M. Halle (1967), 23) bezeichnet wird. Nach neuerer Terminologie wird 'strident'/'non-strident', also 'scharf'/'nicht-scharf' bevorzugt (R. Jakobson/M. Halle (1968), 430).
[256] R. Jakobson/C. G. M. Fant/M. Halle (1967), 24: „The strident stop is called affricate". Vgl. auch M. Halle (1957), 69f.
[257] M. Halle (1954), 208.
[258] W. Meyer-Eppler (1969), 407.

palatale und velare Varianten hat. Deshalb kann das Merkmalpaar 'dunkel'/ 'hell' hier nicht angewendet werden.

Unproblematisch war auch die Situation bei /r/. In den Positionen I und II konnte /r/ bis auf Ortsdialekt Kamschlacken eindeutig das Merkmal 'abrupt' erhalten, da es ein wirklich unterbrochener Laut war und so von /l/ unterschieden werden konnte. Im Ortsdialekt Kamschlacken konnte das Merkmal 'abrupt' nicht angewendet werden, hier traf sowohl für /l/ als auch für /r/ 'dauernd' zu. Die Distinktion von /l/ und /r/ war aber mit dem Paar dunkel' /r/ — 'hell' /l/ möglich[259].

(2.2) In der Position III (final) reduzieren sich die Merkmalpaare in zwei Ortsdialekten, Gittelde und Wolfshagen, von sieben auf sechs. Das Paar 'gespannt'/'ungespannt' entfällt. — In den Ortsdialekten Kamschlacken und Osterhagen kommt statt dieses Paares das Merkmal 'konsonantisch'/'nicht-konsonantisch' hinzu, so daß es hier bei sieben Paaren bleibt. Das Gegensatzpaar 'konsonantisch'/'nicht-konsonantisch' muß deshalb eingeführt werden, weil /r/ in der Position III ein vokalisches Phonem ist und nur durch die Merkmale 'vokalisch' und 'nicht-konsonantisch' von den anderen Phonemen abgehoben werden kann. — In den Ortsdialekten Gittelde, Wolfshagen und teilweise bei Osterhagen bleibt für /r/ aber in Position III auch stets das Merkmal 'abrupt' bestehen.

4.1123 Neutralisationen

(1.) Kernphoneme 'relativ kurz'
Die Aufhebung von distinktiven Oppositionen ist bei den Kernphonemen 'relativ kurz' besonders vor /r/ gegeben. In drei Ortsdialekten sind an der Neutralisation auch die Nasale beteiligt. Aufgehoben wird jeweils vor /n/, im Ortsdialekt Kamschlacken auch vor /m/ und /ŋ/, die Opposition /u/ ≠ /o/ zugunsten des /u/.

(2.) Kernphoneme 'relativ lang'
In den Ortsdialekten Gittelde und Osterhagen werden Oppositionen zwischen Diphthongphonemen und Kernphonemen 'relativ lang' vor /x/ neutralisiert. Die Kernphoneme 'relativ lang' bleiben dabei erhalten.

---

[259] Im Zusammenhang mit 'ostbayrischen' Mundarten (Wien) hat N. S. Trubetzkoy (1939), 209 „r als die hellere, und l als die dunklere Liquida definiert". Wenn diese Merkmale 'dunkel'—'hell' von N. S. Trubetzkoy auch mit den späteren 'distinctive features' 'grave' und 'acute' von R. Jakobson/C. G. M. Fant/M. Halle (1967), 29 nicht identisch sind und vor allem auch umgekehrt zugeordnet werden (/l/ = hell, /r/ = dunkel), so hat N. S. Trubetzkoy jedoch auch hier ganz beiläufig einen gewissen Weitblick gezeigt.

(3.) Satellitenphoneme

(3.1) Im Bereich der Satellitenphoneme gibt es zahlreiche Aufhebungsstellungen in allen vier niederdeutschen Ortsdialekten. In der folgenden Matrix [Tabelle 1] werden die aufhebbaren Oppositionspaare und die Positionen, in denen sie aufgehoben werden, für die vier niederdeutschen Ortsdialekte zusammengestellt.

Tabelle 1

Aufhebungsstellungen

aufhebbare Oppositionen	Gittelde	Kamschlacken	Osterhagen	Wolfshagen
b ≠ p	m, f	m, f	f	m, f
b ≠ f	m, f	—	m, f	—
b ≠ v	iS, m, f	iS, f	iS, m, f	iS, m, f
p ≠ f	—	m, f	—	—
d ≠ t	f	m, f	f	f
d ≠ ŝ	—	—	f	f
t ≠ ŝ	—	m, f	—	—
t ≠ s	—	m, f	—	—
g ≠ k	ipK, iS, mkK, mlpK, f	—	ipK, iS, m, f	—
g ≠ x	ipK, iS, m, f	mpK, mlvK	ipK, iS, m, f	i, mlK
g ≠ j	—	iS, mkvK	—	mlvK, f
k ≠ x	iS, mlvK	—	iS	—
s ≠ ŝ	nach l, n	nach l, n	nach l, n	nach l, n
f ≠ v	iS, f	iS, f	iS, f	iS, f
s ≠ ʃ	iS	iS	iS	—
ʃ ≠ x	iS, mlvK	mpK, mlvK	iS	i, mlK
ʃ ≠ j	—	iS, mkvK, f	—	—
j ≠ x	—	iS, mpK, mlvK, mkvK, f	—	i, mvK, mlpK, f
m ≠ n	nach b, p	nach b	nach p	nach b, p
n ≠ ŋ	vor k	vor g, nach g	vor k	vor g

Die Abkürzungen für die Positionen bedeuten:

i	initial	mpK	medial nach palatalen Kernphonemen
m	medial		
f	final	mvK	medial nach velaren Kernphonemen
iS	initial vor Satellitenphonemen		
ipK	initial vor palatalen Kernphonemen	mkvK	medial nach kurzen velaren Kernphonemen
mkK	medial nach kurzen Kernphonemen	mlpK	medial nach langen palatalen Kernphonemen
mlK	medial nach langen Kernphonemen	mlvK	medial nach langen velaren Kernphonemen

(3.2) Die Übersicht in Tabelle 1 läßt soviel erkennen, daß im velaren Bereich die verschiedensten Neutralisationen möglich sind, die sich in der Klasse der Frikative auf den palatalen Raum ausdehnen. Zahlreiche Oppositionen gelten nur initial und werden in medialer und finaler Stellung aufgehoben. Eine häufige Aufhebungsstellung ist auch 'initial vor Satellitenphonem'. In diesem Zusammenhang werden auch schon gewisse Distributionsverhältnisse deutlich.

4.1124 Phonemdistribution

(0.0) Auf den unvollständigen Charakter der Phonemdistribution im Material der vorliegenden Arbeit wurde bereits [3.4/6] hingewiesen. Aus diesem Grunde sind aus den Distributionsdiagrammen, wie sie den phonologischen Analysen der einzelnen Ortsdialekte beigegeben wurden, vorerst nur wenige vorsichtige Hinweise möglich.

(1.) Kernphoneme 'relativ kurz'

(1.1) Bei den Kernphonemen 'relativ kurz' wäre zu erwähnen, daß sie in den Ortsdialekten Gittelde und Osterhagen vor /b/ nicht vorkommen. In Verbindung mit /g/ können von den kurzen Kernphonemen nur /a/ und /u/ auftreten, deren Stellung 'nach /g/' beschränkt ist.

(1.2) Im Ortsdialekt Kamschlacken scheinen die kurzen Kernphoneme nur nach /p/ /t/ vorzukommen und können somit nicht vor /p/ /t/ stehen, während hier bei /ś/ die Kernphoneme 'relativ kurz' nur vor /ś/ erscheinen.

(2.) Kernphoneme 'relativ lang' und Diphthongphoneme

(2.1) Bei den Kernphonemen 'relativ lang' fällt auf, daß diese im Ortsdialekt Kamschlacken auch vor /ŋ/ stehen und daß hier außerdem alle Kernphoneme nur nach /t/ /ş/ auftreten nicht aber vor diesen; in Zusammenhang mit /p/ erscheinen nur /e:/ /ø:/ und wiederum nur nach /p/.

(2.2) Nach den langen Kernphonemen und Diphthongen ist die Stellung von /ʃ/ in allen vier niederdeutschen Ortsdialekten eingeschränkt.

(2.3) Im Ortsdialekt Gittelde können die langen Kernphoneme in Verbindung mit /f/ nur nach /f/ stehen, vor /f/ sind sie nicht belegt.

(2.4) Im Ortsdialekt Osterhagen erscheinen keine Diphthongphoneme vor oder nach /ş/, während die Kernphoneme 'relativ lang' in Verbindung mit /ş/ ebenfalls nur schwach belegt sind.

(3.) Satellitenphoneme

(3.0) Für die Phonemdistribution der Satellitenphoneme wurden die zweigliedrigen Phonemverbindungen in initialer und finaler Stellung ausgewertet. Die Verbindungen zeigen im Anlaut einige Besonderheiten.

(3.1) Allen vier Ortsdialekten gemeinsam ist die initiale Verbindung /tv-/.

(3.2) Auffällig sind im Ortsdialekt Kamschlacken die Verbindungen /xl-/ und /xr-/, die in keinem der anderen drei Dialekte auftreten.

(3.3) Im Ortsdialekt Wolfshagen sind die s-Verbindungen bemerkenswert: /sp-/, /st-/, /sm-/, /sn-/, /sl-/, /sv-/. Daneben steht /ʃr-/ und als Variante von /sl-/ tritt vereinzelt /ʃl-/ auf.

(3.4) Auch der Ortsdialekt Gittelde hat zwei s-Verbindungen /sp-/ und /st-/, während in den anderen Fällen /ʃ/ steht, wie auch in den Ortsdialekten Osterhagen und Kamschlacken.

(3.5) Die zweigliedrigen Verbindungen von Satellitenphonemen in finaler Stellung waren ziemlich unergiebig. Zu erwähnen wäre hier die in allen vier Ortsdialekten vorkommenden Verbindungen /-ps/ bzw. /-bs/ und /-bʃ/, sowie die Verbindungen /-tʃ/ im Ortsdialekt Osterhagen, /-gŋ/ und /-jl/ im Ortsdialekt Kamschlacken.

4.12 Mitteldeutsch-nordthüringische Dialektgruppe

4.121 Phonetische Besonderheiten

(1.) Kurzvokale

(1.1) Kennzeichnend für das phonetische System der Kurzvokale ist in allen fünf Ortsdialekten eine starke Tendenz zur Zentralisierung, wie auch die akustischen Meßergebnisse zeigen.

(1.2) Geschlossene kurze Vokale kommen sogar als Phoneme vor. In der vorderen Reihe ist [e] in allen fünf Ortsdialekten als Phonem vorhanden. — In der velaren Reihe ist geschlossenes [o̩] ziemlich selten. Solche Realisationen sind in den Ortsdialekten Tettenborn und Wieda möglich, jedoch besteht auch hier überwiegend die Tendenz zur Öffnung [ǫ]. Ausschließlich geschlossenen Charakter hat /o/ im Ortsdialekt Steina [o̩].

(1.3) Eine weitere phonetische Besonderheit stellt die Bildung des [a] dar. In zwei Ortsdialekten, Hohegeiß und Tettenborn, muß [a] in die Reihe der Palatalvokale einbezogen werden. In den anderen drei Dialekten, Steina, Walkenried und Wieda besteht eine deutliche Verlagerung von der Mittelzunge zur Vorderzunge. Kriterium für die Stellung des [a] in oder nahe der vorderen Reihe ist die Realisation des Phonems /x/ nach [a] durch die palatale Variante [ç].

(1.4) Gerundete Palatalvokale fehlen in allen fünf Ortsdialekten. Es besteht lediglich eine gewisse Neigung zur Rundung bei den hohen und mittelhohen Vorderzungenvokalen vor /l/ /r/ /ʃ/ : [iᵓ] [eᵓ] [ɛᵓ], seltener [yᶜ] [øᶜ] [œᶜ].

(2.) Langvokale

(2.1) In allen fünf Ortsdialekten zeigt [aː] wie [a] bei den Kurzvokalen eine starke Tendenz zur Vorderzunge. Auch hier wird das Phonem /x/ nach [aː] nicht durch [x], sondern [ç] realisiert.

(2.2) Offene [ɛː] und [ɔː] kommen als Varianten fast nur vor /r/ vor.

(2.3) Gerundete Palatalvokale sind auch im phonetischen System der Langvokale nicht vorhanden.

(3.) Diphthonge

(3.1) Schließende Diphthonge sind in allen fünf Ortsdialekten belegt [ao] [aɪ], [eːɪ] [oːʊ].

(3.2) In vier von den fünf Ortsdialekten sind zwei Diphthonge, die an der gleichen Artikulationsstelle gebildet werden [eːɪ] [oːʊ], vorhanden. Nur im Ortsdialekt Hohegeiß kommt dieses Diphthongpaar nicht vor.

(3.3) Öffnende Diphthonge gibt es in dieser Dialektgruppe nicht.

(4.) Konsonanten

(4.1) Die Affrikata [ts] kommt in allen fünf nordthüringischen Ortsdialekten vor. Dagegen ist die zweite Affrikata [pf] nur im Ortsdialekt Steina vorhanden und auf die initiale Position beschränkt.

(4.2) Die Stimmhaftigkeit der Lenis-Plosive [b] [d] [g] ist bei [d] in medialer Stellung und bei [g] medial nach langen Kernphonemen obligatorisch. Fakultative Stimmbeteiligung konnte bei den Lenis-Plosiven nicht registriert werden.

(4.3) Die Behauchung der Fortis-Plosive, die final für die Phoneme /b/ /d/ /g/ stehen, ist durchgehend in allen fünf Ortsdialekten vorhanden, während die Behauchung des initialen [k] vor Vokal nur in den Ortsdialekten Steina und Tettenborn [kh] und Walkenried [kʻ] festgestellt wurde.

(4.4) Eine phonetische Besonderheit fällt auf bei der Realisation von /d/ in medialer Position besonders nach kurzen Kernphonemen. Die Artikulationsstelle wird hier zurückgezogen, so daß ein schwacher präpalataler oder palato-alveolarer Plosivlaut mit teilweise lateraler Explosion entsteht, der bis zum bloßen Kontinuanten reduziert werden und in einen dentalen Lateral [l] übergehen kann. Damit entsteht jedoch ein Dauerlaut. — Die untersuchten nordthüringischen Ortsdialekte weisen einen unterschiedlichen Entwicklungsstand dieser Artikulationsweise auf. Im Ortsdialekt Steina wird /d/ in der erwähnten Position als präpalataler Plosivlaut mit lateraler Explosion gebildet [d⁻.], es kann noch weiter abgeschwächt [d⁻⁻] [d⁻] oder auch als alveolarer Lateral [l] realisiert werden. Ähnlich verhält es sich im Ortsdialekt Tettenborn, jedoch sind hier [l]-Realisationen nicht gegeben. Es bleibt bei [d⁻.]. In den Ortsdialekten Walkenried und Wieda wird nur die Artikulationsstelle zurückgezogen, die laterale Verschlußlösung fehlt [d⁻], während sich der Ortsdialekt Hohegeiß an dieser Besonderheit überhaupt nicht beteiligt.

(4.5) Ansätze von abgeschwächtem und teilweise vokalisiertem /l/ finden sich im Ortsdialekt Steina; in den Ortsdialekten Tettenborn und Wieda nur final nach langen Kernphonemen.

(4.6) Bei der r-Artikulation ist die Fülle der Bildungsmöglichkeiten besonders augenfällig. — Lediglich im Ortsdialekt Walkenried sind nur zwei Bildungsweisen vorhanden: [ʁ] als stimmhafter uvularer oder velarer Frikativlaut oder Kontinuant und die verschiedenen vokalisierten Varianten. Für alle fünf Ortsdialekte gibt die nachstehende Matrix [Tabelle 2] eine genaue Übersicht, wobei in Klammern diejenigen Realisationen stehen, die sehr selten sind. Es wurden sieben Positionen unterschieden, die in der Matrix von den Ziffern wie folgt umschrieben werden:

1 = initial
2 = initial nach Satellitenphonemen
3 = intervokalisch-medial
4 = die schriftsprachliche unbetonte Silbe er-/-er
5 = zwischen kurzen Kernphonemen und Satellitenphonemen
6 = nach langen Kernphonemen
7 = zwischen langen Kernphonemen und Satellitenphonemen

Tabelle 2

	1	2	3	4	5	6	7
Hohegeiß	ɾ ɹ ʀ	r ɾ ʀ ɹ	r ɾ ɹ	ɔ	r ɾ ɑ	a ɑ ɔ	ɹ ɑ ɪ
	(r ɾ ʁ)	(ɾ ʁ)			(ɪ)		(ɾ)
Steina	ʁ ʀ	ʁ ʀ r ɾ	ʁ r ɾ	a ɑ ɔ	a ɑ ɔ	a ɑ ɔ	a ɑ ɔ
			(ʀ ɾ)		ɪ		
Tettenborn	ʁ ʀ	ʁ ʀ	ʁ	a ɑ ɒ	a ɑ ɒ	a ɑ ɒ	a ɑ ɒ
			(ʀ)	ɔ	ɔ ɪ	ɔ	ɔ
Walkenried	ʁ	ʁ	ʁ	ɑ ɒ ɔ	a ɑ ɒ	a ɑ ɔ	a ɑ ɒ
					ɔ ɪ		ɔ ɪ
Wieda	ɾ ɹ ɾ	ɹ ɾ	ɾ	ɑ ɔ	ɾ	ɑ ɔ	a ɑ ɒ
	(ɾ)	(ɾ ɹ)			(ɹ)	(ɹ)	

Danach sind retroflexe Bildungen besonders in den beiden Ortsdialekten Hohegeiß und Wieda verbreitet, während im Ortsdialekt Steina diese Artikulationsweise nur sporadisch intervokalisch-medial vorkommt. Das ein- und mehrschlägige alveolare [ɾ] [r] ist sehr häufig in den Ortsdialekten Hohegeiß und Steina. Der Ortsdialekt Wieda kennt es nur als einschlägigen alveolaren Vibranten [ɾ]. — Das uvulare ein- oder mehrschlägige [ʀ] ist besonders im Ortsdialekt Tettenborn vertreten, ebenso häufig im Ortsdialekt Steina und weniger stark im Ortsdialekt Hohegeiß. Die vokalischen Varianten sind vor allem auf die postvokalischen Positionen verteilt, jedoch sind dort auch retroflexe Varianten und Vibranten möglich (Hohegeiß, Wieda). — Die weitaus meisten Bildungsmöglichkeiten zeigt der Ortsdialekt Hohegeiß; die geringste Variationsbreite hat der Ortsdialekt Walkenried.

4.122   Zur Phonologie

4.1221   Phonemsysteme

(1.)   Kernphoneme 'relativ kurz'
Das Phonemsystem wird in allen fünf mitteldeutsch-nordthüringischen Ortsdialekten durch ein unsymmetrisches vierstufiges zweiklassiges Vierecksystem gebildet und zählt sieben Phoneme. In der vorderen Klasse gibt es vier Stufen, während die hintere Klasse nur drei Stufen kennt. Bis auf den Ortsdialekt Walkenried bleibt in der hinteren Reihe jeweils die dritte Stufe unbesetzt, in Walkenried ist die zweite Stufe frei. Die Ortsdialekte Tettenborn und Walkenried entwickeln durch die allmähliche Entphonologisierung von /e/ ein reduziertes System, das gleichmäßig und symmetrisch ist.

(2.)   Kernphoneme 'relativ lang'

Auch hier weisen alle fünf nordthüringischen Ortsdialekte das gleiche Phonemsystem auf. Es wird vertreten durch ein gleichmäßiges dreistufiges zweiklassiges Vierecksystem mit sechs Phonemen.

(3.)   Diphthongphoneme

Regelmäßige und symmetrische Muster des Diphthongphonemsystems zeigen alle fünf Dialekte dieser Gruppe, jedoch besteht eine Abweichung in der Quantität des Inventars. In den Ortsdialekten Steina, Tettenborn, Walkenried und Wieda gibt es jeweils vier Diphthongphoneme. — Lediglich im Ortsdialekt Hohegeiß sind nur zwei Diphthongphoneme vorhanden.

(4.) Satellitenphoneme

(4.0) Die vollständigen Systeme der Satellitenphoneme zeigen bei drei von den fünf nordthüringischen Ortsdialekten die gleichen Muster.

(4.1) In den Ortsdialekten Hohegeiß, Tettenborn und Walkenried fehlt in der Klasse der Verschlußlöselaute das Fortis-Phonem der bilabialen Reihe. Die Klasse der Affrikaten ist nur an einer Stelle, in der dentalen Reihe, besetzt. — Die Fortis-Frikative haben ein regelmäßiges symmetrisches System, während in der Klasse der Lenis-Frikative die palato-alveolare Stelle frei bleibt. — Regelmäßig sind wie auch in den beiden anderen nordthüringischen Ortsdialekten Steina und Wieda die Teilsysteme der Nasale und Liquiden.

(4.2) Das soeben beschriebene System gilt bis auf eine Abweichung auch für den Ortsdialekt Wieda. Hier fehlt in der Klasse der Fortis-Plosive das Phonem der velaren Reihe.

(4.3) Auch der Ortsdialekt Steina weicht nur in einem Fall vom Grundmuster ab, in dem die Klasse der Affrikaten hier durch zwei Phoneme in der labiodentalen und dentalen Reihe besetzt ist.

(4.4) Damit weist der Ortsdialekt Steina mit 20 Satellitenphonemen das reichhaltigste Inventar auf. Die drei Ortsdialekte Hohegeiß, Tettenborn und Walkenried haben jeweils 19 Phoneme, während im Ortsdialekt Wieda ein Inventar von 18 Phonemen vorhanden ist.

(4.5) Das Phonem /k/ dürfte erst in jüngster Zeit in die Systeme der Ortsdialekte Hohegeiß, Steina, Tettenborn und Walkenried aufgenommen worden sein. Der Ortsdialekt Wieda hat das Phonem /k/ nicht. — Dort wo es vorhanden ist, schwanken die Realisationen in der Relevanzstellung zu /g/ (initial vor Kernphonemen) völlig frei zwischen stimmloser Lenis über Halbfortis bis Fortis. Die Distinktion /k/ ≠ /g/ wird aber deutlich in Oppositionen wie /gɔːm/ '(sie) gaben' ≠ /kɔːm/ '(er) kam' oder /kase/ 'Kasse' ≠ /gɑse/ 'Gasse'. Die Schwankungen und Unsicherheiten zwischen [g] und [k] bei der Realisation von /k/ in der Relevanzstellung und die Systeme benachbarter

Ortsdialekte[260], die kein /k/ als Phonem kennen, lassen vermuten, daß /k/ in den genannten vier Ortsdialekten erst in jüngster Zeit phonologisiert wurde. Schon weitgehend stabilisiert sind die Verhältnisse im Ortsdialekt Tettenborn, wo es ziemlich wenig [g]-Varianten gibt.

4.1222 Distinktive Phonemmerkmale

(1.) Kernphoneme 'relativ kurz'

(1.0) Da in den nordthüringischen Ortsdialekten die vorderen gerundeten Kernphoneme fehlen, sind zur Distinktion der Kernphoneme 'relativ kurz' nur die vier binären Oppositionen 'diffus'/'nicht-diffus', 'dunkel'/'nicht-dunkel', 'kompakt'/'nicht-kompakt', 'hell'/'nicht-hell' vorhanden. Diese vier Merkmalpaare erlauben aber lediglich das Phonem /a/ als 'nicht-diffus, nicht-dunkel, kompakt, nicht-hell' zu klassifizieren. Dies entspricht jedoch nicht dem wahren Sachverhalt, da /a/ nach der phonetischen Realisation eindeutig das Merkmal 'hell' tragen müßte. Seiner Stellung in der vorderen Reihe des Systems wurde deshalb graphisch in jedem Falle Rechnung getragen. Die oben getroffene Entscheidung zur binären Klassifikation von /a/ mit den vorhandenen Oppositionspaaren ist in dem vorliegenden Zusammenhang trotzdem noch vertretbar.

(1.1) Aber hier offenbart sich die bereits erwähnte Schwäche der 'distinctive-features'-Theorie, die mit den vorhandenen Merkmalpaaren nur drei Öffnungsstufen bei den Kernphonemen zu distinguieren vermag. — Nun gibt es aber z. B. auch polnische Dialekte, deren Kernphonemsysteme sowohl in der vorderen als auch in der hinteren Reihe vierstufig aufgebaut sind[261]. In deutschen Dialekten sind Muster mit vier Öffnungsstufen keine Seltenheit. Sie sind beispielsweise authentisch belegt in der Münchener Stadtmundart[262], im

---

[260] Vgl. oben 3.525 Wieda 1.4. — F. Rudolph (1924), 261f.; auch 268, 269, 270, 273. — Bezeichnenderweise liegt für F. Rudolph (1924), 261f. das Problem auf anderer Ebene. Er erkennt nicht den Gegensatz Fortis—Lenis, sondern grenzt die initial vor Vokal erscheinende stark behauchte Fortis [kh-] gegen /g-/ und /k-/ in der gleichen Position ab, also eine Variante gegen zwei funktionale Einheiten. Ist der Standort F. Rudolphs aus der damaligen Forschungssituation erklärlich, so ist vierzig Jahre später das Verfahren von H. Rosenkranz (1964), 41f., der F. Rudolphs Material in dieser Form auf eine Karte überträgt, nun nicht mehr ganz zu verstehen. — Damit soll die Bedeutung der Behauchungsgrenze keinesfalls unterschätzt werden. Zunächst jedoch hat die Distribution der Phoneme /k/ und /g/ in diesem Raum unbedingten Vorrang.

[261] Ch. F. Hockett (1955), 89.

[262] H. L. Kufner (1964), 12.

oberfränkischen Ortsdialekt Friesen[263] und in der Kölner Stadtmundart[264]. Wie bereits erwähnt[265], hat G. Heike versucht, das Problem mit Hilfe eines quaternären Distinktionsmodells zu lösen, indem er die verschiedenen Grade der Kompaktheit abstufte[266] und sich damit dem Vorschlag von M. Halle anschloß[267]: /a/ + ('kompakt'), /ǫ/ ± ('weniger kompakt'), /o/ ∓ ('weniger diffus'), /u/ — ('diffus'). Soll aber mit binären Merkmalen weiter gearbeitet werden — das ist der eigentliche Sinn und der große Vorzug dieser Theorie — so ist auf die Dauer einem zusätzlichen Merkmalpaar, das die beiden mittleren Kompaktheitsgrade exakt definiert, nicht zu entgehen.

(2.) Kernphoneme 'relativ lang'
Hier kommen alle fünf Ortsdialekte mit drei Merkmalpaaren aus: 'diffus'/'nicht-diffus', 'dunkel'/'hell', 'kompakt'/'nicht-kompakt'. Wie bei den Kernphonemen 'relativ kurz' fehlen auch hier die 'tiefen' Phoneme.

(3.) Satellitenphoneme

(3.0) Die analytische Transkription der Satellitenphoneme erfolgte wieder für die drei Stellungen initial, medial, final.

(3.1) In den Positionen I (initial) und II (medial) sind in den fünf nordthüringischen Ortsdialekten bis auf eine Ausnahme jeweils sieben Merkmalpaare notwendig, um die Satellitenphoneme zu unterscheiden: 'vokalisch'/'nichtvokalisch', 'nasal'/'oral', 'abrupt'/'dauernd', 'gespannt'/'ungespannt', 'kompakt'/'diffus', 'dunkel'/'hell', 'scharf'/'nicht-scharf (mild)'. Der Ortsdialekt Wieda macht die erwähnte Ausnahme. Hier sind initial nur sechs Paare erforderlich, da die Opposition 'gespannt'/'ungespannt' nicht vorhanden ist. In medialer Stellung schließt sich der Ortsdialekt Wieda der gesamten Gruppe an.

(3.11) Schwierigkeiten gab es bei der Klassifikation von /r/. Phonetisch gesehen waren vier Varianten zu unterscheiden [4.121/4.6; Tabelle 2]: a) unterbrochene [ʀ] [r] [ɾ], b) uvular-velare Reibelaute oder Kontinuanten [ʁ],

---

[263] O. Werner (1964), 15.
[264] G. Heike (1964), 121.
[265] Vgl. oben Fußn. 250.
[266] G. Heike (1964), 121.
[267] M. Halle (1954).

c) retroflexe [ɽ] [ɻ], d) vokalische [a ɑ ɒ ɔ ɪ]. Das Merkmal 'abrupt' traf nur auf die wirklich unterbrochenen Varianten zu. Für die Gruppe der uvular-velaren Frikative oder Kontinuanten wurde wie schon oben [4.1122/2.1] das Merkmal 'dunkel' angewendet im Gegensatz zu 'hell' für /l/. Die retroflexen Bildungen sind, soweit festgestellt werden konnte, in den bisherigen Arbeiten nicht gebührend berücksichtigt worden. Das retroflexe [ɽ] kommt nicht nur in deutschen Dialekten häufiger, sondern beispielsweise auch in der englischen Standardsprache vor. Um so verwunderlicher ist es, daß die Väter der 'distinctive-features'-Theorie in ihrer analytischen Transkription der Phoneme des Englischen[268] das /r/ als Phonem überhaupt nicht aufführen, ja nicht einmal erwähnen, sondern nur von einem Liquiden sprechen. Damit entsteht der Eindruck, daß hier einer Schwierigkeit ausgewichen wurde, da [ɽ] mit dem sonst angewandten Merkmal 'abrupt' nicht zu definieren ist. Das retroflexe [ɽ] trägt zweifelsfrei das Merkmal 'dauernd' (continuant). — Aus dem Universalsystem der zwölf Merkmalpaare, wie es jüngst von R. Jakobson und M. Halle erneut bestätigt wurde[269], kommen für die Beschreibung des [ɽ] nur zwei Paare in Frage. Es sind 'dunkel'/'hell' und 'kompakt'/'diffus'. Das Paar 'dunkel'/'hell' scheidet aus, weil sich damit /l/ und [ɽ] nicht distinguieren lassen. Beide sind mediale, also 'helle' Phoneme. Die Distinktion von /l/ und [ɽ] muß demnach mit dem Paar 'kompakt'/'diffus' möglich sein. Das /l/ ist als dentaler Lateral definiert und wird weiter vorn gebildet als [ɽ], so daß genetisch gesehen /l/ als 'diffus' und [ɽ] 'weniger diffus' oder 'nicht-diffus' einzuordnen wären, da [ɽ] postalveolar bis palato-alveolar realisiert wird. Akustisch wird dieser Tatbestand bestätigt. G. Heike hat bei der akustischen Beschreibung von Kernphonemen versucht, 'Kompaktheitsgrade' zu ermitteln[270]. Signifikante Werte ergaben sich bei den Formantverhältnissen von F 3 : F 1. Danach darf beim Vergleich und der Distinktion zweier Kernphoneme dasjenige mit dem niedrigeren Quotienten als das kompakte gelten. Dies läßt sich auch auf die Unterscheidung von /l/ und [ɽ] anwenden. Es kann sich bei den gemessenen Werten zunächst nur um relative Daten handeln, die paarweise miteinander verglichen werden. Die Festlegung eines absoluten Wertes, der scharf trennen würde zwischen hier 'kompakt' dort 'diffus', ist vorläufig nicht möglich und bedürfte eingehender akustischer Untersuchungen. Für das retroflexe [ɽ] und das [l] der Ortsdialekte Hohegeiß und Wieda seien einige vergleichbare akustische Daten angeführt, die die Entscheidung 'kompakt'/'diffus' verdeutlichen und bestätigen:

---

[268] R. Jakobson/C. G. M. Fant/M. Halle (1967), 43—45.
[269] R. Jakobson/M. Halle (1968), 428—432.
[270] G. Heike (1964), 119—120. Vgl. auch schon L. G. Jones (1953), 356—357.

	Hohegeiß	F 1	F 2	F 3	F 3 : F 1
[liːtɑ]	'Liter'	300	1750	2800	9,33
[ɻiːtɑ]	'Reiter'	450	1350	2000	4,44
[loːs]	'Los'	350	1430	2550	7,28
[ɻoːt]	'rot'	420	1180	1680	4,00
	Wieda				
[liːtɑ]	'Liter'	300	1700	2400	8,00
[ɻiːtɑ]	'Reiter'	500	1180	2400	4,80
[loːs]	'Los'	250	1500	2350	9,40
[ɻoːt]	'rot'	380	1050	1430	3,76

Nach diesen Meßdaten, die sich beliebig erweitern ließen, ist [ɻ] eindeutig der kompakte Laut[271]. Die Unterschiede sind auch auf dem Sonagramm häufig ohne Messungen erkennbar [Abb. 14]. Damit konnte eine klare Entscheidung getroffen werden, wiewohl auf die Relativität des Kompaktheitsgrades auch hier noch einmal hingewiesen werden soll.

N. Chomsky und M. Halle haben unlängst bei der Beschreibung der Phoneme des Englischen eine Anzahl Merkmale neu benannt und teilweise neu definiert, worauf hier im einzelnen nicht einzugehen ist. Das /l/ des Englischen wird dabei vom (retroflexen) /r/ durch das Merkmal 'anterior' /l/ gegen 'non-anterior' /r/ unterschieden[272]. Obwohl damit grundsätzlich das gleiche ausgesagt wird, schließt sich die vorliegende Arbeit dieser Terminologie nicht an, weil — wie schon oben S. 256 erwähnt — das Universalsystem der zwölf Merkmalpaare von R. Jakobson und M. Halle auch hinsichtlich der Termini für diesen Punkt ausdrücklich bestätigt wurde[273].

Die vokalischen Varianten des /r/, die besonders final vorkommen, werden eindeutig mit den Merkmalen 'vokalisch' und 'nicht-konsonantisch' definiert, da es sich hierbei tatsächlich um Vokale handelt.

Da aber /r/, wie oben gezeigt wurde [4.121/4.6; Tabelle 2], in den einzelnen Positionen durchaus verschieden realisiert werden kann — das heißt also, daß in initialer Position sowohl 'abrupte' (unterbrochene) [ʀ] als auch 'dauernde'

---

[271] Eine ausführliche Untersuchung der akustischen Merkmale der /r/-Varianten in deutschen Dialekten befindet sich in Vorbereitung; vgl. [3.631].
[272] N. Chomsky/M. Halle (1968), 176—177; 304.
[273] R. Jakobson/M. Halle (1968), 428—432.

(retroflexe, quasi-frikative) [ʈ] [ɹ] [ʁ] vorkommen[274], — muß diesem Tatbestand auch bei Zuweisung der distinktiven Merkmale Rechnung getragen werden, indem /r/ mit beiden Merkmalen versehen wird. Rein äußerlich ist daraus zu entnehmen, daß /r/ in den meisten der hier untersuchten Dialekte einen ziemlich komplexen Charakter besitzt.

(3.12) Wie schon bei der niederdeutsch-ostfälischen Dialektgruppe wurde das Merkmalpaar 'gespannt'/'ungespannt' auch für die Distinktionen /f/ ≠ /v/ und /x/ ≠ /j/ in den Positionen I und II angewandt, da hier wiederum dem Gegensatz von Fortis/Lenis die entscheidende Rolle zufiel. — Das Paar 'scharf'/'nicht-scharf (mild)' war besonders dort nötig, wo /f̂/ /ŝ/ (Ortsdialekt Steina) oder nur /ŝ/ gegen /b/ /d/ /t/ zu distinguieren waren. Aber auch /ʃ/ ≠ /x/, /ʃ/ ≠ /j/ und /f/ ≠ /h/ wurden mit diesem Merkmal unterschieden.

(3.2) In Position III (final) sind ebenfalls sieben Merkmalpaare zur Distinktion der Satellitenphoneme erforderlich. In allen fünf nordthüringischen Ortsdialekten fällt in Position III das Paar 'gespannt'/'ungespannt' weg. Dafür muß aber als neues Merkmalpaar 'konsonantisch'/'nicht-konsonantisch' eingeführt werden, weil /r/ in finaler Stellung in allen Fällen vokalischen Charakter hat.

4.1223 Neutralisationen

(1.) Kernphoneme

Die Aufhebung von distinktiven Gegensätzen bei den Kernphonemen 'relativ kurz' kommt nur vor /r/ in den Ortsdialekten Hohegeiß, Steina, Tettenborn und Walkenried vor, so daß vor /r/ nur vier (Hohegeiß, Tettenborn) oder fünf (Steina, Walkenried) kurze Kernphoneme vorkommen. — Die Aufhebung der Quantitätsopposition bei den betonten Kernphonemen in finaler Stellung kommt übrigens in allen 17 untersuchten Ortsdialekten vor.

(2.) Satellitenphoneme

(2.1) Bei den Satellitenphonemen gibt es eine ganze Anzahl von Neutralisationen, die in der folgenden Matrix (Tabelle 3) für alle fünf nordthüringischen Dialekte zusammengestellt werden (i = initial, m = medial, f = final, iS = initial vor Satellitenphonemen).

---

[274] Vgl. etwa die Situation in initialer Stellung in den Ortsdialekten Hohegeiß, Steina und Tettenborn [4.121/4.6; Tabelle 2].

Tabelle 3

aufhebbare Oppositionen	Aufhebungsstellungen				
	Hohegeiß	Steina	Tettenborn	Walkenried	Wieda
b ≠ f̂	—	m, f	—	—	—
b ≠ v	iS, f	iS, f	iS, f	iS, f	iS, f
d ≠ t	i, f	i, f	i, f	i, f	i, f
g ≠ k	iS, m, f	iS, m, f	iS, m, f	iS, m, f	—
g ≠ j	iS, f	iS, f	iS, f	iS, f	iS, f
k ≠ j	iS, m, f	iS, m, f	iS, m, f	iS, m, f	—
t ≠ ŝ	i, f	i, f	i, f	i, f	i, f
t ≠ s	i, f	i, f	i, f	i, f	i, f
f̂ ≠ f	—	m, f	—	—	—
ŝ ≠ s	nach l, n	nach l, n	nach l, n	nach l, n	nach l, n
f ≠ v	iS, f	iS, f	iS, f	iS, f	iS, f
s ≠ z	i, f	i, f	i, f	i, f	i, f
x ≠ j	i, f	i, f	i, f	i, f	i, f
m ≠ n	nach b	nach b	nach b	nach b	—
n ≠ ŋ	vor g	vor g	vor g	vor g	vor g

(2.2) Im Vergleich zu der oben [4.1123/3.1; Tabelle 1] gegebenen Aufstellung für die niederdeutsch-ostfälischen Dialekte lassen sich aus der Übersicht für die nordthüringischen Dialekte noch klarere Aufhebungsstrukturen erkennen. Abgesehen von den Ortsdialekten Steina und Wieda, in denen ein Phonem mehr (Steina hat zusätzlich /f̂/) bzw. weniger (Wieda hat kein /k/) vorkommt, sind die Aufhebungsstellungen in allen Ortsdialekten gleich. — Fünf Oppositionen, nämlich /d/ ≠ /t/, /t/ ≠ /ŝ/, /t/ ≠ /s/, /s/ ≠ /z/, /x/ ≠ /j/, sind nur in medialer Stellung phonologisch relevant, sie werden initial und final aufgehoben. Ebenfalls fünf Gegensatzpaare (/b/ ≠ /v/, /g/ ≠ /k/, /g/ ≠ /j/, /k/ ≠ /j/, /f/ ≠ /v/) werden initial vor Satellitenphonemen und final neutralisiert. Damit tritt die mediale Stellung, welche die häufigste Aufhebungsposition in den niederdeutschen Dialekten war, hier bei der nordthüringischen Gruppe eindeutig in den Hintergrund. Artikulatorisch gesehen verteilen sich die Neutralisationen auf alle Bereiche in fast gleicher Weise.

4.1224 Phonemdistribution

(0.) Siehe [4.1124/0].

(1.) Kernphoneme 'relativ kurz'

(1.1) Die Kernphoneme 'relativ kurz' kommen nach /t/, /s/, /x/ und vor /k/ und /z/ in den meisten Fällen gar nicht oder bei Ausnahmen nur äußerst selten vor. Diese Situation ist abhängig von der Stellung dieser Phoneme im Gesamtsystem.

(1.2) In den Ortsdialekten Steina und Walkenried kommen /i/ /ɛ/, in Hohegeiß /i/ /e/ /ɛ/, in Tettenborn /i/ /e/ /ɑ/ /u/ vor /r/ nicht vor.

(2.) Kernphoneme 'relativ lang' und Diphthongphoneme

(2.1) Wie bei den Kernphonemen 'relativ kurz' kommen auch hier /t/ /s/ /x/ nach und /k/ /ŝ/ vor den langen Kernphonemen nicht vor. Auch vor /ʃ/ ist die Stellung der langen Kernphoneme eingeschränkt. Belege vor /ʃ/ gibt es nur in den Ortsdialekten Hohegeiß (vor /oː/ /uː/), Tettenborn und Walkenried (beide vor /uː/).

(2.2) Vor den langen Kernphonemen scheint auch die Stellung von /b/ in allen nordthüringischen Ortsdialekten eingeschränkt zu sein.

(2.3) Zu den Diphthongsystemen sind auf Grund des Materials keine Aussagen möglich. Besonders die beiden Diphthongphoneme, die phonetisch an der gleichen Stelle gebildet werden (/eːɪ/, /oːʊ/), kommen sehr selten vor und sind deshalb nur in Verbindung mit einzelnen Satellitenphonemen belegt.

(3.) Satellitenphoneme

(3.1) Von den zweigliedrigen Phonemverbindungen in initialer Stellung gibt es nur wenige charakteristische Gruppen, die typologisch kaum verwendet werden können. — In allen fünf nordthüringischen Ortsdialekten ist die Verbindung /ŝv-/ belegt, die in der niederdeutschen Gruppe nicht vorkommt.

(3.2) Durch das zusätzliche Phonem /f̂/ werden im Ortsdialekt Steina auch die Anlautverbindungen erweitert, so daß hier /f̂l-/ /f̂r-/ erscheinen.

(3.3) Im Ortsdialekt Tettenborn ist die initiale Gruppe /dʃ-/, im Ortsdialekt Wieda /ʃg-/ erwähnenswert.

(3.4) Etwas ergiebiger waren die Phonemverbindungen in finaler Stellung. In allen fünf Ortsdialekten sind folgende bemerkenswerte Gruppen belegt: /-ŝd/ /-ŝn/ /-ŝl/, /-gx/ /-fx/ /-nx/, /-ŋs/ /-ŋʃ/, /-mf/ /-mʃ/.

(3.5) Auffällig sind noch die Verbindungen /-sx/ /-ms/ im Ortsdialekt Steina, /-xs/ im Ortsdialekt Wieda und /-ʃb/ im Ortsdialekt Tettenborn.

4.13 Mitteldeutsch-erzgebirgische Dialektgruppe

4.131 Phonetische Besonderheiten

(1.) Kurzvokale

(1.1) Das phonetische System der Kurzvokale wird gekennzeichnet durch eine starke Zentralisierung in allen acht Ortsdialekten.

(1.2) Phonetisch echte, kurze geschlossene Vokale kommen in den beiden Ortsdialekten St. Andreasberg und Clausthal in der palatalen Reihe vor [e]. Sie sind gleichzeitig Phoneme. — Obwohl auch alle anderen erzgebirgischen Ortsdialekte noch zwei e-Phoneme /e/ ≠ /ɛ/ unterscheiden, wird /e/ meist ziemlich offen und mit Zentralisierung gebildet, so daß phonetisch nicht mehr von einem reinen geschlossenen [e]-Laut gesprochen werden kann.

(1.3) Erwähnenswert ist auch der in allen Ortsdialekten außer in St. Andreasberg vorkommende [ɑ]-Laut, der mit starker Zentralisierung und gleichzeitiger Schließung gebildet wird [ɑ$_{++}$].

(1.4) Tendenz zur Rundung, die stärker und schwächer sein kann, besteht vor /l/ bei den Palatalvokalen. Sie ist in allen Ortsdialekten belegt. Bei diesem Vorgang wird /i/ auch meist etwas offener realisiert [ɪ˒]. — Außerdem wurde diese Neigung zur Rundung auch vor /ʃ/ in den Ortsdialekten Clausthal und Wildemann, sowie vor /r/ in Clausthal beobachtet. Gerundete Palatalvokale kommen nicht vor.

(1.5) Im Gegensatz dazu gibt es auch leichte Entrundungstendenzen in der velaren Reihe in allen Ortsdialekten (außer Clausthal und Zellerfeld), besonders bei [u^c] [ʊ^c] und sehr selten bei [ɔ^c].

(2.) Langvokale

(2.1) Im phonetischen System der Langvokale entstehen in allen Ortsdialekten, außer in St. Andreasberg und Wildemann, vor /r/ weiter geöffnete Varianten von /ɛː/, weniger von /oː/, die durch [ɛː] [æː] und [ǫː] [ɔ̧ː] [ɔː] realisiert werden.

(2.2) Häufig war der Artikulationsbereich des Phonems /ɑː/ schwer zu definieren. Er konnte zwischen [ɑːᐩ] und [ɔ̧ːᶜ] liegen.

(3.) Diphthonge

(3.1) In allen westerzgebirgischen Ortsdialekten gibt es nur die beiden schließenden tiefen Diphthonge [aɪ] und [ao].

(3.2) Im Ortsdialekt Altenau wird bei [aɪ] die erste Komponente mit dem gespreizten maximal offenen tiefen Mittelzungenvokal merklich länger gebildet, so daß der zweite Bestandteil häufig nur noch schwach angedeutet wird [aᵛɪ].

(4.) Konsonanten

(4.1) Die Affrikata [ts] kommt in allen erzgebirgischen Ortsdialekten vor und tritt initial, medial und final auf. Die zweite Affrikata [pf] ist nur in sechs Ortsdialekten, St. Andreasberg, Clausthal, Hahnenklee, Lautenthal, Wildemann und Zellerfeld und nur in initialer Position belegt.

(4.2) Stimmhaftigkeit läßt sich bei den Lenis-Plosiven nur in medialer Stellung in allen Ortsdialekten nachweisen. — Sehr selten kann Stimmbeteiligung in intervokalisch-medialer Position bei den alveolaren und palatoalveolaren Reibelauten [z] [ʒ] vorkommen, sie konnte aber bei allen acht Ortsdialekten beobachtet werden.

(4.3) Starke bis sehr starke Behauchung wurde bei [k] in initialer Stellung festgestellt in den Ortsdialekten St. Andreasberg, Clausthal, Hahnenklee, Wildemann, Zellerfeld, die alle [kh] haben. Im Ortsdialekt Lautenthal kann die Behauchung so kräftig sein, daß [kh] in die Nähe von [x] tritt. — Die Fortis-Plosive, die stets in finaler Stellung auftreten, werden ebenfalls immer behaucht.

(4.4) Im Ortsdialekt Altenau fällt die Realisation von /d/ in intervokalisch-medialer Position auf. Wie in vier nordthüringischen Ortsdialekten [4.121/4.4] wird die Artikulationsstelle zurückgezogen, so daß ein schwacher präpalataler Plosivlaut entsteht, der noch weiter reduziert und schließlich zu einem Kontinuanten werden kann.

(4.5) Ansätze von /l/-Vokalisierungen wurden final nach langen Kernphonemen in den Ortsdialekten St. Andreasberg und Clausthal festgestellt. Im Ortsdialekt Altenau waren diese Fälle nur sporadisch vorhanden, aber nicht nur in finaler Position gegeben.

(4.6) Bei der r-Artikulation sind wiederum die vielen Arten der Bildung auffällig. Wie schon in den nordthüringischen Dialekten gibt es auch hier retroflexe Varianten. Die Matrix [Tabelle 4] zeigt, daß die retroflexen Bildungen lediglich in den beiden Ortsdialekten Clausthal und Zellerfeld fehlen. Im Ortsdialekt Altenau sind sie jedoch auch nur sporadisch registriert worden. Bei den beiden retroflexen [ɽ] [ɻ] ist noch bemerkenswert, daß diese auch in den Positionen auftreten können, in denen bei anderer, nicht-retroflexer Artikulationsweise von /r/ sonst vorzugsweise vokalische Varianten vorkommen, also zwischen Kernphonemen und Satellitenphonemen. Wie schon unter den einzelnen Ortsdialekten in [3.5] erwähnt wurde, besteht der Unterschied zwischen [ɽ] und [ɻ] vor allem darin, daß [ɻ] gleichsam eine abgeschwächte Variante von [ɽ] darstellt. Dabei ist nicht ausgeschlossen, daß [ɻ] in seltener auftretenden Fällen bis zu einem schwach retroflexen Frikativlaut oder Kontinuanten werden kann.

Das ein- oder mehrschlägige uvulare [R] tritt deutlich nur im Ortsdialekt Clausthal hervor, in Stellung 2 auch im Ortsdialekt Hahnenklee, während im Ortsdialekt Zellerfeld nur geringe Spuren von [R] in Position 2 festgestellt wurden. — Die alveolare Variante des /r/ kommt nur als einschlägiger Vibrant [r] und ziemlich selten vor. Einzelbelege wurden registriert in den Ortsdialekten St. Andreasberg und Schulenberg, häufigeres Vorkommen ist auf den Ortsdialekt Hahnenklee beschränkt. In den Ortsdialekten Altenau und Zellerfeld stellt [ʁ] als stimmhafter uvularer oder velarer Frikativlaut oder Kontinuant die Hauptvariante dar, neben der andere Bildungen nur sporadisch vorkommen. — Die vokalischen Varianten, deren Qualität häufig sehr schwer zu beschreiben ist und die von dem vorausgehenden Vokal, sowie häufig auch von dem folgenden Konsonanten abhängt[275], stehen besonders in den Positionen 4, 5, 6, 7.

[275] Eine akustische Untersuchung dieser und der anderen /r/-Varianten wird vorbereitet [3.631].

264   4. Komparative Auswertung und Ergebnisse

Tabelle 4

	1	2	3	4	5	6	7
Altenau	ʁ (tʃ ɪ)	ʁ (tʃ ɪ)	ʁ (tʃ ɪ)	ɐ ɑ ɔ	ɐ ɑ ɔ	ɐ ɑ ɔ	ɐ ɑ ɔ
St. Andreasberg	tʃ (ɪ)	ɪ (tʃ ʃ)	ɪ ʁ	ɑ ɔ	ɪ ɑ ɔ ɔ	ɑ ɔ	ɪ ɑ ɔ ɔ
Clausthal	R (ʁ)	R	R ʁ	ɑ ɔ	ɑ ɔ (R)	ɑ ɔ	ɑ ɔ (R)
Hahnenklee	ʁ tʃ	ʁ tʃ ʃ R (ɪ)	ʁ (tʃ ɪ)	ɐ ɑ ɔ	ɪ	ɐ ɑ ɔ	ɐ ɑ ɔ
Lautenthal	tʃ	tʃ ɪ	tʃ ɪ	a ɑ ɔ	tʃ ɪ (ɐ ɑ ɔ)	a ɑ ɔ	tʃ ɪ (ɐ ɑ ɔ)
Schulenberg	tʃ ɪ (ʃ)	ɪ (ʃ)	ɪ	ɐ ɑ ɔ	ɪ	ɐ ɑ ɔ	ɐ ɑ ɔ (ɪ)
Wildemann	tʃ	tʃ ɪ	tʃ (ɪ)	ɪ ɑ ɔ	ɪ ɑ ɔ (tʃ)	ɪ ɑ ɔ	ɪ ɑ ɔ (tʃ)
Zellerfeld	ʁ	ʁ (R)	ʁ	ɑ ɔ	ɑ ɔ	ɑ ɔ	ɑ ɔ

Die Ziffern bezeichnen die Positionen wie oben in [4.121/4.6].

4.132 Zur Phonologie

4.1321 Phonemsysteme

(1.) Kernphoneme 'relativ kurz'

(1.1) Das Phonemsystem wird in allen acht mitteldeutsch-erzgebirgischen Ortsdialekten durch ein regelmäßiges vierstufiges zweiklassiges Dreiecksystem mit sieben Phonemen gebildet. — Obwohl sich dieses System durch Oppositionen in allen Ortsdialekten belegen und aufbauen läßt, sind innerhalb des Systems bei fünf Ortsdialekten mannigfache Bewegungen im Gange. Nicht betroffen werden davon die drei Ortsdialekte St. Andreasberg, Clausthal und Zellerfeld.

(1.2) In den Ortsdialekten Schulenberg und Wildemann hat ein Entphonologisierungsprozeß von /e/ begonnen. Hier wird /e/ ziemlich weit geöffnet und tritt in die Nähe von /ɛ/, mit dem es in zahlreichen Fällen schon zusammengefallen ist. Der Verlust des Phonems /e/ kann vorausgesagt werden.

(1.3) In den Ortsdialekten Altenau, Hahnenklee und Lautenthal werden zwei Phoneme von einer beginnenden Entphonologisierung erfaßt. Wie bei den Ortsdialekten Schulenberg und Wildemann wird /e/ immer weiter geöffnet und wird schließlich mit /ɛ/ zusammenfallen. — Im zweiten Fall sind die beiden Phoneme /a/ und /ɑ/ betroffen. Wie /e/ und /ɛ/ sind sie phonetisch eng verwandt. Der Zusammenfall der Phoneme /a/ und /ɑ/ wird jedoch nicht eindeutig zugunsten eines dieser beiden entschieden, sondern sie rücken von der Artikulationsstelle her gesehen zusammen: /a/ wird etwas zurückgezogen und /ɑ/ etwas nach der Mittelzunge hin, also nach vorn, verlagert. Die phonetischen Unterschiede, die noch wahrgenommen wurden, bestanden bei /a/ und /ɑ/ gegenwärtig hauptsächlich in einem verschiedenen Grad der Öffnung.

(1.4) Zu betonen ist, daß beide Entphonologisierungsprozesse noch nicht abgeschlossen sind. Das volle System hat selbst in freier Rede noch Gültigkeit in allen fünf betroffenen Ortsdialekten, so daß die reduzierten Systeme nur in beschränktem Umfang verwendet werden.

(2.) Kernphoneme 'relativ lang'
In allen westerzgebirgischen Ortsdialekten bilden die Kernphoneme 'relativ lang' ein regelmäßiges vierstufiges zweiklassiges Dreiecksystem mit sieben Phonemen.

(3.) Diphthongphoneme

Soweit hier von einem 'System' gesprochen werden kann, wird es von einem einstufigen zweiklassigen System mit zwei Phonemen vertreten.

(4.) Satellitenphoneme

(4.0) Die vollständigen Systeme der Satellitenphoneme haben zwei verschiedene Muster.

(4.1) Die sechs Ortsdialekte St. Andreasberg, Clausthal, Hahnenklee, Lautenthal, Wildemann und Zellerfeld haben in der Klasse der Fortis-Plosive nur das Phonem der velaren Reihe. Die Klasse der Affrikaten ist aber in der labiodentalen und dentalen Reihe besetzt. Die Fortis-Frikative zeigen ein regelmäßiges symmetrisches System, während die Lenis-Frikative nur an einer Stelle, in der labiodentalen Reihe, erscheinen. — Die Teilsysteme der Nasale und Liquiden sind in allen acht Ortsdialekten gleich.

(4.2) Die beiden Ortsdialekte Altenau und Schulenberg weichen von diesem Muster an zwei bemerkenswerten Punkten ab. In ihrem System kommt bei den Fortis-Plosiven das Phonem der velaren Reihe nicht vor und in der Klasse der Affrikaten bleibt die labiodentale Stelle frei.

(4.3) Somit steht den 15 Satellitenphonemen der Ortsdialekte Altenau und Schulenberg ein Inventar von 17 Phonemen aus den sechs übrigen gegenüber.

4.1322 Distinktive Phonemmerkmale

(1.) Kernphoneme

(1.0) Für die Kernphoneme 'relativ kurz' wird bei den distinktiven Merkmalen von dem vierstufigen zweiklassigen Dreiecksystem ausgegangen. Die oben [4.1321/1] erwähnten Entphonologisierungsprozesse bleiben unberücksichtigt, weil sie noch nicht abgeschlossen sind. Damit ergeben sich für die Kernphoneme 'relativ lang' die gleichen Muster.

(1.1) Das System dieser Muster kann nur mit den vier binären Oppositionen 'diffus'/'nicht-diffus', 'dunkel'/'nicht-dunkel', 'kompakt'/'nicht-kompakt', 'hell'/'nicht-hell' beschrieben werden. Auf die Problematik der Distinktion von vier Kompaktheitsgraden mit Hilfe dieser Merkmale wurde bereits ausführlich eingegangen [4.1122/1; 4.1222/1]. Zu bemerken ist in diesem Zusammenhang, daß sowohl /a/ als auch /aː/ phonetisch eindeutig als Mittelzungenvokale definiert sind. Das bedeutet, daß diese beiden Phoneme als 'kompakt', 'nicht-hell', 'nicht-dunkel' einwandfrei klassifiziert sind.

(2.) Satellitenphoneme

(2.0) Die Distinktion der Satellitenphoneme wurde wieder für die drei Stellungen initial, medial und final vorgenommen.

(2.1) In der Position I (initial) sind in sechs der acht westerzgebirgischen Ortsdialekte sieben Oppositionspaare zur Distinktion der Satellitenphoneme erforderlich: 'vokalisch'/'nicht-vokalisch', 'nasal'/'oral', 'abrupt'/'dauernd', 'gespannt'/'ungespannt', 'kompakt'/'diffus', 'dunkel'/'hell', 'scharf'/'nicht-scharf (mild)'. Die zwei Ortsdialekte Altenau und Schulenberg kommen mit sechs Merkmalpaaren aus, da die Opposition 'gespannt'/'ungespannt' nicht auftritt.

(2.2) In Position II (medial) sind für alle acht Ortsdialekte sechs Paare nötig, um die Phoneme zu distinguieren. Das Paar 'gespannt'/'ungespannt' entfällt hier ebenso wie in der Position III (final).

(2.3) In Position III sind wieder sieben Oppositionspaare zur Distinktion erforderlich, weil /r/ final in allen acht Ortsdialekten ein vokalisches Phonem ist [4.131/4.6; Tabelle 4] und nur mit den Merkmalen 'vokalisch' und 'nicht-konsonantisch' von dem zweiten Liquiden /l/ unterschieden werden kann.

(2.4) Hinsichtlich der Zuordnung der binären Merkmale bei den Satellitenphonemen sind alle auftretenden Probleme bereits in Zusammenhang mit der niederdeutschen [4.1122/2] und nordthüringischen Dialektgruppe [4.1222/3] diskutiert worden. — Für das 'kompakte' /r/ (= [ɻ]) gegenüber dem 'diffusen' /l/ sollen jedoch auch aus der erzgebirgischen Dialektgruppe noch einige überzeugende akustische Daten aufgeführt werden:

St. Andreasberg		F 1	F 2	F 3	F 3 : F 1
[liːŋ]	'liegen'	350	2150	3150	9,00
[ʲiːçn̩]	'riechen'	500	1600	2050	4,10
[leːŋ]	'legen'	350	2000	3150	9,00
[ɻeːdn̩]	'reden'	400	900	1750	4,37
[[lɔkʼ]	'Locke'	420	1850	2730	6,50
[ɻɔkʼ]	'Rock'	500	1150	1550	3,10
Wildemann					
[liːŋ]	'liegen'	350	1900	3050	8,71
[ɻiːŋ]	'riechen'	420	1450	1900	4,52
[lɔgʌ]	'Locke'	350	1800	3000	8,57
[ɻɔkʼ]	'Rock'	420	1350	1650	3,92

In allen Fällen ist der Quotient aus F 3 : F 1 bei [ɻ] kleiner als bei [l], so daß [ɻ] wiederum eindeutig das Merkmal 'kompakt' zukommt.

4.1323   Neutralisationen

(1.)   Kernphoneme

(1.1) In sieben von acht erzgebirgischen Ortsdialekten werden bei den Kernphonemen 'relativ kurz' einzelne Oppositionen vor /r/ aufgehoben. Das Phonemsystem wird in den Ortsdialekten Altenau, St. Andreasberg und Schulenberg vor /r/ bis auf die drei Phoneme /a/ /ɑ/ /o/ reduziert. In den Ortsdialekten Hahnenklee und Lautenthal kommt /u/ als viertes Phonem hinzu, während in den Ortsdialekten Clausthal und Zellerfeld fünf Phoneme vor /r/ erscheinen. Die Opposition zwischen den Kernphonemen werden in entsprechender Weise aufgehoben.

(1.2) Von den Neutralisationen der kurzen Kernphoneme vor /r/ wird der Ortsdialekt Wildemann nicht betroffen.

(1.3) Die Aufhebung der Quantitätsopposition bei den betonten Kernphonemen in finaler Position gilt auch für diese Dialektgruppe.

(2.)   Satellitenphoneme

(2.1) Bei den Satellitenphonemen werden insgesamt acht Oppositionen aufgehoben, die in der folgenden Matrix [Tabelle 5] für die einzelnen Ortsdialekte und in den Aufhebungsstellungen gezeigt werden.
Abkürzungen: i = initial, m = medial, f = final, iS = initial vor Satellitenphonem, mlK = medial nach langen Kernphonemen, zwlK/l/ = zwischen langen Kernphonemen und /l/, zwK/l/ = zwischen Kernphonemen und /l/.

(2.2) Die Aufhebungsstellungen sind fast in allen acht mitteldeutsch-erzgebirgischen Ortsdialekten die gleichen. Selbst das Aufhebungsmuster bei der Opposition /b/ ≠ /v/ bleibt trotz der Abweichungen stets erhalten. — Hinsichtlich der Positionen, in denen die Neutralisationen gegeben sind, treten die mediale und finale Stellung stärker hervor, während bei der nordthüringischen Dialektgruppe hier eindeutig die initiale und finale Stellung dominierten.

4.1324   Phonemdistribution

(0.)   Siehe [4.1124/0].

(1.)   Kernphoneme 'relativ kurz'

(1.1) Die zahlreichen offenen Positionen bei den Kernphonemen 'relativ kurz' lassen grundsätzlich nicht auf unbesetzte Stellungen schließen, sondern sind

4.1 Zur Phonetik und Phonologie

Tabelle 5

Aufhebungsstellungen

aufhebbare Oppositionen	Altenau	St. Andreasberg	Clausthal	Hahnenklee	Lautenthal	Schulenberg	Wildemann	Zellerfeld
b ≠ v	iS, mlK, zwK/l/, f	iS, m, zwlK/l/, f	iS, m, zwlK/l/, f	iS, mlK, zwlK/l/, f	iS, m, zwK/l/, f	iS, mlK, zwlK/l/, f	iS, m, zwK/l/, f	iS, mlK, zwlK/l/, f
f̂ ≠ b	—	m, f	m, f	m, f	m, f	—	m, f	m, f
f̂ ≠ f	—	iS, m, f	m, f	m, f	iS, m, f	—	iS, m, f	iS, m, f
f ≠ v	iS, f	iS, f	iS, f	iS, f	iS, f	iS, f	iS, f	iS, f
ŝ ≠ s	nach l, n	nach l, n	nach l, n	nach l, n	nach l, n	nach l, n	nach l, n	nach l, n
g ≠ k	—	iS, m, f	iS, m, f	iS, m, f	iS, m, f	—	iS, m, f	iS, m, f
m ≠ n	f nach b, f	f nach b, f	f nach b, f	f nach b, f	f nach b, f	f nach b, f	f nach b, f	f nach b, f
n ≠ ŋ	vor g, nach g, nach x	vor g, nach g, nach x	vor g, nach g, nach x	vor g, nach g, nach x	vor g, nach g, nach x	vor g, nach g, nach x	vor g, nach g, nach x	vor g, nach g, nach x

eher als Indikator der Frequenz der betreffenden Phoneme an dieser Stelle zu werten.

(1.2) Anders verhält es sich bei bestimmten Kernphonemen 'relativ kurz' in der Stellung vor /r/. Sie kommen vor /r/ tatsächlich nicht vor [4.1323/1.1]. — In Verbindung mit /k/ können alle Kernphoneme nur nach /k/ stehen, weil /k/ nur initial vor Kernphonemen erscheint. Dasselbe gilt für /f̂/.

(1.3) Besonders aufgeführt wurden die Positionen der Kernphoneme 'relativ kurz' und 'relativ lang' für die Variante [j] des Phonems /x/, die nur initial vor Kernphonemen steht. Auch hier bleiben einige Positionen offen.

(2.) Kernphoneme 'relativ lang' und Diphthongphoneme.

(2.1) Die Muster decken sich nahezu mit denen der Kernphoneme 'relativ kurz': in Verbindung mit /k/ können sie nur nach /k/ stehen, dagegen stehen sie hier alle in der Verbindung mit /r/.

(2.2) Eine bemerkenswerte Besonderheit ist jedoch, daß prinzipiell alle Kernphoneme 'relativ lang' vor /ŋ/ auftreten können. Dieses auffällige Merkmal war auch im niederdeutschen Ortsdialekt Kamschlacken belegt [4.1124/2.1].

(2.3) Erwähnenswert ist schließlich noch, daß das Vorkommen der meisten Kernphoneme 'relativ lang' vor /ŝ/ und /ʃ/ eingeschränkt ist.

(2.4) Für die Diphthongphoneme gelten die gleichen Regeln wie für die Kernphoneme 'relativ lang'.

(3.) Satellitenphoneme

(3.1) Die zweigliedrigen Phonemverbindungen in initialer Position zeigen nur eine auffällige Gruppe, die in allen Ortsdialekten vorkommt. Es ist die Kombination /dl-/, die durch /dn-/ in den Ortsdialekten Altenau, St. Andreasberg, Clausthal und Lautenthal ergänzt wird. Alle Ortsdialekte kennen auch die Verbindung /ŝv-/.

(3.2) In den Ortsdialekten Clausthal und Hahnenklee sind die Gruppen /f̂l-/ und /f̂r-/ erwähnenswert. — In den Ortsdialekten Altenau und Clausthal ist die initiale Kombination /ʃg-/ belegt.

(3.3) Die zweigliedrigen Phonemverbindungen in finaler Position weisen einige Besonderheiten mehr auf. In allen erzgebirgischen Ortsdialekten sind folgende Kombinationen belegt: /-bs/, /-bʃ/, /-gŋ/, /-fm/, /-xs/, /-xŋ/, /-mb/, /-ms/.

(3.4) Einige weitere Gruppen sind nicht in allen acht Ortsdialekten belegt, vermutlich handelt es sich hier um eine Lücke im Material. Es kommen vor: /-gʃ/ in den Ortsdialekten Altenau, Clausthal und Hahnenklee; /-fs/ in den Ortsdialekten Altenau, Clausthal, Lautenthal und Wildemann; /-mf/ in den Ortsdialekten Altenau, Clausthal, Hahnenklee, Lautenthal und Zellerfeld; /-mʃ/ wiederum in Altenau, Clausthal, Hahnenklee und Schulenberg; /-ŋʃ/ in den Ortsdialekten Altenau und Clausthal.

4.2 Ergebnisse der akustischen Analyse

4.21 Die Auswertung der Ergebnisse aus der akustischen Analyse ist hier allein auf signifikante Daten ausgerichtet, die zur Differenzierung von Dialekten dienen könnten. Dies war ein Hauptanliegen der vorliegenden Arbeit. Deshalb werden alle anderen Probleme und Fragen, die für die akustische Phonetik allgemein von Interesse sind, vorläufig zurückgestellt und bleiben gesonderten Erörterungen vorbehalten.

Wie die phonologische Analyse zeigt, weisen die drei Dialektgruppen grundsätzlich verschiedene phonologische Strukturen auf[276]. Deshalb wurden in der akustischen Analyse zunächst besonders solche Materialien ausgewertet, die strukturell als gleichwertig anzusehen und somit am ehesten vergleichbar waren. Dies sind die Daten gewesen, die sich aus den Mittelwerten für die Eckvokale [i] [a] [u] ergaben und die Werte für das unbetonte finale [ə]. Es gelang auf dieser Stufe noch nicht, aus der Vielzahl von Daten und Rechenprozessen einen Wert zu ermitteln, der geeignet ist, Dialekte verschiedener phonologischer Struktur voneinander zu unterscheiden.

Auf einer zweiten Stufe, für die allerdings noch theoretische Vorarbeiten nötig sind, sollten die Untersuchungen weitergeführt werden, wobei besonders die ungleichen phonologischen Strukturen den Hintergrund für die akustische Auswertung abgeben müßten.

4.22 Hypothese für die akustische Analyse war, daß drei sich stark voneinander unterscheidende Dialektgruppen — wie sie sich selbst dem naiven

---

[276] Vgl. auch [Abb. 19 bis 36] der vorliegenden Arbeit.

Betrachter darbieten — nämlich: Niederdeutsch-ostfälisch, Mitteldeutsch-nordthüringisch und Mitteldeutsch-erzgebirgisch [Abb. 6 Übersichtskarte] — auch in einer Untersuchung auf phonetisch-akustischer Ebene einschneidende Differenzierungen zeigen würden. Nach einer 1965 durchgeführten Voruntersuchung[277] bestand die Hoffnung, daß sich solche Daten relativ leicht gewinnen ließen. Anhand des bedeutend umfangreicheren Materials von akustischen Daten in der vorliegenden Arbeit konnte diese Hypothese jedoch noch nicht verifiziert werden.

4.230 Bei der Untersuchung der akustischen Merkmale von Kernphonemen der Kölner Stadtmundart glaubte G. Heike[278] im Anschluß an M. Joos[279], der Berechnung des Zentrums (d. i. des geometrischen Schwerpunktes) des von den Eckvokalen [i] — [a] — [u] gebildeten Dreiecks einen Wert gefunden zu haben, der sich zur Differenzierung individueller und überindividueller Vokalsysteme eignen könnte. Die Formantfrequenzen dieses Zentrums können nach G. Heike[280] als „Mittelwerte der 'Variationsbreiten von Formanten' "[281] definiert werden. Aus den Formantfrequenzdaten des Dreieckschwerpunktes (Zentrum) kann schließlich der Quotient R aus dem Verhältnis $F2:F1$ berechnet werden, in dem G. Heike einen konstanten Wert für vergleichbare individuelle akustische Vokalsysteme sah. In der Kölner Stadtmundart lag dieser Wert R für männliche Sprecher bei 3.0 (für die Langvokale) — das entspricht genau dem Wert des „idealisierten Schwa" von G. Ungeheuer[282] — und bei 2.7 (für die Kurzvokale). Für die von D. Jones gesprochenen Kardinalvokale der API[283] ergaben die akustischen Messungen

---

[277] J. Göschel (1967a; 1967b).

[278] G. Heike (1964), 71.

[279] M. Joos (1948), 86. Wie schon wiederholt erwähnt, bezeichnet M. Joos dieses Zentrum als 'basis of articulation'.

[280] G. Heike (1964), 71.

[281] G. Ungeheuer (1962), 87 bezeichnet als 'Variationsbreiten von Formanten' „diejenigen Frequenzintervalle, welche die realisierbaren Formantfrequenzen gleicher Ordnung umfassen". Die zentrale Position für jeden Formanten dieser Variationsbereiche wird von einem Vokal besetzt, den G. Ungeheuer „idealisiertes Schwa" nennt und mit dem Symbol [ɐ] versieht. Er liegt also im Zentrum des Vokalbereichs und erhält die Formantfrequenzen $F1 = 540$ Hz, $F2 = 1620$ Hz, $F3 = 2700$ Hz, die aus den ersten drei Resonanzen eines kreiszylindrischen Rohres von 16 cm Länge berechnet wurden, das dem Ansatzrohr entspricht.

[282] Vgl. oben Fußn. 281, denn 1620 (F 2):540 (F 1) = 3.0. Auch bei C. G. M. Fant (1956), 114 ist R = 3.0; hier ist der „idealized neutral vowel [ɐ]" durch die Formanten $F1 = 500$ Hz, $F2 = 1500$ Hz, $F3 = 2500$ Hz, $F4 = 3500$ Hz definiert.

[283] Cardinal Vowels. Spoken by D. Jones. Text of Records with Explanatory Notes. London/New York: Linguaphone Institute Ltd., o. J. (1956). Dazu zwei Schallplatten von Linguaphone Nr. ENG. 252—253 'Cardinal Vowels D. Jones' Part 1—2 Primary Vowels und ENG. 254—255 'Cardinal Vowels D. Jones' Part 3—4 Secondary Vowels.

für das Zentrum: $F\,1 = 433$ Hz, $F\,2 = 1580$ Hz; danach $R = 3.64$, also einen verhältnismäßig hohen Wert. — Einen noch höheren Wert ergibt die Berechnung von R aus den Eckvokalen [i] — [a] — [u] der synthetischen Kardinalvokale, die in den Haskins Laboratories erzeugt wurden[284]. Das Zentrum hat hier folgende Daten: $F\,1 = 406$ Hz, $F\,2 = 1633$ Hz; danach $R = 4.01$[285].

4.231 In diesem Zusammenhang verdienen folgende Ergebnisse aus den in dieser Arbeit untersuchten 17 Ortsdialekten Erwähnung. — Mit ihren Durchschnittswerten für $F\,1$ und $F\,2$ des unbetonten finalen [ə] gruppieren sich die 17 Ortsdialekte um den von G. Ungeheuer errechneten Wert für das „idealisierte Schwa", das er auch als 'Zentrum des Vokalbereichs' bezeichnet[286]. Der Schwerpunkt des Dreiecks der von D. Jones gesprochenen Kardinalvokale der API und derjenige des Dreiecks der synthetischen Kardinalvokale aus den Haskins Laboratories liegen zu den [ə]-Werten der hier untersuchten Dialekte peripher [Abb. 15.1].

Demgegenüber liegen die Zentren (Schwerpunkte) des aus /i/ — /a/ — /u/ gebildeten Dreiecks der Kernphoneme 'relativ kurz' und der Kernphoneme 'relativ lang' näher am Schwerpunkt von D. Jones und näher an dem der Haskins-Gruppe. Hier nimmt der Wert des „idealisierten Schwa" von G. Ungeheuer eine periphere Position ein [Abb. 15.2, 15.3].

Nach den hier vorliegenden Ergebnissen kommt das „idealisierte Schwa" G. Ungeheuers dem tatsächlichen Schwa aus den Dialekten am nächsten, während die Schwerpunkte der Vokalsysteme ('kurz', 'lang') aus den Dialekten bei den Schwerpunkten der Systeme von D. Jones und der Haskins-Gruppe liegen.

4.24 Der R-Wert, der möglicherweise Daten zur Differenzierung von Dialekten liefern könnte, wurde auch in der vorliegenden Arbeit herangezogen. Er wurde für alle 17 untersuchten Ortsdialekte in fünf verschiedenen Fällen berechnet: 1. für das unbetonte finale [ə]; 2. für das Zentrum des Dreiecks /i/ — /a/ — /u/ der Kernphoneme 'relativ kurz' (Z/V/); 3. für das Zentrum des Dreiecks /iː/ — /aː/ — /uː/ der Kernphoneme 'relativ lang' (Z/Vː/); 4. aus der Variationsbreite von $F\,1$ und $F\,2$ der Kernphoneme 'relativ kurz' (VB/V/); 5. aus der Variationsbreite von $F\,1$ und $F\,2$ der Kernphoneme 'relativ lang' (VB/Vː/).

---

[284] P. Delattre/A. M. Liberman/F. S. Cooper/L. J. Gerstman (1952), 198. — Vgl. auch oben [2.3121].
[285] Vgl. auch [Abb. 15.1, 15.2, 15.3].
[286] G. Ungeheuer (1962), 87.

Signifikante Werte, nach denen sich die einzelnen Ortsdialekte zu den drei untersuchten Gruppen (1. niederdeutsch-ostfälisch, 2. mitteldeutsch-nordthüringisch, 3. mitteldeutsch-erzgebirgisch) lose zusammenschließen würden, konnten aus dem vorliegenden Material noch nicht gewonnen werden. — In einem Diagramm [Abb. 16] wurden die berechneten R-Werte auf eine Achse eingetragen. Damit wird nicht nur eine gewisse Rangfolge der Ortsdialekte nach diesen akustischen Meßdaten deutlich, sondern es werden auch gleichzeitig die absoluten Relationen der einzelnen Ortsdialekte untereinander auf Grund dieser Werte sichtbar gemacht. Eine Interpretation dieses Diagramms hinsichtlich dialektaler Unterschiede ist vorläufig nicht möglich. — Als Vergleichsdaten wurden auch noch folgende R-Werte im Diagramm durch waagrechte Linien festgehalten: 1. bei 3.00 der R-Wert des „idealisierten Schwa" von G. Ungeheuer; 2. bei 3.64 der R-Wert aus dem Schwerpunkt des Dreiecks [i] — [a] — [u] der von D. Jones gesprochenen Kardinalvokale der API; 3. bei 4.06 der R-Wert des Zentrums aus dem Dreieck [i] — [a] — [u] der synthetischen Kardinalvokale von den Mitarbeitern der Haskins Laboratories[287]. Wie schon durch [4.231; Abb. 15.1] bekannt, ist der Wert des „idealisierten Schwa" von G. Ungeheuer ein wirklich idealer Wert, denn er liegt nach dem Diagramm [Abb. 16] für die R[ə]-Werte ziemlich genau in der Mitte. Eine weitgehend periphere Position nimmt in allen Fällen der R-Wert 4.06 aus dem Dreieck der synthetischen Kardinalvokale ein. Selbst der R-Wert von D. Jones liegt noch am Rande und es ist festzustellen, daß sich die Daten — abgesehen von R[ə], das mit den 4.06 und 3.64 kaum vergleichbar ist — zwischen 2.90 und 3.50 häufen. — Keine direkte Erklärung ist vorläufig für die extrem liegenden Daten der Ortsdialekte Lautenthal [R(Z/V/), R(VB/V/)], Hohegeiß [R(VB/Vː/)], Kamschlacken [R(VB/Vː/)], Hahnenklee [R(VB/Vː/)] und Schulenberg [R(VB/Vː/)] möglich. Dagegen lassen sich die extremen Werte für die Ortsdialekte Gittelde [R(Z/Vː/), R(VB/Vː/)] und Wolfshagen [R(Z/Vː/), R(VB/Vː/)] zumindest teilweise daraus erklären, daß das System der Kernphoneme 'relativ lang' im Ortsdialekt Gittelde kein /iː/ und kein /uː/ hat und im Ortsdialekt Wolfshagen das Phonem /iː/ fehlt. Bei den Berechnungen des Zentrums dieser Systeme fielen damit ein oder zwei Eckvokale aus. Es mußte deshalb mit den Daten jener Phoneme gearbeitet werden, die den Eckvokalen am nächsten standen: /eː/ und /oː/.

Ein etwas deutlicheres Ergebnis zeichnet sich ab, wenn man für R[ə], R(Z/V/) und R(Z/Vː/) die Mittelwerte für jede der drei Dialektgruppen errechnet:

---

[287] Vgl. dazu oben [4.230].

4.2 Ergebnisse der akustischen Analyse

	R[ə]	R(Z/V/)	R(Z/V:/)	R(gesamt)
nd.-ostfälisch	2.91	3.30	2.90	3.03
md.-nordthür.	3.02	3.14	3.37	3.17
md.-erzgebirg.	3.03	3.09	3.35	3.15

Diese Daten wurden zweifach berechnet: 1. aus der Summe der R-Werte jeder Dialektgruppe, sowie 2. aus den Zahlen der folgenden Tabelle, die den Mittelwert von [ə] (M[ə]) und das Zentrum der Kernphoneme 'relativ kurz' [Z(/V/)] und das Zentrum der Kernphoneme 'relativ lang' [Z(/V:/)] für jede Dialektgruppe angibt:

	M[ə]		Z(/V/)		Z(/V:/)	
	F 1	F 2	F 1	F 2	F 1	F 2
nd.-ostfälisch	541	1576	423	1397	438	1270
md.-nordthür.	504	1524	450	1417	400	1353
md.-erzgebirg.	540	1630	458	1412	410	1375

Die R-Werte zeigen, daß die beiden mitteldeutschen Dialektgruppen auch hinsichtlich ihrer akustischen Meßdaten enger miteinander verbunden sind als mit der niederdeutschen Gruppe. Auch wenn diese drei verschiedenen R-Werte für jede Dialektgruppe nochmals summiert werden und der Mittelwert gebildet wird, bestätigt sich dieses Ergebnis in R(gesamt).

4.25 Vielversprechend für eine Unterscheidung von Dialekten waren in der Voruntersuchung die Daten für den Variationsraum (VR)[288]. — Dieses vorläufige Resultat konnte anhand der hier vorliegenden bedeutend umfangreicheren Materialien nicht bestätigt werden. Die Daten für die Variationsräume wurden nach ihrer Rangfolge in einem Diagramm festgehalten [Abb. 17]. Markante Werte lassen sich nicht ablesen. Die niedrigen Daten von Gittelde sind unter [4.24] begründet worden. Auch die folgende Übersicht der Mittelwerte für jede Dialektgruppe ist nicht viel aussagekräftiger:

	VR(/V/)	VR(/V:/)	$\frac{VR(/V/) + VR(/V:/)}{2}$
nd.-ostfälisch	49.69	52.05	50.87
md.-nordthür.	49.91	77.27	63.40
md.-erzgebirg.	49.39	80.50	64.43

[288] J. Göschel (1967a), 280—281; Abb. 7.

Man kann aber erkennen, daß sich bei den Daten für den Variationsraum der Kernphoneme 'relativ lang' [VR(/V:/)] und bei dem aus der Summe der Variationsräume der 'kurzen' und 'langen' Kernphoneme gebildeten Mittelwert wiederum die beiden mitteldeutschen Dialektgruppen gegenüber der niederdeutschen Gruppe absondern.

4.26 Über die Berechnung der Variationsdominanz wurde in [3.642/5] gesprochen. Sie stellte, wie sich bei der weiteren Auswertung ergab, innerhalb der akustischen Meßdaten diejenigen Werte zur Verfügung, die eine Unterscheidung der 17 Ortsdialekte nach den drei Dialektgruppen am ehesten gestatteten. Jedoch zeichnen sich auch hier noch keine klaren Linien ab. Das Diagramm [Abb. 18] zeigt beispielsweise bei den Kernphonemen 'relativ kurz' (/V/) extrem liegende Daten bei der mitteldeutsch-erzgebirgischen Dialektgruppe (Ortsdialekte Clausthal, Hahnenklee, Schulenberg). Auch wenn das Diagramm [Abb. 18] insgesamt betrachtet wird, ist das Bild keineswegs schon in dieser Form eindeutig. Möglicherweise lassen sich aber die Werte für die Variationsdominanz noch weiter präzisieren, so daß ein Ansatzpunkt vorhanden ist, der eine Weiterarbeit erlaubt.

Die Mittelwerte der Variationsdominanz für die drei Dialektgruppen zeigen hier wiederum, daß die beiden mitteldeutschen Gruppen dichter aneinander liegen als eine der mitteldeutschen Gruppen an der niederdeutsch-ostfälischen. Hier die Übersicht:

	VD(/V/)		VD(/V:/)	
	F 1	F 2	F 1	F 2
nd.-ostfälisch	+2.00	—0.51	+4.76	—0.95
md.-nordthür.	+4.42	—0.50	+4.34	+0.96
md.-erzgebirg.	+4.26	+0.31	+4.74	+2.02

Das gemeinsame Zentrum, von dem aus die Berechnung der Variationsdominanz (VD) erfolgte, lag für die Kernphoneme 'relativ kurz' bei

$$F\ 1 = \ \ 449\ Hz = 26.0\ Halbtöne$$
$$F\ 2 = 1410\ Hz = 45.8\ Halbtöne$$

und für die Kernphoneme 'relativ lang' bei

$$F\ 1 = \ \ 409\ Hz = 24.4\ Halbtöne$$
$$F\ 2 = 1345\ Hz = 45.0\ Halbtöne$$

4.3 Zusammenfassung

4.31 Kartographische Darstellung

4.311 Phonetische Besonderheiten

Einige ausgewählte Kartenbeispiele sollen zeigen [Abb. 19 bis 24], daß mit geeigneten Mitteln ein guter Einblick in die geographischen Distributionsverhältnisse phonetischer Besonderheiten möglich ist. — Gerundete Palatalvokale finden sich nur in der niederdeutschen Dialektgruppe [Abb. 19]. Geschlossene kurze Vokale, das sind hier [ẹ] und [ọ], sind besonders im Nordthüringischen vorhanden, in den beiden anderen Dialektgruppen nur sporadisch [Abb. 20]. Öffnende Diphthonge gibt es wiederum nur im Niederdeutschen, während Diphthonge, die an der gleichen Artikulationsstelle gebildet werden, im Nordthüringischen und Niederdeutschen anzutreffen sind. Auffällig ist der Reichtum an Diphthongen im Ortsdialekt Osterhagen [Abb. 21]. — Im Bereich des Konsonantismus ist die starke Behauchung des initialen /k/ vor Vokal in den beiden mitteldeutschen Dialektgruppen am häufigsten [Abb. 22]. — Die Affrikata [ts] ist in allen 17 Ortsdialekten in allen Positionen belegt. Die zweite Affrikata [pf] kommt nur in den beiden mitteldeutschen Gruppen vor [Abb. 23].

Sehr aufschlußreich ist die Karte der phonetischen Besonderheiten in der /r/-Artikulation [Abb. 24]. Das retroflexe [ṭ] ist nur in den beiden mitteldeutschen Dialektgruppen belegt. Möglicherweise deuten diese Varianten diachronisch gesehen den älteren Zustand an. Unterbrochene /r/-Varianten herrschen im Niederdeutschen vor. Hier stehen die alveolaren Vibranten [ɾ] [r] neben dem uvularen [ʀ]. Dieses Verhältnis ist teilweise auch im Nordthüringischen zu erkennen. Bemerkenswert ist weiterhin, daß in den niederdeutschen Dialekten das finale /r/ nicht durchgehend als vokalischer Laut erscheint, sondern in ganz überwiegendem Maße unterbrochene Varianten hat. Nur in einem der übrigen Ortsdialekte ist dieser Befund noch anzutreffen. Im mitteldeutsch-erzgebirgischen Dialekt von Lautenthal steht final keine vokalische, sondern die retroflexe Variante. Die Bildungsweise von /r/ durch einen uvularen oder velaren Reibelaut oder Kontinuanten repräsentiert diachronisch gesehen offenbar den jüngeren Zustand und ist in allen Dialektgruppen vorhanden. — Zu bemerken ist noch, daß es sich bei [Abb. 24] zunächst um eine vereinfachte Darstellung handelt, auf der die vorherrschende Bildungsweise eingetragen wurde. Die genaue Beschreibung der Artikulationsart in den einzelnen Positionen findet sich in der Phonologischen Analyse [3.] unter dem jeweiligen Ortsdialekt. Aber auch danach ist die Darstellung in [Abb. 24] gerechtfertigt.

4.312 Zur Phonologie

Die kartographische Darstellung phonologischer Systeme auf rein synchronischer Ebene ist für deutsche Dialekte zusammenhängend noch nicht versucht worden. Die verschiedenen Ansätze bei W. G. Moulton[289] scheiden zunächst deshalb aus, weil sie stets den diachronischen Aspekt einbeziehen. — Die hier in Auswahl vorgeführten Karten [Abb. 25 bis 36] stellen den Versuch dar, die Möglichkeiten der strukturellen Methode im geographischen Raum an einigen instruktiven Beispielen zu zeigen [vgl. 3.24].

Die Darstellung von Phonemsystemen mit den zeichnerischen Mitteln der Karten [Abb. 25 bis 36] läßt in jedem Falle klare Strukturen hervortreten. Die Phonemsysteme der Kernphoneme 'relativ kurz' zeigen räumlich ganz klare Bilder [Abb. 25], die die drei Dialektgruppen deutlich voneinander scheiden. Einmal sind es die vierstufigen zweiklassigen Vierecksysteme des Nordthüringischen, dann die vierstufigen zweiklassigen Dreiecksysteme des Mitteldeutsch-Erzgebirgischen und schließlich die dreiklassigen Dreiecksysteme des Niederdeutschen. — Auch die Phonemsysteme der Kernphoneme 'relativ lang' zeigen das gleiche klare Kartenbild [Abb. 26]. Es stehen sich wiederum Vierecksysteme (nordthüringisch) und Dreiecksysteme (niederdeutsch, Ausnahme: Ortsdialekt Gittelde; mitteldeutsch-erzgebirgisch) gegenüber. Die niederdeutschen Phonemsysteme zeigen aber deutliche Auflösungserscheinungen, während sich in den beiden mitteldeutschen Dialektgruppen die Systeme als geschlossene Bilder darbieten.

Die Systeme der Diphthongphoneme zeigen im Hinblick auf die drei Dialektgruppen die gleiche Situation [Abb. 27]. Bis auf den Ortsdialekt Hohegeiß sind im Nordthüringischen zweistufige zweiklassige Diphthongphonemsysteme vorhanden. Hohegeiß schließt sich mit seinem einstufigen System der mitteldeutsch-erzgebirgischen Gruppe an, während im Niederdeutschen die Systeme bis auf dasjenige im Ortsdialekt Gittelde sehr unregelmäßig sind und im Zusammenhang mit den Systemen der Kernphoneme 'relativ lang' zu sehen sind. Aus den hier vorliegenden Verhältnissen in den niederdeutschen Dialekten kann vorsichtig geschlossen werden, daß tiefere Umbrüche auf diachronischer Ebene im Gange sind.

Die Darstellung des Systems der Satellitenphoneme als Ganzes stößt auf Schwierigkeiten, da es auf einer Sprachkarte in erster Linie auf die Übersichtlichkeit ankommt, die bei der Wiedergabe vollständiger Systeme von Satellitenphonemen nicht mehr gewährleistet ist. Es wird deshalb versucht,

---

[289] W. G. Moulton (1960; 1961a; 1962; 1963; 1964; 1965).

Teilsysteme der Satellitenphoneme auf der Karte zu erfassen [Abb. 28 bis 35]. — Das Teilsystem der Klasse der Plosive [Abb. 28] zeigt charakteristische Strukturen für jede der drei Dialektgruppen. Vollständige Teilsysteme kommen nur in der niederdeutschen Gruppe vor (Ortsdialekte Gittelde und Osterhagen). Die Lücken in diesem Teilsystem sind auf die Fortes beschränkt. Sie finden sich in der mitteldeutsch-erzgebirgischen Gruppe an der bilabialen und dentalen, bei zwei Ortsdialekten noch zusätzlich an der velaren Stelle. Im Nordthüringischen bleibt nur die bilabiale Stelle, einmal auch zusätzlich noch die velare Stelle frei, während bei den nicht vollständigen Systemen der niederdeutschen Gruppe die Lücke im velaren Bereich auftritt. — Ähnlich klare Strukturen zeigt das Teilsystem der Klasse der Frikative [Abb. 29]. Hier setzt sich das Nordthüringische schon von der Quantität des Inventars her deutlich von den beiden anderen Dialektgruppen ab. — Bei der Darstellung von Teilsystemen nach 'Reihen'[290] zeigen sich prinzipiell ähnliche Bilder [Abb. 30, 31]. Rein zeichnerisch gesehen konnte das fehlende Phonem aber hier nicht einfach weggelassen werden, sondern es wurde zur Verdeutlichung als hohler Kreis eingetragen. Bei genauerer Betrachtung ist eine solche Darstellungsweise jedoch weniger ergiebig. Es ist zweckmäßiger, die Verhältnisse auf den Karten [Abb. 30, 31] in einer Distributionskarte wiederzugeben [Abb. 32]. Aus dieser ist leicht zu erkennen, wieweit und in welchen geographischen Bereichen seltener vorkommende Phoneme verbreitet sind.

Daß sogar einzelne distinktive Merkmale im Raume dargestellt werden können, soll am Beispiel von [Abb. 33] gezeigt werden. Das Merkmalpaar 'gespannt'/'ungespannt' (tense/lax), hier der Gegensatz von Fortis/Lenis bei den Satellitenphonemen, ist in zwei Ortsdialekten des Mitteldeutsch-Erzgebirgischen (Altenau, Schulenberg) überhaupt nicht vorhanden; in den übrigen sechs erzgebirgischen Ortsdialekten kommt der Gegensatz nur initial vor. Dagegen besteht die Fortis/Lenis-Opposition in den niederdeutschen und nordthüringischen Ortsdialekten bis auf eine Ausnahme (Wieda, nur in medialer Stellung) in initialer und medialer Position. Eine solche Karte wie [Abb. 33] könnte, falls es erforderlich oder ergiebig wäre, noch weiter differenziert werden, indem die einzelnen Phoneme selbst, die das Merkmal 'gespannt' tragen, auf ihre räumliche Verteilung hin untersucht werden. Aus dem Bereich der Neutralisation wurden zwei instruktive Beispiele herausgegriffen. In der Position 'vor /r/' wird bei den 'kurzen' Kernphonemen eine Anzahl von Oppositionen in allen drei Dialektgruppen aufgehoben. Die Reduktion des Systems der Kernphoneme 'relativ kurz' vor /r/ wurde auf [Abb. 34] dargestellt. Besonders auffällig sind die Neutralisationen

---

[290] Vgl. oben [3.4/1].

auf den oberen Stufen und in der palatalen Reihe. Bemerkenswert ist, daß zwei Ortsdialekte, nämlich der nordthüringische von Wieda und der erzgebirgische von Wildemann auch vor /r/ das volle System der 'kurzen' Kernphoneme behalten. In allen anderen Fällen treten die Aufhebungsstrukturen jedoch ziemlich deutlich hervor, besonders wenn [Abb. 34] mit [Abb. 25], auf der die vollständigen Systeme der Kernphoneme 'relativ kurz' zu sehen sind, verglichen wird. — Die zweite Karte [Abb. 35] zeigt die Aufhebungstellungen einer einzelnen Opposition. Im Hinblick auf die Abgrenzung der drei Dialektgruppen wird erkennbar, wie sich hier das Nordthüringische absondert, während das Niederdeutsche Gemeinsamkeiten mit dem Mitteldeutsch-Erzgebirgischen aufweist. Umgekehrt etwa waren die Verhältnisse bei dem distinktiven Merkmal 'gespannt' [Abb. 33]. Da gab es wesentliche Übereinstimmungen zwischen der niederdeutschen und nordthüringischen Gruppe. —

Für die Darstellung von Phonemdistributionen in bestimmten Stellungen wurde zunächst nur ein Beispiel aufgenommen [Abb. 36] Das Vorkommen des velaren Nasals /ŋ/ nach den Kernphonemen 'relativ lang' ist ein besonders markanter Fall, der auf die mitteldeutsch-erzgebirgische Dialektgruppe und den niederdeutschen Ortsdialekt Kamschlacken beschränkt ist. Im Falle von Kamschlacken ist wohl eindeutig mit Einfluß vom Mitteldeutsch-Erzgebirgischen her zu rechnen.

4.313 Darstellungsprobleme

Die Möglichkeit der kartographischen Darstellung von phonologischen Materialien lassen sich — wie die Karten [Abb. 25 bis 36] zeigen — auf synchronischer Ebene ohne weiteres verwirklichen. Die Schwierigkeiten, auf die W. G. Moulton[291] bei der Wiedergabe seiner Karten immer wieder gestoßen ist, sind wohl eindeutig darin begründet, daß er unbedingt den diachronischen Aspekt mit erfassen wollte. W. G. Moulton ging dabei von der Entwicklungsgeschichte der Sprachwissenschaft aus[292], die sich bis tief ins 19. Jahrhundert hinein hauptsächlich historischen Studien gewidmet hatte und dafür genügend Materialien bereit stellte. Um die Jahrhundertwende kam dann der geographische Aspekt hinzu. In den folgenden Jahrzehnten des 20. Jahrhunderts wurde schließlich die strukturelle Betrachtungsweise in der Linguistik erarbeitet. — Durch die Sprachgeographie, besonders die Dialektgeographie, wurden sprachliche Vorgänge in Raum und Zeit, also

---

[291] W. G. Moulton (1968), 574—575.
[292] Vgl. besonders W. G. Moulton (1968), hier auch in Fußn. 1 S. 574 die weitere Literatur.

mit Hilfe von zwei weitgehend extralinguistischen Faktoren, dargestellt. An diese beiden vorgegebenen Dimensionen will W. G. Moulton sofort die dritte, die eigentlich sprachimmanente strukturelle Dimension, anschließen. Er geht so vor, daß er zuerst die historische und strukturelle Komponente herausarbeitet, um zuletzt die geographische hinzuzufügen, bei der dann die erwähnten Schwierigkeiten auftreten. Das ist verständlich, denn drei Dimensionen im zweidimensionalen Maßstab wiederzugeben, muß zunächst scheitern. Hier wurde offenkundig der zweite Schritt vor dem ersten getan, weil es auf der Hand liegt, zuerst den neu gewonnenen strukturellen mit dem geographischen zu kombinieren und darzustellen, d. h. den historischen durch den strukturellen Gesichtspunkt zu ersetzen.

Für die von W. G. Moulton herangezogenen schweizerdeutschen Dialekte wären Karten, die auf rein synchronischer Ebene phonologische Verhältnisse im Raume gezeigt hätten, sicherlich sehr ergiebig gewesen. Die Schwierigkeiten, auf die W. G. Moulton bei der kartographischen Wiedergabe seines Materials stieß, sind deshalb nicht so sehr, wie er meint, im Hinzufügen des geographischen Gesichtspunktes (zum historisch-strukturellen) zu sehen, als vielmehr in der Kombination von diachronischem und synchronisch-strukturellem Aspekt. Eine Lösung dieses Darstellungsproblems ist wohl nur zu erreichen, wenn diese beiden Aspekte zunächst getrennt werden und der diachronische später auf einem transparenten Deckblatt als quasi dritte Dimension hinzugenommen wird. Die lebenden schweizerdeutschen Dialekte, mit denen W. G. Moulton ausschließlich arbeitete, sind für solche Versuche wegen der sehr reichhaltigen Phoneminventare nicht gerade am besten geeignet. —

Die Problematik der Darstellung, die bei Karten zur strukturellen Sprachgeographie auftritt, ist damit keineswegs erschöpft[293]. Es sind hier nur einige Fragen diskutiert worden, die im unmittelbaren Zusammenhang mit der vorliegenden Arbeit stehen.

4.32 Ausblicke

4.321 Zur phonologischen Analyse

Die auf der Grundlage von R. Jakobsons 'distinctive-features-Theorie'[294] vorgenommene phonologische Analyse von einzelnen Ortsdialekten [3.5], die komparative Auswertung der Ergebnisse [4.1], sowie die Darstellung dieser

---

[293] Vgl. jetzt zusammenfassend J. Goossens (1969a), 29—45.
[294] R. Jakobson/C. G. M. Fant/M. Halle (1967). — R. Jakobson/M. Halle (1956, 1960, 1964, 1968). — R. Jakobson (1962b). — M. Halle (1954, 1957, 1959, 1964).

Ergebnisse im geographischen Raum [4.31; Abb. 19 bis 36] liefern den Beweis, daß sich auf dieser Basis genaue Beschreibungen von sprachlichen Mikrostrukturen aus dem dialektalen Bereich erzielen lassen. Auch die Materialgrundlage konnte für diese Analyse als ausreichend angesehen werden [3.24]. Dadurch ist es möglich, mit einem relativ niedrigen technischen und finanziellen Aufwand über große zusammenhängende geographische Räume Untersuchungen vorzunehmen, die von großem Nutzen nicht nur für die strukturelle Erforschung der deutschen Dialekte, sondern für die weitere Erforschung der gesprochenen Sprache und der Gegenwartssprache überhaupt sein würden. — So werden beispielsweise Fragen zur Dialekteinteilung und -abgrenzung neu aufgeworfen und lassen neue Antworten erwarten. Phonologisierungs- und Entphonologisierungsprozesse werden sichtbar, so daß der Lautwandel durch die exakte phonologische Analyse und mit Hilfe der Schallaufzeichnung erstmals in statu nascendi beobachtet werden kann (z. B. im Ortsdialekt Altenau).

Auf einen schwachen Punkt der binaristischen Theorie von R. Jakobson und M. Halle sei in diesem Zusammenhang nochmals aufmerksam gemacht. Es geht dabei um die Merkmale zur Unterscheidung der Vokalhöhen. Mit den vorhandenen Merkmalen, wie sie jüngst von R. Jakobson, M. Halle und N. Chomsky ausdrücklich neu bestätigt wurden[295], können nur drei distinktive Vokalhöhen unterschieden werden. In der vorliegenden Arbeit, in der Dialekte analysiert wurden, die echte vierstufige Vokalsysteme hatten [4.1221/1; 4.1222/1], wurde nach dem in [Abb. 37] wiedergegebenen Modell gearbeitet. Für die Definition des rein palatalen /a/-Phonems in den nordthüringischen Dialekten konnte dieses Modell allerdings nur als Notlösung angesehen werden. — Da nicht nur vierstufige Vokalsysteme in den deutschen und anderen Dialekten häufiger vorkommen[296], sondern sogar fünfstufige belegt sind[297], muß endlich die alte Hypothese aufgegeben werden, daß Vokalsysteme nur drei distinktive Vokalhöhen haben können. Denn diese Hypothese verbirgt sich hinter den binären Merkmalen 'kompakt'/'diffus' oder 'low'/'high', wie sie jüngst von N. Chomsky und M. Halle genannt wurden[298]. Obwohl M. Halle als Schüler und engster Mitarbeiter von R. Jakobson diese Problematik nachweislich seit 1954 genau kennt[299], hat

---

[295] R. Jakobson/M. Halle (1968). — N. Chomsky/M. Halle (1968).
[296] Außer den oben [4.1222/1.1] genannten Beispielen bei Autoren kann zusätzlich verwiesen werden auf W. G. Moulton (1960), passim; (1968), 576. — W. Appel (1963), 77. — A. Martinet (1956), 84. G. Heike (1967), 233—234. — H. Faßke (1964), 26.
[297] W. G. Moulton (1960), 175; wiedergegeben auch bei J. Goossens (1969a), 49.
[298] N. Chomsky/M. Halle (1968).
[299] M. Halle (1954), 208, der hier als Beispiel einer analytischen Transkription sogar das 'standard literary German' wählte, das ebenfalls vier distinktive Vokalhöhen besitzt.

er diese Klippe ständig zu umgehen versucht. Dabei wäre es ihm am ehesten zugefallen, die besagte Hypothese für aufgehoben zu erklären und Vorschläge für die Lösung dieses Problems zu machen. Selbstverständlich ist dies mit Schwierigkeiten verbunden, denn die neu einzuführenden Merkmale dürfen die Konsonanten nicht übersehen und müssen auch in diesem Bereich anwendbar sein.

Eine Art Tabu sind auch die Diphthonge. Sie werden in der Theorie kaum erwähnt und nur aus vereinzelten Beispielen[300] von analytischer Transkription ist zu entnehmen, daß von einer biphonematischen Wertung ausgegangen wird. Die Frage der Diphthonge, die hier nicht aufgerollt werden kann, ist aber sehr bedeutsam für die Strukturierung und bei der Typologisierung von Dialekten. Außerdem ergeben sich Konsequenzen für die akustische Analyse, die zweckmäßig auf dem Hintergrund der phonologischen Analyse durchgeführt wird.

4.322 Zur akustischen Analyse

Die günstigen Ausblicke, welche für die in der vorliegenden Untersuchung vorgenommene phonologische Analyse im Hinblick auf die gesprochene Sprache und Dialektologie gegeben werden konnten, sind für die akustische Analyse leider noch nicht zu machen. — Die Versuche, mit Hilfe der Instrumentalphonetik zu einer Bestimmung von akustischen Korrelaten der Artikulationsbasis zu gelangen, haben noch nicht die erwünschten Erfolge gezeigt. Die Fortsetzung der Arbeiten auf phonologischer Grundlage ist nicht zu umgehen. In welchem Sinne dies erfolgen sollte, wurde bereits oben kurz angedeutet [4.21]. Es kommt aber im Fazit noch ein wesentlicher Punkt hinzu. Die vorliegende Untersuchung ging von der oben [3.3] aufgestellten Hypothese aus, daß der Idiolekt eines einzelnen Sprechers repräsentativ sei für den Ortsdialekt. Diese Hypothese konnte für die phonologische Analyse bis auf unwesentliche Details verifiziert werden, wie beispielsweise ein Blick auf die [Abb. 25 bis 36] zeigt. Für die akustische Analyse trifft sie offenbar nicht zu und muß aufgegeben werden.

Es ist davon auszugehen, daß in der umfangreichen[301] akustischen Analyse der 17 Ortsdialekte jeweils ein Idiolekt untersucht wurde. Die dafür ermittelten akustischen Daten ergeben höchstwahrscheinlich signifikante Werte

---

[300] R. Jakobson/C. G. M. Fant/M. Halle (1967), 44.
[301] Soweit festgestellt werden konnte, ist in keiner bekannten akustischen Untersuchung eine breitere Materialgrundlage als die oben beschriebene [3.630] vorhanden gewesen.

für das zu dem Idiolekt gehörende Individuum. Das würde jedoch bedeuten, daß der heuristische Wert dieser Daten fast ausschließlich diagnostischen Charakter hat. Dies müßte genauer überprüft werden und war nicht Aufgabe dieser Arbeit.

Im Bezug auf die Gewinnung akustischer Korrelate zur Bestimmung der Artikulationsbasis wäre hier mit einer neuen Hypothese abzuschließen. Sie besagt, daß bei einer akustischen Untersuchung von vielen Idiolekten des gleichen Ortsdialektes ein Wert zu ermitteln sein müßte, der es erlaubt, Dialekte von verschiedener phonologischer Struktur, in angemessener Weise auch akustisch voneinander zu differenzieren.

Bibliographie

Abercrombie, David, 1963, „Pseudo-Procedures in Linguistics", Zeitschrift für Phonetik, Sprachwissenschaft und Kommunikationsforschung, 16, 9—12.
Abercrombie, David, 1967, Elements of General Phonetics, University Press, Edinburgh.
Appel, Wilhelm, 1963, Die Mundart von Hilbetten im Schönhengstgau, N. G. Elwert, Marburg/Lahn.

Bach, Adolf, 1950, Deutsche Mundartforschung, Carl Winter Universitätsverlag, Heidelberg.
Baldinger, Kurt, 1957, Die Semasiologie, Akademie-Verlag, Berlin.
Bar-Hillel, Yehoshua, 1957, „Three Methodological Remarks on 'Fundamentals of Language'", Word, 13, 323—335.
Bartholomew, Wilmer T., 1964, Acoustics of Music, Prentice Hall Inc., Englewood Cliffs, N. J. (First printing 1942).
Bazell, C. E., 1952, „Phonemic and Morphemic Analysis", Word, 8, 33—38.
Bazell, C. E., 1954, „The Choice of Criteria in Structural Linguistics", Word, 10, 126—135.
Bazell, C. E., 1956, „Three Conceptions of Phonological Neutralisation", For Roman Jakobson, Mouton, The Hague, 25—30.
Becker, Horst, 1939, „Mundart, Schriftsprache, Umgangssprache, Hochsprache", Mitteldeutsche Blätter für Volkskunde, 14, 160—168.
Behaghel, Otto, 1896, Schriftsprache und Mundart, Münchow, Gießen.
Bellmann, Günter, 1964, „Wege und Möglichkeiten der Schallaufnahme ostdeutscher Mundarten heute", Zeitschrift für Mundartforschung, 31, 62—79.
Bellmann, Günter und Joachim Göschel, 1970, Tonbandaufnahme ostdeutscher Mundarten 1962—1965. Gesamtkatalog, N. G. Elwert, Marburg/Lahn.
Bergeijk, Willem A., John R. Pierce und Edward E. David, Jr., 1960, Die Schallwellen und wir, Verlag Kurt Desch, München/Wien/Basel.
Bloch, Bernard, 1948, „A Set of Postulates for Phonemic Analysis", Language, 24, 3—46.
Bloch, Bernard, 1950, „Studies in Colloquial Japanese IV. Phonemics", Language, 26, 86—125.
Bloch, Bernard, 1953, „Contrast", Language, 29, 59—61.
Bloch, Bernard and George L. Trager, 1942, Outline of Linguistic Analysis, Waverly Press, Baltimore.
Bloomfield, Leonard, 1935, Language, G. Allen and Unwin, London. (Reprinted 1961; zuerst New York 1933).
Bochmann, Emil, 1889, Zusammenhänge zwischen den Bevölkerungen des Obererzgebirges und des Oberharzes, B. G. Teubner, Dresden.
Bolinger, Dwight L., 1951, „Intonation: Levels versus Configurations", Word, 7, 199—210.
Bolinger, Dwight L., 1955, „Intersections of Stress and Intonation", Word, 11, 195—203.
Bolinger, Dwight L., 1958, „A Theory of Pitch Accent in English", Word, 14, 109—149.
Borchers, Erich, 1927, Sprach- und Gründungsgeschichte der erzgebirgischen Kolonie im Oberharz, N. G. Elwert, Marburg/Lahn.
Borst, J. M. and Franklin S. Cooper, 1957, „Speech Research Devices Based on a Channel Vocoder", The Journal of the Acoustical Society of America, 29, 777 (A).
Brinkmann, Hennig, 1955, „Hochsprache und Mundart", Wirkendes Wort, 6, 65—76.
Bühler, Karl, 1931, „Phonetik und Phonologie", Travaux du Cercle Linguistique de Prague, 4, 22—53.
Bühler, Karl, 1965, Sprachtheorie, Gustav Fischer Verlag, Stuttgart. (1. Aufl. 1934).

Cárdenas, Daniel N., 1960, „Acoustic Vowel Loops of Two Spanish Idiolects", Phonetica 5, 9—34.
Carroll, John B., 1961, The Study of Language, Harvard University Press, Cambridge/Mass. Fourth Printing. (First printing 1953).
Cherry, Colin, 1963, Kommunikationsforschung — eine neue Wissenschaft, S. Fischer Verlag, o. O. (Hamburg).
Chomsky, Noam and Morris Halle, 1968, The Sound Pattern of English, Harper and Row, New York/Evanston/London.
Cochrane, G. R., 1959, „The Australian English Vowels as a Diasystem", Word, 15, 69—88.
Cooper, Franklin S., 1950, „Spectrum Analysis", The Journal of the Acoustical Society of America, 22, 761—762.
Cooper, Franklin S., 1953, „Some Instrumental Aids to Research on Speech", Report of the Fourth Annual Round Table Meeting on Linguistics and Language Teaching, Institute of Languages and Linguistics, Georgetown University, Washington D. C., 46—53.
Cooper, Franklin S., 1962, „Speech Synthesizers", Proceedings of the Fourth International Congress of Phonetic Sciences, Helsinki 1961, Mouton, The Hague, 3—13.
Cooper, Franklin S., 1965, „Instrumental Methods for Research in Phonetics", Proceedings of the Fifth International Congress of Phonetic Sciences, Münster 1964, S. Karger, Basel (Schweiz)/New York, 142—171.
Cooper, Franklin S., Alvin M. Liberman and J. M. Borst, 1951, „The Inter-Conversion of Audible and Visible Patterns as a Basis for Research in the Perception of Speech", Proceedings of the National Academy of Sciences, 37, Washington D. C., 318—325.
Cooper, Franklin S., Pierre C. Delattre, Alvin M. Liberman, John M. Borst, and Louis J. Gerstman, 1952, „Some Experiments on the Perception of Synthetic Speech Sounds", The Journal of the Acoustical Society of America, 24, 597—606.
Culver, Charles A., 1956, Musical Acoustics, McGraw-Hill Book Company Inc., New York/Toronto/London. (First printing 1941).
Čyževśkyj, D., 1931, „Phonologie und Psychologie", Travaux du Cercle Linguistique de Prague, 4, 3—22.

Dahlberg, Torsten, 1934, Die Mundart von Dorste, Teil 1, C. W. K. Gleerup/Levin und Munksgaard, Lund/Kopenhagen.
Dahlberg, Torsten, 1937, Die Mundart von Dorste, Teil 2, C. W. K. Gleerup, Lund.
Dahlberg, Torsten, 1941, Studien über den Wortschatz Südhannovers, C. W. K. Gleerup/O. Harrassowitz, Lund/Leipzig.
Damköhler, Eduard, 1927, Nordharzer Wörterbuch, H. C. Huch, Quedlinburg.
Delattre, Pierre, 1948, „Un triangle acoustique des voyelles orales du Français", The French Review, 21, 477—484.
Delattre, Pierre, 1951, „The Physiological Interpretation of Sound Spectrograms", Publications of the Modern Language Association of America, 66, 864—875.
Delattre, Pierre, 1965, Comparing the Phonetic Features of English, French, German and Spanish: An Interim Report, Julius Groos Verlag, Heidelberg.
Delattre, Pierre C., Alvin M. Liberman, and Franklin S. Cooper, 1955, „Acoustic Loci and Transitional Cues for Consonants", The Journal of the Acoustical Society of America, 27, 769—773.
Delattre, Pierre, Alvin M. Liberman, Franklin S. Cooper, and Louis J. Gerstman, 1952, „An Experimental Study of the Acoustic Determinants of Vowel Color", Word, 8, 195—210.
Dinneen, Francis P., 1967, An Introduction to General Linguistics; Holt, Rinehart and Winston, New York/Chicago/San Francisco/Toronto/London.
Doroszewski, Witold, 1958, „Le structuralisme linguistique et les études de géographie dialectale", Proceedings of the Eighth International Congress of Linguists, Oslo University Press, Oslo, 540—564.

Durkheim, Emile, 1961, Die Regeln der soziologischen Methode, H. Luchterhand, Neuwied. (1. Aufl.: Les Règles de la méthode sociologique, 1895, Presses Universitaires de France, Paris).

Essen, Otto von, 1962, Allgemeine und angewandte Phonetik, Akademie-Verlag, Berlin.
Essen, Otto von, 1964, Kirchwerder, Vandenhoeck und Ruprecht, Göttingen.

Fant, C. Gunnar M., 1956, „On the Predictability of Formant Levels and Spectrum Envelopes from Formant Frequencies", For Roman Jakobson, Mouton, The Hague, 109—120.
Fant, C. Gunnar M., 1958, „Modern Instruments and Methods for Acoustic Studies of Speech", Proceedings of the Eighth International Congress of Linguists, Oslo University Press, Oslo, 282—358.
Fant, C. Gunnar M., 1962, „Sound Spectrography", Proceedings of the Fourth International Congress of Phonetic Sciences, Helsinki 1961, Mouton, The Hague, 14—33.
Fant, C. Gunnar M., 1965, „Formants and Cavities", Proceedings of the Fifth International Congress of Phonetic Sciences, Münster 1964, S. Karger, Basel (Switzerland)/New York, 120—140.
Fant, C. Gunnar M., 1968, „Analysis and Synthesis of Speech Processes", Manual of Phonetics (ed. B. Malmberg), North-Holland Publishing Company, Amsterdam, 173—277.
Faßke, Helmut, 1964, Die Vetschauer Mundart, VEB Domowina-Verlag, Bautzen.
Feldtkeller, Richard und Eberhard Zwicker, 1956, Das Ohr als Nachrichtenempfänger, S. Hirzel Verlag, Stuttgart.
Fischer, John L., 1958, „Social Influences on the Choice of a Linguistic Variant", Word, 14, 47—56.
Fischer-Jørgensen, Eli, 1949, „Remarques sur les principes de l'analyse phonémique", Travaux du Cercle Linguistique de Copenhague, 5, 214—234.
Fischer-Jørgensen, Eli, 1952, „The Phonetic Basis for Identification of Phonemic Elements", The Journal of the Acoustical Society of America, 24, 611—617.
Fischer-Jørgensen, Eli, 1956, „The Commutation Test and its Application to Phonemic Analysis", For Roman Jakobson, Mouton, The Hague, 140—151.
Fischer-Jørgensen, Eli, 1958, „What Can the New Techniques of Acoustic Phonetics Contribute to Linguistics?", Proceedings of the Eigth International Congress of Linguists, Oslo University Press, Oslo, 433—478 (Discussion 478—499).
Fleischer, Wolfgang, 1966, Strukturelle Untersuchungen zur Geschichte des Neuhochdeutschen, Akademie-Verlag, Berlin.
Fodor, Jerry A. and Jerrold J. Katz, 1964, The Structure of Language: Readings in the Philosophy of Language, Prentice-Hali Inc., Englewood Cliffs, N. J.
„Forschungsfahrt in den Oberharz und das Zonenrandgebiet zwischen Wolfsburg und Eschwege (26. September bis 15. Oktober 1963)", 1963, Forschungsinstitut für deutsche Sprache 'Deutscher Sprachatlas', Marburg/Lahn. (Hektographierter Exkursionsbericht).
Fourquet, Jean, 1956, „Linguistique structurale et dialectologie", Fragen und Forschungen im Bereich und Umkreis der germanischen Philologie, Akademie-Verlag, Berlin, 190—203.
Fourquet, Jean, 1958a, „Phonologie und Dialektologie", Zeitschrift für Mundartforschung, 26, 161—173.
Fourquet, Jean, 1958b, „Classification dialectale et phonologie evolutive", Miscelánea Homenaje a André Martinet 'Estructuralismo e Historia' II, Universidad de La Laguna, Canarias, Tenerife/Madrid, 55—62.
Fourquet, Jean, 1959, „Phonologie und Dialektforschung am Elsässischen", Symposion Trubetzkoy, Suppl. ad Phonetica, 4, 85—92.

Francescato, Giuseppe, 1964, „Dialect Borders and Linguistic Systems", Proceedings of the Ninth International Congress of Linguists, Cambridge, Mass., 1962; Mouton, London/The Hague/Paris, 109—114.

Francescato, Giuseppe, 1965, „Structural Comparison, Diasystems, and Dialectology", Zeitschrift für romanische Philologie, 81, 484—491.

Franck, Johannes, 1880, „Bericht über die Verhandlungen der deutsch-romanischen Abteilung der XXXIV. Versammlung deutscher Philologen und Schulmänner zu Trier vom 24.—27. September 1879", Zeitschrift für deutsche Philologie, 11, 361—365.

Fry, D. B., 1968, „Prosodic Phenomena", Manual of Phonetics (ed. B. Malmberg), North-Holland Publishing Company, Amsterdam, 365—410.

Fujimura, Osamu, 1962, „Analysis of Nasal Consonants", The Journal of the Acoustical Society of America, 34, 1865—1875.

Garde, Paul, 1961, „Réflexions sur les différences phonétiques entre les langues slaves", Word, 17, 34—62.

Gardiner, Alan, 1963, The Theory of Speech and Language, Clarendon Press, Oxford. (First edition 1932).

Garvin, Paul L., 1953 [Bespr. von] „Roman Jakobson, C. Gunnar M. Fant, Morris Halle, 1952, Preliminaries to Speech Analysis, Massachusetts Institute of Technology, Cambridge/Mass. (Second Printing)", Language, 29, 472—481.

Gericke, Ingeborg, 1963, „Die Intonation der Leipziger Umgangssprache", Zeitschrift für Phonetik, Sprachwissenschaft und Kommunikationsforschung, 16, 337—369.

Ginneken, Jacob van, 1956, „Roman Jakobson: Pioneer of Diachronic Phonology", For Roman Jakobson, Mouton, The Hague, 574—581.

Gleason, H. A., 1966, An Introduction to Descriptive Linguistics, Holt, Rinehart and Winston, New York/Chicago/ San Francisco/Toronto/London. (First edition 1955).

Goossens, Jan, 1965, Die niederländische Strukturgeographie und die „Reeks Nederlandse Dialectatlassen", Noord-Hollandsche Uitgevers Maatschappij, Amsterdam.

Goossens, Jan, 1966a, „Distributionskarten", Zeitschrift für Mundartforschung, 33, 206—219.

Goossens, Jan, 1966b, „De taak van de Limburgse structuurgeograaf", Taal en Tongval, 18, 4—18.

Goossens, Jan, 1968, „Proeve van een typologische kaart van de zuidnederlandse vocaalsystemen", Taal en Tongval, 20, 19—16.

Goossens, Jan, 1969, Strukturelle Sprachgeographie, Carl Winter Universitätsverlag, Heidelberg.

Goossens, Jan, 1970, „Ist die These 'Lautwandel durch innere Kausalität' sprachgeographisch beweisbar?", Proceedings of the Sixth International Congress of Phonetic Sciences, Held at Prague 7—13 September 1967, M. Hueber, München; Academia, Prague; Chilton, Philadelphia; 375—379.

Goossens, Jan/Stevens, A., 1964, „Funktionale Abhängigkeit von Isophonen", Orbis, 13, 545—555.

Göschel, Joachim, 1967a, „Die Langvokale von drei benachbarten mitteldeutsch/niederdeutschen Ortsmundarten im Westharz: ein auditiver und akustischer Vergleich", Verhandlungen des Zweiten Internationalen Dialektologenkongresses, Marburg/Lahn 1965, I, F. Steiner Verlag, Wiesbaden, 276—282.

Göschel, Joachim, 1967b, „Phonetische Untersuchungen zu den Langvokalen der Mundart von Buntenbock im Oberharz. Mit einem Exkurs", Orbis, 16, 368—406.

Green, Peter S., 1959, Consonant-Vowel Transitions, Institut de Phonétique de Lund, Lund.

Greenberg, Joseph H., 1956, „The Measurement of Linguistic Diversity", Language, 32, 109—115.

Greenberg, Joseph H., 1966, Language Universals, Mouton, The Hague.

Grimm, Jacob, 1848, Geschichte der deutschen Sprache, S. Hirzel, Leipzig.

Groot, A. W. de, 1931, „Phonologie und Phonetik als Funktionswissenschaften", Travaux du Cercle Linguistique de Prague, 4, 116—147.
Große, Rudolf, 1960, „Strukturalismus und Dialektgeographie", Biuletyn Fonograficzny, 3, 89—101.
Große, Rudolf und Claus Jürgen Hutterer, 1961, Hochsprache und Mundart in Gebieten mit fremdsprachigen Bevölkerungsteilen, Akademie-Verlag, Berlin.
Guggenheim-Grünberg, Florence, 1958, „Zur Phonologie des Surbtaler Jiddischen", Phonetica, 2, 86—108.

Hadding-Koch, Kerstin, 1961, Acoustico-phonetic Studies in the Intonation of Southern Swedish, C. W. K. Gleerup, Lund.
Hall, Robert A. Jr., 1967, Introductory Linguistics, Chilton Company Publishers, Philadelphia/New York. (First edition 1964).
Hall, Ross D., 1966, „Phonetische Unterschiede zwischen Vokalen in verschiedenen Text- und Betonungskategorien", Zeitschrift für Mundartforschung, 33, 14—23.
Halle, Morris, 1954, „The Strategy of Phonemics", Word, 10, 197—209.
Halle, Morris, 1957, „In Defense of Number Two", Studies Presented to Joshua Whatmough on his Sixtieth Birthday, Mouton, 's-Gravenhage, 65—72.
Halle, Morris, 1959, The Sound Pattern of Russian, Mouton, 's-Gravenhage.
Halle, Morris, 1961, „On the Role of Simplicity in Linguistic Description", Structure of Language and its Mathematical Aspects, American Mathematical Society, Providence, 89—94.
Halle, Morris, 1964, „On the Bases of Phonology", in J. A. Fodor and J. J. Katz (1964), 324—333.
Hammarström, Göran, 1966, Linguistische Einheiten im Rahmen der modernen Sprachwissenschaft, Springer-Verlag, Berlin/Heidelberg/New York.
Hammarström, Göran, 1967, „Zur sozialektalen und dialektalen Funktion der Sprache", Zeitschrift für Mundartforschung, 34, 205—216.
Hard, Gerhard, 1966, Zur Mundartgeographie, Schwann, Düsseldorf.
Harris, Zellig S., 1954, „Distributional Structure", Word, 10, 146—162.
Harris, Zellig S., 1966, Structural Linguistics, Phoenix Book, The University of Chicago Press, Chicago/London. (First published 1951).
Häusler, Frank, 1968, Das Problem Phonetik und Phonologie bei Baudouin de Courtenay und in seiner Nachfolge, VEB Max Niemeyer Verlag, Halle an der Saale.
Havránek, Bohuslav, 1964, „Trubetzkoys Beitrag zur Theorie der Schriftsprache", Wiener Slavistisches Jahrbuch, 11, 31—36.
Head, Brian F., 1967, „Some Phonological Differences between Varieties of Portuguese Representing Lisbon and Rio de Janeiro: A Study in Structural Dialectology", Verhandlungen des Zweiten Internationalen Dialektologenkongresses, Marburg/Lahn 1965, I, F. Steiner Verlag, Wiesbaden, 346—355.
Heepe, M., 1928, Lautzeichen und ihre Anwendung in verschiedenen Sprachgebieten, Reichsdruckerei, Berlin.
Heeroma, K., 1963, „Structuurgeografie en structuurhistorie", Tijdschrift voor Nederlandsche Taal- en Letterkunde, 79, 165—182.
Heeroma, K. en K. Fokkema, 1961, Structuurgeografie, Noord-Hollandsche Uitgevers Maatschappij, Amsterdam.
Heffner, R.-M. S., 1960, General Phonetics, The University of Wisconsin Press, Madison. (First printing 1950).
Heike, Georg, 1961, „Das phonologische System des Deutschen als binäres Distinktionssystem", Phonetica, 6, 162—176.
Heike, Georg, 1964, Zur Phonologie der Stadtkölner Mundart, N. G. Elwert, Marburg/Lahn.
Heike, Georg, 1967, „Zur Methodik phonetisch-phonologischer Vergleichung", Phonetica, 17, 231—240.

Heike, Georg, 1969, Sprachliche Kommunikation und linguistische Analyse, C. Winter Universitätsverlag, Heidelberg.
Heike, Georg, 1970, Suprasegmentale Analyse, N. G. Elwert, Marburg/Lahn.
Heinz, John M. and Kenneth N. Stevens, 1961, „On the Properties of Voiceless Fricative Consonants", The Journal of the Acoustical Society of America, 33, 589—596.
Hentrich, Konrad, 1905, Die Vokale der Mundart von Leinefelde, Ehrhardt Karras, Halle/Saale.
Hentrich, Konrad, 1920, „Dialektgeographie des thüringischen Eichsfeldes und seiner Nachbargebiete", Zeitschrift für Deutsche Mundarten, Jg. 1920, 133—164.
Henzen, Walter, 1954, Schriftsprache und Mundarten, Francke Verlag, Bern. (1. Aufl. 1938).
Hockett, Charles F., 1955, A Manual of Phonology, Waverly Press, Baltimore.
Hockett, Charles F., 1965, A Course in Modern Linguistics, Macmillan, New York. (First printing 1958).
Hörmann, Hans, 1967, Psychologie der Sprache, Springer-Verlag, Berlin/Heidelberg/New York.

Isačenko, A. V., 1966, Sprachwissenschaft und Akustik, Akademie-Verlag, Berlin.
Isačenko, Alexander V. und Hans-Joachim Schädlich, 1966, „Untersuchungen über die deutsche Satzintonation", Studia Grammatica, 7, 7—67, Akademie-Verlag, Berlin.
Ivić, Milka, 1965, Trends in Linguistics, Mouton, London/The Hague/Paris.
Ivić, Pavle, 1958a, Die serbokroatischen Dialekte, Mouton, 's-Gravenhage.
Ivić, Pavle, 1958b, „Über den spezifischen Charakter der mundartlichen Ausgliederung des serbokroatischen Sprachgebietes", Orbis, 7, 134—140.
Ivić, Pavle, 1962, „On the Structure of Dialectal Differentiation", Word, 18, 33—53.
Ivić, Pavle, 1963, „Importance de caractéristiques structurales pour la description et la classification des dialectes", Orbis, 12, 117—131.
Ivić, Pavle, 1964, „Structure and Typology of Dialectal Differentiation", Proceedings of the Ninth International Congress of Linguists, Cambridge, Mass., 1962; Mouton, London/The Hague/Paris, 115—121 (Discussion 121—129).
Ivić, Pavle, 1968, „Phonemic Differences and Re-write Rules", Verhandlungen des Zweiten Internationalen Dialektologenkongresses, II, F. Steiner Verlag, Wiesbaden, 407—412.

Jakobson, Roman, 1929, Remarques sur l'evolution phonologique du russe comparée à celle des autres langues slaves, Travaux du Cercle Linguistique de Prague, 2, Prague.
Jakobson, Roman, 1931, „Prinzipien der historischen Phonologie", Travaux du Cercle Linguistique de Prague, 4, 247—267.
Jakobson, Roman, 1937, „Über die Beschaffenheit der prosodischen Gegensätze", Mélanges de Linguistique et de Philologie offerts a Jacq. van Ginneken, Librairie C. Klincksieck, Paris, 25—33.
Jakobson, Roman, 1962a, Selected Writings I, Mouton, 's-Gravenhage.
Jakobson, Roman, 1962b, „The Phonemic Concept of Distinctive Features", Proceedings of the Fourth International Congress of Phonetic Sciences, Helsinki 1961; Mouton, The Hague, 450—445.
Jakobson, Roman, C. Gunnar M. Fant, Morris Halle, 1967, Preliminaries to Speech Analysis, M. I. T. Press, Cambridge, Mass. (First printing 1951).
Jakobson, Roman and Morris Halle, 1956, Fundamentals of Language, Mouton, 's-Gravenhage.
Jakobson, Roman und Morris Halle, 1960, Grundlagen der Sprache, Akademie-Verlag, Berlin.
Jakobson, Roman und Morris Halle, 1964, „Tenseness and Laxness", In Honour of Daniel Jones, Longmans, London, 96—101. (Reprinted in R. Jakobson [1962a], 550—555; and R. Jakobson/C. G. M. Fant/M. Halle [1967], 57—61).
Jakobson, Roman und Morris Halle, 1968, „Phonology in Relation to Phonetics", Manual of Phonetics (ed. B. Malmberg), North-Holland Publishing Company, Amsterdam, 411—449.

Jedlička, Alois, 1964, „Zur Prager Theorie der Schriftsprache", Travaux Linguistiques de Prague, 1, 47—58.
Jones, Daniel, 1948, Differences between Spoken and Written Language, International Phonetic Association, London.
Jones, Daniel, 1956, An Outline of English Phonetics, W. Heffer and Sons Ltd., Cambridge. (First edition 1918).
Jones, Daniel, 1962, The Phoneme: Its Nature and Use, W. Heffer and Sons Ltd. Cambridge (England). (First edition 1950).
Jones, Lawrence Gaylord, 1953, „The Vowels of English and Russian: an Acoustic Comparison", Word, 9, 354—361.
Jones, Lawrence Gaylord, 1956, „English Consonantal Distribution", For Roman Jakobson, Mouton, The Hague, 245—253.
Jones, Lawrence Gaylord, 1957, „Preliminary Phonetic Segmentation", Studies Presented to Joshua Whatmough on his Sixtieth Birthday, Mouton, 's-Gravenhage, 117—119.
Joos, Martin, 1948, Acoustic Phonetics, Waverly Press, Baltimore.
Joos, Martin, 1957, [Bespr. von] „Roman Jakobson and Morris Halle, Fundamentals of Language, 1956, Mouton, 's-Gravenhage", Language, 33, 408—415.
Jostes, Franz, 1886, „Schriftsprache und Volksdialecte", Jahrbuch des Vereins für niederdeutsche Sprachforschung, 11, 85—98.

Kaiser, Kåre, 1930, Mundart und Schriftsprache, H. Eichblatt, Leipzig.
Keller, R. E., 1961, German Dialects, Manchester University Press, Manchester.
Klagstadt, Harold L., 1958, „A Phonemic Analysis of Some Bulgarian Dialects", American Contributions to the Fourth International Congress of Slavicists, Moscow September 1958, Mouton, 's-Gravenhage, 157—167.
Knetschke, Edeltraud und Margret Sperlbaum, 1967, Anleitung für die Herstellung der Monographien der Lautbibliothek, S. Karger, Basel (Schweiz)/New York.
Koenig, W., H. K. Dunn, and L. Y. Lacy, 1946, „The Sound Spectrograph", The Journal of the Acoustical Society of America, 17, 19—49.
Kohler, Klaus J., 1967, „Structural Dialectology", Zeitschrift für Mundartforschung, 34, 40—44.
Koppelmann, H. L., 1956, „Phonologie, strukturelle Linguistik und die Zweckmäßigkeit in der Sprache", Anthropos, 51, 201—264.
Kronasser, Heinz, 1950, Handbuch der Semasiologie, Carl Winter Universitätsverlag, Heidelberg.
Kučera, Henry, 1958, „Inquiry into Coexistent Phonemic Systems in Slavic Languages", American Contributions to the Fourth International Congress of Slavicists, Moscow September 1958, Mouton, 's-Gravenhage, 169—189.
Kučera, Henry, 1963, „Entropy, Redundancy and Functional Load in Russian and Czech", American Contributions to the Fifth International Congress of Slavists, Sofia September 1963, Mouton, The Hague, Vol. I, 191—219.
Kufner, Herbert L., 1961, Strukturelle Grammatik der Münchener Stadtmundart, R. Oldenbourg, München.
Kufner, Herbert L., 1964, München, Vandenhoeck und Ruprecht, Göttingen.

Lange, Heinrich, 1963, Die Mundart der Orte Göddeckenrode und Isingerode und die Dialektgrenzen an der oberen Oker, N. G. Elwert, Marburg/Lahn.
Lehiste, Ilse, 1964, Acoustical Characteristics of Selected English Consonants, Indiana University and Mouton, Bloomington/The Hague.
Lehiste, Ilse (ed.), 1967, Readings in Acoustic Phonetics, The M. I. T. Press, Massachusetts Institute of Technology, Cambridge, Mass./London, Engl.
Leisi, Ernst, 1961, Der Wortinhalt, Quelle und Meyer, Heidelberg. (1. Aufl. 1953).
Leopold, Werner F., 1948, „German ch", Language, 24, 179—180.
Lepschy, Giulio C., 1969, Die strukturale Sprachwissenschaft, Nymphenburger, München.

Leska, Christel, 1965, „Vergleichende Untersuchungen zur Syntax gesprochener und geschriebener deutscher Gegenwartssprache", Beiträge zur Geschichte der deutschen Sprache und Literatur, 87, 427—464 (Halle an der Saale).
Lévi-Strauss, Claude, 1967, Strukturale Anthropologie, Suhrkamp Verlag, Frankfurt/Main.
Liberman, Alvin M., 1957, „Some Results of Research on Speech Perception", The Journal of the Acoustical Society of America, 29, 117—123.
Liberman, Alvin M., Pierre Delattre, and Franklin S. Cooper, 1952, „The Rôle of Selected Stimulus-Variables in the Perception of the Unvoiced Stop Consonants", The American Journal of Psychology, 65, 497—516.
Liberman, Alvin M., Pierre C. Delattre, Franklin S. Cooper, and Louis J. Gerstman, 1954, „The Role of Consonant-Vowel Transitions in the Perception of Stop and Nasal Consonants", Psychological Monographs, 68, Nr. 8 (13 pp.).
Liesenberg, Friedrich, 1890, Die Stieger Mundart, Vandenhoeck und Ruprecht, Göttingen.
Lindblom, B. E. F. and M. Studdert-Kennedy, 1967, „On the Rôle of Formant Transitions in Vowel Recognition", The Journal of the Acoustical Society of America, 42, 830—843.
Lindner, Gerhart, 1969, Einführung in die experimentelle Phonetik, Max Hueber Verlag, München.
Lisker, Leigh, 1957, „Minimal Cues For Separating /w, r, l, y/ in Intervocalic Position", Word, 13, 256—267.
Lohmann, Johannes, 1965, Philosophie und Sprachwissenschaft, Duncker und Humblot, Berlin.
Lohmann, Johannes, 1966, „Der Sinn der idg. Etymologie", Kratylos 11, 79—98.
Lohmann, Johannes, 1967, „Über das Verhältnis der Sprachtheorien von Humboldt, de Saussure und Trubetzkoy", Phonologie der Gegenwart (ed. J. Hamm), H. Böhlaus Nachf., Graz/Wien/Köln, 353—363.
Lüdtke, Helmut, 1956, Die strukturelle Entwicklung des romanischen Vokalismus, Romanisches Seminar der Universität Bonn, Bonn a. Rh.
Lüdtke, Helmut, 1959, „Deutsche /x/ und /ç/ in diachronisch-phonologischer Betrachtung", Phonetica, 4, 178—183.
Lyons, John, 1968, Introduction to Theoretical Linguistics, The University Press, Cambridge.

Malmberg, Bertil (ed.), 1968, Manual of Phonetics, North-Holland Publishing Company, Amsterdam.
Martinet, André, 1936, „Neutralisation et archiphonème", Travaux du Cercle Linguistique de Prague, 6, 46—57.
Martinet, André, 1954, „Dialect", Romance Philology, 8, 1—11.
Martinet, André, 1955a, Phonology as Functional Phonetics, B. Blackwell, Oxford. (First printing 1949).
Martinet, André, 1955b, Economie des changements phonétiques, A. Francke, Berne.
Martinet, André, 1956, La description phonologique avec application au parler franco-provençal d'Hauteville (Savoie), Droz/M. J. Minard, Genève/Paris.
Martinet, André, 1963, Grundzüge der Allgemeinen Sprachwissenschaft, W. Kohlhammer Verlag, Stuttgart.
Martinet, André, 1968, Synchronische Sprachwissenschaft, Akademie-Verlag, Berlin.
Matthews, W. K., 1958, „Phonetics and Phonology in Retrospect", Lingua, 7, 254—268.
Maurer, Friedrich, 1956, „Schriftsprache und Mundarten", Der Deutschunterricht, 8, Heft 2, 5—14.
McDavid, Raven J., 1961, „Structural Linguistics and Linguistic Geography", Orbis, 10, 35—46.
Meyer-Eppler, Werner, 1949, Elektrische Klangerzeugung, Ferd. Dümmler, Bonn.
Meyer-Eppler, Werner, 1950, „Die Spektralanalyse der Sprache", Zeitschrift für Phonetik und allgemeine Sprachwissenschaft, 4, 240—252, 327—364.

Meyer-Eppler, Werner, 1953, „Untersuchungen zur Schallstruktur der stimmhaften und stimmlosen Geräuschlaute", Zeitschrift für Phonetik und allgemeine Sprachwissenschaft, 7, 89—104.
Meyer-Eppler, Werner, 1959a, „Zum Problem der sphäriellen Analyse in der lautsprachlichen Kommunikation", Zeitschrift für Phonetik und allgemeine Sprachwissenschaft, 12, 228—236.
Meyer-Eppler, Werner, 1959b, „Zur Spektralstruktur der /r/-Allophone des Deutschen", Akustische Beihefte, 1, 247—250.
Meyer-Eppler, Werner, 1969, Grundlagen und Anwendungen der Informationstheorie, Springer-Verlag, Berlin/Heidelberg/New York. (1. Aufl. 1959).
Miller, R. L., 1953, „Auditory Tests with Synthetic Vowels", The Journal of the Acoustical Society of America, 25, 114—121.
Mitzka, Walther, 1952, Handbuch zum Deutschen Sprachatlas, Elwert, Marburg/Lahn.
Mol, H., 1963, Fundamentals of Phonetics, Mouton, The Hague.
Moulton, William G., 1947, „Juncture in Modern Standard German", Language, 23, 212—226.
Moulton, William G., 1956, „Syllable Nuclei and Final Consonant Clusters in German", For Roman Jakobson, Mouton, The Hague, 372—381.
Moulton, William G., 1960, „The Short Vowel System of Northern Switzerland", Word, 16, 155—182.
Moulton, William G., 1961a, „Lautwandel durch innere Kausalität: die ostschweizerische Vokalspaltung", Zeitschrift für Mundartforschung, 28, 227—251.
Moulton, William G., 1961b, „Zur Geschichte des deutschen Vokalsystems", Beiträge zur Geschichte der deutschen Sprache und Literatur, 83, 1—35 (Tübingen).
Moulton, William G., 1962, „Dialect Geography and the Concept of Phonological Space", Word, 18, 23—32.
Moulton, William G., 1963, „Phonologie und Dialekteinteilung", Sprachleben der Schweiz, Francke, Bern, 75—86.
Moulton, William G., 1964, „Phonetische und phonologische Dialektkarten: Beispiele aus dem Schweizerdeutschen", Communications et rapports du Premier Congrès International de Dialectologie Générale 1960, Deuxième Partie, Louvain, 117—128.
Moulton, William G., 1965, „Die schweizerische Hiatusdiphthongierung in phonologischer Sicht", Philologia Deutsch, Francke, Bern, 115—129.
Moulton, William G., 1968, „The Mapping of Phonemic Systems", Verhandlungen des Zweiten Internationalen Dialektologenkongresses, Marburg/Lahn 1965, II, F. Steiner Verlag, Wiesbaden, 574—591.
Müllenhoff, Karl und Wilhelm Scherer, 1873, Denkmäler deutscher Poesie und Prosa, Weidmannsche Buchhandlung, Berlin (1. Aufl. 1863).

O'Connor, J. Desmond and J. L. M. Trim, 1953, „Vowel, Consonant, and Syllable — a Phonological Definition", Word, 9, 103—122.
O'Connor, J. D., L. J. Gerstman, A. M. Liberman, P. C. Delattre, and F. S. Cooper, 1957, „Acoustic Cues for the Perception of Initial /w, j, r, l/ in English", Word, 13, 24—43.
Osthoff, Hermann, 1879, Das physiologische und psychologische Moment in der sprachlichen Formenbildung, Verlag Carl Habel, Berlin.
Osthoff, Hermann, 1883, Schriftsprache und Volksmundart, Verlag Carl Habel, Berlin.
Osthoff, Hermann, und Karl Brugman, 1878, Morphologische Untersuchungen auf dem Gebiete der indogermanischen Sprachen, Erster Theil, S. Hirzel, Leipzig.

Paul, Hermann, 1877, „Die Vocale der Flexions- und Ableitungs-Silben in den aeltesten germanischen Dialecten", Beiträge zur Geschichte der deutschen Sprache und Literatur, 4, 315—475.
Paul, Hermann, 1879, „Zur Geschichte des germanischen Vocalismus", Beiträge zur Geschichte der deutschen Sprache und Literatur, 6, 1—256.

Paul, Hermann, 1960, Prinzipien der Sprachgeschichte, Wissenschaftliche Buchgesellschaft, Darmstadt. (1. Aufl. 1880).
Pei, Mario, 1966, Glossary of Linguistic Terminology, Columbia University Press, New York/London.
Peterson, Gordon E., 1951, „The Phonetic Value of Vowels", Language, 27, 541—553.
Peterson, Gordon E., 1959, „Vowel Formant Measurements", Journal of Speech and Hearing Research, 2, 173—183.
Peterson, Gordon E., 1961, „Parameters of Vowel Quality", Journal of Speech Hearing Research, 4, 10—29.
Peterson, Gordon E. and Harold L. Barney, 1952, „Control Methods Used in a Study of Vowels", The Journal of the Acoustical Society of America, 24, 175—184.
Philipp, Marthe, 1965, Le Système phonologique du parler de Blaesheim, Université de Nancy, Nancy.
Pierce, Joe E., 1962, „Spectrographic Study of Vocalic Nuclei", Language Learning, 12, 241—247.
Pilch, Herbert, 1964, Phonemtheorie, I. Teil, S. Karger, Basel (Schweiz) und New York.
Pop, Sever, (1950), La Dialectologie, I—II, Louvain.
Potter, Ralph K., 1945, „Visible Patterns of Sound", Science, 102, 463—470.
Potter, Ralph K., George E. Kopp and Harriet C. Green, 1947, Visible Speech, D. van Nostrand Comp., Inc., New York.
Pulgram, Ernst 1964a, „Structural Comparison, Diasystems, and Dialectology", Linguistics, 4, 66—82.
Pulgram, Ernst, 1964b, „Proto-Languages as Proto-Diasystems: Proto-Romance", Word, 20, 373—383.
Pulgram, Ernst, 1964c, Introduction to the Spectrography of Speech, Mouton, The Hague. (First printing 1959).

Redard, Georges, 1964, „Le renouvellement des méthodes en linguistique géographique", Proceedings of the Ninth International Congress of Linguists, Cambridge, Mass., 1962; Mouton, London/The Hague/Paris, 253—257.
Reiffenstein, Ingo, 1968, „Zur phonologischen Struktur der Umgangssprache", Verhandlungen des Zweiten Internationalen Dialektologenkongresses, Marburg/Lahn 1965, II, F. Steiner Verlag, Wiesbaden, 687—698.
Robins, R. H., 1967, General Linguistics, Longmans, London. (First published 1964).
Romportl, Milan, 1962, „Zur akustischen Analyse und Klassifizierung der Nasale", Wissenschaftliche Zeitschrift der Martin-Luther-Universität Halle-Wittenberg, Gesellschafts- und Sprachwissenschaftliche Reihe, 11, 1653—1660.
Rosenkranz, Heinz, 1964, Der thüringische Sprachraum, VEB Max Niemeyer Verlag, Halle/Saale.
Rudolph, Fritz, 1924, „Dialektgeographie des Honsteinischen", Theuthonista, 1, 193—200, 257—285.
Ruoff, Arno, 1965, „Wenkersätze auf Tonband?", Festgabe seiner Schüler für Eberhard Zwirner, Martinus Nijhoff, den Haag, 94—113.

Samarin, William S., 1967, Field Linguistics, Holt, Rinehart and Winston, New York/Chicago/San Francisco/Toronto/London.
Sapir, Edward, 1961, Die Sprache, Max Hueber, München. (1. Aufl. New York 1921).
Sapir, Edward, 1963, Selected Writings of Edward Sapir in Language, Culture and Personality, ed. D. G. Mandelbaum, University of California Press, Berkeley/Los Angeles. (First Printing 1949).
Saporta, Sol, 1965, „Ordered Rules, Dialect Differences, and Historical Processes", Language, 41, 218—224.
Saussure, Ferdinand de, 1931, Grundfragen der Allgemeinen Sprachwissenschaft, W. de Gruyter, Berlin/Leipzig.

Schädlich, Hans-Joachim, 1966, Phonologie des Ostvogtländischen, Akademie-Verlag, Berlin.
Schädlich, Hans-Joachim und Rudolf Große, 1961, "Tonbandaufnahme der deutschen Mundarten in der Deutschen Demokratischen Republik", Forschungen und Fortschritte, 35, 358—363.
Schirmer, Alfred, 1932, Beiträge zur nordthüringischen Dialektgeographie, N. G. Elwert, Marburg/Lahn.
Schirmunski, Viktor M., 1962, Deutsche Mundartkunde, Akademie-Verlag, Berlin.
Schmitt, Alfred, 1931, "Volksmundart, Gemeinsprache und Schriftsprache", Germanisch-Romanische Monatsschrift, 19, 434—448.
Schütze, Monika, 1953, Dialektgeographie der Goldenen Mark des Eichsfeldes, VEB M. Niemeyer, Halle/Saale.
Schützeichel, Rudolf, 1960, Mundart, Urkundensprache und Schriftsprache, L. Röhrscheid, Bonn.
Seidensticker, Peter, 1964, Schichten und Bewegungen in der Wortlandschaft von Südniedersachsen, F. Steiner Verlag, Wiesbaden.
Selmer, Ernst W., 1933, "Phonologie und Phonetik", Teuthonista, 9, 160—170.
Sievers, Eduard, 1901, Grundzüge der Phonetik, Verlag von Breitkopf und Härtel, Leipzig.
Singer, Horst, 1965, Die Mundarten der Höri, E. Albert Verlag, Freiburg/Breisgau.
Socin, Adolf, 1888, Schriftsprache und Dialekte im Deutschen nach Zeugnissen alter und neuer Zeit, Gebr. Henninger, Heilbronn.
Stankiewicz, Edward, 1956, "The Phonemic Pattern of the Polish Dialects", For Roman Jakobson, Mouton, The Hague, 518—530.
Stankiewicz, Edward, 1957, "On Discreteness and Continuity in Structural Dialectology", Word, 13, 44—59.
Stankiewicz, Edward, 1958, "Towards a Phonemic Typology of the Slavic Languages", American Contributions to the Fourth International Congress of Slavicists, Moscow September 1958, Mouton, 's-Gravenhage, 301—317.
Steger, Hugo, 1969, "Forschungsbericht: Gesprochene Sprache", Probleme des Deutschen als Fremdsprache (ed. M. Triesch), M. Hueber Verlag, München, 80—99.
Steiger, Emil, 1919, Mundart und Schriftsprache in der zweiten Hälfte des 18. Jahrhunderts nach gleichzeitigen Zeitschriften, Adolf Kuenzer, Freiburg/Breisgau.
Stevens, Kenneth N. and Arthur S. House, 1961, "An Acoustical Theory of Vowel Production and Some of its Implications", Journal of Speech and Hearing Research, 4, 303—320.
Stockwell, Robert P., 1959, "Structural Dialectology: A Proposal", American Speech, 34, 258—268.
Streitberg, Wilhelm und Victor Michels, 1927, Die Erforschung der indogermanischen Sprachen, Band 2, W. de Gruyter, Berlin/Leipzig.
Strevens, Peter, 1960, "Spectra of Fricative Noise in Human Speech", Language and Speech, 3, 32—49.
Stumpf, Carl, 1918, "Die Struktur der Vokale", Sitzungsberichte der Preußischen Akademie der Wissenschaften, Jahrgang 1918, Verlag der Akademie der Wissenschaften, Berlin, 333—358.
Stumpf, Carl, 1926, Die Sprachlaute, Julius Springer, Berlin.
Swadesh, Morris, 1934, "The Phonemic Principle", Language, 10, 117—129.

"The Principles of the International Phonetic Association", 1949, International Phonetic Association, Department of Phonetics, University College, London. (Reprinted 1963).
Trendelenburg, Ferdinand, 1961, Einführung in die Akustik, Springer-Verlag, Berlin/Göttingen/Heidelberg. (1. Aufl. 1939).
Trost, Pavel, 1939, "Bemerkungen zum deutschen Vokalsystem", Travaux du Cercle Linguistique de Prague, 8, 319—326.

Trost, Pavel, 1958, „Systemic Support for the x/ç Distinction in German", Word, 14, 243—246.
Trubetzkoy, Nikolai S., 1929, „Zur allgemeinen Theorie der phonologischen Vokalsysteme", Travaux du Cercle Linguistique de Prague, 1, 39—67.
Trubetzkoy, Nikolai S., 1931a, „Die phonologischen Systeme", Travaux du Cercle Linguistique de Prague, 4, 96—116.
Trubetzkoy, Nikolai S., 1931b, „Gedanken über Morphonologie", Travaux du Cercle Linguistique de Prague, 4, 160—163.
Trubetzkoy, Nikolai S., 1931c, „Phonologie und Sprachgeographie", Travaux du Cercle Linguistique de Prague, 4, 228—234.
Trubetzkoy, Nikolai S., 1933, „Charakter und Methode der systematischen phonologischen Darstellung einer gegebenen Sprache", Proceedings of the International Congress of Phonetic Sciences, Amsterdam 1932, Archives Néerlandaises de Phonétique Expérimentale, Amsterdam, 18—22.
Trubetzkoy, Nikolai S., 1936, „Die Aufhebung der phonologischen Gegensätze", Travaux du Cercle Linguistique de Prague, 6, 29—45.
Trubetzkoy, Nikolai S., 1939, Grundzüge der Phonologie, Travaux du Cercle Linguistique de Prague, 7, Prague.
Trubetzkoy, Nikolai S., 1958, Anleitung zu phonologischen Beschreibungen, Vandenhoeck und Ruprecht, Göttingen. (1. Aufl. 1935).
Twaddell, W. F., 1938, „A Phonological Analysis of Intervocalic Consonant Clusters in German", Actes du Quatrième Congrès International de Linguistes, Copenhague 1936, Einar Munksgaard, Copenhague, 218—225.
Twaddell, W. F., 1939, „Combinations of Consonants in Stressed Syllables in German", Acta Linguistica, 1, 189—199.
Twaddell, W. F., 1940, „Combinations of Consonants in Stressed Syllables in German (Continued)", Acta Linguistica, 2, 31—50.
Twaddell, W. F., 1952, „Phonemes and Allophones in Speech Analysis", The Journal of the Acoustical Society of America, 24, 607—611.

Uldall, H. J., 1944, „Speech and Writing", Acta Linguistica, 4, 11—16.
Ullmann, Stephen, 1967, Grundzüge der Semantik, Walter de Gruyter, Berlin.
Ungeheuer, Gerold, 1962, Elemente einer akustischen Theorie der Vokalartikulation, Springer-Verlag, Berlin/Göttingen/Heidelberg.

Vachek, Josef, 1939, „Zum Problem der geschriebenen Sprache", Travaux du Cercle Linguistique de Prague, 8, 94—104.
Vachek, Josef, 1964, „Written Language and Printed Language", A Prague School Reader in Linguistics, Indiana University Press, Bloomington, 453—460.
Vasiliu, E., 1967, „Transformational Vs. Biunique Phonemic Typology", Phonologie der Gegenwart (ed. J. Hamm), Hermann Böhlaus Nachf., Graz/Wien/Köln, 254—261.
Voegelin, Charles F., 1954, „Inductively Arrived at Models for Cross-Genetic Comparisons of American Indian Languages", Papers from the Symposium on American Indian Linguistics, Berkeley 1951, University of California Press, Berkeley and Los Angeles, 27—45.
Voegelin, Charles F. and Zellig S. Harris, 1951, „Methods for Determing Intelligibility Among Dialects of Natural Languages", Proceedings of the American Philosophical Society, 95, 322—329.
Voegelin, Charles F and F. M. Voegelin, 1959, Guide for Transcribing Unwritten Languages in Fieldwork, Anthropological Linguistics 1, No. 6.

Wang, William S.-Y., 1959, „Transition and Release as Perceptual Cues for Final Plosives", Journal of Speech and Hearing Research, 2, 66—73.

Wängler, Hans-Heinrich, 1960, Grundriß einer Phonetik des Deutschen, N. G. Elwert, Marburg/Lahn.
Wartburg, Walther von, 1962, Einführung in Problematik und Methodik der Sprachwissenschaft, Max Niemeyer Verlag, Tübingen. (1. Auflage 1943).
Wegener, Philipp, 1880, „Über deutsche Dialectforschung", Zeitschrift für deutsche Philologie, 11, 450—480.
Weinhold, Carolus, 1847, Spicilegium Formularum, Ploetz, Halis [Halle/S.].
Weinhold, Karl, 1853a, Über deutsche Dialectforschung, Verlag Carl Gerold, Wien.
Weinhold, Karl, 1853b, Die Laut- und Wortbildung und die Formen der schlesischen Mundart, Verlag Carl Gerold, Wien.
Weinhold, Karl, 1863, Alemannische Grammatik, Ferd. Dümmler, Berlin.
Weinhold, Karl, 1867, Bairische Grammatik, Ferd. Dümmler, Berlin.
Weinreich, Uriel, 1954, „Is a Structural Dialectology Possible?" Word, 10, 388—400.
Werner, Otmar, 1964, Friesen, Landkreis Kronach/Oberfranken, Vandenhoeck und Ruprecht, Göttingen.
Whatmough, Joshua, 1956, Language, The New American Library/The New English Library Limited, New York/Toronto/London.
Wilke, Edwin, (1910), Schriftdeutsch und Volkssprache in entwicklungsgeschichtlicher Darstellung, Friedr. Brandstetter, Leipzig.
Wilmanns, Wilhelm, 1905, „Mundart und Schriftsprache", Wissenschaftliche Beihefte zur Zeitschrift des Allgemeinen Deutschen Sprachvereins, Reihe 4, Heft 27, 209—217.
Wilson, Robert D., 1966, „A Criticism of Distinctive Features", Journal of Linguistics, 2, 195—206.
Winckel, Fritz 1960, Phänomene des musikalischen Hörens, Max Hesses Verlag, Berlin/Wunsiedel.
Winteler, Jost, 1876, Die Kerenzer Mundart des Kantons Glarus, C. F. Winter, Leipzig/Heidelberg.
Wrede, Ferdinand, 1919, „Zur Entwicklungsgeschichte der deutschen Mundartforschung", Zeitschrift für Deutsche Mundarten, Jg. 1919, 3—18.
Wrede, Ferdinand, 1920, „Deutsche Mundartforschung und -dichtung in den Jahren 1917 und 1918", Zeitschrift für Deutsche Mundarten, Jg. 1920, 1—63.

Zwirner, Eberhard, 1939, „Phonologie und Phonetik", Acta Linguistica, 1, 29—47.
Zwirner, Eberhard, 1959, „Phonometrische Isophonen der Quantität der deutschen Mundarten", Phonetica, 4 (Suppl.), 93—125.
Zwirner, Eberhard, 1962, „Phonometrischer Beitrag zur Geographie der prosodischen Eigenschaften", Proceedings of the Fourth International Congress of Phonetic Sciences, Helsinki 1961, Mouton, The Hague, 500—518.
Zwirner, Eberhard, 1964, Anleitung zu sprachwissenschaftlichen Tonbandaufnahmen, Vandenhoeck und Ruprecht, Göttingen.
Zwirner, Eberhard, 1967, „Phonetik und Phonologie", Phonologie der Gegenwart (ed. J. Hamm), Hermann Böhlaus Nachf., Graz/Wien/Köln, 13—16.
Zwirner, Eberhard, Adalbert Maack, Wolfgang Bethge, 1956, „Vergleichende Untersuchungen über konstitutive Faktoren deutscher Mundarten", Zeitschrift für Phonetik und allgemeine Sprachwissenschaft, 9, 14—30.
Zwirner, Eberhard und Helmut Richter (ed.), 1966, Gesprochene Sprache, F. Steiner Verlag, Wiesbaden.

Verzeichnis der Abbildungen

1 Sonagrammbeispiel

2 Vokaldiagramme

2.1 Artikulatorische Vokalschemata
[nach D. Jones (1956), Fig. 23, 23a, 23b, 24 S. 36—37; vgl. auch „The Principles of the International Phonetic Association" (1949), Fig. 1—2, S. 5].

2.2 Akustisches Vokalpolygon der von D. Jones gesprochenen Kardinalvokale der API
[nach W. Meyer-Eppler (1969), Abb. 9.6, S. 362].

2.3 Akustisches Viereck synthetischer Kardinalvokale
[nach P. Delattre/A. M. Liberman/F. S. Cooper/L. J. Gerstman (1952), 200]. Vgl. auch Abb. 4 der vorliegenden Arbeit.

3 Schematisiertes Spektrogramm synthetischer Kardinalvokale
[nach P. Delattre/A. M. Liberman/F. S. Cooper/L. J. Gerstman (1952), 199].

4 Formantfrequenzen synthetischer Kardinalvokale
[nach P. Delattre/A. M. Liberman/F. S. Cooper/L. J. Gerstman (1952), 200].

5 Alter und Geschlecht bei amerikanischen Sprechern
[nach G. E. Peterson/H. L. Barney (1952), 183 Tabelle II].

6 Übersichtskarte: Westlicher Harz

7 Westlicher Harz — Voraufnahme 1963. Erfaßte Ortsdialekte

8 Westlicher Harz — Hauptaufnahme 1965. Erfaßte Ortsdialekte und Phonetische Transkriptionen [1967—1968]

9 Westlicher Harz — Phonologische und akustische Analyse 1968—1969

10 Allophonbereiche der Kernphoneme 'relativ kurz' (/V/)

10.1 Gittelde

10.2 Kamschlacken

10.3 Osterhagen

10.4 Wolfshagen

10.5 Hohegeiß

10.6 Steina

10.7 Tettenborn

10.8 Walkenried

10.9 Wieda

10.10   Altenau

10.11   St. Andreasberg

10.12   Clausthal

10.13   Hahnenklee

10.14   Lautenthal

10.15   Schulenberg

10.16   Wildemann

10.17   Zellerfeld

11   Allophonbereiche der Kernphoneme 'relativ lang' (/V:/)

11.1   Gittelde

11.2   Kamschlacken

11.3   Osterhagen

11.4   Wolfshagen

11.5   Hohegeiß

11.6   Steina

11.7   Tettenborn

11.8   Walkenried

11.9   Wieda

11.10   Altenau

11.11   St. Andreasberg

11.12   Clausthal

11.13   Hahnenklee

11.14   Lautenthal

11.15   Schulenberg

11.16   Wildemann

11.17   Zellerfeld

12   Akustische Meßdaten am Beispiel der 'langen' Kernphoneme des Ortsdialektes Osterhagen

13   Streubereich der Lautklasse [o:] des Ortsdialektes Wolfshagen im Vergleich zu den Allophonbereichen der Phoneme

14   Distinktive Phonemmerkmale: /l/ vs. /r/ (= [ɾ]): diffus vs. kompakt nach akustischen Merkmalen [Sonagrammbeispiele aus dem Ortsdialekt Wieda].

15.1   Mittelwerte für [ə] mit Vergleichswerten

15.2	Zentrum der 'kurzen' Kernphoneme	
15.3	Zentrum der 'langen' Kernphoneme	
16	Rangfolge der Ortsdialekte nach akustischen Meßwerten: R-Werte	
17	Rangfolge der Ortsdialekte nach akustischen Meßwerten: Variationsräume	
18	Akustische Meßwerte: Variationsdominanz	
19	Phonetische Besonderheiten: gerundete Palatalvokale	
20	Phonetische Besonderheiten: geschlossene kurze Vokale	
21	Phonetische Besonderheiten: öffnende Diphthonge; Diphthonge gleicher Artikulationsstelle	
22	Phonetische Besonderheiten: starke Behauchung von /k/ initial vor Vokal: [kʰ] [kh]	
23	Phonetische Besonderheiten: Affrikaten	
24	Phonetische Besonderheiten: /r/-Artikulation	
25	Phonemsysteme: Kernphoneme 'relativ kurz'	
26	Phonemsysteme: Kernphoneme 'relativ lang'	
27	Phonemsysteme: Diphthongphoneme	
28	Teilsystem der Satellitenphoneme: Plosive	
29	Teilsysteme der Satellitenphoneme: Frikative	
30	Teilsysteme der Satellitenphoneme: Dentalreihe	
31	Teilsysteme der Satellitenphoneme: Palatal-Velar-Reihen	
32	Phonemdistribution: geographische Verbreitung von selteneren Phonemen	
33	Distinktive Phonemmerkmale: Merkmal 'gespannt' (tense) bei Satellitenphonemen	
34	Neutralisation: Reduktion des Systems der 'kurzen' Kernphoneme in der Position 'vor /r/'	
35	Neutralisation: Aufhebungsstellungen der Opposition /b/ ≠ /v/	
36	Phonemdistribution: /ŋ/ nach 'langem' Kernphonem	
37	Distinktive Merkmale der Kernphoneme (Modell)	

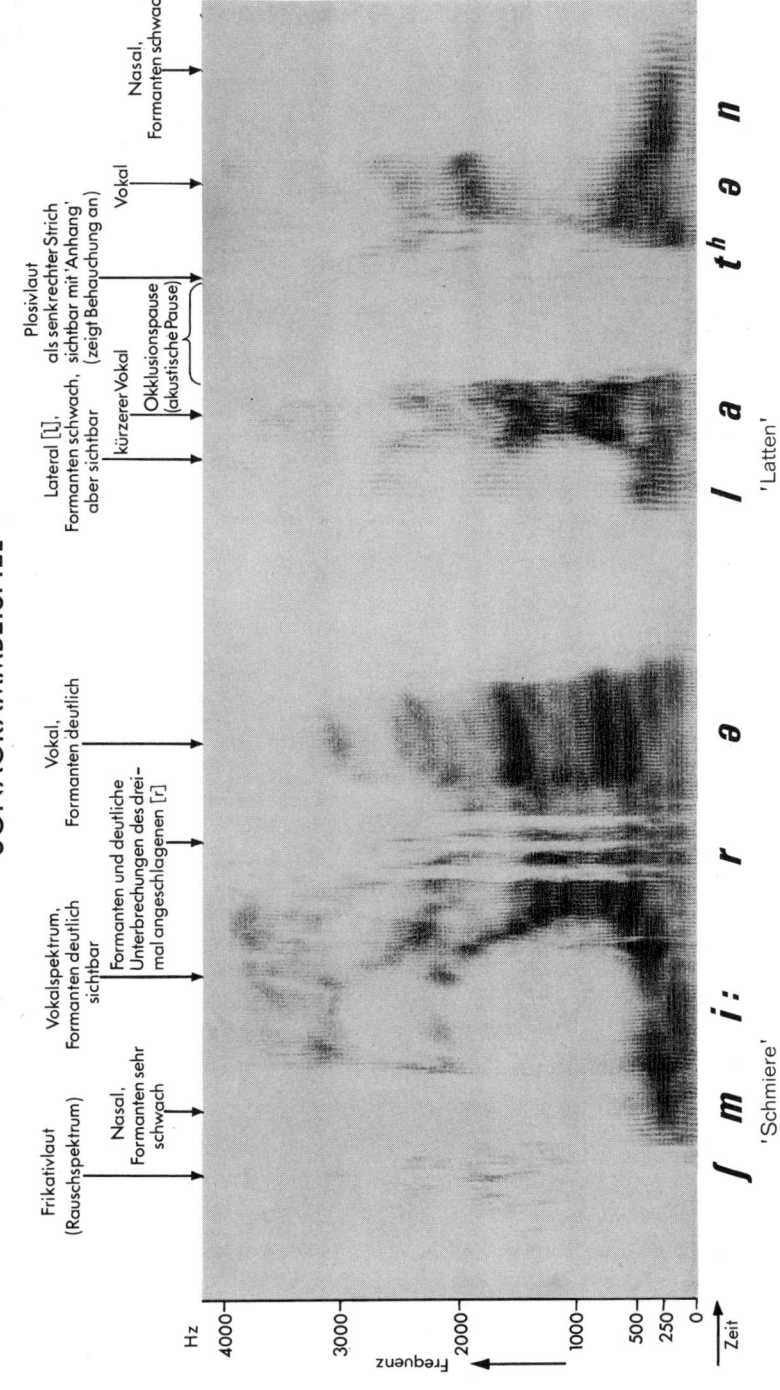

Abb.1

VOKALDIAGRAMME

Abb.2

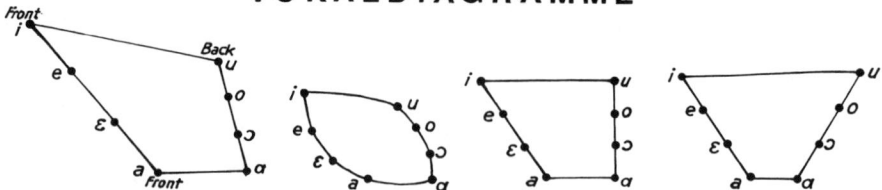

2.1 Artikulatorische Vokalschemata
(nach D. Jones (1956), Fig. 23, 23a, 23b, 24, S. 36–37; vgl. auch The Principles of the International Phonetic Association (1963), Fig. 1–2, S.5)

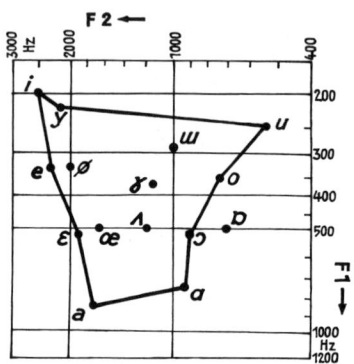

2.2 Akustisches Vokalpolygon der von D. Jones gesprochenen Kardinalvokale der API
(nach W. Meyer-Eppler (1969), Abb. 9. 6, S.362)

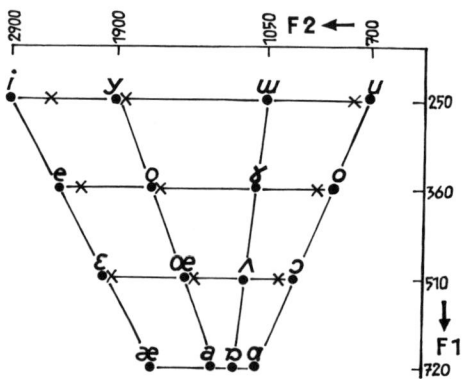

2.3 Akustisches Viereck synthetischer Kardinalvokale
[nach P. Delattre/A.M. Liberman/F.S. Cooper/L.J. Gerstman (1952), 200]
Vgl. auch Abb. 4 der vorliegenden Arbeit.

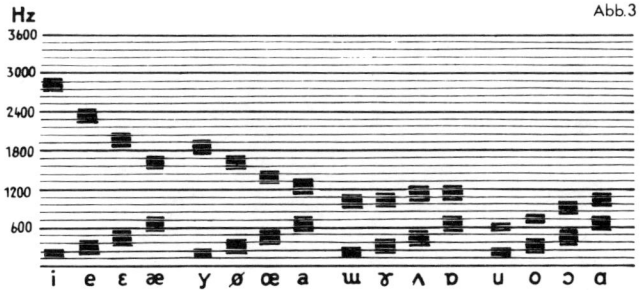

Schematisiertes Spektrogramm synthetischer Kardinalvokale

[nach P. Delattre / A. M. Liberman / F. S. Cooper / L. J. Gerstman (1952), 199]

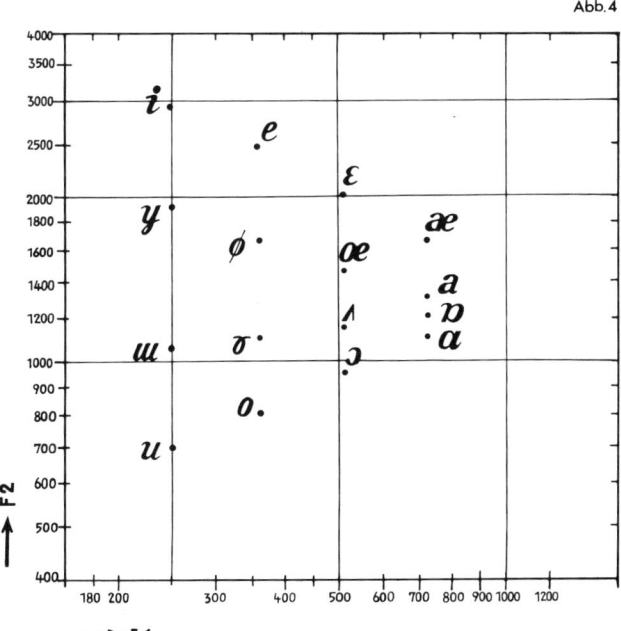

Formantfrequenzen synthetischer Kardinalvokale

	F1	F2		F1	F2
i	250	2900	y	250	1900
e	360	2400	ø	360	1650
ɛ	510	2000	œ	510	1450
æ	720	1650	ɒ	720	1200
a	720	1300	ʌ	510	1150
ɑ	720	1100	ɣ	360	1100
ɔ	510	950	ɯ	250	1050
o	360	800			
u	250	700			

[nach P. Delattre/A.M. Liberman/F. S. Cooper/L. J. Gerstman (1952), 200]

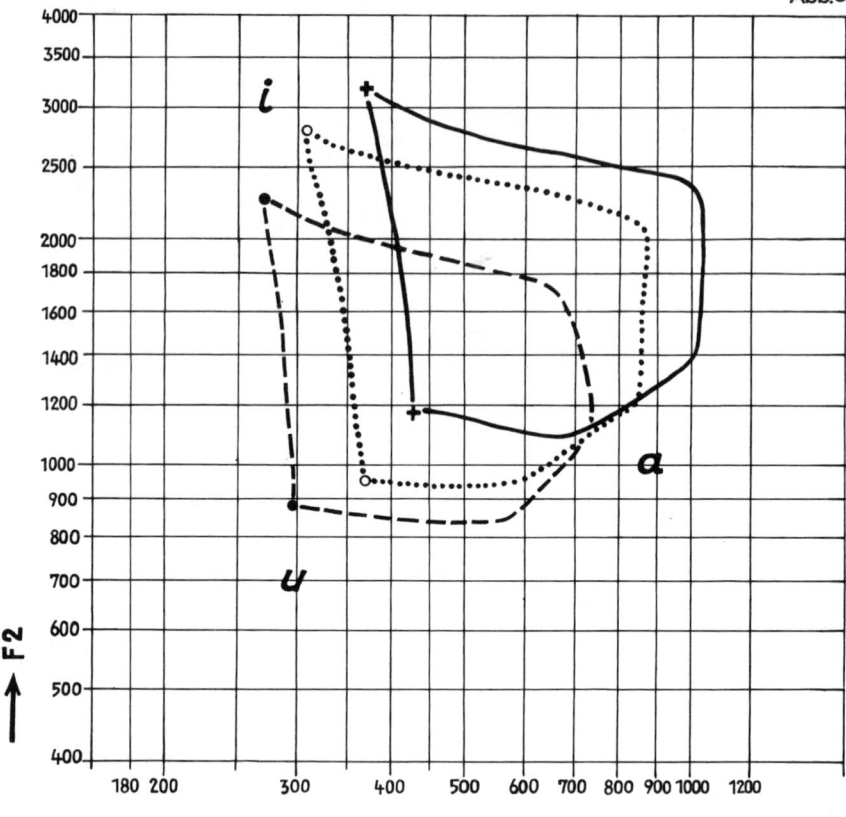

Alter und Geschlecht
bei amerikanischen Sprechern

Durchschnittswerte für F1 und F2 von

•---• 33 männlichen Sprechern
o······o 28 weiblichen Sprechern
+——+ 15 Kindern

[nach G. E. Peterson/H. L. Barney (1952), 183 Tabelle II].

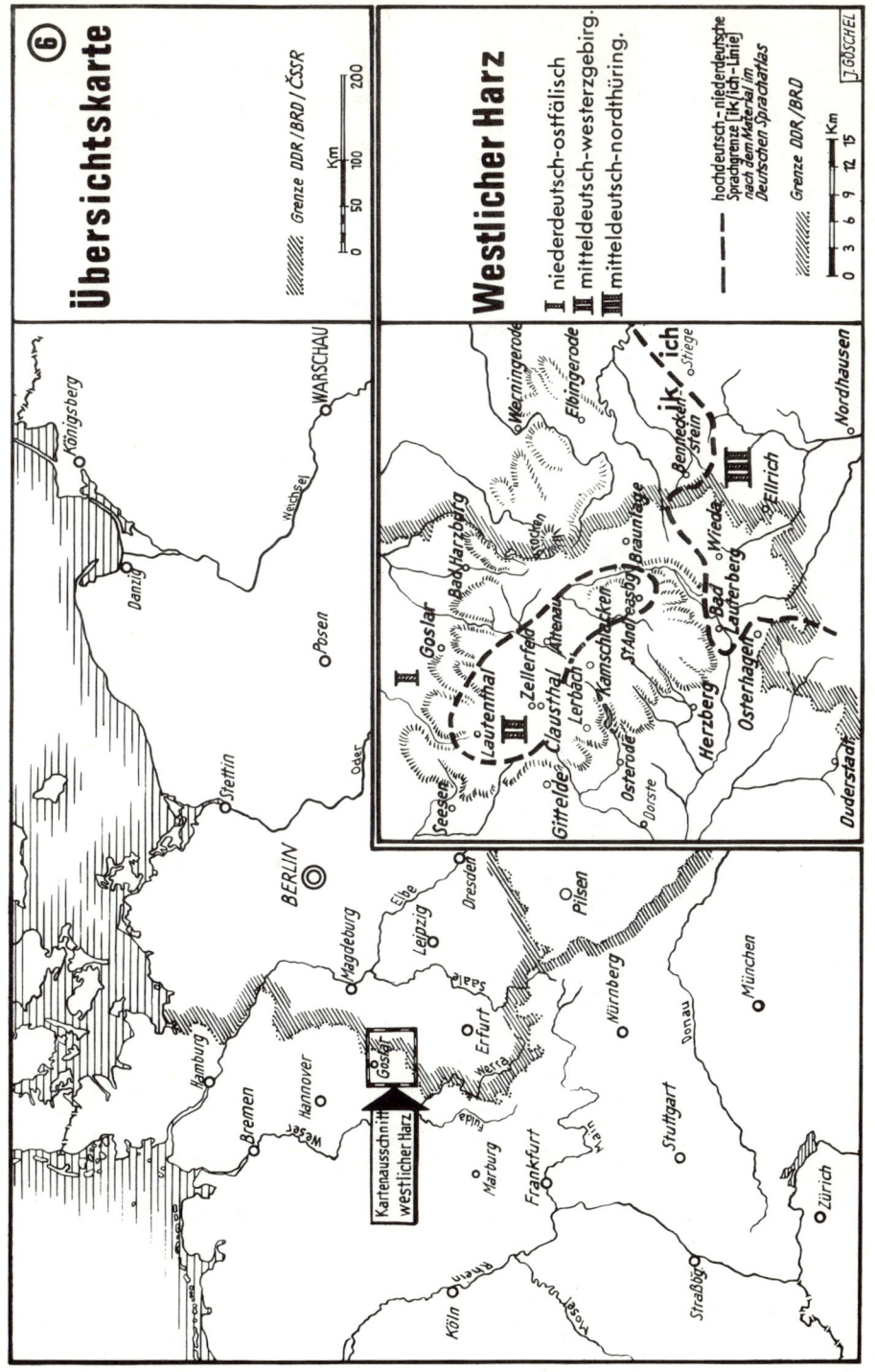

Abb. 6

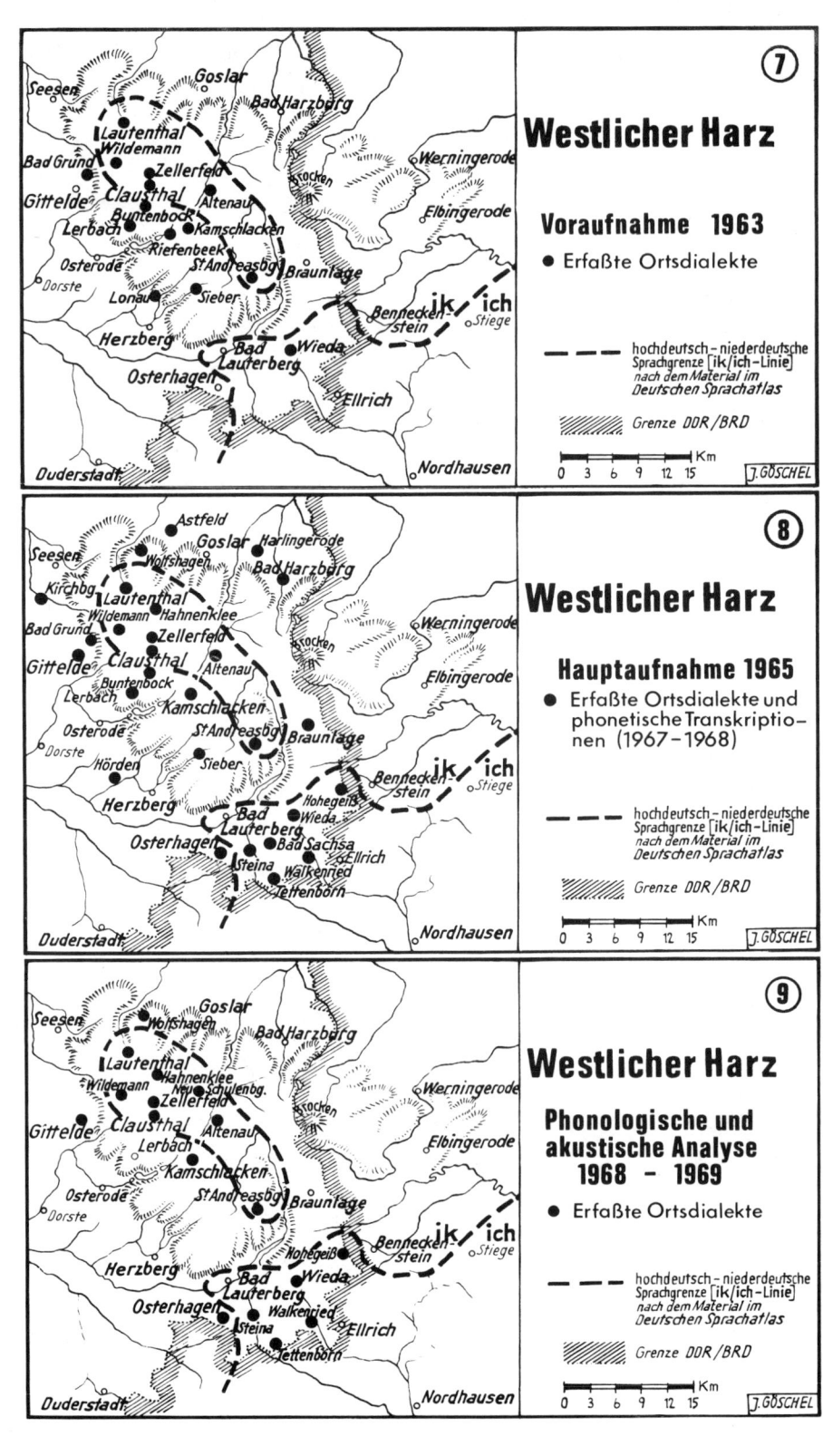

Abb.10

Allophonbereiche der Kernphoneme 'relativ kurz' (/V/)

nd.-ostfälisch

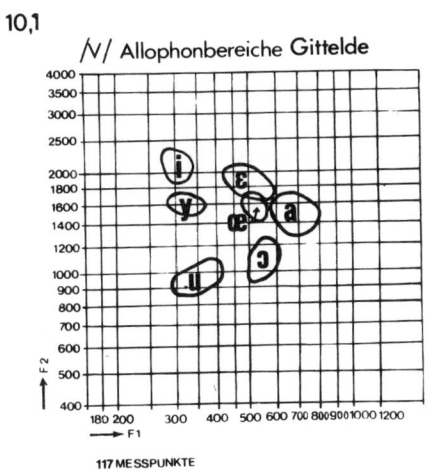

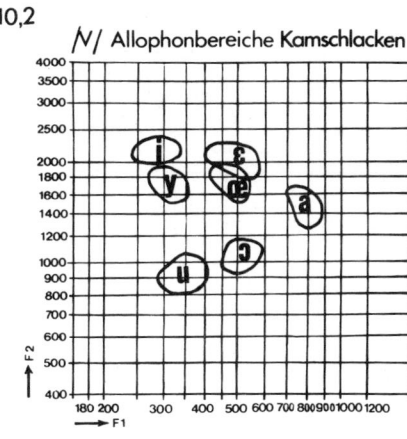

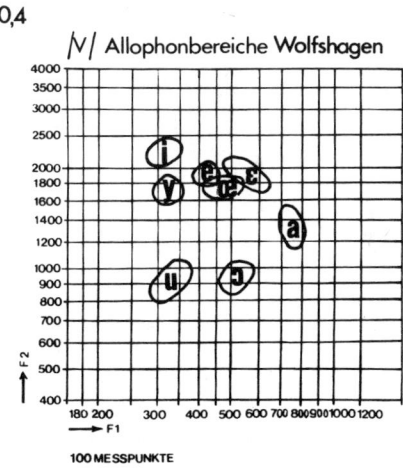

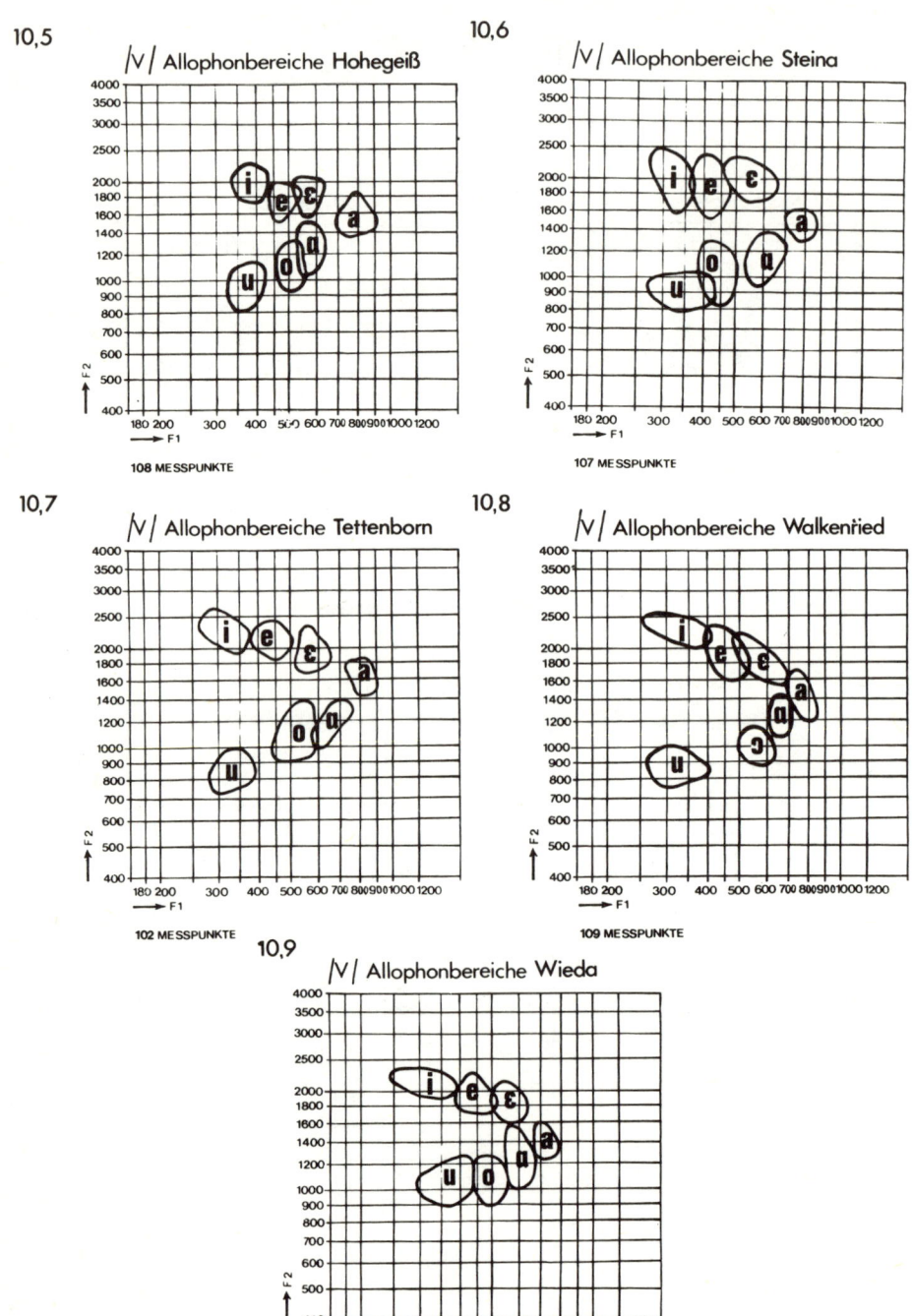

Abb. 10

Allophonbereiche der Kernphoneme ´relativ kurz` (/V/)

md.—nordthüringisch

Abb. 10

Allophonbereiche der Kernphoneme 'relativ kurz` (/V/)

md.- erzgebirgisch

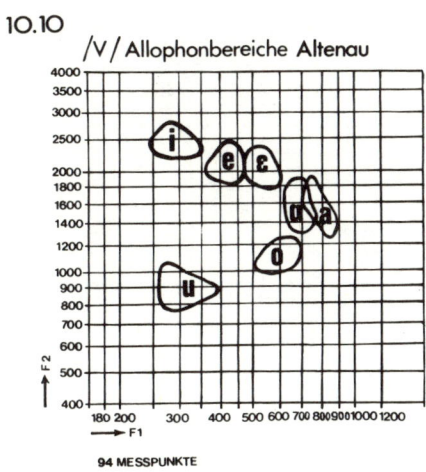

10.10 /V/ Allophonbereiche Altenau

94 MESSPUNKTE

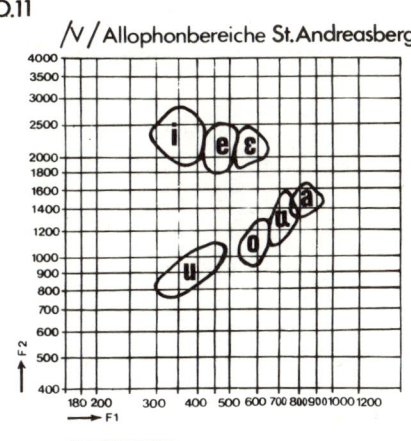

10.11 /V/ Allophonbereiche St. Andreasberg

104 MESSPUNKTE

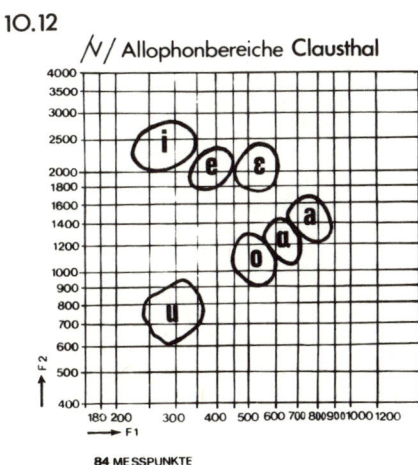

10.12 /V/ Allophonbereiche Clausthal

84 MESSPUNKTE

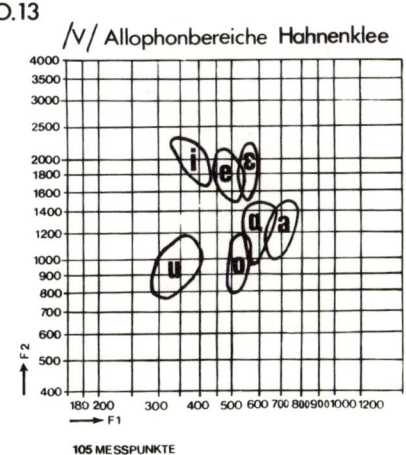

10.13 /V/ Allophonbereiche Hahnenklee

105 MESSPUNKTE

zu Abb. 10

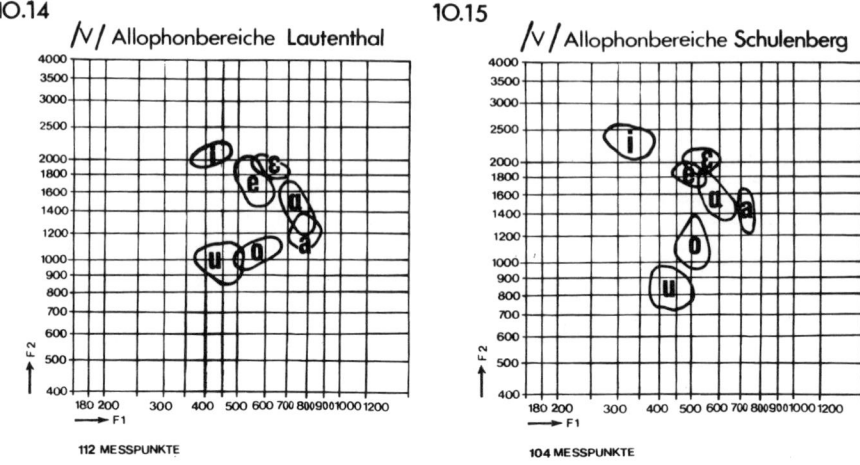

10.14 /V/ Allophonbereiche Lautenthal
112 MESSPUNKTE

10.15 /V/ Allophonbereiche Schulenberg
104 MESSPUNKTE

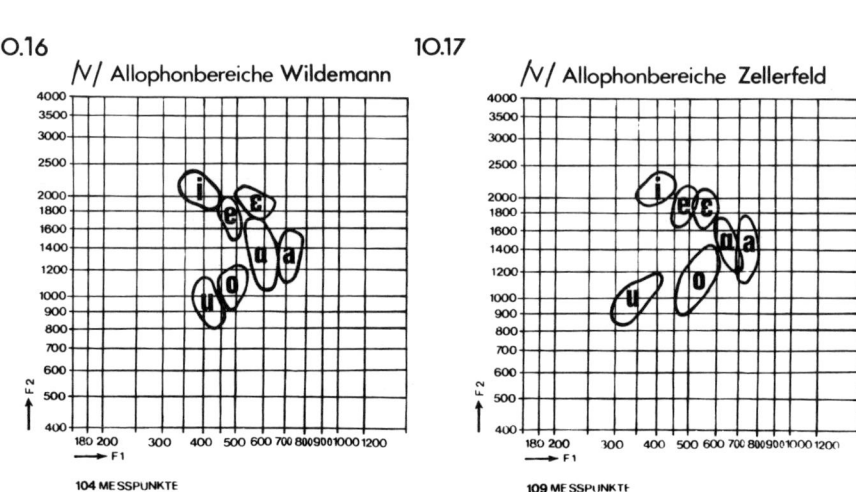

10.16 /V/ Allophonbereiche Wildemann
104 MESSPUNKTE

10.17 /V/ Allophonbereiche Zellerfeld
109 MESSPUNKTE

Abb. 11

Allophonbereiche der Kernphoneme ´relativ lang` (/V:/)

nd. - ostfälisch

11.1
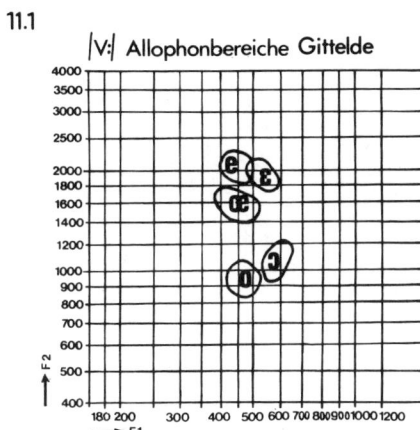

11.2
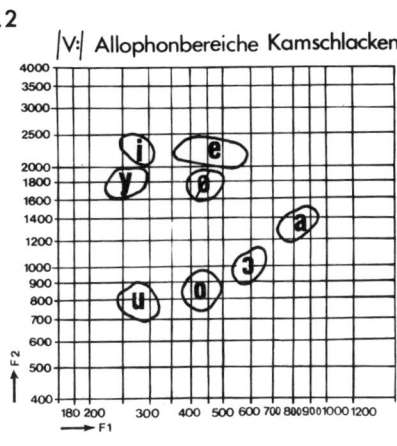

11.3
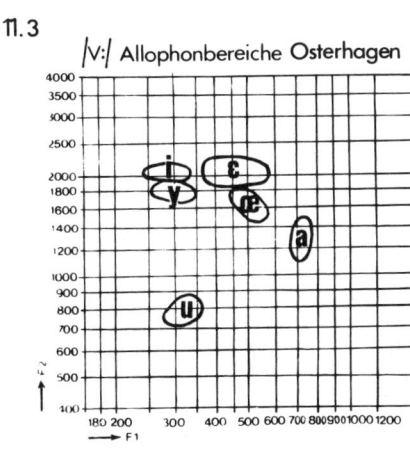

11.4
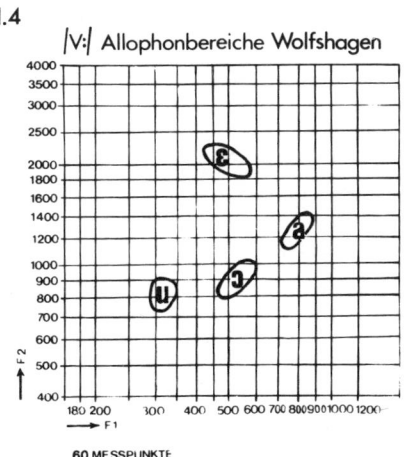

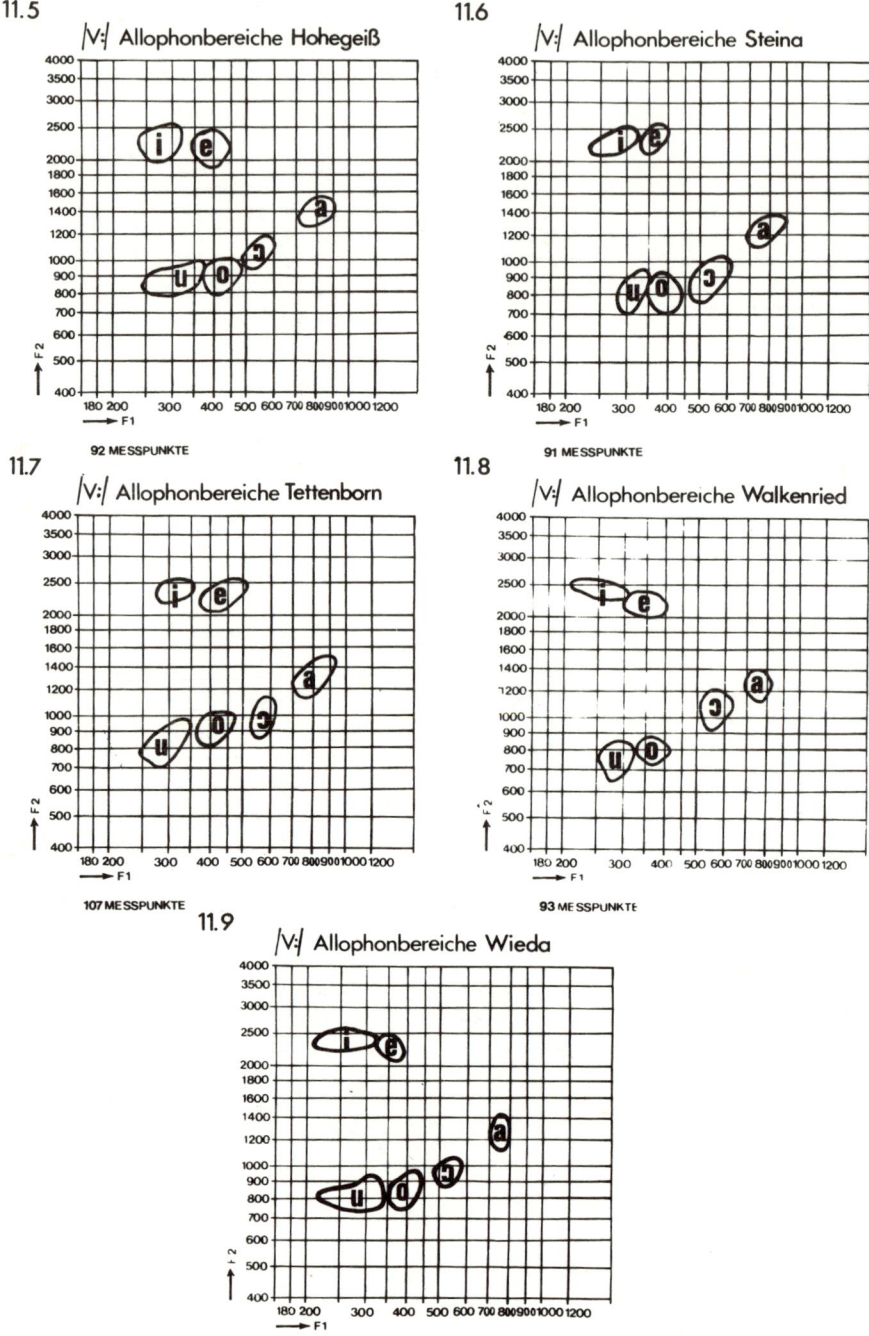

Abb. 11

**Allophonbereiche der Kernphoneme 'relativ lang' (/V:/)
md.–nordthüringisch**

Abb. 11

Allophonbereiche der Kernphoneme relativ lang (/V:/)
md.- erzgebirgisch

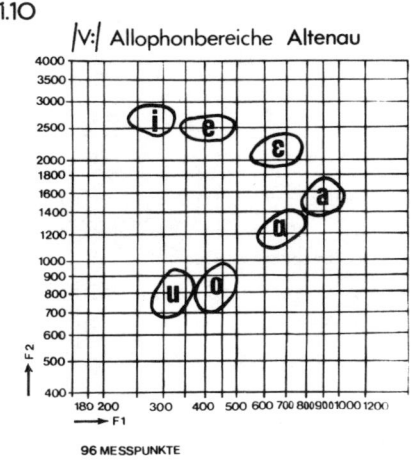

11.10 /V:/ Allophonbereiche Altenau

96 MESSPUNKTE

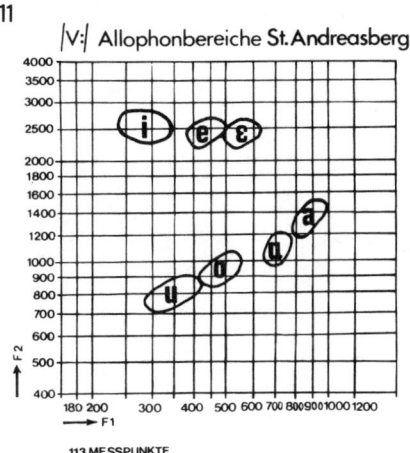

11.11 /V:/ Allophonbereiche St. Andreasberg

113 MESSPUNKTE

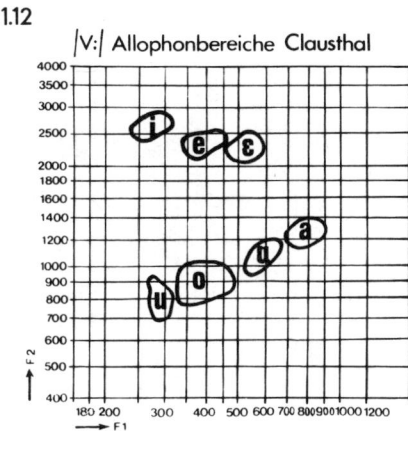

11.12 /V:/ Allophonbereiche Clausthal

95 MESSPUNKTE

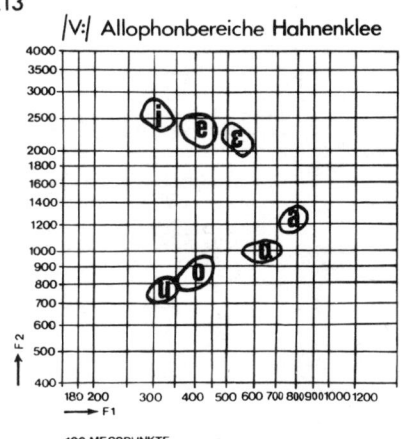

11.13 /V:/ Allophonbereiche Hahnenklee

106 MESSPUNKTE

zu Abb. 11

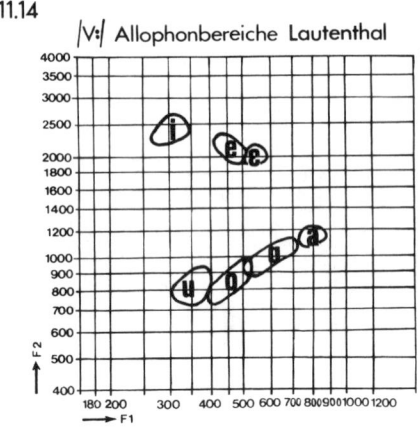

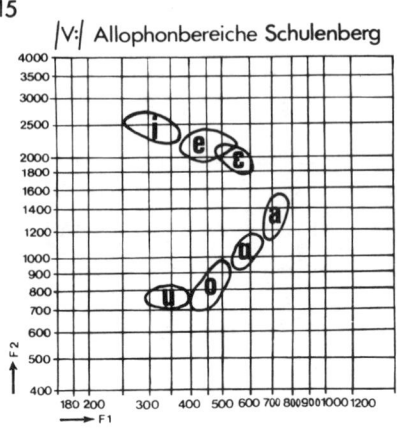

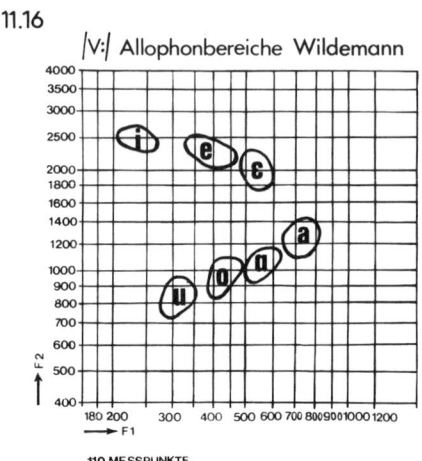

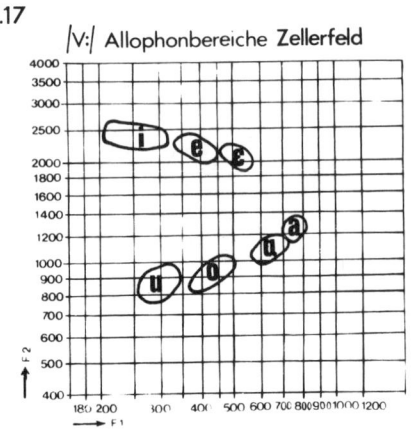

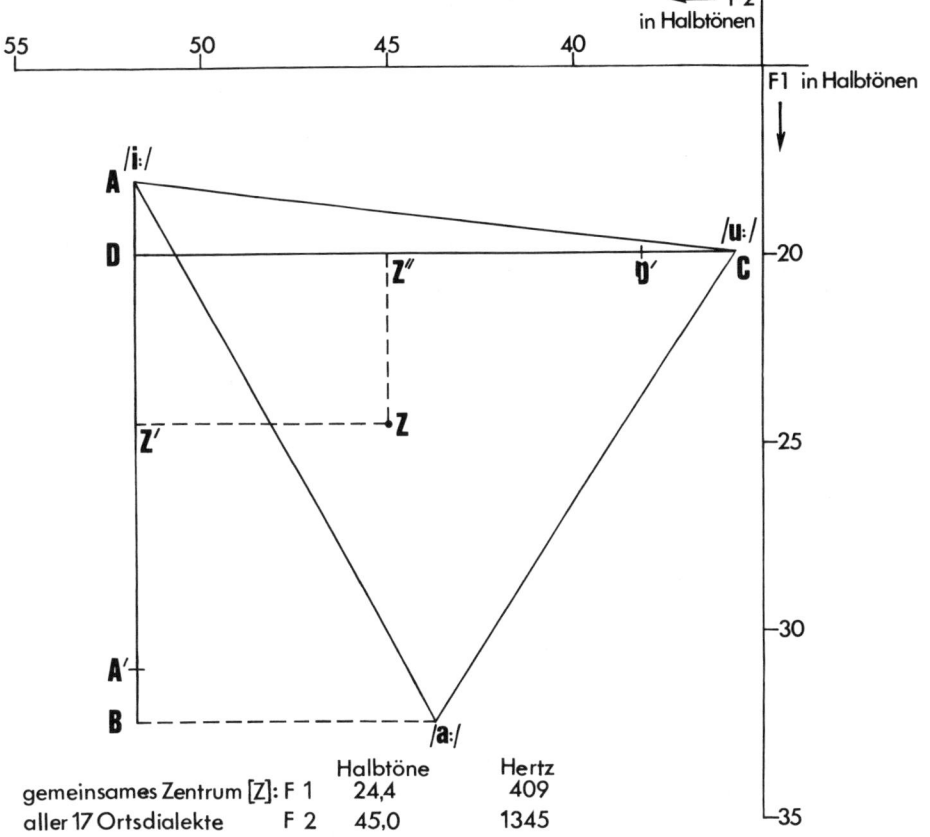

Akustische Meßdaten
am Beispiel der 'langen' Kernphoneme des Ortsdialektes Osterhagen

Abb. 12

	Halbtöne	Hertz
gemeinsames Zentrum [Z]: F 1	24,4	409
aller 17 Ortsdialekte F 2	45,0	1345

△ /i:/ /a:/ /u:/ : Variationsraum
Z: Gesamtschwerpunkt aller 17 untersuchten Ortsdialekte
Z': Lot von Z auf die Strecke $\overline{AB}$
Z": Lot von Z auf die Strecke $\overline{CD}$
$\overline{AB}$: absoluter Wert der Variationsbreite von F 1
$\overline{CD}$: absoluter Wert der Variationsbreite von F 2
$\overline{AZ'}$: negative Richtung der Variationsbreite von F 1
$\overline{BZ'}$: positive Richtung der Variationsbreite von F 1
$\overline{CZ''}$: negative Richtung der Variationsbreite von F 2
$\overline{DZ''}$: positive Richtung der Variationsbreite von F 2
$\overline{A'Z'}$: Projektion von $\overline{AZ'}$ auf $\overline{BZ'}$
$\overline{D'Z''}$: Projektion von $\overline{DZ''}$ auf $\overline{CZ''}$
$\overline{A'B}$: Variationsdominanz für F 1 (positiv)
$\overline{D'C}$: Variationsdominanz für F 2 (negativ)

Die Formantskala von F1 und F2 wurde so angelegt, daß die Eintragungen dem geläufigen Vokaldreieck entsprechen.

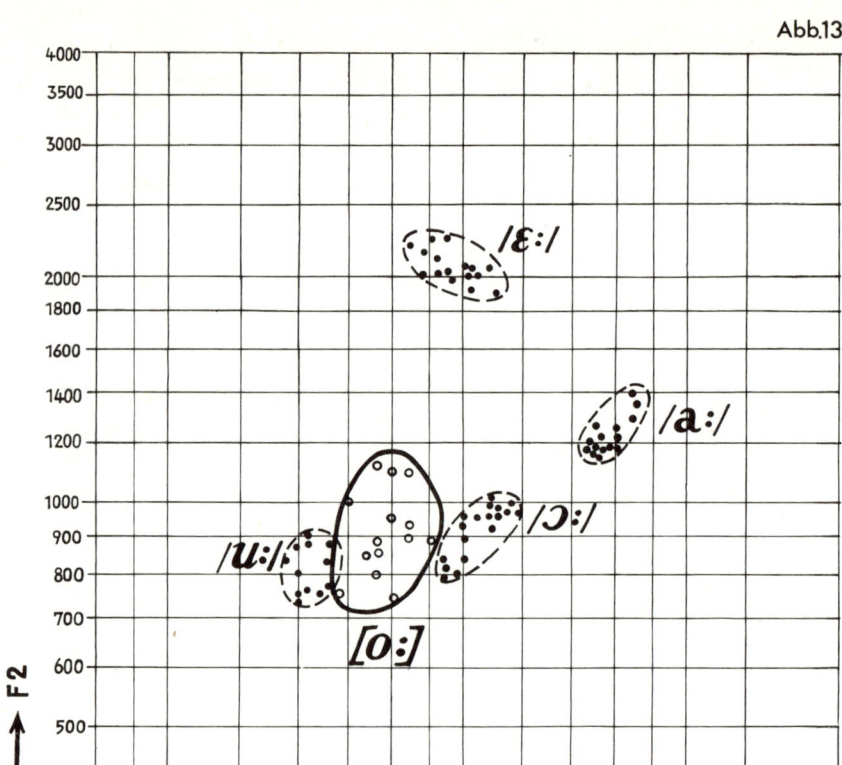

Streubereich der Lautklasse [o:] des Ortsdialektes Wolfshagen im Vergleich zu den Allophonbereichen der Phoneme

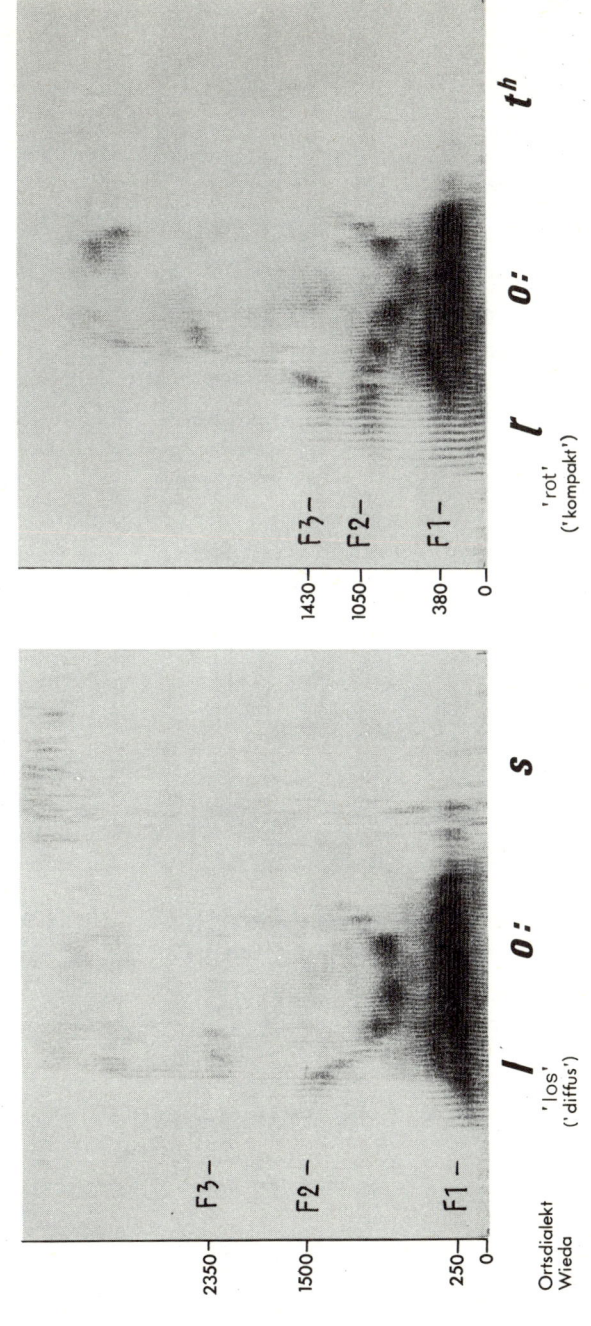

Distinktive Phonemmerkmale:
/l/ vs. /r/ (=[ɾ]): 'diffus' vs. 'kompakt' nach akustischen Merkmalen

Abb. 14

Ortsdialekt Wieda

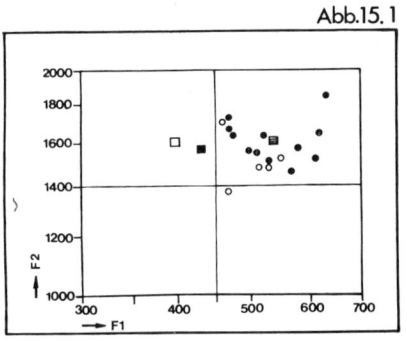

Mittelwerte für [ə]

- ⊖ nd. – ostfälisch
- ○ md. – nordthüringisch
- ● md. – erzgebirgisch

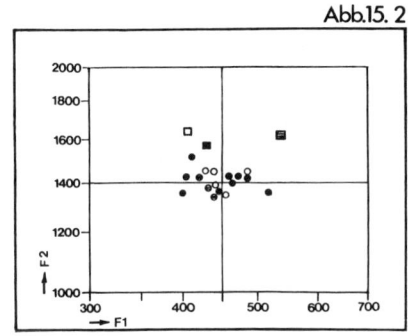

Zentrum der 'kurzen' Kernphoneme

- ⊖ nd. – ostfälisch
- ○ md. – nordthüringisch
- ● md. – erzgebirgisch

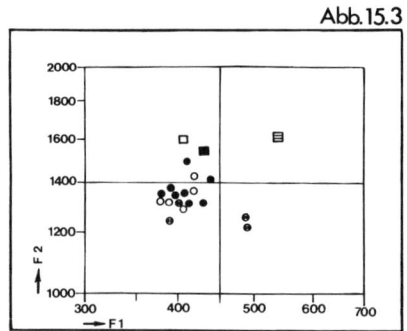

Zentrum der 'langen' Kernphoneme

- ⊖ nd. – ostfälisch
- ○ md. – nordthüringisch
- ● md. – erzgebirgisch

Vergleichswerte:

- ⊟ 'idealisiertes Schwa' [ɜ] G. Ungeheuer (1962), 87.
  F1 = 540, F2 = 1620, F3 = 2700, F4 = 3780
- ■ Zentrum der Kardinalvokale der API D. Jones
  (vergl. Anm. 283): F1 = 433, F2 = 1580
- □ Zentrum der synthetischen Kardinalvokale der
  Haskins Laboratories [P. Delattre / A. M. Liberman /
  F. S. Cooper / L. J. Gerstman (1952), 198]:
  F1 = 406, F2 = 1633

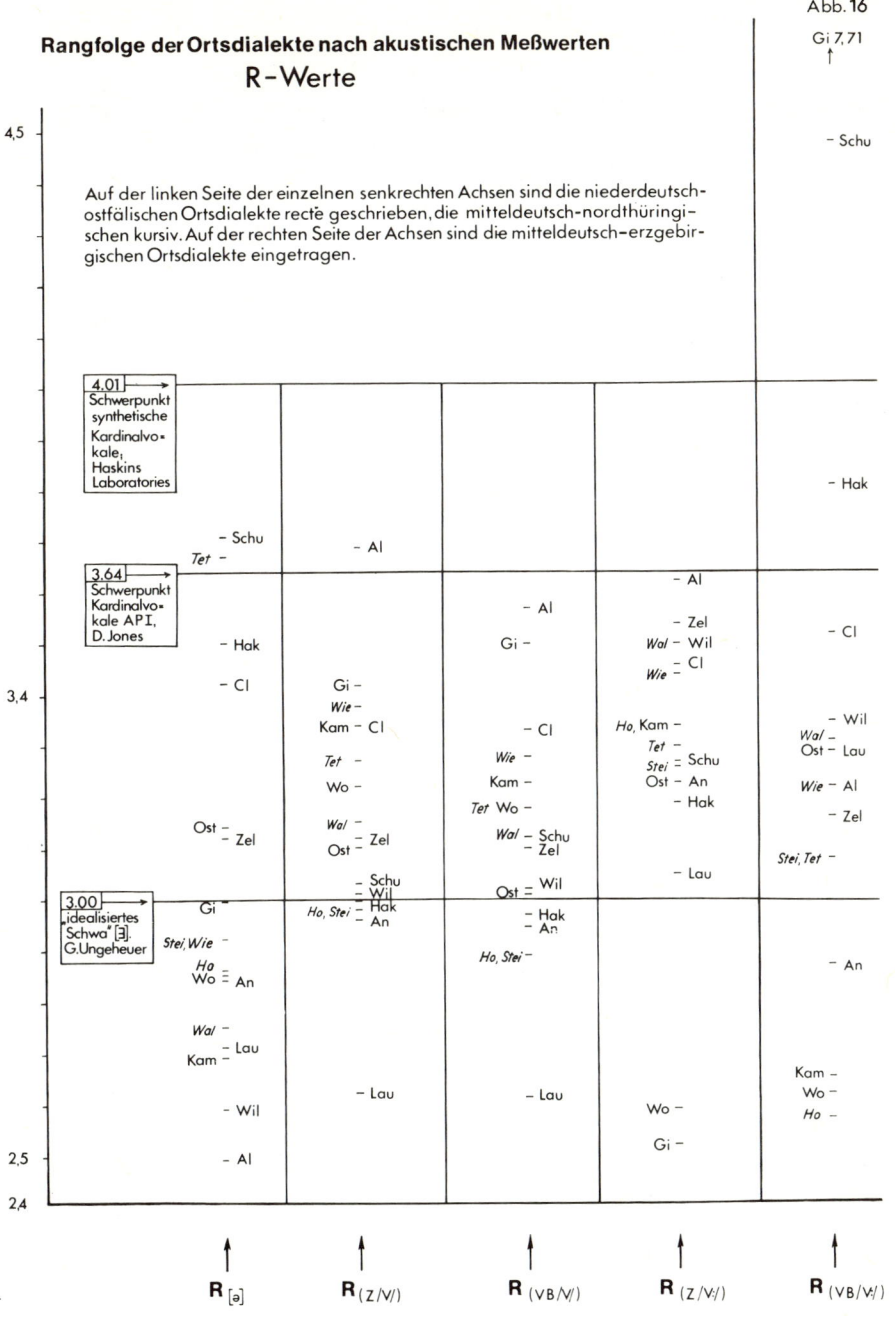

Abb. 16

Abb. 17

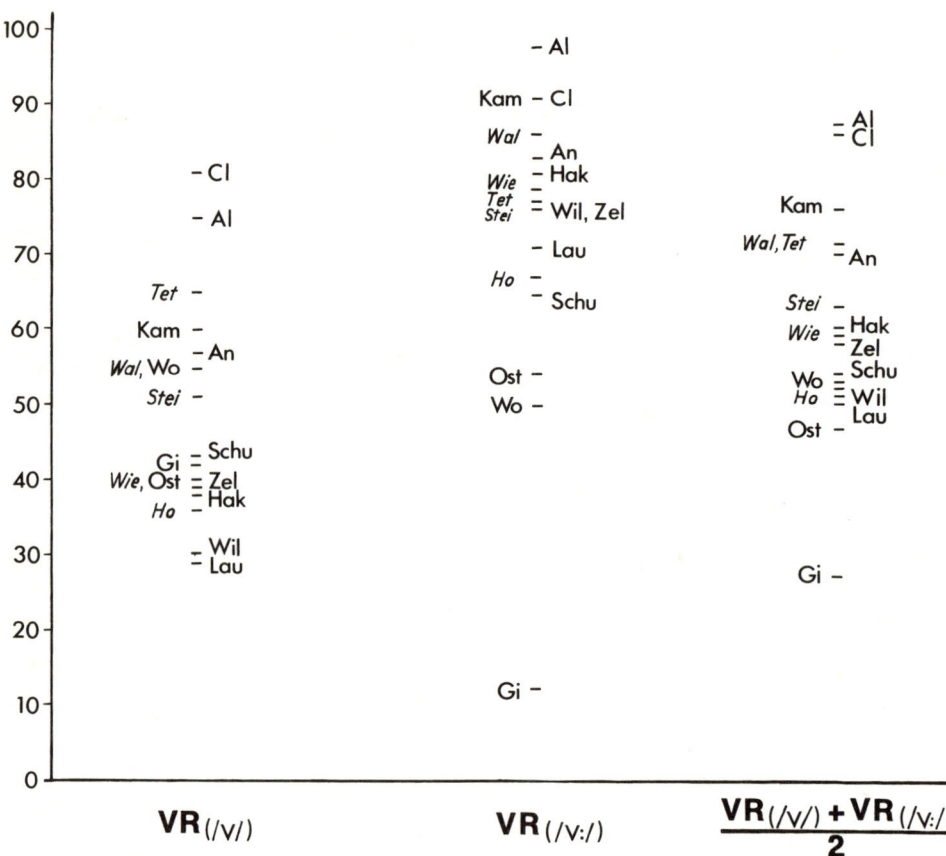

Auf der linken Seite der einzelnen senkrechten Achsen sind die niederdeutsch-ostfälischen Ortsdialekte recte geschrieben, die mitteldeutsch-nordthüringischen kursiv. Auf der rechten Seite der Achsen sind die mitteldeutsch-erzgebirgischen Ortsdialekte eingetragen.

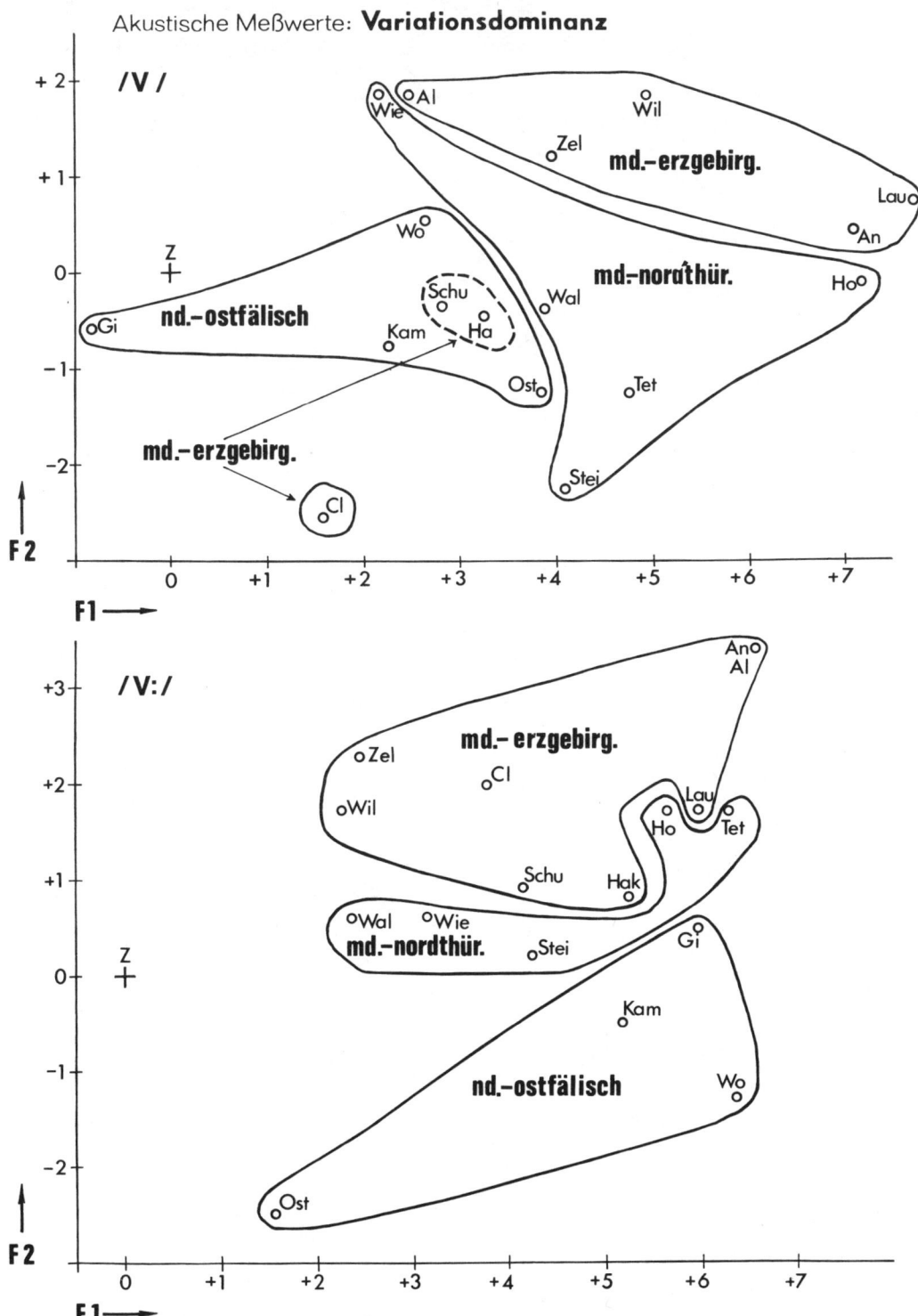
Abb.18

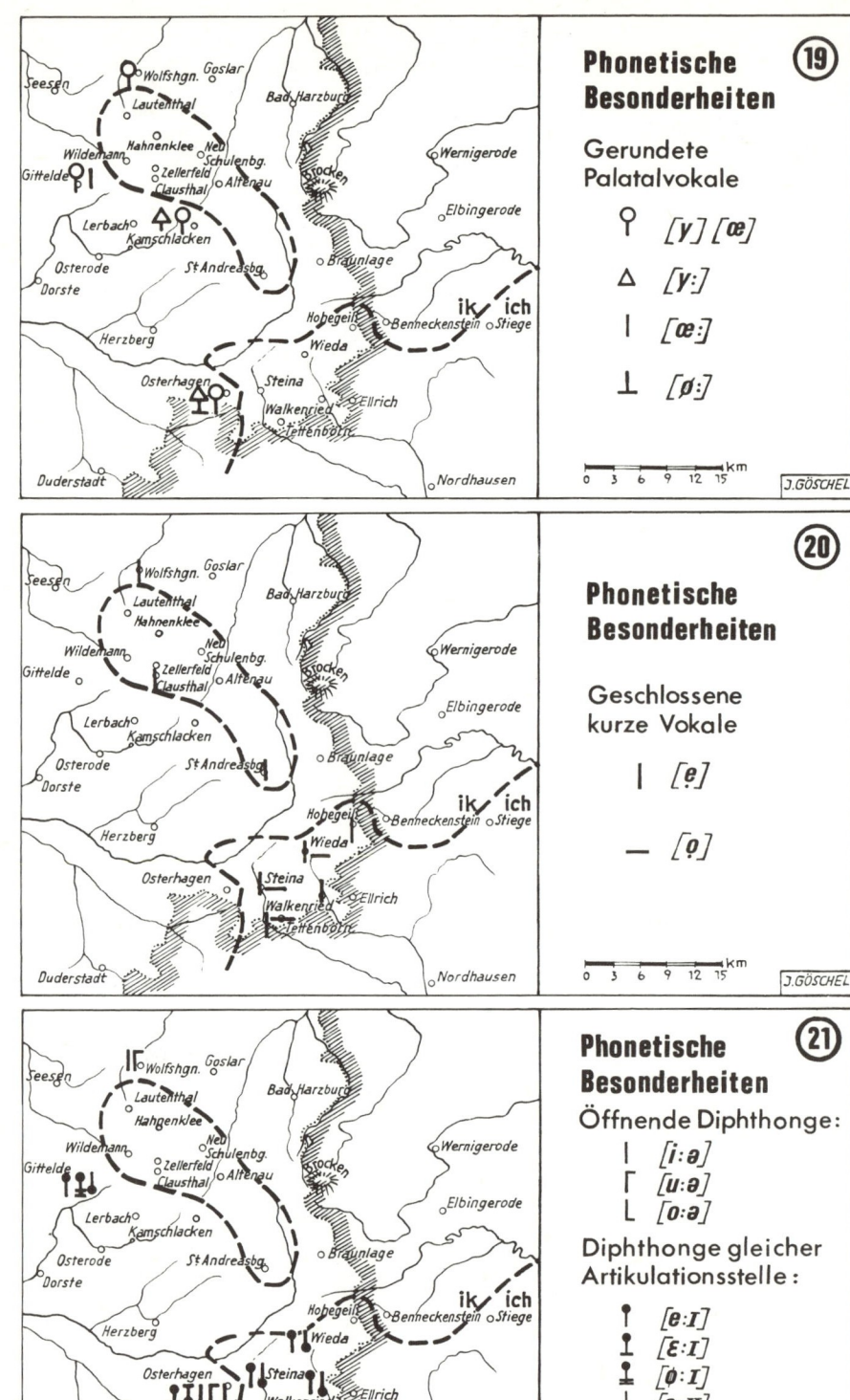

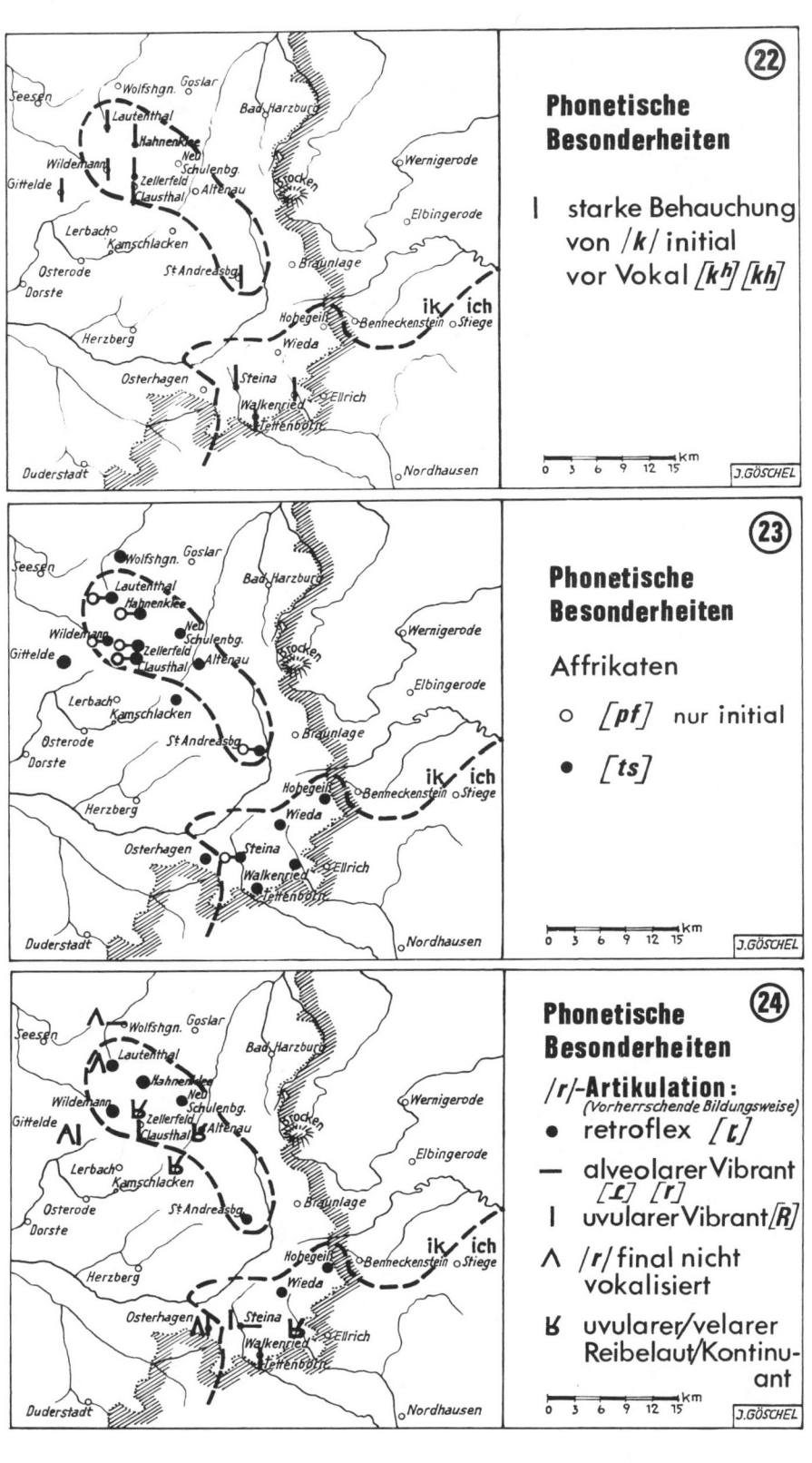

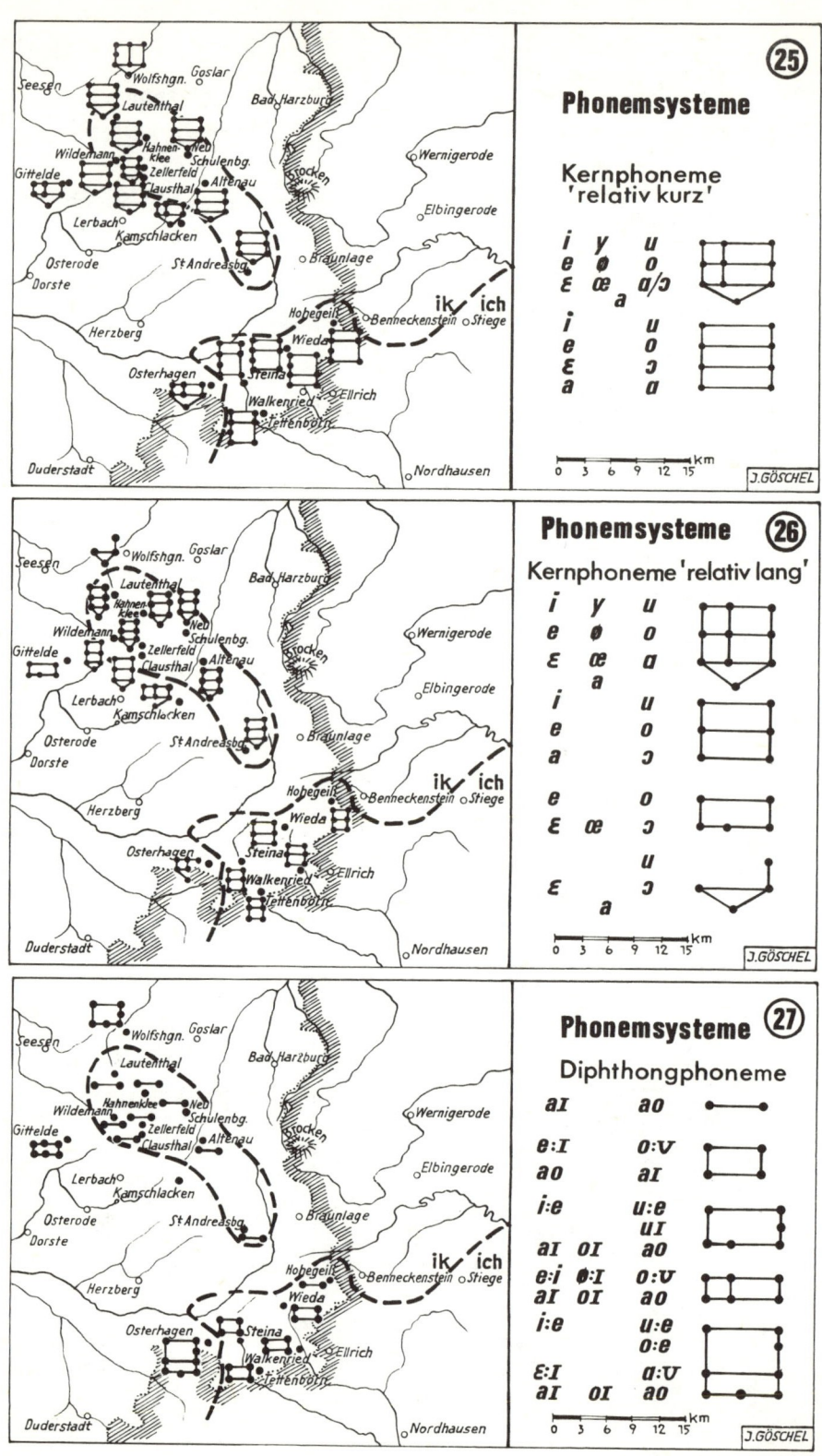

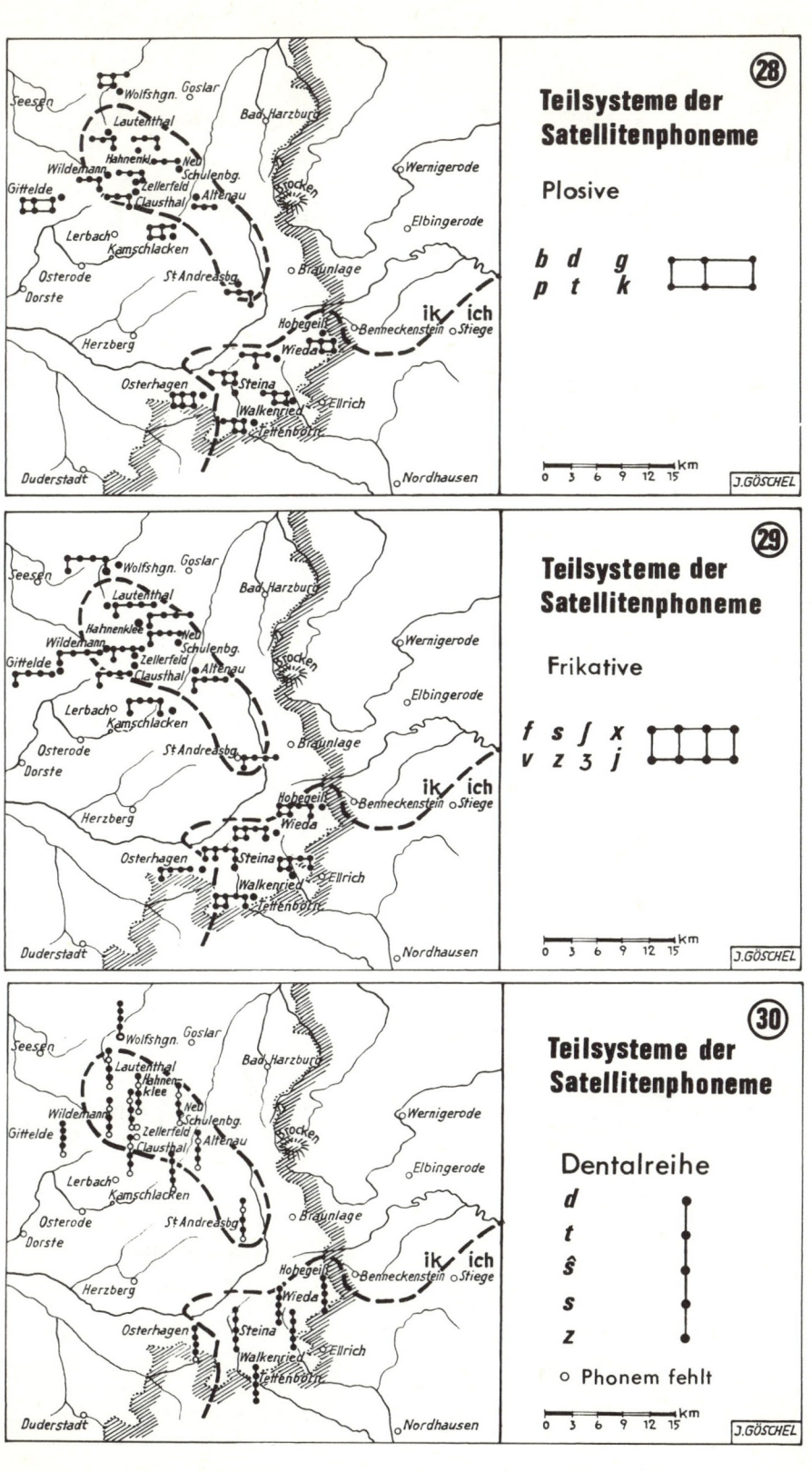

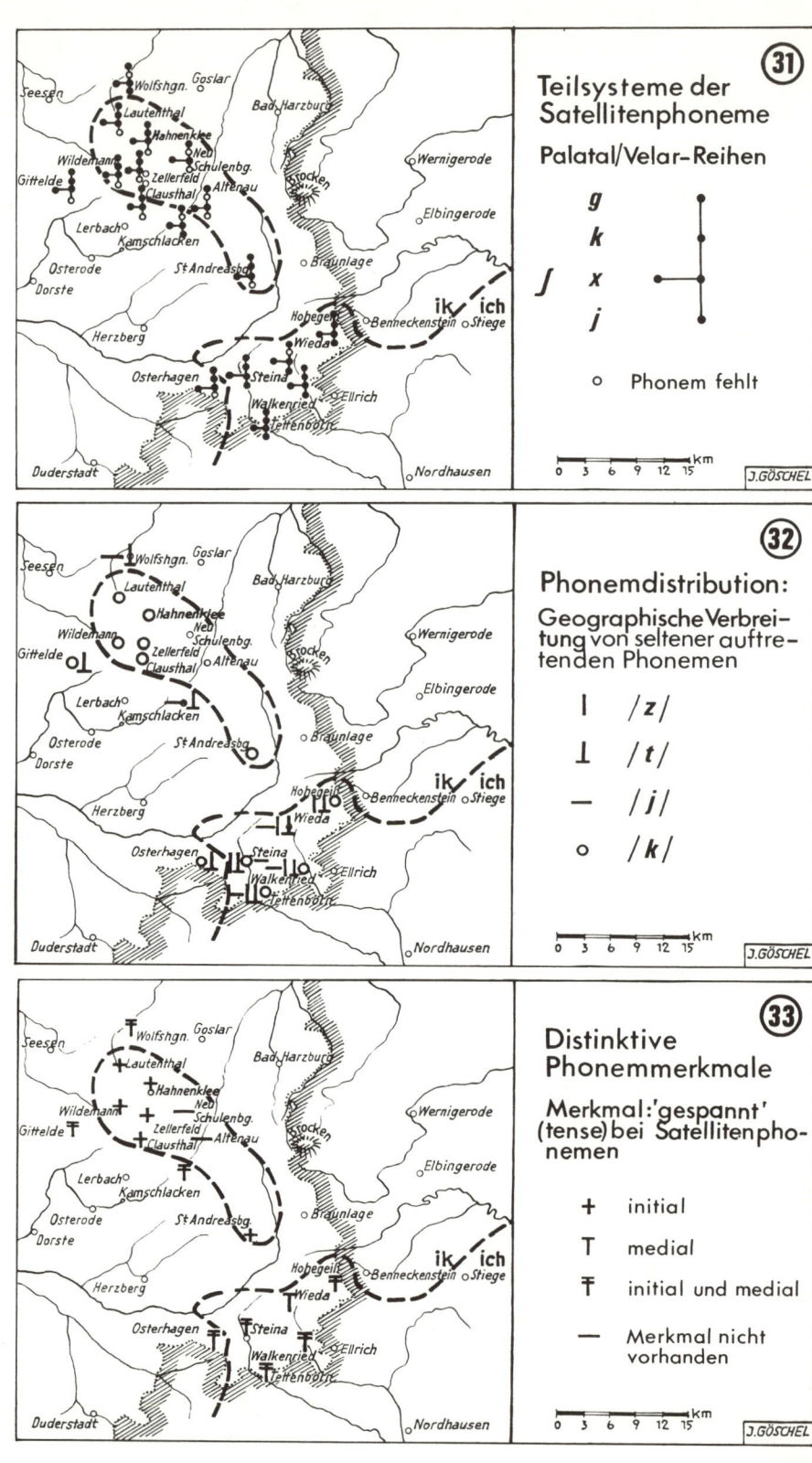

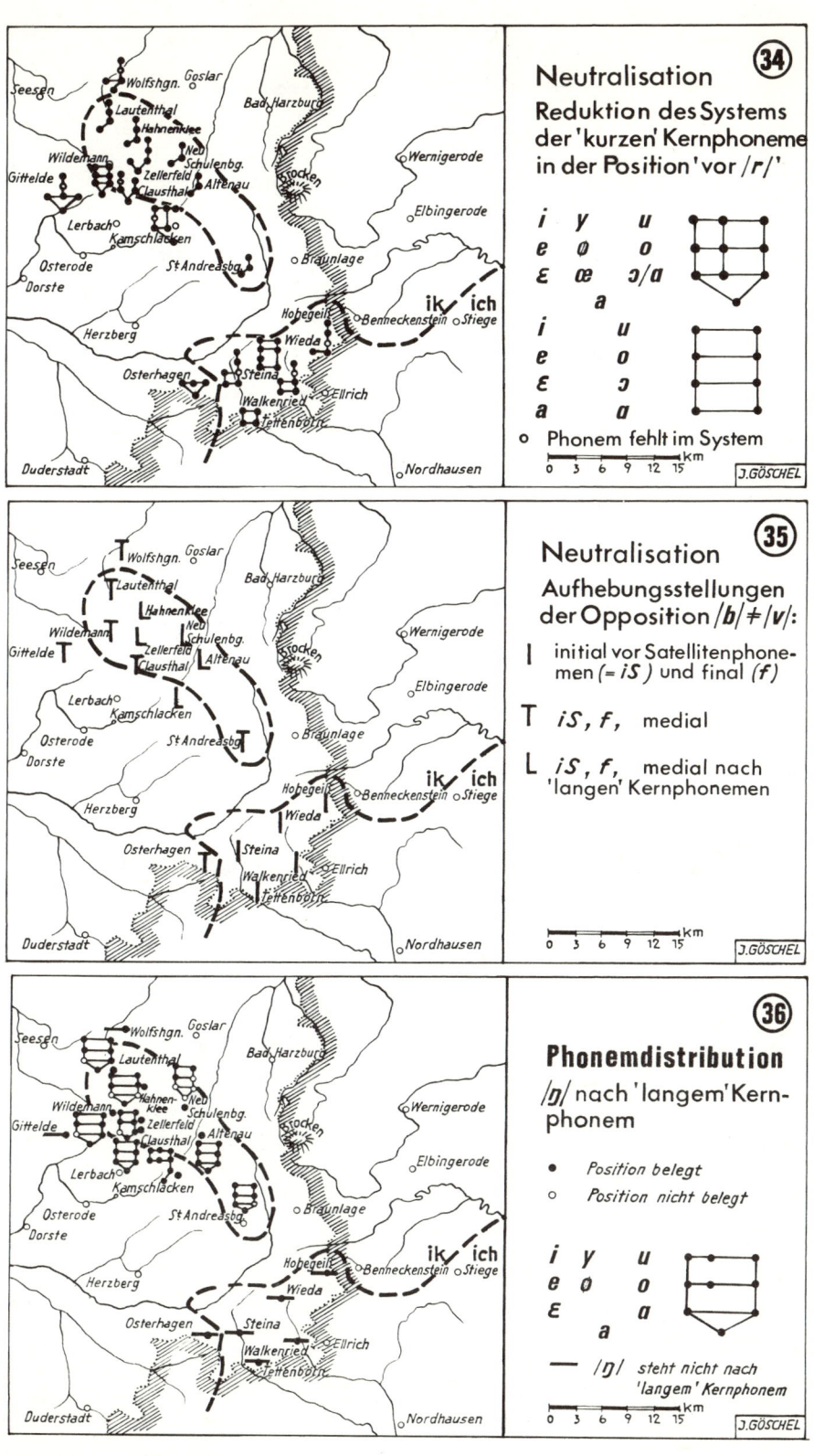

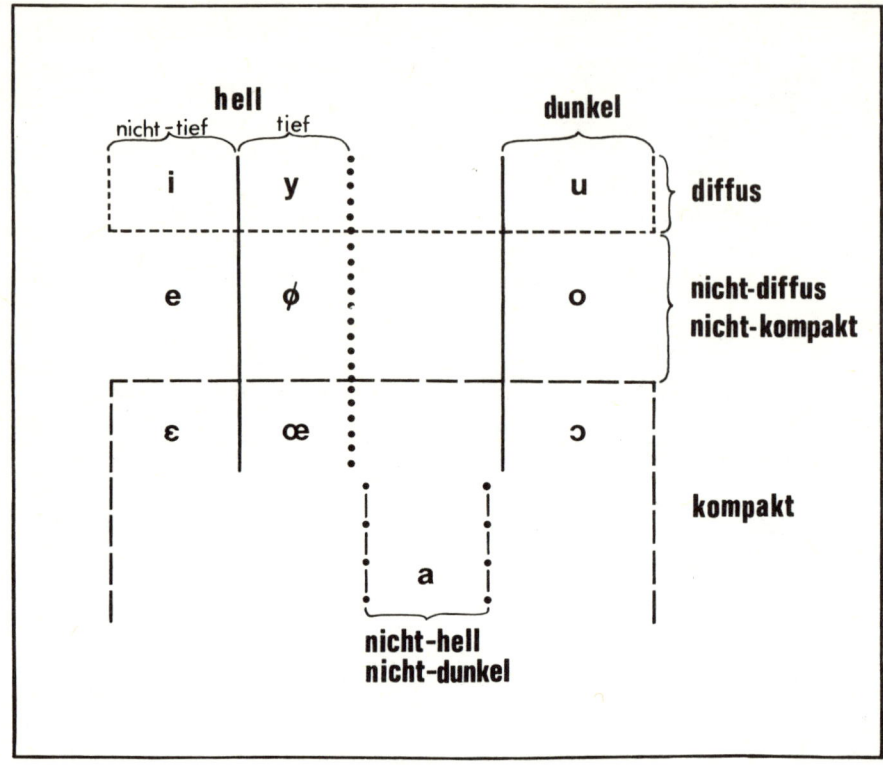

Distinktive Merkmale der Kernphoneme